LES ENFANTS DE STALINE

OWEN MATTHEWS

LES ENFANTS DE STALINE

Traduit de l'anglais
par Karine Reignier

belfond
12, avenue d'Italie
75013 Paris

Titre original :
STALIN'S CHILDREN
publié par Bloomsbury Publishing Plc, Londres.

Si vous souhaitez recevoir notre catalogue
et être tenu au courant de nos publications,
vous pouvez consulter notre site internet :
www.belfond.fr
ou envoyer vos nom et adresse
aux Éditions Belfond,
12, avenue d'Italie, 75013 Paris.
Et, pour le Canada,
à Interforum Canada Inc.,
1055, bd René-Lévesque-Est,
Bureau 1100,
Montréal, Québec, H2L 4S5.

ISBN 978-2-7144-4592-6

À mes parents.

Prologue

La main qui signa ce papier abattit une ville [...],
doubla la sphère des morts et divisa un pays.
Dylan THOMAS

Dans une cave de l'ancien quartier général du KGB à Tchernigov, au cœur des terres noires ukrainiennes, un épais dossier de carton brun prend la poussière sur une étagère. Il renferme près de un kilo et demi de papier sous sa couverture rongée par le temps. Les documents, soigneusement numérotés et classés, concernent le père de ma mère, Boris Lvovitch Bibikov. Son nom, calligraphié en belles lettres rondes d'une étonnante distinction, figure sous l'intitulé du dossier, frappé à la machine : « Top secret. Commissariat du peuple aux Affaires intérieures. Bloc antisoviétique des droitistes-trotskistes en Ukraine. »

Ce dossier retrace les derniers jours de mon grand-père, mort aux mains de la police secrète de Staline alors que l'été 1937 virait à l'automne. Je l'ai lu dans un bureau minable de Kiev, cinquante-huit ans après les faits. Il pesait sur mes genoux comme une grosse tumeur étrangement malveillante. Une odeur musquée, presque acide, s'en dégageait.

Il contient une pile de formulaires officiels en papier pelure d'une telle finesse que la machine à écrire les a perforés par endroits. Quelques feuilles de brouillon, plus épaisses et chiffonnées, ont été insérées parmi eux. En fin de dossier figurent des aveux manuscrits, rédigés sur simple papier blanc. D'une écriture fine, tachée d'encre, mon grand-père reconnaît être un ennemi du peuple. Le soixante-dix-huitième document est une attestation confirmant qu'il a lu et compris sa condamnation à la peine capitale, rendue à huis clos par un tribunal de Kiev. Sa signature griffonnée au bas du texte est le dernier acte connu de son vivant. Page suivante, quelques lignes maladroitement ronéotypées achèvent le dossier : elles certifient que la sentence a été exécutée dès le lendemain, soit le 14 octobre 1937. Le bourreau y a apposé un vague gribouillis. Les bureaucrates méticuleux qui se sont chargés de l'instruction ayant négligé d'indiquer l'endroit où Boris Bibikov fut enterré, ce tas de papier lui tient lieu de sépulture.

Au grenier du 7, Alderney Street, dans le quartier de Pimlico à Londres, se trouve une élégante malle de voyage sur laquelle on peut lire cette inscription soigneusement tracée à la peinture noire : « W.H.M. Matthews, St Anthony's College, Oxford, АНГЛИЯ ». Dans cette malle repose une histoire d'amour – et peut-être cet amour même.

Elle renferme les centaines de lettres que mes parents se sont adressées entre juillet 1964 et octobre 1969. Toutes sont classées et regroupées en petits paquets selon leur date d'expédition. La plupart d'entre elles ont été écrites sur papier fin, destiné à la poste aérienne ; les autres, sur papier ordinaire, forment des liasses plus épaisses. Celles de ma mère, Ludmila Bibikova, à mon père sont rédigées à la main, d'une écriture ronde et souple, très féminine. Celles de mon père sont presque toutes tapées à la machine parce qu'il aimait en conserver un double sur carbone. Il y ajoutait invariablement un message de sa main, et parfois un charmant petit dessin, avant de les signer d'un extravagant paraphe. Ses rares lettres entièrement manuscrites démontrent son usage parfait du cyrillique, couché en mots serrés, collés bien droit les uns aux autres.

Séparés par les aléas de la guerre froide, mes parents se sont écrit chaque jour, parfois deux fois par jour, pendant près de six ans. Il lui écrivait de Nottingham, d'Oxford, de Londres, de Cologne, de Berlin, de Prague, de Paris, de Marrakech, d'Istanbul, de New York. Elle lui répondait de Moscou, de Leningrad, de la datcha familiale à Vnoukovo. Leur correspondance rend compte de leur vie quotidienne dans les moindres détails. Seul dans son meublé, alors que le brouillard s'abat sur les rues de Nottingham, il lui raconte son dîner au restaurant indien et les menues querelles qui ont émaillé sa journée d'universitaire. À Moscou, dans la petite chambre du quartier de l'Arbat où elle se morfond, ma mère évoque ses discussions avec ses amis, les ballets qu'elle a vus, les livres lus.

Leurs lettres prennent parfois un tour si intime que le lecteur se sent brusquement embarrassé, presque voyeur. Certaines sont traversées d'un désespoir si vif que le papier semble parcouru de sanglots. Mes parents reviennent sur les petits événements qui ont marqué leur brève vie commune à Moscou, au cours de l'hiver et du printemps 1964 ; ils se remémorent leurs conversations et leurs promenades, se donnent des nouvelles de leurs amis, commentent leurs repas, discutent cinéma. La douleur de la séparation, le poids de la solitude et l'intensité de leur amour transparaissent à chaque ligne – cet amour est tellement grand, d'après ma mère, qu'il peut « déplacer des montagnes et faire pivoter la Terre sur son axe ». Bien que désespérés, ces échanges décrivent, à mon sens, la période la plus heureuse de leur vie.

En feuilletant leur correspondance aujourd'hui, assis sur le plancher de mon ancienne chambre d'enfant, située au grenier de la maison – cette pièce où j'ai dormi pendant dix-huit ans, l'oreille tendue vers les éclats de voix qui montaient du rez-de-chaussée, couché à moins de un mètre de l'appentis où ces lettres reposaient, bien rangées dans la malle fermée à clé –, j'ai soudain pensé que leur amour était là, tout entier contenu dans ces liasses de papier. « Chacune de nos lettres est une fraction de notre âme. Elles ne doivent pas se perdre, affirmait ma mère au cours des semaines déchirantes qui suivirent leur séparation. Elles m'offrent un peu de toi, de ta vie, de ton souffle, des battements de ton cœur. » Ils ont donc déversé leur âme sur papier, des rames entières imprégnées de souffrance, de désir et d'amour ; des monceaux, des wagons de papier transportés chaque nuit par train postal à travers l'Europe pendant cinq ans. « Nos lettres acquièrent un caractère magique en voyageant… C'est ce qui les rend si fortes, écrivait Ludmila. Chaque phrase est rédigée avec mon sang, celui qui vient du cœur, et je sais qu'il peut couler inlassablement. » Pourtant, lorsqu'ils se sont enfin retrouvés, mes parents ont constaté que leur amour s'était presque tari. Mué en encre, il s'était figé sur les milliers de feuilles qui s'empilent maintenant au fond d'une malle, dans le grenier d'un petit pavillon londonien.

Nous aimons croire que la raison gouverne nos pensées. En fait, nous pensons avec notre sang. J'ai pu le vérifier à Moscou, où j'ai vécu de nombreuses années sitôt mes études achevées en Angleterre. À l'époque, il m'est arrivé souvent de me heurter à des situations si profondément enracinées dans l'histoire de mes parents qu'elles avaient modelé leur personnalité. Ma vie semblait faire écho à la leur ; des pans entiers de leur existence surgissaient dans la mienne comme de vieux fantômes, et je trébuchais sur le passé immuable d'un pays que j'avais pourtant cru ivre de modernité. Tout ce qui n'avait pas changé depuis leur époque me sautait au visage : l'odeur de laine mouillée qui monte des couloirs du métro de Moscou en hiver ; les nuits pluvieuses où la masse inquiétante du ministère des Affaires étrangères apparaît brusquement dans l'obscurité au détour des petites rues proches de l'Arbat, comme un paquebot pris dans le brouillard ; les lumières d'une ville sibérienne, minuscule îlot de civilisation noyé dans un océan de sapins, vu du hublot d'un petit avion bringuebalant ; la brise marine sur les docks de Tallin ; et, vers la fin de mon séjour à Moscou, la certitude foudroyante que j'aimais depuis toujours la femme qui s'était assise près de moi dans la cuisine pleine d'amis, bruyante et enfumée, d'un appartement du quartier de l'Arbat.

Pourtant, le pays dans lequel je vivais était très différent de celui que mes parents avaient connu. Leur Russie était une société extrêmement contrôlée : toute pensée non orthodoxe y était vue comme un crime, chacun savait tout de son voisin et la collectivité imposait une véritable terreur morale à ceux qui tentaient de braver les convenances. Ma Russie était une société à la dérive. Pendant les soixante-dix ans du régime soviétique, les Russes ont perdu une grande partie de leur culture, de leur religion, de leur Dieu. Beaucoup d'entre eux y ont aussi perdu la raison. Mais le pouvoir s'employait à compenser ce vide idéologique en imposant ses mythes et ses codes à la population. Il la nourrissait, l'éduquait et l'habillait ; il régissait sa vie du berceau à la tombe. Et surtout, il pensait pour elle. Les bolcheviques, dont mon grand-père faisait partie, espéraient créer un homme nouveau en remplaçant les croyances de la Russie ancestrale par un patriotisme et un sens civique exacerbés, alliés à une docilité sans faille. Lorsque l'idéologie communiste s'est effondrée, ses valeurs morales surannées, typiques des années cinquante, ont elles aussi rejoint les mythologies abandonnées aux poubelles de l'histoire. Désorientés, les Russes se sont alors tournés vers les charlatans de tous bords, guérisseurs cathodiques ou sectes apocalyptiques japonaises. Et si certains ont retrouvé à l'époque le chemin des églises orthodoxes, le nihilisme absolu n'en demeurait pas moins la religion la mieux partagée du pays. Soudain, il n'y avait plus ni règles ni lois ; tout était à prendre et cédait sous la pression de ceux qui étaient assez avides ou audacieux pour se remplir les poches.

Il y avait beaucoup de cendres, mais peu de phénix. Dans son écrasante majorité, le *narod*, le « peuple », s'est replié sur lui-même sans rien changer à sa routine, apparemment indifférent au puissant séisme qui avait ébranlé son pays. Sa vie quotidienne semblait s'écouler selon un rythme immuable : travail, école, voiture, datcha, jardin potager, télévision, saucisses et pommes de terre au dîner. La Russie post-communiste me faisait penser à une expérience scientifique brusquement interrompue : livrés à eux-mêmes dans un labyrinthe, des rats de laboratoire plongent vainement leur museau dans le distributeur d'eau sucrée alors que les chercheurs ont éteint les lumières et émigré à l'étranger depuis longtemps.

Certains membres de l'intelligentsia russe ont qualifié cette période de *révolioutsia v soznanii*, de « révolution des consciences ». L'expression me paraît particulièrement mal choisie : il ne s'agissait pas d'une révolution, puisque seule une infime minorité de la population a trouvé la volonté ou l'imagination nécessaires pour tirer profit de la situation, se réinventer et tenter de s'adapter à ce *Meilleur des mondes* nouvelle manière. Les autres ont vécu l'effondrement du régime comme une implosion silencieuse ; leur champ de vision s'est brutalement rétréci ; leurs espoirs se sont réduits comme peau de chagrin. En fait de révolution, ils n'ont connu qu'une lente et inexorable régression vers la pauvreté et la confusion.

En Russie, j'ai longtemps cru vivre une histoire dépourvue de fil narratif : j'avais le sentiment d'assister à un diaporama permanent, à une succession d'images, fantasmagoriques et changeantes, projetées par Moscou sur l'écran de ma vie pour ma satisfaction personnelle. En réalité, j'étais pris dans les rets de ma propre histoire familiale – et le piège se resserrait lentement autour de moi.

J'espérais m'éloigner de mes parents en m'installant à Moscou. Je les y ai trouvés, au contraire – bien qu'il m'ait fallu du temps pour m'en apercevoir. Ou pour l'admettre. J'ai écrit ce livre pour raconter l'histoire de ma famille avec la Russie, ce pays qui nous a fabriqués, nous a libérés, nous a inspirés et nous a presque brisés. C'est aussi le récit d'une évasion, puisque nous avons tous réussi à fuir la Russie bien que nous soyons tous porteurs – même mon père, né au pays de Galles et dépourvu de sang russe, même moi qui ai grandi en Angleterre – d'un petit morceau de ce pays qui nous contamine comme une fièvre.

1

Le dernier jour

Je ne crois qu'à une chose :
la toute-puissance de la volonté humaine.
STALINE

J'ai parlé russe avant de parler anglais. J'ai vu le monde en russe jusqu'au jour où mes parents m'ont envoyé dans une des écoles primaires privées de notre quartier de Londres, affublé d'une veste, d'un bermuda et d'une casquette. Si les langues avaient une couleur, le russe serait rose vif comme les robes que ma mère portait dans les années soixante-dix, rouge profond comme la vieille théière ouzbek qu'elle avait rapportée de Moscou, ou noir et or comme les cuillères en bois peint, d'un kitsch achevé, qui étaient accrochées au mur de la cuisine. L'anglais, que je parlais avec mon père, m'évoquait la moquette de son bureau, d'un vert fané, et le marron décoloré de ses vestes en tweed. Le russe était un langage à part, un code secret entre ma mère et moi, une langue chaude, charnelle et râpeuse, celle de la cuisine et des chambres à coucher. Elle sentait les draps tièdes et la purée de pommes de terre fumante. L'anglais était une langue bien élevée, celle des adultes et de l'apprentissage, celle de *Janet and John*[1], que je lisais sur les genoux de mon père. Elle sentait les gauloises, le café et l'huile de moteur qu'il mettait dans sa collection de locomotives à vapeur en miniature.

Ma mère me lisait les contes de Pouchkine, et notamment *Rousslan et Ludmila*, cette extraordinaire épopée poétique. L'univers fabuleux des forêts peuplées de forces maléfiques et de héros valeureux que maman faisait surgir pour moi les soirs d'hiver dans le salon exigu de notre maison londonienne, sa voix se mêlant au sifflement des trains qui entraient en gare de Victoria, était infiniment plus frappant pour le petit garçon que j'étais que tout ce que mon père pouvait me raconter. « C'est là que souffle l'âme russe. Là, ça sent la Russie ! » dit Pouchkine de l'étrange contrée qu'il nous décrit, cette anse de terre bordée par la mer où pousse un grand chêne vert ; une chaîne d'or y est fixée, assure-t-il, et sur cette chaîne un chat noir déambule nuit et jour tandis qu'une sirène nage dans ses branches emmêlées.

Martha, ma grand-mère maternelle, nous rendit visite à Londres en 1976, alors que les températures estivales atteignaient des sommets historiques. J'avais quatre ans et demi, et les pelouses d'Eccleston Square jaunissaient sous un soleil de plomb. Je me souviens des trottoirs brûlants, de la saveur acidulée des sucettes à la fraise et de ma salopette préférée, en velours beige avec une grosse fleur jaune cousue sur une jambe. Je me souviens de ma grand-mère, de sa corpulence, de son odeur russe un peu rance, de son visage rond et potelé. Sur les photos de l'époque, elle paraît mal à l'aise, morose et masculine, les bras maladroitement refermés sur moi comme si j'étais un sac trop remuant. Assise près d'elle,

---

1. Célèbre manuel de lecture britannique. Introduit dans les écoles primaires en 1949, il fut largement utilisé jusqu'à la fin des années soixante-dix. *(Toutes les notes sont de la traductrice.)*

ma mère sourit nerveusement. Les brusques sautes d'humeur de Martha m'effrayaient ; imprévisible, irritable, elle semblait perpétuellement tendue. Elle passait des heures au salon sans rien dire, dans un fauteuil près de la fenêtre, et me repoussait parfois d'une main impatiente si j'essayais de grimper sur ses genoux.

Je me souviens aussi d'un incident survenu un après-midi dans les jardins d'Eccleston Square. Ludmila bavardait avec d'autres mères de famille, ma grand-mère était assise sur un banc. Coiffé d'un casque de policier en plastique et armé d'un pistolet de cow-boy, je jouais seul au gendarme et aux voleurs. Après une course effrénée sur la pelouse, je me suis glissé derrière ma grand-mère, puis j'ai bondi sur elle pour tenter de lui passer une paire de menottes en plastique aux poignets. Elle s'est laissé faire, sans un geste, sans un cri, mais en levant les yeux vers elle j'ai vu qu'elle pleurait. J'ai couru vers ma mère, qui l'a rejointe aussitôt. Elles sont restées un long moment sur le banc tandis que je les observais, caché dans les buissons. Lorsque nous sommes rentrés à la maison, ma grand-mère pleurait toujours en silence. « Ne t'inquiète pas, m'a dit ma mère. Mamie pleure parce que les menottes lui ont rappelé l'époque où elle était en prison. Mais c'était il y a longtemps. Tout va bien, maintenant. »

Ma mère a passé une grande partie de sa vie à attendre des jours meilleurs. Ses parents ont été arrêtés lorsqu'elle avait trois ans. Dès cet instant, le régime soviétique s'est chargé de son éducation, modelant ses pensées, sinon son âme. L'avenir radieux était à portée de main, expliquait-on à sa génération, mais, tel un dieu aztèque, il ne saurait être atteint sans sacrifices : il faudrait faire couler le sang et subordonner la volonté de chacun au bien de tous. « Les Soviétiques les plus simples accomplissent des miracles à travers tout le pays », disait souvent ma mère lorsqu'elle était confrontée à des bureaucrates particulièrement bornés, citant avec ironie cette ancienne chanson populaire des années trente. Pourtant, la certitude que chacun peut venir à bout des obstacles les plus insurmontables l'a influencée tout au long de son existence.

Son père, Boris Bibikov, en était également persuadé. Il a inspiré – et terrifié – des milliers d'hommes et de femmes, les poussant à bâtir une gigantesque usine à mains nues ou presque, sans autre matière première que la boue dans laquelle ils pataugeaient. Des années plus tard, ma mère a accompli un miracle à peine moins remarquable que celui de Boris : armée de ses seules certitudes, elle s'est attaquée au mastodonte de l'État soviétique et a remporté la bataille.

Encore aujourd'hui, ma mère n'est pas grande – à peine un mètre cinquante –, mais je ne l'ai jamais considérée comme petite. Dotée d'une immense force de caractère, elle semble magnétiser l'espace autour d'elle. Son énergie pourrait déplacer des montagnes. Je l'ai souvent vue en larmes, mais jamais désemparée. Même dans ses pires moments de faiblesse, elle ne doute jamais d'elle-même. Le nombrilisme lui fait horreur, tout comme l'autocomplaisance dont s'est bercée ma génération. Bien qu'elle s'impose une discipline de fer, elle pardonne facilement aux autres leurs défaillances. Elle m'a élevé dans l'idée que rien ne s'obtient sans efforts. « Quand on veut, on peut », m'a-t-elle affirmé dès mon plus jeune âge. Toute sa vie, elle s'est fixé des objectifs qu'elle a atteints. « Nous devons nous élever à la hauteur de la foi qu'ils ont placée en nous. Il faut lutter de toutes nos forces, écrivait-elle à mon père. Nous n'avons pas le droit d'être faibles… La vie nous briserait net, et personne n'entendrait nos pleurs. »

D'une intelligence redoutable, elle peut se montrer très spirituelle, surtout lorsqu'elle est en société. À table, parmi ses connaissances ou ses amis, sa voix claire et énergique domine la conversation ; elle énonce ses opinions dans un anglais parfaitement modulé avec une assurance d'un autre temps.

« Tout est relatif, lâche-t-elle d'un ton définitif. S'il y a un cheveu dans un bol de soupe, c'est déjà trop ; mais s'il n'y en a qu'un sur votre tête, ce n'est pas assez. » Ou encore : « La langue russe abonde en verbes pronominaux réfléchis parce que les Russes sont pathologiquement irresponsables. Pour dire : "Je veux" ou "J'ai besoin de", le russe dit : "Le désir m'est venu de" ou "Le besoin m'est venu de". La grammaire reflète à merveille la mentalité de cette société infantile ! »

Au cours d'une même soirée, elle passe avec aisance de Noureïev à Dostoïevski et de Karamzine à Blok, abordant chaque nouveau sujet avec la vélocité d'un pilote automobile à l'entrée d'un virage, ses grimaces moqueuses et ses gestes agacés se muant l'instant d'après en soupirs d'admiration, mains sur le cœur. « Pff ! Nabokov ? » grince-t-elle avec un haussement de sourcils réprobateur, informant ainsi l'ensemble des personnes présentes qu'elle le considère comme un incorrigible poseur, un individu superficiel, froid et insensible. « Ah, Harms ! » poursuit-elle en levant une main au ciel pour indiquer aux convives que cet écrivain a compris toute l'absurdité de la Russie, ses tragédies quotidiennes et son pathos intrinsèque. Comme de nombreux intellectuels russes de sa génération, elle connaît la littérature de son pays natal sur le bout des doigts et navigue avec grâce d'un auteur ou d'une référence à l'autre. Je l'ai toujours admirée, mais ces soirs-là, lorsqu'elle tient l'assistance en haleine, je suis extrêmement fier d'elle.

D'après Milan Kundera, « la lutte de l'homme contre le pouvoir est celle de la mémoire contre l'oubli ». Cela vaut aussi pour ma mère et pour la relation particulière qu'elle entretient avec son histoire – celle que je vais raconter ici. Lorsque j'étais petit, elle évoquait rarement son enfance.

Mais quand, devenu adulte, je l'ai interrogée sur le sujet, elle m'a répondu très simplement, sans aucun mélodrame. Aujourd'hui, elle évoque sa vie passée avec une objectivité et une franchise stupéfiantes. Elle redoute pourtant que mon récit ne paraisse trop triste ou déprimant à mes lecteurs. « Il faudra que tu parles des gens bien, pas seulement des horreurs, a-t-elle insisté en me décrivant ce qu'elle avait vécu enfant. Il y avait tellement de générosité, tellement de gens merveilleux, pleins d'humanité. »

Une dernière image de ma mère, avant de commencer à raconter son histoire. Âgée de soixante-douze ans, elle est attablée chez un de nos amis sur une île proche d'Istanbul. Le soleil de midi joue sur la nappe généreusement garnie. Nous nous apprêtons à déjeuner sur la terrasse ombragée face à la mer de Marmara. Ludmila s'est juchée en biais sur sa chaise, comme elle le fait toujours pour soulager sa hanche abîmée par la tuberculose, contractée lorsqu'elle était enfant. Notre hôte, un écrivain turc, arbore un bronzage aussi doré que celui d'un dieu grec. Il sert le vin et fait passer les assiettes de moules qu'il a ramassées lui-même, accompagnées des plats que son excellent cuisinier a préparés.

Ma mère est détendue, d'humeur absolument charmante. Une ballerine figure au nombre des convives – une belle femme élancée, turque elle aussi, au physique racé. Elle est en grande conversation avec Ludmila, qui partage sa passion pour la danse classique. En bout de table, je bavarde depuis un moment avec notre hôte quand j'entends ma mère changer de ton. Rien d'excessif – une simple modulation de voix. Elle suffit pourtant à faire taire les conversations. Intrigués, nous nous tournons pour l'écouter.

Elle évoque son séjour à Solikamsk, un camp de fortune dressé en pleine guerre pour accueillir les enfants abandonnés, errants ou orphelins. Ma mère y était arrivée en 1943, évacuée avec des centaines d'autres par l'avance allemande. Inscrite dans une école primaire bondée, elle luttait nuit et jour contre la faim. L'institutrice n'avait qu'un peu de pain noir à leur offrir en guise de déjeuner. Elle apportait le plateau en demandant aux enfants du village de laisser leurs tranches aux orphelins – ce qu'ils faisaient, alors qu'ils étaient tous affamés.

Ma mère se contente de raconter les faits, sans chercher à les dramatiser. Elle ne regarde personne en particulier. Un sourire douloureux flotte sur son visage. Elle nous montre, en rapprochant ses deux index, la taille des morceaux de pain que leur servait l'institutrice. Ses gestes sont précis et minutieux, ses yeux s'emplissent de larmes. J'ai déjà entendu cette histoire, mais je n'en suis pas moins ému. Et frappé par cette pirouette du destin, ce miracle ordinaire qui veut que l'enfant famélique qui grelottait pendant l'hiver 1943 dans une salle de classe soviétique soit maintenant attablée avec nous au soleil, comme si elle était directement passée d'un monde ancien, ravagé par la guerre et la famine, à notre vie moderne et insouciante.

Voici à présent la cuisine de ma tante Lénina, quai Frounzenskaïa, à Moscou, par une belle soirée d'été. Nous sommes à la fin des années quatre-vingt-dix. Assis sur le rebord de la fenêtre, je fume une cigarette après avoir englouti le repas gargantuesque que ma tante a préparé en mon honneur. Comme toujours, j'ai dû la complimenter au moins cinq fois de suite pour la convaincre de ma totale satisfaction. Elle fait maintenant chauffer l'eau pour le thé dans sa vieille bouilloire émaillée, sans un regard pour l'appareil électrique de marque allemande que ses filles lui ont offert.

Lénina, la sœur de ma mère, est aussi solidement bâtie que l'était ma grand-mère Martha : les hanches larges, le sein lourd, elle semble constamment courbée sous le poids des malheurs du monde. En plus de la carrure, elle a hérité des yeux de Martha, ces yeux d'un bleu perçant qui sont également ceux de Ludmila, les miens et ceux de mon fils Nikita. Pour ce qui est du caractère, elle tient plus de son père, Boris Bibikov : de nature très sociable, elle aime réunir ses amis chez elle, bavarder à la table de la cuisine, intriguer et échanger des ragots. Elle adore tirer les ficelles et peut passer des heures au téléphone à régenter la vie de ses proches. Elle excelle aussi dans l'art de terroriser en direct les animateurs d'émissions télévisées qui invitent le public à leur téléphoner, et il lui suffit d'élever la voix pour intimider un gérant de magasin récalcitrant. C'est une forte femme capable de s'imposer en toutes circonstances – ce qui ne l'empêche pas de souffrir de multiples maux incurables et d'en informer abondamment ses proches.

Tout en servant le thé, Lénina se lance dans son sujet de conversation favori : ma vie sentimentale complexe et chaotique. Son regard bleu brille de malice et d'excitation. Elle a beau se draper derrière un moralisme de bon aloi, je ne m'y trompe plus depuis longtemps : ses protestations de vieille dame effarouchée ne sont qu'une façade. Elles font partie intégrante du formidable arsenal qu'elle déploie contre le monde extérieur et son lot quotidien de drames, de conflits et de scandales. Au fond, rien ne lui fait plus plaisir que de s'asseoir face à moi, de poser un coude sur la table de la cuisine, de me fixer d'un regard implacable – et d'attendre que je lui livre les derniers détails. Naturellement, elle pousse des cris d'orfraie aux passages les plus croustillants.

« Estime-toi heureux que je ne raconte rien à ta mère ! » dit-elle en gloussant. Bizarrement, alors qu'elle ne se lasse pas de sermonner ses filles, elle se permet rarement une critique à mon endroit lors de nos conversations hebdomadaires, préférant m'offrir ses conseils avisés et souvent cyniques. Si bien qu'aujourd'hui, malgré les cinquante ans qui nous séparent, ma tante Lénina, en vraie confidente, est une de mes amies les plus chères.

Elle a une fantastique mémoire des détails. Bien que nous commencions toujours par évoquer le temps présent, nous ne nous y attardons guère : l'actualité ne fournit pas à Lénina un sujet assez haut en couleur ni assez dramatique pour retenir longtemps son attention. Très vite, de manière presque imperceptible, elle s'oriente vers le passé, basculant en une phrase dans une équipée nocturne sur le fleuve de ses souvenirs. Elle navigue alors comme l'indicateur d'une planchette de Oui-ja, tirée d'un bord à l'autre par les anecdotes qui s'imposent à elle.

À mesure qu'elle vieillit, que sa mobilité et sa vue s'amenuisent, son passé semble gagner en clarté ; il lui paraît plus tangible que le présent. « La nuit, les morts viennent me rendre visite », se plaint-elle. Ils l'empêchent de dormir. Son mari, ses parents, ses amis, sa petite-fille Macha, décédée d'un cancer à vingt-six ans, tous se rassemblent autour de son lit. Ils discutent, ils rient, ils se chamaillent ou s'étreignent… bref, ils mènent leur vie comme s'ils avaient oublié d'être morts. Lénina les retrouve en permanence dans ses rêves. « C'est comme au cinéma », dit-elle. Plus sa fin est proche, plus ses souvenirs d'enfance se précisent. Des détails oubliés, des conversations, des incidents, des anecdotes lui reviennent en mémoire ; des bribes d'existence se déroulent sous ses yeux comme de petits films, qu'elle note en prévision de notre prochaine rencontre. Comme elle, je connais les personnages par cœur ; ses récits peuvent donc se passer d'introduction.

« Tu sais que je me suis souvenue d'oncle Iacha, des filles qu'il invitait dans sa Mercedes et de la réaction de Varia ? » m'annonce-t-elle au téléphone, et je comprends aussitôt qu'elle fait référence à l'automobile terriblement immorale que mon grand-oncle Iakov avait fait venir de Berlin en

1946, et à la colère noire qu'elle avait suscitée chez ma grand-tante. « Varia était tellement furieuse qu'elle lui a lancé tous les pots de fleurs de la maison à la figure ! Puis la vaisselle y est passée, et Iacha se tordait de rire en voyant les assiettes se fracasser contre le mur. C'est ça qui la rendait folle de rage, d'ailleurs ! »

Lénina perçoit le monde à travers les gens qui l'entourent, leurs conversations, leurs inflexions de voix. Elle lit peu, contrairement à ma mère, que j'ai toujours vue plongée dans les livres. C'est une artiste ; elle se produit chaque jour dans sa cuisine devant un public sans cesse renouvelé, composé d'amis, de solliciteurs, d'anciens élèves, de voisins et de proches parents.

L'histoire de Ludmila et de Lénina commence en juillet 1937 dans une autre cuisine – celle du bel appartement haut de plafond situé au centre de Tchernigov qu'elles occupaient avec leurs parents. Les fenêtres grandes ouvertes laissaient entrer la brise légère qui montait de la rivière Desna. Assise dans un coin, ma mère, alors âgée de trois ans, jouait avec une poupée de chiffon. Penchée à la fenêtre, ma tante Lénina guettait l'arrivée de leur père dans sa voiture de fonction, une élégante Packard noire. Elle avait douze ans, le visage rond et de grands yeux brillants d'intelligence. Ce jour-là, elle portait avec fierté sa tenue préférée, une jupe de tennis en coton blanc copiée sur un magazine de mode moscovite. La cuisine donnait sur la rue Lermontov, non loin du kremlin de Tchernigov, bâti au Moyen-Âge. De son poste d'observation, Lénina pouvait apercevoir les coupoles dorées de la cathédrale derrière les hautes frondaisons des platanes qui bordaient les trottoirs.

À la table de la cuisine, leur mère emballait en grommelant un pique-nique pour son mari dans du papier sulfurisé : poulet rôti, œufs durs, concombre, quelques biscuits et même une pincée de sel enveloppée dans un morceau de journal. Boris devait arriver d'une minute à l'autre : il avait prévu de passer prendre ses bagages chez lui avant de se rendre à la gare. Il partait le jour même pour Gagry, sur les bords de la mer Noire, dans un centre de repos réservé aux membres du Parti. Ce serait la première fois en trois ans qu'il s'accorderait des vacances.

Martha se plaignait à voix haute du retard de son mari – n'était-ce pas une habitude chez lui ? Cet homme était perpétuellement en retard ! Il était si obnubilé par son travail qu'il s'était senti obligé d'aller au bureau ce matin-là, quelques heures avant le début de ses congés, au lieu de rester tranquillement à la maison. D'ailleurs, il semblait toujours plus enclin à assister aux réunions du Parti qu'à passer du temps en famille !

Grande et robuste, Martha avait forci après ses deux grossesses, comme bien des Russes à l'aube de la maturité. Vêtue d'une robe de coton importé, elle était maquillée avec soin. Elle s'exprimait d'un ton constamment morose – ou du moins était-ce l'impression qu'elle donnait à Lénina, qui redoutait la perspective de passer la semaine seule avec elle, sans l'entremise rassurante de son père. Varia, l'employée de maison, se tenait devant l'évier. D'une patience à toute épreuve, cette fille de la campagne, vaillante et solidement bâtie, portait un *sarafan*, la longue robe traditionnelle des paysannes russes, sous son tablier amidonné. Elle dormait dans une sorte de cagibi au fond du couloir, mais elle était nourrie et rétribuée pour son travail, ce qui l'aidait sans doute à supporter les récriminations de sa patronne. Elle échangea un regard complice avec Lénina quand Martha quitta la cuisine en ronchonnant pour aller jeter un œil à la valise de Boris, posée au beau milieu du vaste hall d'entrée.

Ludmila, que tout le monde appelait Mila, avait pour sa sœur la dévotion d'un chiot pour son maître : elle la suivait partout et lui vouait une admiration sans bornes. Les deux fillettes étaient très complices de leur père : tous trois semblaient avoir signé un pacte de défense mutuelle, au grand dam de Martha, qui, jalouse, ne comprenait pas.

Lénina, toujours à son poste d'observation, vit enfin la grosse voiture noire apparaître au coin de la rue et s'arrêter au pied de leur immeuble. Un bruit de pas résonna dans l'escalier de pierre, puis Boris fit irruption dans l'appartement. Grand et large d'épaules, le crâne dégarni par une calvitie précoce, il frôlait l'embonpoint. Vêtu comme un ouvrier, il affectait une simplicité de bon aloi en chemisette de lin l'été, et marinière blanche à rayures bleues l'hiver. Âgé de trente-quatre ans, il en paraissait dix de plus. Nommé chef de la section de propagande et d'agitation du Comité de Tchernigov, il était rapidement devenu le numéro deux de la ville. Agitateur politique réputé, étoile montante du Parti, décoré de l'ordre de Lénine, Boris faisait ses classes à Tchernigov en prélude à un poste plus important à Kiev, voire à Moscou. C'était un homme qui irait loin.

Sourd aux réprimandes et aux conseils de son épouse, il se pencha pour embrasser ses filles. « Sois sage. Veille sur ta mère et ta sœur », murmura-t-il à Lénina.

Il calma sa femme d'un baiser et échangea quelques mots d'adieu avec elle. Puis il prit sa valise, son pique-nique, et redescendit l'escalier en courant. Lénina bondit vers la fenêtre. En bas, le chauffeur fumait au soleil. Il jeta son mégot en entendant arriver son patron. Lénina agita frénétiquement la main lorsque son cher papa apparut. Il monta en voiture et lui rendit son geste, rapidement, comme un général saluant ses troupes. Ce fut la dernière fois qu'elle le vit.

Après le départ de son mari, Martha alla sonner chez les voisins, de l'autre côté du palier. Elle s'inquiétait du calme qui régnait chez eux : elle ne les avait pas entendus partir travailler, et personne n'était rentré déjeuner... Quand elle regagna leur appartement un moment plus tard, Lénina la trouva pâle et nerveuse – et pour cause : ses coups de sonnette étaient demeurés sans réponse. En approchant, Martha avait constaté qu'un document officiel avait été placardé sur la porte. Il portait le sceau du NKVD, le Commissariat du peuple aux Affaires intérieures. Il n'y avait qu'une explication possible : leurs voisins, la famille d'un des collègues de son mari, avaient été arrêtés pendant la nuit.

Le lendemain matin, le regard de Martha brillait de fatigue. Elle habilla la petite Ludmila avec lassitude, convoqua Lénina dans l'entrée, leur enfonça à chacune un chapeau cloche sur la tête et les entraîna sans ménagement vers les boutiques du centre de la ville.

Elles approchaient du marché quand Ludmila manqua de trébucher sur ses lacets. Martha se baissa pour les renouer. À cet instant, une fillette de l'âge de Lénina les rejoignit furtivement, murmura quelques mots à l'oreille de Martha et s'éloigna aussitôt. Au lieu de se redresser, Martha tomba à genoux comme un animal blessé. Effarées, ses filles voulurent l'aider à se relever. Elle se ressaisit, se remit debout et fit demi-tour pour rentrer chez elle, tirant sa cadette par la main pour la forcer à accélérer le pas. Elle ne révéla à Lénina que des années plus tard ce que la fillette lui avait dit ce jour-là : « Ils viendront ce soir, avait-elle chuchoté. Ils ont un mandat de perquisition. » Elle ignorait son identité et ne sut jamais qui l'avait envoyée.

Martha fondit en larmes en arrivant chez elle. Même lorsqu'il partait en voyage d'affaires, Boris ne restait jamais loin de chez lui plus de quelques jours d'affilée. En fait, ils ne s'étaient vraiment séparés qu'une fois en douze ans de mariage – quand il avait été appelé par l'armée Rouge peu après leur rencontre. Il était reparti, à présent. Et leur vie était sur le point de s'effondrer.

Cette nuit-là, les filles se couchèrent le ventre presque vide après avoir dîné de quelques restes réchauffés hâtivement. Incapable de trouver le sommeil, Martha passa la moitié de la nuit à laver du linge sale, comme elle le raconta plus tard à Lénina. Puis elle alla s'asseoir près de la fenêtre ouverte pour guetter la voiture du NKVD. Elle s'endormit juste avant l'aube et ne l'entendit pas arriver.

Elle se réveilla en sursaut un instant plus tard : on frappait sèchement à la porte. Il était un peu plus de quatre heures. Elle enfila une robe de chambre et ouvrit la porte. Quatre hommes se tenaient sur le seuil, en veste et bottes de cuir, pistolet à la ceinture. Leur chef lui tendit un mandat de perquisition ainsi qu'un mandat d'arrêt au nom de son mari. Sommée d'aller le chercher, Martha répondit qu'il s'était absenté – et tenta de leur extorquer un semblant d'explication. Sourds à ses suppliques, ils la bousculèrent avec impatience et commencèrent à fouiller l'appartement. Les enfants s'éveillèrent au son de leurs voix. Apeurée, Ludmila se mit à pleurer. Un des hommes ouvrit la porte de leur chambre, alluma brièvement la lumière, promena un regard sur la pièce et leur ordonna de rester tranquilles. Ludmila quitta son lit pour celui de Lénina, où elle sanglota un long moment avant de se rendormir. Leur mère tenta de les rassurer tandis que, dans la pièce voisine, les hommes du NKVD vidaient les placards et inspectaient méthodiquement le contenu des tiroirs.

Ils passèrent douze heures à feuilleter chaque livre, chaque dossier du bureau de Boris. Martha n'eut pas le droit d'entrer dans la cuisine pour nourrir ses filles. Leurs visages, m'a raconté Lénina, étaient « aussi froids que leurs vestes de cuir ». Lorsqu'ils quittèrent enfin l'appartement après avoir mis les quatre pièces principales sous scellés, ils emportèrent un carton plein de documents pour lesquels ma grand-mère avait dû signer un reçu. Retranchées dans la cuisine, toujours en chemise de nuit, Martha et ses filles entendirent claquer la porte derrière eux. La jeune femme se laissa glisser au sol en gémissant tandis que Ludmila et Lénina, terrorisées, l'enlaçaient en sanglotant.

Martha finit par se relever. Elle se rendit dans la salle de bains, où elle essora une robe encore mouillée. Puis elle sécha ses larmes devant le miroir, confia Ludmila à Lénina, et courut au bureau local du NKVD, certaine que sa famille avait été victime d'une erreur. Elle revint tard dans la soirée, bredouille et désespérée. Elle n'en savait guère plus – si ce n'est qu'elle comptait parmi les dizaines d'épouses affolées venues s'enquérir de leur mari au siège du NKVD. À toutes, la réceptionniste impassible fournissait la même réponse : « Il fait l'objet d'une enquête. On vous tiendra au courant. »

Martha ignorait donc que Boris était encore un homme libre. Confortablement installé dans un wagon de première classe en route vers le sud du pays, il se préparait innocemment à goûter quelques jours de repos bien mérités aux frais du Parti.

2

« *De vrais géants !* »

Réalisons le plan, les gars !
Slogan tracé à la craie sur le mur des toilettes de l'usine par
Boris BIBIKOV

Nous ne possédons que deux photos de Boris Bibikov. La première est une photo de groupe prise à l'usine de tracteurs de Kharkov vers 1932. Assis au deuxième rang parmi une vingtaine de jeunes employés au teint frais et au sourire radieux, Boris tient les épaules de l'ouvrier qui se trouve devant lui, reconnaissable à ses cheveux en brosse. Le crâne rasé, mon grand-père porte une chemise froissée à col ouvert, dans le style ouvrier qu'affectaient alors un grand nombre de jeunes cadres du Parti. Contrairement au reste du groupe, il ne sourit pas, se contentant de fixer sévèrement l'objectif.

La seconde photo, qui figurait sur sa carte du Parti, fut prise au début de l'année 1936. Vêtu d'une tunique boutonnée jusqu'au cou, il offre à l'objectif le même regard sévère. Il y a quelque chose de cruel dans le dessin de ses lèvres, au pli légèrement tombant. Tout en lui indique l'homme d'appareil, impitoyable et résolu. Sa pose raide et solennelle, ajoutée au fait qu'il était né à une époque où peu de gens se sentaient à l'aise devant l'objectif, tend à prouver que, chez lui, le masque était quasiment parfait. Aucun des deux clichés ne laisse transparaître l'homme qu'il était : il ne montre que celui qu'il voulait être.

Il est mort sans passé. À l'instar de nombreux hommes de sa génération et de sa classe sociale, Bibikov s'était départi de son ancien moi comme d'une peau honteuse afin de mieux se glisser dans celle de l'*Homo Sovieticus*. Il se réinventa si parfaitement que même les inspecteurs chargés de noter les moindres détails de son passage dans le grand « hachoir à viande » du NKVD au cours de l'été et de l'automne 1937 ne parvinrent à exhumer que des bribes de son ancienne existence. Il ne restait rien – ni photos, ni lettres, ni documents – de sa vie avant le Parti.

Sa famille descendait d'Alexandre Bibikov, un général qui s'attira les bonnes grâces de Catherine II ainsi qu'un titre de noblesse en réprimant la jacquerie paysanne menée par Émélian Pougatchev en 1773. Bibikov mata le soulèvement avec la plus grande violence, comme le souhaitait l'impératrice : il fit pendre et fouetter les milliers de rebelles qui avaient osé défier le pouvoir central.

Boris, son descendant, naquit en Crimée en 1903, d'après son dossier du NKVD, ou en 1904, selon sa mère. Lev, son père, était un petit propriétaire terrien. Il mourut lorsque Boris et ses deux frères, Iakov et Isaac, étaient encore très jeunes. Mon grand-père ne parlait jamais de lui. Sa mère, Sofia, était issue d'une famille de marchands juifs prospères, installés en Crimée depuis longtemps. Le père de Sofia, Naum, possédait un moulin et un silo à grains – ce qui pourrait expliquer l'étrange profession d'« ouvrier de moulin » citée par Bibikov au nombre de ses premières activités professionnelles lors de son arrestation par le NKVD. Nous ne savons rien de plus de ses jeunes années, si ce n'est qu'il parlait anglais et qu'il n'a pas pris part à la guerre civile. Iakov, le seul des trois fils de Sofia qui survécut aux années trente et à la Seconde Guerre mondiale, était tout aussi obsessionnel : jusqu'à sa mort, en 1979, il veilla à ne mentionner ni ses origines sociales ni l'exécution de Boris. Les frères Bibikov n'étaient pas hommes à se retourner sur leur passé. Seul l'avenir comptait à leurs yeux.

Mon grand-père n'était sans doute pas un héros, mais il vivait des temps héroïques. L'époque incitait à la bravoure et au dépassement de soi. Pour lui comme pour toute une génération d'hommes idéalistes et ambitieux, le mot d'ordre de la Révolution bolchevique – « Paix, Terre et Pain ! » – devait sembler particulièrement novateur, puissant et prophétique. Formés à l'école du Parti, Boris et ses compagnons, tous futurs cadres du nouveau régime, se destinaient à occuper les avant-postes de l'histoire mondiale – rien de moins. Durant les années qui suivirent la Révolution d'octobre, à mesure que les bolcheviks balayaient l'ancienne Russie, Bibikov a sûrement éprouvé, comme de nombreux membres des « anciennes classes », une sorte de révélation romantique. À moins qu'il n'ait cédé à l'ambition, à l'orgueil, ou plus prosaïquement à l'appât du gain ? Nous n'en saurons rien. Son héritage, le petit empire de son grand-père maternel minotier, avait été nationalisé en 1918. Considérés comme des ennemis de classe, les membres les plus fortunés de sa famille, qui vivaient à Moscou ou à Petrograd, avaient fui à l'étranger ou avaient été arrêtés. Les bolcheviks étaient les nouveaux maîtres du pays. Ils détenaient les clés de l'ascension sociale – et Bibikov, en homme énergique et intelligent, opta vite pour le camp des vainqueurs.

Mon interprétation, un peu rude il est vrai, est nuancée par les souvenirs de Lénina, la seule à pouvoir encore évoquer pour moi l'homme qu'il était. Or elle en parle comme d'un être honnête, noble et désintéressé. Même s'il n'était pas aussi vertueux qu'elle le croit, nous devons reconnaître à son témoignage une certaine vérité émotionnelle. Aussi nous contenterons-nous de penser qu'un nouveau monde était en construction et que les trois frères Bibikov, fascinés par la beauté de cette vision, si radieuse et novatrice, décidèrent de s'y consacrer corps et âme.

La guerre civile touchait à sa fin quand Boris s'inscrivit à l'école supérieure du Parti, récemment ouverte à Simferopol, en Crimée, afin de former les futurs commissaires de l'Union, appelés à gérer le gigantesque empire récemment conquis par les bolcheviks – à leur grande surprise, d'ailleurs. Après avoir suivi une année de cours théoriques sur le marxisme-léninisme, l'agitation et la propagande, mon grand-père fut admis au sein du Parti en mai 1924. Âgé de vingt et un ans, c'était une recrue enthousiaste, un meneur prêt à servir la Révolution partout où elle aurait besoin de lui.

Ainsi qu'il le découvrit rapidement, les besoins les plus pressants de la Révolution n'avaient rien d'héroïque : on l'envoya superviser la récolte estivale de tomates et d'aubergines du nouveau kolkhoze institué à Kourman-Kemeltchi, ancien village tatar peuplé depuis deux siècles par une minorité ethnique germanophone, sur les hauteurs de la presqu'île de Crimée. Ce fut là, dans la chaleur étouffante et poussiéreuse des champs de tomates, qu'il rencontra sa future femme, Martha Platonovna Chtcherbak.

Quelques semaines avant cette rencontre, Martha Chtcherbak avait laissé mourir Anna, sa sœur cadette, sur un quai de gare à Simferopol.

Les deux jeunes filles avaient quitté leur village natal situé près de Poltava, à l'ouest de l'Ukraine, au début de l'été, dans l'espoir de se faire embaucher comme ouvrières agricoles en Crimée. À vingt-trois ans, Martha avait depuis longtemps dépassé l'âge auquel les jeunes paysannes de l'époque étaient censées se marier. Ses parents avaient donné naissance à onze filles – et à deux garçons, morts en bas âge. Accablé par cette progéniture exclusivement féminine, son père, Platon, s'estimait certainement victime d'une malédiction familiale. Aussi avait-il été heureux de les voir partir, sa sœur et elle, vers le sud du pays.

Martha avait grandi dans l'atmosphère lourde de suspicions et de brutalité ordinaire d'un misérable village ukrainien. Ses sœurs, pourtant confrontées elles aussi à la dure réalité de la vie paysanne russe, la jugeaient déjà querelleuse, jalouse et pénible – ce qui pourrait expliquer qu'elle n'ait pu se trouver un mari au village et que Platon l'ait envoyée vivre ailleurs. Martha se sentit rejetée. Cette blessure fut la première et peut-être la plus profonde d'une longue série de rebuffades et d'humiliations qui finirent par assécher en elle toute bonté.

Quand les deux sœurs Chtcherbak atteignirent la gare de Simferopol après une longue semaine de voyage dans des trains bondés ou des camions de marchandises, Anna était brûlante de fièvre. Bousculée, poussée par la foule des voyageurs sur le quai écrasé de soleil, elle perdit brutalement conscience. On se massa autour d'elle : sa peau avait pris une teinte bleuâtre. De longs frissons la parcouraient. Quelqu'un cria : « C'est le typhus ! » et tout le monde se mit à courir. Affolée, Martha recula vivement et s'enfuit avec les autres.

Elle était jeune, elle avait peur et, pour la première fois de sa vie, elle était seule, loin de la ferme familiale oppressante et surpeuplée qu'elle avait toujours connue. Il est possible qu'elle ait craint d'être mise en quarantaine dans un des mouroirs tristement célèbres où s'entassaient les malades du typhus depuis le début de l'épidémie. En abandonnant sa sœur, elle prenait pourtant une décision qui devait la hanter jusqu'à la fin de sa vie. Sans doute était-elle en proie à une terreur, à une confusion indicibles – toujours est-il qu'elle fit mine de ne pas connaître l'adolescente moribonde et fiévreuse étendue sur le quai. Tournant le dos, elle se joignit aux voyageurs qui s'engouffraient dans le premier train en partance pour l'ouest de la presqu'île.

Bien des années plus tard, après que mère et fille eurent survécu à trente ans d'horreurs, Martha raconta à Lénina ce qui était arrivé à sa sœur cadette – mais elle le fit incidemment, comme s'il s'agissait là d'un événement tout à fait banal. Quelque chose s'était brisé en elle, ou lui avait toujours fait défaut.

Même petit, j'avais peur de ma grand-mère. Elle n'avait jamais pris l'avion avant de nous rendre visite en 1976. Ce fut aussi son unique séjour à l'étranger. Avant cette date, son plus long voyage remontait à celui qu'elle avait effectué en train pénitentiaire jusqu'au Kazakhstan, où le régime l'avait condamnée au goulag, puis, des années plus tard, à celui qui l'avait ramenée du Kazakhstan à Moscou. Elle était arrivée chez nous avec ses propres draps en coton épais, bien emballés dans ses grosses valises, selon une coutume en usage chez les voyageurs soviétiques.

Son corps semblait un fardeau. Elle se déplaçait péniblement, comme si ses membres l'encombraient. Elle s'habillait de robes bon marché en tissu imprimé et enfilait de grosses pantoufles lorsqu'elle restait à la maison. Pour sortir, elle revêtait un twin-set en tweed qui sentait le renfermé. Elle ne souriait quasiment jamais et nous fixait d'un regard sévère à chaque repas, comme si elle désapprouvait le luxe bourgeois dans lequel vivait sa fille. Un soir, me voyant taper avec mon couteau et ma fourchette sur un tambour imaginaire, elle me réprimanda si durement que j'en eus les larmes aux yeux. Je fus soulagé de la voir partir – mais les pleurs qu'elle versa au moment du départ me plongèrent dans l'embarras. « On ne se reverra jamais ! » dit-elle d'une voix brisée en étreignant ma mère. Elle avait raison, mais l'heure n'était plus aux effusions : mon père l'attendait dans sa Coccinelle orange pour l'emmener à Heathrow.

Aujourd'hui, lorsque je pense à Martha – et cela m'arrive souvent –, je m'efforce toujours de me défaire des ouï-dire et des analyses psychologiques qui ont parasité son image dans mon esprit. J'essaie de l'imaginer en jolie mariée plantureuse le jour de ses noces avec Boris Bibikov. Je tente de comprendre comment elle a pu donner naissance à une femme aussi vive et optimiste que ma mère. À force d'ausculter sa vie brisée, j'en suis venu à penser qu'une série de chocs émotionnels avaient atrophié en elle toute énergie, toute force vitale. Elle en voulait au monde entier. Privée de bonheur dans sa jeunesse, elle s'acharnait à le détruire chez les autres. Je n'étais qu'un petit garçon quand je l'ai connue. Mais, même alors, j'ai perçu dans le vide de son regard et dans la raideur de ses étreintes quelque chose de profondément angoissant – la marque d'un être abîmé par la vie.

Parti de Simferopol, le train de Martha s'éleva vers les montagnes situées à l'ouest de la presqu'île. On lui avait assuré qu'elle trouverait du travail là-bas, à Kourman-Kemeltchi. Elle descendit sur le quai poussiéreux de la petite gare et marcha jusqu'au kolkhoze. On lui attribua aussitôt un lit de camp dans une des baraques construites à la va-vite pour les travailleurs saisonniers. Ce fut là qu'elle rencontra Boris Bibikov.

Leur liaison se solda par un mariage révolutionnaire – au sens premier du terme : instruit et plein d'avenir, Boris appartenait à la nouvelle élite bolchevique du pays, tandis que Martha, en fille de la campagne, offrait toutes les qualifications prolétariennes requises. Y avait-il une part de calcul chez Bibikov ? Peut-être. Mais j'ai plutôt tendance à penser qu'il s'agissait d'une union de circonstance, hâtivement conclue pour légitimer les conséquences de quelques étreintes nocturnes dans l'herbe sèche, en Crimée.

Leur fille aînée naquit en mars 1925, sept mois après qu'ils eurent « signé », comme on le disait désormais du mariage civil. Bibikov la prénomma Lénina en hommage à Vladimir Ilitch Lénine, le leader récemment décédé de la Révolution bolchevique. Elle avait huit mois quand il partit effectuer son service militaire dans l'armée Rouge. Au cours des longues semaines qui suivirent, Martha prit l'habitude de montrer à sa fille, en disant « Papa », les lettres qu'elle recevait de son mari.

Lorsqu'il revint chez lui, la petite Lénina, alors âgée de deux ans, fondit en larmes, terrifiée par celui qu'elle prenait pour un étranger. Martha eut beau lui expliquer qu'il s'agissait de son père, elle ne voulut rien entendre : « Non ! Mon papa est là ! » dit-elle en pointant le doigt vers la boîte en fer-blanc qui renfermait ses lettres. Elle semblait pressentir, avec des années d'avance, l'instant où Boris franchirait en sens inverse le seuil de leur maison et les quitterait à jamais – se muant de nouveau en un tas de papier jauni.

Il faut attendre 1929 et les premiers vrais souvenirs de Lénina pour en savoir plus sur la vie de Boris Bibikov. C'est aussi en 1929 que démarra le projet auquel il allait consacrer une partie de sa carrière et qui devait le propulser, pour un temps du moins, au premier plan des personnalités politiques locales. Au mois d'avril, la XVIe conférence du parti communiste approuva officiellement le lancement du premier plan quinquennal pour le développement de l'économie nationale. Les bolcheviks avaient gagné la guerre civile, et le secrétaire général du Parti, Iossif Staline, venait d'évincer son grand rival, Lev Trotski. En votant le lancement du plan, d'une ambition sans précédent, le Parti fixait les objectifs à atteindre et se dotait des moyens nécessaires à l'édification d'un pays socialiste sur les ruines d'une Russie ravagée par la guerre et la Révolution. Il ne s'agissait pas seulement d'un outil de planification économique : aux yeux de Bibikov et de toute une génération de jeunes adeptes, le plan était le sésame qui leur ouvrirait les portes de l'avenir radieux du socialisme.

Les paysans, qui représentaient plus de quatre-vingts pour cent de la population, étaient au cœur du dispositif : rétifs au communisme, ils étaient considérés par le Parti comme de dangereux réactionnaires, qu'il fallait « socialiser » à tout prix. La Révolution était urbaine, instruite et doctrinaire – comme Bibikov lui-même. Les paysans, agrippés à leur désir sacrilège de posséder la terre qu'ils travaillaient, viscéralement attachés à la famille, au clan et à l'Église, posaient un défi permanent au Parti en contestant le monopole qu'il entendait s'arroger sur leurs âmes. Le plan quinquennal visait donc à transformer les campagnes en usines à grain, et les paysans en ouvriers.

« Cent mille tracteurs changeront le moujik en communiste », affirmait Lénine. Il fallait pousser les paysans vers les villes, où ils deviendraient de bons prolétaires. Ceux qui resteraient dans les campagnes travailleraient efficacement dans de gigantesques fermes collectives. Or, pour moderniser ces fermes et libérer la main-d'œuvre nécessaire aux zones urbaines, le pays avait besoin de tracteurs. Aux semailles de printemps de 1929, il n'y en avait que cinq en activité dans toute l'Ukraine. Partout ailleurs, hommes et chevaux avaient accompli le travail. Les vastes plaines de terre noire vivaient encore, comme elles l'avaient toujours fait, au rythme lent des saisons, sous le pas lourd des semeurs, des laboureurs et de leurs animaux de trait.

À cela, le Parti avait décidé de mettre un terme. Staline avait personnellement ordonné la construction de deux énormes usines de tracteurs au cœur des zones céréalières du sud et du centre de la Russie : la première à Kharkov, en Ukraine, considérée comme le grenier à blé de l'empire ; la seconde à Tcheliabinsk, en bordure des steppes désertiques de l'ouest du Kazakhstan. Le Parti avait également forgé un nouveau mot d'ordre pour l'occasion : « Produisons des machines de premier ordre pour mieux labourer les terres vierges de la conscience paysanne ! »

L'usine de tracteurs de Kharkov, couramment appelée KhTZ dans les documents officiels, devait s'élever sur un terrain broussailleux à la périphérie de la ville. Le gigantisme du projet et son ambition démesurée laissent sans voix : pour la seule année 1929, le Parti affecta 287 millions de roubles-or, 10 000 ouvriers, 2 000 chevaux, 160 000 tonnes de fer et 100 000 tonnes d'acier au lancement du projet. Les briques devaient être façonnées dans la terre argileuse qui serait extraite du terrain pour construire les fondations de l'usine. Et les machines étaient rares : lorsque le premier coup de pioche fut donné, il n'y avait sur le chantier que vingt-quatre bétonnières mécaniques et quatre broyeurs à gravier.

Le personnel ouvrier se composait en grande majorité de paysans inexpérimentés, récemment dépossédés de leurs terres. La plupart d'entre eux n'avaient jamais utilisé d'autre machine qu'une batteuse tirée par des chevaux. Les maçons savaient bâtir un four traditionnel à mains nues, mais ils ignoraient tout de la construction d'un bâtiment en brique. Et les charpentiers, capables d'édifier une isba à la hache, se révélaient inaptes à concevoir un baraquement.

Il semble légitime d'évoquer cette époque en termes héroïques puisque c'est certainement ainsi que Bibikov se considérait et qu'il concevait sa mission. Qu'un tel projet ait été envisagé, et à plus forte raison qu'il ait été réalisé en un temps record, témoigne des convictions inaltérables et de l'énergie démentielle de ses participants. Contrairement aux générations de bureaucrates qui leur ont succédé, les hommes du Parti nommés à la KhTZ n'étaient pas des ronds-de-cuir retranchés dans leur bureau. Même en se méfiant des rapports emphatiques que dressait l'administration de l'époque, on ne peut demeurer sourd aux nombreux témoignages qui les décrivent en train de travailler dans la boue parmi des paysans désemparés, obtus et à demi affamés. Non contents d'en faire des ouvriers, ils ont aussi réussi à leur transmettre leur enthousiasme et leurs opinions politiques. En l'absence de machines adéquates et de travailleurs qualifiés, il fallait assurément beaucoup aimer – et beaucoup craindre – le parti communiste pour tirer quatre-vingt-dix millions de briques d'un champ d'argile et bâtir un mastodonte industriel. Avec ce projet, le Parti espérait faire la démonstration de sa toute-puissance et prouver qu'il savait triompher des situations les plus ardues.

La famille Bibikov habitait au 4, rue Kouïbychev, en plein centre de Kharkov, dans un grand logement communautaire aménagé à l'étage d'un ancien immeuble bourgeois. Les lieux, plutôt cossus, étaient parfaitement appropriés à la position sociale de Boris, alors en pleine ascension au sein du Parti. Ils partageaient l'appartement avec un couple de juifs sans enfants, Rosa et Abram Lamper. Abram était ingénieur ; Rosa, qui ne travaillait pas, était un vrai cordon-bleu. Persuadée que Lénina préférait la cuisine de Rosa à la sienne, Martha lui voua bientôt une jalousie féroce, pimentée par l'antisémitisme séculaire des paysans russes.

Lénina ne voyait presque jamais son père : il passait ses journées à l'usine. Une voiture venait le chercher au petit jour, et il ne rentrait que tard dans la soirée, bien après l'heure du coucher de sa fille. Le week-end, il trouvait pourtant le temps de prendre des cours d'allemand auprès d'un professeur particulier – une belle jeune femme à l'allure très aristocratique. Comme Martha les soupçonnait d'avoir une liaison, Boris prit l'habitude d'emmener Lénina avec lui.

Ils se rendaient à pied chez son professeur en longeant la gigantesque université technique. Bibikov tenait Lénina par la main et lui achetait des bonbons en chemin. En arrivant, il faisait le baisemain à leur hôtesse – un geste affreusement bourgeois qu'il ne se serait pas permis en public. Puis il donnait un livre à sa fille et s'engouffrait dans la chambre de la jeune femme en refermant la porte derrière lui.

Il invitait parfois ses collègues à passer la soirée chez lui : Potapenko, qui dirigeait la cellule du Parti à l'usine, était un habitué, ainsi que Markitane, secrétaire du Comité de Kharkov. Boris ne fumait pas et ne buvait jamais d'alcool, ce qui ne l'empêchait pas d'être un boute-en-train. Lénina m'a souvent parlé de lui comme d'un grand *zavodilo*, littéralement un « grand remonteur d'horloge », c'est-à-dire un excellent meneur. « J'étais fière d'être la fille d'un tel leader, car c'en était un ! se souvient-elle. Il avait le don d'enthousiasmer, de galvaniser les gens autour de lui. C'était magique ! »

Magique ou non, Bibikov semble s'être lancé dans la construction de l'énorme usine avec un enthousiasme qui frisait le fanatisme. Un de ses collègues a raconté plus tard à Lénina que son père inscrivait des mots d'ordre à la craie dans les toilettes de l'usine pour inciter les ouvriers à augmenter les cadences : « Réalisons le plan, les gars ! » était un de ses préférés. Il était également chargé d'embaucher du personnel et s'acquittait de cette mission en organisant de vastes tournées de recrutement à travers toute la région, auprès des paysans ou des unités de l'armée Rouge qui démobilisaient leurs soldats. Accompagné d'une poignée d'ouvriers triés sur le volet, il se rendait en train, en omnibus ou en voiture jusque dans les villages les plus reculés, où il vantait les mérites de la KhTZ en s'appuyant sur une série de graphiques aux couleurs vives, censés favoriser la compréhension d'un public majoritairement analphabète. Il revenait de ces tournées sale et exténué, la tête pleine des poux qu'il attrapait dans les isbas où il était contraint de passer ses nuits. Lénina se souvient que sa mère s'en plaignait. Par précaution, elle faisait bouillir ses sous-vêtements dès son retour dans une grande casserole en émail.

L'histoire officielle de l'usine fut rédigée par une main anonyme en 1977. Dès les premières pages, il semble évident que leur auteur, vraisemblablement un cadre de l'usine à la retraite, fut un des témoins privilégiés des glorieux débuts de la KhTZ. S'attachant au parcours de quelques héros ordinaires, il raconte notamment l'arrivée à Kharkov d'une certaine Varvara Shmel. La jeune paysanne, qui avait quitté sa ferme natale pour rejoindre son frère sur le chantier, devient sous sa plume le symbole des progrès du prolétariat sous l'influence bénéfique de la KhTZ. Ébahie par le premier tracteur qui s'offre à sa vue, Varvara se barbouille le visage et les mains de graisse en inspectant le moteur. Si l'on en croit l'histoire officielle, la scène se déroulait « sous le regard sardonique » d'un journaliste étranger en visite sur le chantier. Ce « jeune homme en bottes de caoutchouc jaunes » personnifie le dédain des Occidentaux, persuadés que la Russie ne parviendrait jamais à rattraper son retard industriel et économique.

« Quel symbole ! ricane le correspondant étranger. La jeune paysanne s'approche d'un tracteur pour l'examiner. Et qu'arrive-t-il ? Elle se salit les mains, rien de plus. Je le dis et le redis : la construction de cette usine n'aboutira pas. C'est un projet irréaliste. La jeune fille perd son temps. Elle ferait mieux de rentrer chez elle pour préparer une marmite de – comment disent-ils, déjà ? – de *chtchi* aux choux ! »

Toujours d'après l'histoire officielle de la KhTZ, la main-d'œuvre « affluait de toute l'Union soviétique. Beaucoup de travailleurs avaient répondu à l'appel du Parti et des komsomols [1]. Ils s'acquittaient de leur mission avec passion. C'étaient de vrais enthousiastes, prêts à jeter toute leur énergie dans la bataille. Ils formaient l'ossature de l'édifice. Constamment en première ligne, ils luttaient activement pour doter l'économie socialiste de bases solides. »

En réalité, la plupart des paysans recrutés sur le chantier étaient des réfugiés affamés, privés de terre par la guerre que le jeune État soviétique avait déclenchée contre son propre peuple.

Le 5 janvier 1930, le comité central du Parti avait promulgué un arrêté annonçant « le passage de la limitation des tendances exploiteuses des koulaks [2] à la liquidation des koulaks en tant que classe ». Bien que peu connu, cet arrêté du parti communiste soviétique condamnant les koulaks à l'extermination a fait plus de victimes que la conférence de Wannsee qui organisa en 1942 la « solution finale à la question juive », c'est-à-dire l'extermination de l'ensemble des Juifs d'Europe.

L'armée Rouge mobilisa des unités entières pour arracher les paysans à leurs terres et confisquer, au profit des villes ou des marchés étrangers, les récoltes qu'ils avaient « amassées ». Dans leur sillage, les officiers du NKVD se chargèrent d'éliminer ceux qu'ils soupçonnaient d'être des koulaks – ce qui, dans les faits, se traduisit par la déportation ou l'exécution de tous ceux qui travaillaient davantage que leurs voisins ou qui résistaient à la collectivisation des terres. L'armée Rouge, que la guerre civile avait rendue brutale, se battit contre les paysans dans un état d'esprit similaire à celui qui l'animait contre les opposants à la Révolution. Il y eut quantité d'exécutions sommaires ; des centaines de villages furent incendiés ; leurs habitants furent

---

1. Membres de l'Organisation soviétique des jeunesses communistes.

2. Dans la Russie du dix-neuvième et du début du vingtième siècle, le terme *koulak*, qui signifie « poing » en russe, désignait les paysans jouissant d'une certaine aisance matérielle et financière.

déplacés à marche forcée en plein hiver ou transportés en fourgons à bestiaux dans des camps de travail, où le régime les réduisit en esclavage. Déportés à travers toute l'Union soviétique, ces condamnés étaient qualifiés de « charbon blanc » par leurs gardes.

« Ce fut une seconde guerre civile – contre les paysans, cette fois, affirme Alexandre Soljenitsyne dans *L'Archipel du goulag*, son "essai d'investigation littéraire" consacré à la terreur stalinienne. Cette guerre marqua un tournant radical ou, comme on a coutume de le dire, une rupture historique. L'expression est juste, mais on omet toujours de préciser que ce qui se rompait à l'époque, c'était l'ossature même de la Russie. »

Au début de l'année 1930, alors que le pays était virtuellement en guerre depuis l'automne – « virtuellement », parce que seule une des deux parties était armée –, la moitié des fermes ukrainiennes avaient été nationalisées sous la contrainte. Staline fit paraître dans la *Pravda* du 2 mars un article dans lequel il imputait la violence et le chaos des mois précédents au « vertige du succès » qui s'était emparé, d'après lui, des cadres locaux du Parti. En réalité, ces cadres locaux étaient troublés et démoralisés ; les paysans désertaient massivement les kolkhozes, et leur résistance au régime et à ses représentants était telle que Staline lui-même dut se résoudre à freiner le rythme des collectivisations.

Sourds aux horreurs qui se jouaient dans les campagnes environnantes, Bibikov et son équipe continuaient vaille que vaille à superviser les travaux de la gigantesque usine de tracteurs de Kharkov.

« Lorsque les hirondelles revinrent des lointains pays chauds où elles avaient passé l'hiver, lorsque le chant des alouettes emplit de nouveau l'air printanier et que la neige fondit sous les premières caresses du soleil, la steppe se couvrit de plusieurs milliers de pelles étincelantes », relate l'auteur de l'histoire officielle dans le style ronflant des éditoriaux de la *Pravda*. Pourtant, les conditions de travail étaient effroyables. Faute de chevaux, les ouvriers devaient charger les monceaux de terre argileuse sur des traîneaux improvisés, qu'ils tiraient à bout de bras : entre 1929 et 1933, le nombre de chevaux en Union soviétique fut réduit de moitié par des paysans affamés ou résolus à se venger du système. Sur le chantier, les charpentiers parvinrent tant bien que mal à construire les cent cinquante baraques nécessaires aux ouvriers. Un peu plus loin, un four souterrain improvisé permettait de cuire les premières briques destinées à fabriquer la cheminée de l'usine. Deux wagonnets se déplaçaient d'un bout à l'autre du chantier sur des rails fraîchement posés. Le premier servait de bains publics ; le second de clinique ambulante. Des litres de boue liquide surgissaient entre les lames du plancher des ateliers. Les ouvriers alignaient chaque soir leurs godasses d'étoupe au pied des baraques pour les faire sécher au soleil. Au printemps, les murs de l'usine commencèrent à surgir de la glaise épaisse et lourde qui servait à leur construction.

Ce miracle se répéta dans toute l'Union soviétique. À Magnitogorsk, en Oural, et à Tomsk, en Sibérie, d'énormes centres sidérurgiques furent édifiés dans des endroits jusque-là déserts. À Sverdlovsk, on mit en service l'Ouralmach, une gigantesque usine de constructions mécaniques lourdes. À Tcheliabinsk, on bâtit une autre usine de tracteurs, la ChTZ, ainsi qu'une fabrique de moissonneuses-batteuses, les « navires des steppes ». Des usines métallurgiques virent le jour à Krivoï-Rog et à Zaporojié, en Ukraine, tandis que des mines d'anthracite étaient creusées dans le bassin du Donetsk. De 1928 à 1932, pendant le premier plan quinquennal, une nouvelle usine et cent quinze kolkhozes s'ouvraient chaque jour. Les projets apparemment utopiques qui émanaient du Politburo à Moscou devenaient une réalité à travers tout le pays. Le régime avait assez prouvé sa sévérité envers les ennemis de la Révolution pour inspirer la crainte : chacun savait qu'un échec serait lourdement puni. Toutefois, j'ai peine à croire que la peur ait été le seul moteur du succès de cette campagne d'industrialisation. Et le sourire radieux des ouvriers n'est peut-être pas si factice qu'il n'y paraît sur le déluge de photos de propagande prises à l'époque. Les hommes et les femmes impliqués dans ces grands projets éprouvèrent, l'espace de quelques mois, une fierté intense et farouche : celle d'accomplir l'impossible.

Les bâtiments principaux de la KhTZ – ses murs, ses toits de verre, ses cheminées, ses fourneaux, ses routes et ses voies ferrées – furent achevés à la fin de l'été 1930, moins d'un an après le début du plan quinquennal. On publia alors le premier numéro du journal de l'usine. Baptisé *Tiemp*, « La Cadence », il exhortait les ouvriers à améliorer leur productivité. Bibikov en était le rédacteur en chef. Il y faisait régulièrement paraître des articles et enseignait les bases du journalisme aux ouvriers assez lettrés pour intégrer l'équipe. Il écrivait également pour les *Izvestia*, le célèbre quotidien moscovite fondé par Lénine. Lénina se souvient que son père achetait fiévreusement plusieurs exemplaires de ce journal le jour de la parution de ses articles. Malheureusement, les rédacteurs de l'époque publiaient la plupart des textes sans mentionner le nom de leur auteur. Et comme, de surcroît, la quasi-totalité des archives des *Izvestia* datées des années trente fut détruite pendant la guerre, les articles de Bibikov resteront un mystère.

Dans une lettre de 1963, Alexandre Grigorovitch Kachtanyr, qui travaillait comme stagiaire à *Tiemp* en 1931, évoquait pour Ludmila les souvenirs qu'il avait gardés de Bibikov. « On parlait de votre père d'un bout à l'autre de l'usine. J'ai entendu ses discours à maintes reprises, dans le hall, pendant les réunions ou sur les chantiers : il était toujours puissant et combatif. Nous vivions une époque si mouvementée ! Le titre que nous avions donné à notre journal reflétait la pensée qui nous habitait tous : “Allons ! Il n’y a pas de temps à perdre ! Il faut tenir la cadence !” Vous pouvez être fière de votre père. C’était un vrai combattant d’avant-garde, comme l’aurait aimé Lénine. Entretenez son souvenir dans votre cœur : il le méritait amplement ! »

En février 1966, la *Pravda* publia un reportage effectué à la KhTZ (après que Bibikov fut officiellement réhabilité sous Khrouchtchev). Le correspondant anonyme dépêché sur place s’attacha à restituer l’atmosphère électrique qui régnait sur le chantier aux premières heures de l’usine. « J’ai passé toute la journée de dimanche chez [l’ouvrier] Chernoïvanienko, à parler avec lui de ses journées de travail à l’usine, écrivit le journaliste. Mais il en revenait sans cesse aux années trente... Quelle époque c’était ! L’Union soviétique venait de lancer sa grande campagne d’industrialisation ! Nous avons évoqué ensemble les gens de la KhTZ et leur attitude à l’époque : Svistoun, le directeur, toujours sérieux mais extrêmement impartial ; Bibikov, le responsable de l’agitation de masse – un camarade enjoué et intense, capable d’inciter nos jeunes ouvriers à s’attaquer aux pires difficultés, qu’il s’agisse de vitrer un toit en un temps record, de goudronner les sols ou d’installer de nouvelles machines-outils, sans jamais leur donner d’ordre : sa force de conviction suffisait à les pousser à l’action. “Ce n’étaient pas des hommes ordinaires, a conclu Chernoïvanienko d’une voix grave, pleine de passion contenue. C’étaient de vrais géants !” »

Soucieux de respecter les délais fixés par le Parti, Bibikov se fit le champion de la « compétition socialiste » : en apparente contradiction avec les théories marxistes, cette méthode consistait principalement à organiser des concours de productivité entre les différentes équipes d’ouvriers. En élevant certains d’entre eux au rang de héros, Boris Bibikov offrait à ses hommes des modèles auxquels ils pouvaient s'identifier : « Ce sont des travailleurs qui, par leur exemple, ont incité les autres à accomplir des exploits. Ils sont entrés en héros dans l'histoire de l'usine et deviendront des hommes de légende. »

Parmi ces héros créés par Bibikov et par le service de propagande de *Tiemp*, citons notamment Dmitri Melnikov, qui assembla une « Marion », une excavatrice américaine de quatorze tonnes, en six jours au lieu des deux semaines annoncées par son fabricant. Cet exploit, comme de nombreux autres, fit les gros titres des *stien-gaziéty*. Ces gazettes murales affichées un peu partout sur le chantier servaient aussi à dénoncer ceux qui relâchaient leurs efforts : « Moi, coffreur de l'équipe de Kouzmienko, je me suis trouvé sans travail pendant trois heures à cause de l'incompétence de X, pouvait-on lire sur une des *stien-gaziéty* du chantier à la fin de l'année 1930. J'exige que les héros-ouvriers de notre groupe soient payés de sa poche pour ces heures perdues. »

Mais rien n'y faisait : les cadences infernales n'étaient toujours pas respectées, et le chantier prenait du retard. Pourtant le treizième anniversaire de la Révolution approchait dangereusement – et, avec lui, la date fixée par Moscou pour la livraison de l'usine. À l'instigation de Bibikov et du comité local du Parti, les contremaîtres furent chargés d'organiser des « nuits éclairs », au cours desquelles les différentes équipes d'ouvriers se lançaient dans des courses effrénées, rythmées par la fanfare de l'usine.

Ces compétitions devinrent vite une obsession pour les ouvriers comme pour les cadres de l'usine, encouragés à l'émulation collective par une vaste campagne de presse nationale qui dressait quotidiennement la liste des prouesses miraculeuses (et de plus en plus insensées) accomplies d'un bout à l'autre de l'Union. La *Pravda* ne fut pas en reste : tout en vantant inlassablement les exploits de l'industrie soviétique, le journal du Parti incita bientôt ses lecteurs à ébahir les observateurs étrangers et à démentir leurs prévisions. Soucieuse de tenir son rang, la KhTZ vanta aussitôt ses propres records : « Les ouvriers ont également réfuté les estimations des experts étrangers quant à la productivité des bétonnières de type Kaiser. Le professeur Zailinger, par exemple, affirmait que ces machines ne pouvaient pas produire plus de deux cent quarante portions de béton en huit heures d'affilée. Eh bien, les communistes de l'usine de tracteurs ont décidé de lui prouver le contraire ! » s'exclame le rédacteur de l'histoire officielle de la KhTZ. Quatre cents hommes se sont attelés à la tâche, produisant deux cent cinquante portions de béton à la sueur de leur front. « Les spécialistes étrangers et leurs théories ne font pas la loi ici », déclara fièrement le contremaître G.B. Marsounine au correspondant du *Tiemp*.

Dès lors, la fanfare de l'usine fut appelée à jouer chaque nuit. La musique se répercutait d'un mur à l'autre jusqu'à l'aube, couvrant le vacarme des six bétonnières de type Kaiser qui fonctionnaient à plein régime dans l'immense salle des machines. Les contremaîtres s'époumonaient pour inciter leurs hommes à augmenter les cadences. Au cours des mois suivants, de nouveaux records furent établis, à raison de trois cent soixante, puis de quatre cent cinquante-deux portions de béton préparées toutes les huit heures. Des cimentiers venus de toute l'URSS se réunirent à Kharkov, à l'invitation de l'Union des ouvriers du béton, pour célébrer les incroyables résultats de la KhTZ. Le grand spécialiste étranger du béton, le mystérieux professeur Zailinger, fit le voyage depuis l'Autriche pour observer les ouvriers au travail. « Vous savez travailler, c'est un fait ! » déclara-t-il avec stupeur à l'envoyé du *Tiemp*.

Les maçons accomplissaient des miracles, eux aussi. Un certain Arcady Mikounis, frais émoulu du Komsomol, se prit d'une telle passion pour ce métier qu'il décida d'observer les ouvriers les plus expérimentés après ses heures de travail afin de s'imprégner de leur savoir-faire. Il se procura également des revues de maçonnerie, qu'il lut pendant ses loisirs. Au chantier, il parvint vite à égaler ses maîtres, capables de poser huit cents briques chacun par poste, puis il les dépassa : lors d'une « nuit éclair », il posa quatre mille sept cents briques en une seule période de travail. « C'est même plus qu'en Amérique ! » s'enorgueillit aussitôt le *Tiemp.* Plus tard, au cours d'un séjour touristique à Kiev organisé par l'usine, il fut invité à faire la démonstration de ses talents devant un groupe de maçons locaux, et posa six mille huit cents briques sous leurs yeux ébahis. Sa réputation franchit vite les frontières : un maçon de Hambourg, champion dans son pays, vint se mesurer à lui – et déclara forfait au bout de quelques heures. Mikounis continua pourtant d'améliorer son propre record, qui s'établit finalement, de manière presque invraisemblable, à onze mille sept cent quatre-vingts briques par jour, soit le triple du record mondial de l'époque. Le jeune homme fut décoré de l'ordre de Lénine pour ses prodigieuses capacités à poser un maximum de briques en un minimum de temps.

Non content d'inciter les employés de l'usine à pulvériser tous les records, Bibikov leur proposait aussi des cours du soir destinés à « accroître [leur] niveau de conscience socialiste ». C'est ainsi que, au printemps 1931, la plupart des anciens paysans arrivés un an plus tôt de leurs campagnes pour creuser les fondations de la KhTZ suivaient des cours du soir facultatifs afin de devenir machinistes ou ingénieurs. Sitôt leur journée terminée, ils se douchaient et se précipitaient au réfectoire avant de rejoindre les salles de classe. Cinq cents d'entre eux eurent la chance d'être envoyés à Stalingrad et à Leningrad pour y apprendre le fonctionnement de machines-outils spécialisées. Quant à Bibikov, il invoquait souvent ses activités de formateur pour justifier ses retards permanents à sa femme.

Quoique répétée, l'excuse était sans doute valable, puisqu'il donnait lui-même des cours de marxisme-léninisme renforcé à un groupe de cadres et de contremaîtres, et se chargeait des grandes conférences d'économie politique destinées aux ouvriers. On se représente aisément la scène : des rangées d'auditeurs plus ou moins enthousiastes levant les yeux vers la silhouette chauve d'un professeur en maillot rayé qui s'agitait derrière un pupitre. Ils absorbaient l'information comme des éponges. Marx et Lénine remplaçaient peu à peu les anciens dieux russes, tout aussi jaloux, avec lesquels ils avaient grandi.

Le 31 mai 1931, Sergo Ordjonikidzé, délégué du Politburo à l'industrie, visita en grande pompe les locaux presque terminés de l'usine. Il ordonna au directeur d'achever les travaux le 15 juillet suivant et de lancer la production aussitôt après. Sans surprise, compte tenu de la sévérité des peines infligées en cas d'échec, l'usine fut livrée à temps.

Les premiers tracteurs, encore à l'état de modèles d'essai, sortirent des chaînes de montage le 25 août 1931. Le 25 septembre, le directeur de l'usine adressa au Comité central un télégramme l'informant que la KhTZ serait prête à tourner à plein rendement le 1er octobre comme prévu – soit quinze mois après que le premier coup de pioche avait été donné sur le chantier.

Vingt mille personnes se rassemblèrent dans l'énorme salle des machines pour assister à la cérémonie d'ouverture. La direction avait invité une délégation de dignitaires moscovites, ainsi que Démyan Biédny, un « poète prolétaire [1] » chargé de relater l'événement en vers. Un biplan survola les lieux, larguant des centaines de brochures agrémentées d'un poème intitulé *Vive le géant du plan quinquennal !*. Le journaliste étranger était présent, lui aussi,

1. Son pseudonyme signifie « Damien le Pauvre ».

« toujours aussi débraillé, mais moins sûr de lui ». Varvara, la jeune paysanne dont il avait raillé l'incompétence, était maintenant ouvrière spécialisée : elle avait appris à emboutir l'acier à l'école de l'usine.

Grigori Ivanovitch Petrovsky, président du Comité central pan-ukrainien de l'Économie du peuple, coupa le ruban rouge. Puis il entra dans le hall et en ressortit quelques minutes plus tard au son de *L'Internationale* jouée par la fanfare de l'usine, juché sur un splendide tracteur rouge couvert d'œillets. Maroussia Bougaïéva, une des meilleures ouvrières de la KhTZ, se tenait fièrement au volant. Plusieurs dizaines d'autres tracteurs apparurent à leur suite. À cet instant, d'après le numéro spécial du *Tiemp* édité après l'inauguration, un kolkhozien ébloui s'écria : « Camarades, c'est un miracle ! »

L'équipe de *Krokodil*, le magazine satirique du régime soviétique, reproduisit le télégramme verbatim que lui adressa l'équipe dirigeante de l'usine : « 1er octobre inauguration usine tracteurs Kharkov – invitons représentant rédaction assister cérémonies ouverture – Svistoun, directeur usine. Potapienko, secrétaire Parti. Bibikov, directeur comité usine. » Les journalistes du magazine composèrent un poème pour célébrer l'événement :

À tous, à tous les héros bâtisseurs
Qui ont pris part à l'une de nos plus grandes victoires
En travaillant sur le chantier de l'usine de Kharkov,
Voici le salut enflammé du Crocodile *!*
Transporté de joie par la nouvelle,
Il met mâchoire à terre devant vous.
Vous avez rempli votre mission
Avec un sens de l'honneur bolchevique !
Kharkov a tenu la cadence sans flancher…
Un vrai record ! Un an et trois mois !

La jubilation semblait générale. Pourtant, dans les campagnes, la situation ne faisait qu'empirer, annonçant les catastrophes à venir. Livrés à l'automne, les tracteurs de la KhTZ n'eurent aucun impact sur les moissons de l'année 1931, qui furent calamiteuses. La collectivisation avait fait des ravages. Les usines à grain rêvées par le régime produisaient à peine plus de la moitié des récoltes obtenues dans les mêmes champs cinq ans plus tôt. Privés de leurs terres et de leurs biens, les paysans se mirent à abattre leur bétail en guise de protestation et à manger leurs réserves avant l'arrivée des commissaires du peuple. Envoyés sur place par la Croix-Rouge, des témoins ont vu des paysans « ivres de nourriture », les yeux hagards, stupéfiés par leur gloutonnerie insensée et autodestructrice.

Naturellement, ces mêmes paysans rechignaient à la tâche dans les nouvelles fermes d'État. Le régime leur réclamait pourtant d'énormes quantités de céréales destinées aux villes, mais aussi aux marchés étrangers : Moscou avait besoin de devises pour se procurer à l'Ouest les machines nécessaires à la réalisation de grands projets industriels comme celui de la KhTZ. De nombreux ingénieurs soviétiques furent ainsi envoyés aux États-Unis et en Allemagne pour acheter des marteaux-pilons à vapeur, des laminoirs et des emboutisseuses. Ils arrivèrent à New York ou à Berlin avec des malles pleines d'or – celui que le régime obtenait en exportant les céréales soviétiques aux prix avantageux de la Grande Dépression. Le marteau-pilon de la KhTZ, que Bibikov fut plus tard accusé d'avoir saboté, coûta quarante mille roubles-or, soit l'équivalent de près de mille tonnes de blé – assez pour nourrir un million de personnes pendant trois jours.

En octobre 1931, le gouvernement soviétique préleva sept millions sept cent mille tonnes de céréales sur l'ensemble des récoltes, qui totalisaient à peine dix-huit millions de tonnes. Si l'essentiel de ces réquisitions servit à nourrir les villes, fiefs du pouvoir bolchevique, deux millions de tonnes de céréales furent réservées à l'export. Une des pires famines du siècle en résulta.

Pendant les campagnes d'expropriations menées en 1929 et en 1930, les villages qui résistaient à la collectivisation de leurs biens avaient déjà été privés de nourriture, les commissaires confisquant tout ce qu'ils pouvaient trouver en guise de représailles. À l'aube de l'hiver 1931, la faim gagna l'ensemble de l'Ukraine et le sud de la Russie. Des millions de paysans se muèrent en réfugiés, affluant massivement vers les villes, où ils mouraient de faim et d'épuisement sur les trottoirs. Kiev, Kharkov, Lvov et Odessa furent quotidiennement témoins de scènes de ce genre. Bientôt, des soldats en armes furent postés dans les trains qui traversaient les zones ravagées par la famine pour éviter qu'ils ne soient pillés. Une des photos les plus insoutenables du vingtième siècle montre des paysans émaciés, arrêtés pour avoir tenté de vendre des carcasses d'enfants démembrés sur l'étal d'un marché ukrainien.

On installa bientôt des miradors pareils à ceux du goulag le long des tout nouveaux kolkhozes pour mieux les protéger des voleurs. Le gouvernement instaura une loi punissant le vol de maïs d'un minimum de dix ans de travaux forcés. En l'espace d'un mois, un tribunal de Kharkov condamna mille cinq cents voleurs de maïs à la peine capitale. Des centaines de pionniers [1] furent chargés de faire le guet dans les miradors. En 1930, le jeune Pavlik Morozov, quatorze ans, fils de koulak, alla prévenir les autorités que son père n'avait pas remis l'ensemble de ses biens au kolkhoze local. Ce cafardage lui valut d'être aussitôt – et peut-être à juste titre – assassiné par son grand-père. L'histoire de ce jeune martyr de la Révolution fit la

1. En URSS, organisation éducative destinée aux enfants de dix à quinze ans.

une de la *Pravda* ; il devint un héros national et suscita une multitude de livres et de chansons, reprises en chœur à travers tout le pays.

« Le désastre était d'une telle ampleur et la misère si inhumaine, si inimaginable, qu'ils en devenaient presque abstraits, comme s'ils excédaient les limites de la conscience », affirma Boris Pasternak au retour d'un voyage en Ukraine. Le jeune communiste hongrois Arthur Koestler trouva « un immense pays enveloppé dans le silence ». Le socialiste britannique Malcolm Muggeridge prit un train pour les environs de Kiev et découvrit une population à l'agonie. « Ils étaient affamés – réellement affamés, pas seulement sous-alimentés », écrivit-il. Pire encore, Muggeridge apprit que le peu de grain qui restait était systématiquement attribué aux unités de soldats envoyées par le régime pour empêcher les paysans de se révolter. Cet homme pourtant idéaliste quitta l'Union soviétique plein d'amertume, convaincu d'avoir assisté à « l'un des crimes les plus odieux de l'histoire, si monstrueux que les générations à venir auront peine à croire qu'il se soit réellement produit ».

Même des révolutionnaires endurcis comme Nikolaï Boukharine, membre du Politburo, furent horrifiés. « Pendant la Révolution, j'ai vu des choses que je ne voudrais laisser voir à personne, pas même à mes pires ennemis. Pourtant, 1919 n'est rien comparé à ce qui s'est passé entre 1930 et 1932 », assurait Boukharine peu de temps avant d'être exécuté pendant les purges, en 1938. « En 1919, nous luttions pour sauver notre peau... mais de 1930 à 1932, nous avons mené une politique de liquidation massive contre des milliers d'hommes, de femmes et d'enfants sans défense. »

La famine n'était pas seulement une catastrophe : c'était aussi une arme que le régime braquait délibérément sur les paysans. « Il a fallu une famine pour qu'ils comprennent que nous étions les maîtres », déclara un des chefs du Parti à Victor Kravtchenko, un fonctionnaire du Commissariat au plan qui s'enfuit aux États-Unis en 1946. « Ça nous a coûté des millions de vies… mais on a gagné la bataille. »

Bibikov a forcément vu la faim, lui aussi – les joues creuses, les ventres ballonnés et les yeux vides. Ses fonctions au Parti et à l'usine exigeaient de fréquents déplacements, qu'il effectuait dans sa Packard noire ou en wagon de première classe, un garde posté à chaque extrémité du couloir. Il ne pouvait pas ignorer que des camions spéciaux sillonnaient secrètement les villes ukrainiennes à la nuit tombée, sur ordre des autorités municipales, pour ramasser les cadavres des paysans qui avaient réussi à ramper jusque-là. Ils furent sans doute nombreux à se traîner depuis leurs villages jusqu'aux barbelés qui protégeaient l'enceinte de la KhTZ, située en périphérie de la ville. Mais, le lendemain matin, rien ne témoignait de leur passage. Ceux qui choisissaient de ne pas voir pouvaient rester dans l'ignorance : le drame se déroulait à l'abri des regards. « Je n'ai pas vu une seule personne sous-alimentée en Russie ! » s'est exclamé le dramaturge irlandais George Bernard Shaw en 1932, au retour d'un voyage en Ukraine soigneusement orchestré par les autorités. Walter Duranty, correspondant du *New York Times* à Moscou, lauréat du prix Pulitzer, récusait les récits de ses confrères étrangers en les taxant de propagande antisoviétique. Quant au Parti lui-même, il considérait les paysans affamés comme des scories de la Révolution, des rebuts à ignorer jusqu'à ce qu'ils aient l'obligeance de mourir et de sombrer dans l'oubli. Le nouveau régime ne souhaitait montrer au monde que ses plus belles réussites, non le prix à payer pour les obtenir.

Bibikov veillait à ce que sa famille ne s'aperçoive de rien. De leurs années à Kharkov, Lénina garde le souvenir d'étals couverts de fruits et de légumes. Elle se rappelle aussi que son père rentrait de l'usine les sacoches pleines de bonbons et de saucisses offertes par les cantiniers. Elle n'a jamais manqué de rien, assure-t-elle. Et Bibikov, à quoi songeait-il en glissant ces paquets de saucisses dans son sac tandis que dehors la nuit tombait, faisant fleurir sa moisson quotidienne de paysans errants, affamés et désespérés ? Quelles pensées le traversaient à cet instant ? « Dieu merci, c'est à eux que ça arrive, pas à nous ! » songeait-il certainement.

Deux ans plus tôt, les convulsions de la collectivisation pouvaient se justifier par la guerre que menait la Révolution contre les koulaks, ses ennemis de classe. Maintenant que ces mêmes ennemis avaient été liquidés et qu'on avait institué les fermes du futur, comment expliquer ce qui se passait ? Même aveuglés par l'idéologie, les plus fervents adeptes du communisme ne pouvaient ignorer l'évidence : l'État des ouvriers et des paysans ne parvenait pas à nourrir son propre peuple. Pire encore, en dépit des glorieux résultats de la campagne d'industrialisation, il était tout aussi évident que le rêve collectif qui avait permis d'édifier le socialisme perdurait à présent sous la contrainte. En 1930 déjà, le gouvernement avait instauré une loi interdisant la libre circulation des travailleurs, attachant ainsi le paysan à sa terre et l'ouvrier à son usine, comme au temps du servage. En décembre 1932, il dut réintroduire le passeport intérieur pour tenter de canaliser l'exode massif des plus démunis vers les villes.

À l'heure où le rêve tournait au cauchemar, où s'accumulaient les preuves de la tragédie en cours, Bibikov a choisi de continuer à y croire, envers et contre tout. Était-il cynique pour autant ? Difficile de le savoir puisqu'il n'avait quasiment pas d'autre choix que de suivre la ligne du Parti. S'en détourner, c'était rejoindre la longue cohorte des affamés – ou pire encore. Pourtant, il était assez lucide pour remarquer que de profondes fissures commençaient à craqueler le paradis qu'il avait passé tant d'années à bâtir.

Peut-être adhérait-il, à l'instar de nombreux hommes de sa génération, à l'une des plus grandes hérésies du vingtième siècle – la conviction que le sentimentalisme bourgeois n'avait pas sa place dans le cœur des fidèles serviteurs d'une humanité supérieure. Peut-être demeurait-il convaincu que le Parti saurait faire surgir un monde meilleur de tout ce chaos. Ou peut-être, de manière moins triomphaliste, s'estimait-il en devoir de contribuer à surmonter le retard économique de la Russie, ses famines et sa misère noire, en l'aidant à se muer en une nation moderne et industrielle. Nous pouvons aussi expliquer son comportement de façon plus triviale : n'était-il pas plus simple de continuer à croire en ses propres mythes et de s'en remettre à la sagesse du Parti plutôt que de parler et de risquer le pire ?

Pourtant, la famine n'a pas laissé Bibikov indifférent : il semble qu'il ait été profondément affecté par ce qu'il a vu au cours de l'hiver 1931-1932. Le Parti avait toujours raison, certes ; mais sa stratégie, elle, pouvait être sujette à discussion. Comme de nombreux autres cadres ukrainiens, il avait assisté en première ligne aux horreurs qui résultaient de la ligne dure prônée par Staline. Et, comme eux, il avait acquis la certitude que seul un assouplissement de cette politique permettrait d'éviter de plus amples catastrophes. Il eut l'occasion de se prononcer en ce sens dix-huit mois plus tard, peu avant la naissance de sa seconde fille, Ludmila Borissovna Bibikova, ma future mère.

3

Mort d'un apparatchik

C'était il y a longtemps et ça n'est jamais arrivé.
Evguénia GUINZBOURG

En janvier 1934, alors que Martha Bibikova entamait son neuvième mois de grossesse, son mari prit un train spécial avec plusieurs autres cadres de l'usine pour aller assister, à Moscou, au XVIIe Congrès du parti communiste en qualité d'observateur, conformément à sa position dans la hiérarchie. Comme il ne parlait jamais politique avec Martha, cette dernière ignorait qu'il était résolu à commettre un acte de défi qu'il paierait de sa vie quelques années plus tard.

Annoncée comme le « congrès des vainqueurs », la conférence entendait célébrer l'achèvement de la collectivisation, le succès triomphal du premier plan quinquennal et la consolidation de la Révolution. Pourtant, sous les panégyriques officiels et les discours à la gloire du Parti, l'épuisement était palpable, surtout au sein de la base. Boris, comme tant d'autres, souhaitait mettre un terme à la famine qui sévissait encore au sud de la Russie. Les objectifs du plan quinquennal avaient été atteints – mais à quel prix ! Plus gestionnaires qu'idéologues, les hommes et les femmes qui formaient le terreau du Parti savaient, pour l'avoir vu de leurs propres yeux, que le pays était à bout de souffle. Il fallait ralentir le rythme insensé des réformes. Face à eux, Staline, qui quittait rarement son bureau, se montra inflexible : il les appela à accroître la production et les rendements. Et les incita même à poursuivre plus vigoureusement encore la politique de collectivisation des terres, malgré ses conséquences désastreuses.

Personne ne manifesta officiellement son désaccord lors des débats. Mais on évoqua la possibilité de démettre progressivement Staline de la position dominante qu'il s'était attribuée à la tête du Parti en s'accaparant le poste autrefois insignifiant de secrétaire général, et de le remplacer par Sergueï Kirov, tenant d'une stratégie plus modérée. Chef du Comité de Leningrad, Kirov était encore en position de l'emporter sur Staline : héros de la guerre civile, c'était un ancien proche de Lénine et l'un des meilleurs orateurs que le Parti avait connus depuis Trotski.

Conforté par l'esprit d'ouverture qui dominait apparemment les discussions, Bibikov eut le sentiment, comme beaucoup de congressistes venus d'Ukraine, qu'on l'invitait à participer à un robuste débat idéologique, mené d'égal à égal entre les différents membres du Parti pour statuer sur l'avenir de l'expérience extraordinaire qu'ils effectuaient ensemble. Aussi approuvèrent-ils comme un seul homme la motion de Kirov, qui souhaitait ralentir le rythme des réformes. Cette initiative se révéla funeste. Pour Staline, dont la paranoïa allait croissant, le seul fait que Kirov tente d'assouplir la brutalité des campagnes de collectivisation fut perçu comme un affront, une contestation impardonnable de sa mainmise idéologique sur la Révolution. Même s'il attendit quatre ans pour se venger, le maître du Kremlin n'oublia pas les noms de ceux qui votèrent contre lui ce jour-là : sur les mille neuf cent soixante-six délégués présents au XVIIe Congrès, mille cent huit furent exécutés pendant les purges. Comme le voulait désormais la tradition, la séance s'acheva par une longue série d'ovations debout et d'appels aux victoires futures. Bibikov se leva, lui aussi, pour applaudir Staline et le Politburo. Mais le Congrès n'apporta pas de réponse politique claire : si Kirov avait refusé de s'attaquer ouvertement à Staline, ce dernier n'avait pas encore pris de manière incontestable la tête du Parti. Quant à l'« esprit d'ouverture » qui avait flotté sur les débats, il ne se reproduisit pas avant l'arrivée au pouvoir de Mikhaïl Gorbatchev, favorisant alors l'émergence des dissensions qui causèrent la dissolution définitive du Parti, en 1991.

Ludmila, la seconde fille de Boris Bibikov, vint au monde le 27 janvier 1934, quelques jours après son retour du Congrès. Bien qu'il ait nommé sa fille aînée Lénina en hommage à Lénine, il se refusa ostensiblement à baptiser la cadette « Stalina », comme quelques flagorneurs commençaient à le faire.

L'année 1934 s'écoula sans heurts notables. Accaparé par son travail à l'usine, Bibikov ne vit pas le temps passer, d'autant que rien ne laissait présager l'apocalypse politique que Staline préparait en coulisse. La première alarme fut donnée le 2 décembre : Lénina se souvient que son père rentra chez lui en larmes, ce soir-là. Il se laissa tomber sur le canapé en cuir du salon et resta un long moment sans bouger, la tête dans les mains.

« *My propali*, dit-il à sa femme. Nous sommes perdus. » Lénina ne put en savoir plus : Martha ne répondit pas à ses questions et l'envoya se coucher.

Sergueï Kirov avait été abattu la veille dans son bureau de l'Institut Smolny, à Leningrad. L'assassin s'était introduit seul dans les couloirs du bâtiment où logeaient les services du Parti, et l'avait tué d'un coup de revolver. « Nous sommes perdus », gémit Bibikov, bouleversé par la mort de celui qu'il admirait tant. Mais, en pleurant Kirov, ne pleurait-il pas aussi sur son propre sort ? À son chagrin se mêlaient peut-être des larmes de rage – rage d'avoir pris trop ouvertement le parti des perdants ? Sous ses faux airs de prolétaire, Bibikov n'en était pas moins un animal politique. En étoile montante du Parti, il a dû sentir le vent tourner. Et je suis convaincu que ce soir-là, tout en pleurant la mort de Kirov, il s'est remémoré les conversations désormais fatidiques qu'il avait eues en janvier, en se demandant s'il n'en avait pas trop dit.

Pourtant, la foudre ne le frappa pas immédiatement. Staline pleura à l'enterrement de Kirov. En tête du cortège funèbre, il porta le cercueil et invita l'ensemble de la nation à se recueillir sur la dépouille du grand homme. À quoi bon se hâter ? Il savait qu'il allait pouvoir frapper au cœur même du Parti et se venger des ennemis qu'il avait identifiés au Congrès.

À l'échelon local, la mécanique désormais bien huilée du Parti faisait merveille. La production de l'usine de tracteurs de Kharkov atteignait des sommets, et la famine était en nette régression, ne serait-ce que parce que les millions de morts n'avaient plus besoin de manger. Bibikov, comme trois autres cadres supérieurs de la KhTZ, fut décoré de l'ordre de Lénine : il reçut sa médaille (la trois cent unième du nom) dans une somptueuse boîte en velours. Fin 1935, il fut promu, comme il pouvait s'y attendre, au poste de secrétaire du Comité de Tchernigov, une belle vallée agricole située au nord de l'Ukraine. Il venait d'avoir trente-deux ans, et sa carrière répondait parfaitement à ses ambitions : n'était-il pas en route pour le Comité central du Parti, à Kiev ou à Moscou ? Ou peut-être même plus haut encore ?

Après Kharkov, ses cheminées d'usine, ses fumées noires et ses gares de triage stridentes et bondées, les Bibikov ont eu certainement l'impression de remonter le temps en arrivant à Tchernigov. Encore aujourd'hui, tout y est plus lent, plus vieux et plus calme. Emblème d'une Russie immémoriale, le kremlin local, hérissé de cathédrales médiévales, domine les eaux stagnantes de la Desna. De grands parcs boisés permettent de cheminer jusqu'au centre de la ville. En été, les rues bordées de peupliers scintillent de pollen. Les demeures trapues, richement ornées, construites par les marchands fortunés de jadis ont résisté au temps. Tout semble empreint d'une sorte de respectabilité bourgeoise et pré-révolutionnaire. La ville a même conservé ses nombreuses églises, épargnées par les bolcheviks, qui partout ailleurs dynamitèrent les édifices religieux. Est-ce parce qu'elle était, même à l'époque, considérée comme un gros bourg sans importance, à l'écart des grands axes et des fiefs industriels de l'est de l'Ukraine où se forgeait l'avenir du socialisme ? Sans doute. Et Boris le savait, lui aussi : Tchernigov était un trou perdu. Mais, s'il réussissait dans ses nouvelles fonctions, il serait vite muté ailleurs.

La famille Bibikov menait une vie privilégiée. L'éthique du Parti s'était beaucoup assouplie depuis le début des années trente : le mode de vie spartiate dont se prévalaient alors ses membres dirigeants avait cédé la place à un système d'avantages et de passe-droits qui les distinguaient des citoyens ordinaires. Martha faisait ses courses dans des épiceries spéciales, réservées aux cadres du Parti. Son mari se voyait offrir des congés au bord de la mer Noire, dans de luxueux centres de soin bâtis exclusivement pour ses pairs. Chaque mois, il remettait à Martha un carnet de coupons qui lui ouvrait les portes de l'*Insnab* local – un magasin d'importation où elle achetait nourriture, vêtements et chaussures fabriqués à l'étranger. On leur avait attribué un bel appartement de quatre pièces superbement meublé, qui avait appartenu à une riche famille de marchands expropriés au bénéfice des nouveaux maîtres de

Tchernigov. Varia passait de longues heures à briquer les casseroles des Bibikov jusqu'à ce qu'elles brillent.

Boris couvrit d'étagères les murs de son bureau. Elles montaient jusqu'au plafond, se souvient Lénina. Il les remplit de livres, qu'il achetait à profusion et lisait dans son gros fauteuil de cuir. Il s'arrêtait souvent à la librairie en revenant du travail : il en sortait les bras chargés d'albums illustrés pour ses filles et d'ouvrages théoriques pour lui. Chaque fois que Martha passait sa mauvaise humeur sur Lénina, celle-ci se glissait dans le bureau de son père et grimpait sur ses genoux en sanglotant. « Ne nous plaignons pas d'elle. Renforçons plutôt notre union ! » plaisantait-il en employant le jargon alors en vogue au sein du Parti.

Pendant leur premier hiver à Tchernigov, les petites Bibikov firent l'admiration des passants avec leur magnifique traîneau en fer forgé, conçu et fabriqué pour elles par un de leurs anciens voisins à Kharkov. Une foule d'enfants se massèrent avec envie pour les voir dévaler les pentes enneigées situées sous les remparts du vieux kremlin – l'endroit idéal pour faire de la luge. Lorsque vint l'été, Martha s'inspira d'une gravure de mode moscovite pour leur confectionner à chacune un chapeau cloche blanc et leur tailla des robes à fleurs dans du coton d'importation. Soucieuse de tenir son rang – n'était-elle pas l'épouse d'un cadre d'élite ? –, elle fit preuve d'un snobisme étonnant au pays de la dictature du prolétariat : elle commença à se faire appeler « Mara » au lieu de « Martha », qui trahissait trop ses origines paysannes. Bibikov travaillait toujours autant, mais, le soir venu, il prenait de plus en plus plaisir à discuter, sans boire une goutte d'alcool, avec ses camarades du Parti, qu'il invitait volontiers chez lui. Il abonna Martha et Lénina au théâtre qui venait d'ouvrir en ville, mais il ne put jamais les accompagner : il travaillait jusqu'à vingt et une heures tous les soirs.

La petite Lénina ne fut jamais aussi heureuse qu'à cette période, égayée par l'alliance secrète que son père avait passée avec elle. « Je revois tout dans les moindres détails, m'a-t-elle confié des décennies plus tard. C'est comme un rêve : j'ai du mal à croire que c'est vraiment arrivé. »

Bibikov était plus détendu, plus disponible. Il s'autorisa même quelques aventures ; ou plutôt, il se détendit assez pour tromper plus ouvertement sa femme. Lénina se souvient encore d'avoir entendu Martha l'agonir d'injures dans la cuisine au sujet de ses nombreuses maîtresses. C'est de cette époque que date le seul portrait que nous ayons de lui : les membres du Parti ayant été invités en janvier 1936 à renouveler leur carte (afin d'épurer les comités des adhérents les moins motivés), Bibikov se fit photographier dans sa tunique de cadre. Il fixe l'objectif d'un air sévère, doublé, me semble-t-il, d'une certaine suffisance.

À Tchernigov comme ailleurs en Ukraine, la vie semblait suivre son cours. Mais, sous cette normalité apparente, le pays sombrait progressivement dans la folie. Le NKVD, récemment placé sous la direction de Nikolaï Iéjov, bureaucrate sanguinaire et impitoyable, s'apprêtait à déclencher une autre guerre civile. Il ne s'agirait pas, cette fois, de lutter contre les Blancs ou les paysans, mais contre les ennemis les plus insidieux qui soient : les traîtres qui s'étaient logés à l'intérieur même du Parti.

La vieille garde bolchevique, dont l'autorité morale risquait d'entraver les décisions de Staline, fut la première touchée. Accusés de haute trahison, Lev Kamenev et Grigori Zinoviev, anciens membres du premier Politburo formé par Lénine, écoutèrent au garde-à-vous la harangue hystérique que leur adressa Andreï Vychinski, le procureur général, lors du premier grand procès public qui se tint à Moscou en août 1936. De nombreux « saboteurs », tous ingénieurs de renom, furent accusés d'avoir provoqué l'échec de certaines campagnes d'industrialisation, et traduits eux aussi devant la justice. Comme Kamenev et Zinoviev, ils reconnurent leur participation à une organisation contre-révolutionnaire déterminée à compromettre le triomphe du socialisme. Considéré comme le chef de ce prétendu mouvement d'opposition, Léon Trotski, le grand rival de Staline, avait déjà été expulsé : il vivait en exil sur l'île de Büyükada, près d'Istanbul. En tout état de cause, les procès de Moscou permirent au maître du Kremlin de tester et d'affiner le vocabulaire et les méthodes des grandes purges à venir.

Jusqu'en 1937, l'Ukraine sembla relativement épargnée par la vague de procès qui décima l'élite moscovite de l'armée, de l'intelligentsia et du gouvernement. Ce fut pourtant l'Ukraine, perçue par Staline comme un repaire de trotskistes et d'opposants potentiels, qui subit tout le poids de sa colère lorsqu'il se décida à actionner la puissante machine sécuritaire qu'il avait si soigneusement élaborée.

Lors du plenum du Comité central qui se tint en février et en mars 1937, les adversaires de Staline tentèrent encore de protester contre ses abus de pouvoir. Cette fois, le résultat ne se fit pas attendre : un cinquième des cadres issus des comités ukrainiens furent exclus du Parti dès la fin de la session. En lisant l'information sèchement relatée dans la *Pravda*, Boris Bibikov s'est sans doute préparé au pire. Il n'avait pas tort : plusieurs de ses collègues furent convoqués dans les bureaux du NKVD au début de l'été. Peu en sortirent vivants.

Dès lors, les gens se retirèrent en eux-mêmes, se retranchant dans le silence comme des passants pressés de rentrer chez eux avant l'averse. Même Lénina nota un brusque changement d'atmosphère. Son père, d'ordinaire affable et jovial, paraissait fatigué. Leurs voisines autrefois friandes de commérages se contentaient maintenant d'échanger nerveusement des banalités quand elles se croisaient dans l'escalier de l'immeuble. Nul doute que Bibikov ait vu arriver avec soulagement la date de son départ pour Gagry, en juillet 1937 : cette semaine de repos au bord de la mer Noire lui ferait le plus grand bien.

J'ai ouvert la chemise de carton rongé par le temps qui renferme le dossier d'instruction de mon grand-père par un petit matin gris de décembre, dans un bureau sinistre de l'ancien quartier général du NKVD, à Kiev, où siègent désormais les services de sécurité ukrainiens. Le dossier, qui a épaissi avec le temps (il contient maintenant deux cent soixante pages), oscille constamment, et de manière typiquement russe, entre la bureaucratie la plus banale et un pathétique à fendre l'âme. Il allie des procès-verbaux d'une précision mesquine (confiscation d'une carte de Komsomol, d'un Browning automatique et de ses vingt-trois cartouches, d'un chèque-vacances établi au nom de Lénina par l'Organisation des jeunes pionniers) avec des documents franchement choquants : de longs aveux manuscrits – minuscules pattes de mouche sur un papier couvert de taches – apparemment rédigés sous la torture ; l'avis d'accusation signé par le procureur général Vychinski ; l'attestation, paraphée d'une main tremblante par Bibikov, confirmant qu'il a été informé de sa condamnation à mort. Rien ne manque au dossier ; on y trouve tout l'attirail d'une bureaucratie cauchemardesque et dévorante : attestations, formulaires, rapports, reçus. Le prix d'une vie.

Le premier document, aussi funeste que les suivants, est une résolution dactylographiée du procureur du district de Tchernigov autorisant l'arrestation de « Boris L. Bibikov, chef de la section de gestion des organes du Parti du district de Tchernigov », soupçonné d'avoir participé à « une organisation trotskiste contre-révolutionnaire et à des activités antisoviétiques ». Outre l'arrestation, le procureur requit aussi le placement du prévenu en détention et son maintien derrière les barreaux pendant toute la durée de l'instruction. Le patronyme de Bibikov fut laissé en blanc sur le formulaire, comme si celui-ci avait été rempli à l'aide d'une liste par un fonctionnaire qui ignorait tout du suspect et de son dossier. La résolution du procureur civil fut confirmée le jour même par une décision du NKVD autorisant l'arrestation de mon grand-père. La mécanique bureaucratique était enclenchée. Elle prit de la vitesse le 22 juillet, date de l'émission du mandat d'arrêt officiel par le procureur local. Un certain Kochitchoursine, officier de police – j'hésite encore sur son nom, tracé d'une main malhabile et tout juste lisible sur le formulaire –, fut chargé d'aller chercher le prévenu « dans la ville de Tchernigov ». Il revint bredouille, et pour cause : Bibikov venait de partir en vacances. La police retrouva sa trace quelques jours plus tard : il fut arrêté à Gagry le 27 juillet, ramené à Tchernigov et incarcéré dans les locaux du NKVD.

À quoi songea-t-il quand on vint l'arrêter ? Quelles pensées furent les siennes lorsqu'il passa de l'autre côté du miroir, du monde des vivants à celui des condamnés ? Que répondit-il à ses gardes ? Nous ne le saurons jamais. Le plus simple était sans doute de se taire, d'obéir en silence, de se considérer déjà comme un homme mort. Mais la soumission n'était pas dans son tempérament : c'était un battant, et il se battit pour sa vie – en pure perte puisque le Parti avait déjà résolu de l'éliminer. Ses efforts pitoyables étaient voués à l'échec : en bon apparatchik, il aurait dû savoir qu'il n'était pas de taille à lutter contre la toute-puissance du régime. Mais, au cours des mois suivants, il semble qu'il ait cessé d'être un apparatchik pour devenir un homme, une conscience courageuse brièvement mais vainement dressée contre la mécanique mensongère qui s'acharnait à le broyer.

Dans *L'Archipel du goulag*, Alexandre Soljenitsyne évoque la solitude des détenus qui partagèrent sa cellule après son arrestation, l'impression de confusion et de chaos, la terreur et l'indignation de ces milliers d'hommes et de femmes qui furent entassés dans toutes les prisons de l'Union cet été-là. « L'appareil tout entier s'en remettait à un seul homme, à une seule volonté sans limites, écrit-il. Mon frère ! Ne condamne pas ceux qui ont manqué de forces. Ils en ont dit plus qu'ils n'auraient dû, c'est vrai. Mais ne sois pas le premier à leur jeter la pierre. »

Le Vertige, le récit déchirant qu'a livré Evguénia Guinzbourg de sa propre arrestation pendant les purges et de ses dix-huit ans d'emprisonnement au goulag, décrit avec minutie les fameux interrogatoires à la chaîne du NKVD : les enquêteurs se relayaient pour soumettre les prisonniers, privés de sommeil et de nourriture, harcelés, battus et humiliés, à un feu roulant de questions jusqu'à ce qu'ils signent ou rédigent leurs aveux. Ceux qui cédaient en premier étaient confrontés à ceux qui luttaient encore afin de briser leur solidarité. On leur expliquait que toute résistance était inutile. Les aveux d'un seul homme suffisaient à justifier l'exécution de ceux qu'il impliquait. Leurs proches subissaient des menaces ; même leurs enfants n'étaient pas épargnés. Les officiers prenaient un malin plaisir à persuader les vieux militants de signer leur « déposition » pour le bien de la Révolution : « Ton Parti l'exige ! assenaient-ils. Comment oses-tu le défier ? » Les mouchards incitaient leurs compagnons de cellule à passer aux aveux : « C'est le seul moyen de sauver ta peau et celle de ta famille ! » Soljenitsyne nous raconte que des communistes convaincus murmuraient à leurs codétenus : « Il faut collaborer avec la justice soviétique. Le régime est en guerre. Nous sommes responsables, nous aussi : nous nous sommes laissé attendrir. Le mal qui ronge le système s'est propagé dans tout le pays. Une lutte secrète et sans merci se livre à chaque instant. Même ici nous sommes entourés d'ennemis ! »

Immergé dans un monde de douleur et de confusion, abruti de mensonges, affamé, torturé, Bibikov l'apparatchik refusa pour la première fois de sa vie d'obéir aux ordres du Parti. Il s'agrippa à son innocence aussi longtemps qu'il en eut la force. Puis, comme presque tous ses compagnons d'infortune, il finit par céder.

Il signa ses premiers aveux dix-neuf jours après son arrestation. C'est un délai étonnamment long, compte tenu des circonstances. Mais cette belle endurance ne l'empêcha pas, lorsqu'il flancha, d'endosser servilement et de sa propre main les crimes qu'on lui reprochait d'avoir commis contre l'Union soviétique : sabotage de l'usine qu'il avait contribué à bâtir ; recrutement d'agents trotskistes ; propagande contre le régime ; trahison du Parti auquel il avait consacré sa vie. Ses plus proches collègues l'ayant impliqué dans des délits similaires, il les impliqua à son tour. Aucun des vingt-cinq membres supposés de son cercle ne refusa de passer aux aveux.

La première déposition de Bibikov date du 14 août 1937. Avec elle, c'est sa voix qui fait apparition dans le dossier. Déjà brisée, elle confère un semblant d'humanité à la sécheresse du jargon administratif. Les crimes dont il endosse la responsabilité sont si insensés, si improbables que j'ai été pris de nausée à leur lecture, comme si les textes, en passant brutalement d'une terminologie juridique classique au langage le plus cauchemardesque, le plus grotesque qui soit, m'avaient fait faire une embardée.

> « Procès-verbal d'interrogatoire. Accusé Bibikov, Boris Lvovitch, né en 1903. Ancien membre du Parti.
>
> Question : Dans la déclaration que vous avez rédigée aujourd'hui de votre propre main, vous avouez votre participation à une organisation terroriste contre-révolutionnaire. Par qui, quand et dans quelles

circonstances avez-vous été recruté dans cette organisation ?

Réponse : J'ai été recruté dans cette organisation terroriste contre-révolutionnaire en février 1934 par ILYN, l'ancien secrétaire adjoint du Comité de Kharkov... Nous nous rencontrions souvent dans le cadre de notre travail au sein du Parti. Lors de nos réunions en 1934, j'ai exprimé mes doutes quant à la validité de la politique du Parti en matière d'agriculture, de salaire des ouvriers, etc. En février 1934, après une réunion du Comité, ILYN m'a appelé dans son bureau et m'a dit qu'il voulait me parler franchement. C'est à ce moment-là qu'il m'a proposé de rejoindre l'organisation trotskiste. »

Le procès-verbal, tapé à la machine, porte la signature de Bibikov. Ces quelques lettres tracées de sa main ne nous donnent pas la moindre indication sur les pensées qui traversaient son esprit à cet instant.

Les bureaucrates ne se contentèrent pas de ces aveux. Il leur fallait toujours plus de détails, toujours plus de noms, puisque l'État leur avait fixé un quota d'ennemis du peuple à arrêter dans chaque ville, dans chaque région du pays. Tels des scénaristes concoctant un feuilleton d'une complexité grotesque, les enquêteurs du NKVD exigeaient de leurs nombreux acteurs qu'ils se recoupent mutuellement afin que leurs témoignages viennent sans cesse enrichir et valider l'intrigue en cours. Aussi n'accordèrent-ils pas un instant de répit à Bibikov après sa première confession : les interrogatoires continuèrent. Mais Boris n'était pas encore tout à fait brisé : résistant à la perversité et à l'horreur de la situation, il tenta brièvement d'échapper à la folie environnante. Ces quelques instants de rébellion résonnent comme un cri silencieux à travers les pages fines et laconiques du dossier d'instruction. Voici ce qu'on peut lire dans le procès-verbal de sa première « confrontation » avec un de ses « complices », l'ancien directeur du Comité de Kharkov :

> « Question à Fédaïev : Dites-nous ce que vous savez de Bibikov.
>
> Réponse de Fédaïev : [...] Au cours de deux conversations avec Bibikov, j'ai compris qu'il était prêt à participer à l'organisation d'activités trotskistes. Lors de notre dernière conversation, nous avons décidé de monter un groupe trotskiste à la KhTZ [...].
>
> Question à Bibikov : Confirmez-vous la déclaration du prévenu Fédaïev ?
>
> Réponse de Bibikov : Non. Il ment. Nous n'avons jamais eu de conversation de ce genre.
>
> Cette déclaration nous a été lue et est exacte. Signé : Fédaïev. Le prévenu Bibikov a refusé de signer. »

Les seuls témoins de cette rébellion inutile furent Slavine et Tchalkov, les lieutenants du NKVD qui menaient les interrogatoires, et Fédaïev lui-même – si terrifié qu'il considéra sans doute la résistance de son « complice » comme une forme particulièrement stupide de masochisme. Bibikov capitula quelques jours plus tard. Sa troisième confession, rédigée en pattes de mouche sur un papier taché d'encre, est la plus détaillée :

> « À la KhTZ, nous avons décidé de saboter une machine complexe et très chère, cruciale pour la production de nos tracteurs. [...] Nous avons persuadé l'ingénieur KOZLOV de laisser un outil dans cette machine afin de provoquer une panne durable et difficile à réparer. Cette machine coûte à

> elle seule 40 000 roubles-or. Il n'y en a que deux exemplaires dans tout le pays. [...] Nous avions aussi décidé de jeter un obus d'artillerie de la dernière guerre dans un haut fourneau pour le mettre hors service pendant deux ou trois mois. [...] J'ai recruté mon adjoint, Ivan KAVITSKI, dans notre organisation [...]. Nous avons retardé le paiement des salaires aux ouvriers et tenté de saper la production de la KhTZ en différant l'exécution des commandes destinées à la station de tracteurs du Marteau et de l'Enclume. »

Des notes incompréhensibles figurent dans la marge. Écrites de sa propre main, apparemment sous la dictée, elles forment une série de questions sans réponses : « Qui ? Quoi ? Quand ? À préciser. Quelle organisation ? »

« Seule la vigilance de l'ingénieur en chef GUINZBOURG a permis de déjouer nos ignobles manœuvres contre-révolutionnaires, stipule Bibikov dans sa dernière confession, avant de conclure : C'est ainsi que j'ai trahi mon Parti. »

Le manuscrit a été soigneusement déchiré sous cette ligne, comme si Boris avait tenté d'effacer la condamnation à mort qu'il venait de rédiger contre lui-même.

Ensuite, sa voix disparaît. Les documents suivants sont extraits de procès-verbaux dans lesquels figure son nom. Il y en a seize au total, seize dépositions entremêlées, toutes méticuleusement tapées à la machine. Seize « conspirateurs » cités en lettres majuscules, séparées par des virgules frappées si fort qu'elles ont presque transpercé le papier : « ZÉLIENSKI, BOUTSENKO, SAPOV, BRANDT, GUÉNKINE, BIBIKOV... »

Il fut amené le 13 octobre 1937 devant un tribunal militaire restreint à Kiev – l'une des nombreuses *troïkas* de trois juges spécialement constituées pour débattre à huis clos du sort des « terroristes » accusés, en vertu de l'article 58 du code pénal soviétique, d'avoir « tenté de renverser, de saper ou d'affaiblir l'autorité des soviets ouvriers et paysans. » Les conclusions de la Cour, longues et détaillées, reprirent presque mot pour mot les aveux de Bibikov, citant comme preuves de sa culpabilité les actes de sabotage qu'il avait énumérés lui-même. Jugeant peut-être l'accusation insuffisante, la troïka augmenta les charges en ajoutant que « Bibikov était membre de l'organisation k.r. [l'adjectif *kontra-révolioutsionnaya* était employé si souvent que le greffier en était venu à l'abréger] trotskiste-zinoviéviste responsable de l'assassinat abject du camarade Kirov, exécuté par leurs soins le 1er décembre 1934, et de nombreux actes terroristes menés à l'encontre des chefs du Parti et du gouvernement au cours des années suivantes... En conséquence, nous condamnons l'accusé à la peine la plus sévère prévue par la loi : nous ordonnons qu'il soit fusillé et que ses biens soient confisqués. Signé : A.M. ORLOV, S.N. JDANA, F.A. BATNER ».

Bibikov a signé l'attestation confirmant qu'il avait lu le verdict rendu par la Cour. Ce sont sans doute les derniers mots qu'il a écrits avant de mourir. Conformément aux ordres d'une bureaucratie vétilleuse, il devait clore lui-même le dossier qui renfermait la version abrégée et déformée de sa propre histoire. Sa signature constitue l'acte final d'une existence vouée au service du Parti.

La dernière des soixante-dix-neuf pages de ce qu'il est convenu d'appeler le « dossier vivant » est un texte ronéotypé sur un bout de papier grossièrement découpé aux ciseaux, certifiant que la sentence a été exécutée. Le document ne fait mention ni du lieu ni des moyens utilisés pour mettre à mort le condamné, mais nous avons toutes les raisons de penser qu'il a succombé aux « neuf grammes » d'usage, soit le poids d'une balle de revolver tirée dans la nuque. La signature du commandant chargé de l'exécuter est illisible. Le texte est daté du 14 octobre 1937.

J'ai passé deux jours à lire le dossier d'instruction de mon grand-père dans un bureau des services de sécurité ukrainiens, à Kiev. Assis près de moi, Alexander Panamariev, le jeune officier chargé par les autorités de me guider dans mes démarches, m'expliquait les termes juridiques et m'aidait à déchiffrer certains passages manuscrits à peine lisibles. Nous avions à peu près le même âge, lui et moi. Pâle, intelligent, il avait l'air calme et réservé de ceux qui vivent encore chez leur mère. Il affectait une certaine rudesse, mais je le devinais presque aussi ému que moi.

« C'était une époque terrible », commenta-t-il sobrement alors que nous étions sortis du bâtiment pour fumer une cigarette. La nuit tombait sur la rue Volodimirskaïa, rendant plus imposante encore la masse granitique des anciens bâtiments du NKVD. « Votre grand-père croyait au communisme, mais ne pensez-vous pas que ses accusateurs y croyaient, eux aussi ? Et ceux qui l'ont exécuté ? Ne partageaient-ils pas ses idéaux ? Avant même d'être arrêté, il savait que des gens étaient exécutés, mais il n'a rien fait pour les défendre. Et nous ? Comment aurions-nous agi à sa place ? Vous ne le savez pas plus que moi. Dieu nous garde d'une telle épreuve ! »

Cette question terrible résonne aussi dans les écrits de Soljenitsyne. « Si ma vie s'était déroulée autrement, ne serais-je pas devenu un bourreau, moi aussi ? Rien n'est jamais simple ! S'il y avait des gens foncièrement mauvais parmi nous, acharnés à commettre le mal où qu'ils aillent, nous n'aurions qu'à les identifier et à les supprimer. Mais la ligne qui sépare le bien du mal traverse le cœur de chaque être humain. Lequel d'entre nous est prêt à supprimer une partie de son propre cœur ? »

Debout dans sa cellule ou face au mur de la prison, quelques instants avant d'être exécuté, Bibikov était certainement en mesure de comprendre la logique de ses bourreaux. Il aurait même pu – pourquoi pas ? – devenir un bourreau lui-même s'il s'était trouvé d'autres mentors ou s'il avait fait d'autres rencontres pendant ses premières années au sein du Parti. N'a-t-il pas justifié la famine que ses supérieurs avaient déclenchée en Ukraine en estimant qu'elle permettait d'épurer le pays de ses ennemis intérieurs ? Ne se considérait-il pas comme un membre de l'élite révolutionnaire, d'une moralité sans faille ? Bibikov ne mourut pas en innocent, brisé par une force odieuse, étrangère à son système de pensée, mais en propagandiste fanatique, champion d'une nouvelle moralité, celle-là même qui lui ôta la vie, de manière parfaitement gratuite, au nom du bien commun.

« Non, ce n'était ni par souci des apparences ni par hypocrisie que certains prisonniers prenaient si vigoureusement la défense du gouvernement au fond de leurs cellules. Ils s'agrippaient à ces débats idéologiques pour continuer de croire dans la validité de leurs propres choix. Sans quoi ils auraient sombré dans la folie », explique Soljenitsyne dans *L'Archipel du goulag*.

Lorsque les hommes servent de briques à l'Histoire, les plus intelligents d'entre eux peuvent abdiquer toute responsabilité morale. Les purges – traduction du substantif russe *tchistka*, qui signifie « nettoyage » – constituèrent pour ceux qui y participèrent un acte héroïque, tout comme la construction de l'usine de tracteurs le fut pour Bibikov. À cette différence près que Bibikov accomplit sa révolution personnelle à l'aide de briques et de mortier, tandis que les agents du NKVD, eux, se servaient des ennemis de classe pour bâtir le paradis du socialisme, chaque exécution ajoutant une pierre à l'édifice. En tolérant la mort d'un seul homme pour le bien de la cause révolutionnaire, les apparatchiks admettaient implicitement l'exécution de milliers d'innocents.

D'une certaine façon, Bibikov était peut-être plus coupable que d'autres. Parvenu au sommet du Parti, il était de ceux qui donnaient les ordres et compilaient les listes. En bas de la pyramide, les enquêteurs appliquaient leurs directives. Étaient-ils foncièrement cruels, ces exécutants qui n'avaient d'autre choix que de suivre les ordres venus d'en haut ? Le lieutenant Slavine, qui eut recours à la torture pour extorquer les aveux de cadres comme Bibikov, n'était-il pas moins coupable que les cadres eux-mêmes, qui apprenaient aux jeunes recrues que « la fin justifie les moyens » ? Selon une célèbre formule de Félix Dzerjinski, le fondateur de la police secrète, les hommes qui rejoignaient le NKVD se divisaient en deux catégories : celle des saints et celle des salauds. Le service attirait indéniablement une part non négligeable de déséquilibrés. Mais sadiques ou non, aucun d'eux ne venait de l'étranger : ils étaient tous russes, de même culture et de même sang que ceux de leurs victimes. « D'où a surgi cette meute de loups ? s'interroge Soljenitsyne. S'est-elle vraiment nourrie de nos racines ? De notre sang ? Oui : c'est nous qui l'avons enfantée ! »

C'est là qu'est le vrai génie des purges, sa face sombre et démoniaque. Il ne s'agissait pas seulement de mettre deux inconnus dans une pièce, l'un victime, l'autre bourreau, et de convaincre le second de tuer le premier, mais de les convaincre tous deux que ce meurtre servait un intérêt supérieur. Il serait sans doute plus confortable de penser que de tels actes furent commis par des monstres, des hommes que les horreurs de la guerre et de la collectivisation avaient déshumanisés. Mais le fait est que des hommes et des femmes ordinaires, honnêtes, abreuvés d'idéaux humanistes et pétris des principes les plus nobles, furent prêts à justifier le massacre de leurs concitoyens, et même à y participer. « L'homme qui fait le mal doit être convaincu d'agir pour le mieux. Ou tout au moins de commettre un acte jugé conforme aux lois de la nature », affirme Soljenitsyne. Cela ne peut se produire que lorsque l'homme devient une matière première à l'usage du politique, une unité de calcul, un simple outil dont la vie et la mort peuvent être planifiées, dont on peut se défaire aussi facilement que d'une tonne d'acier ou d'un tas de briques. C'était, de toute évidence, ce que pensait Bibikov. Il a appliqué ce principe toute sa vie, et il en est mort.

En arrivant à Kiev, j'ai découvert que je n'aurais pas accès à l'ensemble du dossier d'instruction : une trentaine de pages, extraites de l'enquête menée en 1955 dans le cadre de la vaste campagne de réhabilitation des victimes des purges lancée par Khrouchtchev, avaient été soigneusement agrafées les unes aux autres. Par chance, Panamariev était aussi curieux que moi d'en connaître le contenu. Il se laissa vite convaincre et dégrafa furtivement les pages interdites pour me permettre de les lire.

Elles concernaient les agents du NKVD qui avaient pris part aux interrogatoires de Bibikov. Un demi-siècle après les faits, les services de sécurité ukrainiens tentaient encore de protéger leurs hommes. Leurs dossiers avaient été compulsés par les enquêteurs qui préparaient la réhabilitation de Bibikov. Mais les agents eux-mêmes n'avaient pu être interrogés puisqu'ils avaient tous été fusillés dans l'année qui avait suivi la mort de Bibikov.

« Les anciens employés de la section ukrainienne du NKVD, TEITEL, KORNEV et GUÉPLER... ont été jugés pour falsification de preuves et activités antisoviétiques », annonce un des documents. « Les enquêteurs SAMOVSKI, TROUCHKINE et GRIGORIENKO... ont fait l'objet de poursuites pénales pour activité contre-révolutionnaire », relate un autre.

Presque tous ceux dont le nom apparaît dans le dossier, des accusés aux agents du NKVD chargés de les interroger, en passant par Markitane, le secrétaire du comité local du Parti, qui signa l'ordre d'exclure Bibikov deux jours après son arrestation, furent eux-mêmes exécutés dans le courant de l'année 1938. Les purges ont consumé victimes et bourreaux. Il ne reste rien de leurs vies sinon quelques échos étouffés sous des monceaux de papier.

En toute fin du dossier d'instruction figure la lettre, tamponnée et numérotée, que j'avais écrite aux services de sécurité ukrainiens cet été-là pour demander à consulter les documents relatifs à mon grand-père, en vertu d'une loi ukrainienne autorisant les proches parents des disparus à accéder aux archives secrètes du NKVD. L'épaisse chemise cartonnée avait alors été sortie d'une armoire. Ma requête, dûment enregistrée, avait été collée au dos de la couverture, de sorte que l'ultime signature du funeste dossier, griffonnée au bas de ma lettre, se trouve être la mienne.

4

L'arrestation

Merci, camarade Staline, pour notre enfance radieuse !
Slogan figurant sur une affiche de propagande datée de 1936

J'ai vécu de nombreuses années à Moscou sans jamais me défaire complètement de mon impression première – celle d'être plongé dans un étrange labyrinthe d'époques contradictoires. Car la capitale russe a ceci de particulier que le passé peut y surgir à tout moment, par petites touches pittoresques : on y croise des soldats en bottes et culottes de cheval, des babouchkas en foulard, des mendiants hirsutes et dépenaillés, tout droit sortis d'un roman de Dostoïevski. On y vend de la viande au bas de camions remplis de carcasses de bœuf découpées par un moujik armé d'une hache ensanglantée. On doit laisser son manteau au vestiaire dans les lieux publics. Les hommes portent des chapkas. Il y a des téléphones à cadran, des chauffeurs et des soubrettes, du pain au saindoux. En banlieue, ça sent le feu de bois et les toilettes en plein air. Les journaux tachent les mains, et quelques vendeurs utilisent encore des bouliers en guise de caisses enregistreuses. À bien des égards, les us et coutumes semblent absolument inchangés depuis l'époque de mon père, voire de mon grand-père.

Cette persistance du passé m'a permis de frôler brièvement l'univers cauchemardesque dans lequel mon grand-père a basculé en juillet 1937. Pendant quelques heures, je l'ai vu, je l'ai senti, je l'ai touché. Ces impressions m'ont aidé, me semble-t-il, à mieux comprendre ce qu'il a pu ressentir à l'époque – du moins physiquement. Ce qu'il a éprouvé intellectuellement, émotionnellement, reste un mystère que j'espère n'avoir jamais à percer.

Un soir, au début du mois de janvier 1996, un mois après le séjour que j'avais effectué à Kiev pour consulter le dossier de mon grand-père, je marchais vers l'hôtel Métropole quand il se mit à neiger. Je poursuivis ma route en cherchant un taxi sans m'apercevoir que trois hommes me suivaient depuis un moment. Lorsque je pris conscience de leur approche – une manche de veste en peau lainée envahit brusquement mon champ de vision –, il était déjà trop tard : le propriétaire de la veste en peau me frappa violemment la mâchoire. Un choc sourd me traversa comme l'auraient fait les cahots d'un train, mais je n'éprouvai aucune douleur. Pendant deux ou trois minutes de temps suspendu, j'exécutai un étrange ballet, chutant, me redressant, puis chutant de nouveau sous les coups redoublés de mes agresseurs. Avant de tomber, j'enfonçai instinctivement mon visage dans la fourrure mouillée de ma chapka pour me protéger le nez.

Je tentais encore de me redresser quand je vis les pneus enneigés et les phares sales d'une Lada rouge se diriger vers nous. Si improbable que cela puisse paraître, la porte du côté passager s'ouvrit : un homme plâtré sortit et invectiva les trois hommes. Ceux-ci, subitement gênés, s'éloignèrent en feignant l'innocence. Les occupants de la Lada m'aidèrent à me relever et repartirent.

À cet instant, une voiture de police apparut au coin de la rue. Je l'arrêtai d'un geste, j'ouvris la portière, j'expliquai en haletant ce qui venait de m'arriver et je grimpai à l'intérieur, presque hagard. Je recouvrai brutalement mes esprits quand le chauffeur accéléra, descendant à vive allure la rue Neglinnaïa pour rattraper mes agresseurs. Le temps sembla bondir en avant, lui aussi, et tout, soudain, se passa très vite. Nous débouchâmes sur Okhotny Riad. J'aperçus mes assaillants : ils jouaient dans la neige près du métro Loubianka. La Jeep traversa élégamment les huit voies de circulation et s'arrêta sous leur nez dans un vrombissement de moteur.

Les trois hommes sortirent leurs papiers. Manifestement soûls, ils souriaient, persuadés d'avoir affaire à un contrôle de routine. Deux d'entre eux avaient les traits asiatiques des Tatars d'Asie centrale ; le troisième était russe. Lorsqu'ils me virent descendre péniblement de voiture, ils se figèrent, les yeux écarquillés, et semblèrent se tasser sur eux-mêmes.

« Ce sont eux ! » dis-je en les désignant d'un geste théâtral. Les deux Tatars furent jetés à l'arrière de la Jeep, derrière un grillage. Leur complice russe s'en sortit à bon compte : la voiture n'étant pas assez grande pour l'accueillir, les flics le laissèrent partir. Une dizaine de minutes s'étaient écoulées depuis qu'ils m'avaient envoyé au sol d'un coup au menton.

L'odeur impérissable des prisons russes, faite de sueur, d'urine et de désespoir, imprégnait le commissariat. Comme dans beaucoup d'institutions, les murs étaient peints en beige pâle dans leur partie supérieure, en marron foncé dans leur moitié inférieure. Enfermés derrière les barreaux d'une petite cellule aménagée au fond du hall, mes deux agresseurs échangeaient des propos à voix basse, la tête entre les mains, en glissant de temps à autre un regard vers moi.

Le brigadier préposé à la réception était assis derrière un écran en plexiglas. Son petit bureau, installé sur une estrade de quelques centimètres, dominait le reste de la pièce.

Y étaient alignés, à portée de sa main, quelques gros registres d'allure victorienne, un carnet de timbres, une pile de formulaires et un cendrier découpé dans une canette de Fanta. Je déclinai mon identité et mes coordonnées, qu'il nota d'un air impassible, puis il décrocha son téléphone et appela ses supérieurs. Dès lors, me semble-t-il, le destin des deux hommes fut scellé. J'étais un étranger – autant dire une source de problèmes potentiels pour la police si l'affaire n'était pas traitée avec toute la diligence requise. Personne n'avait intérêt à ce que j'aille me plaindre au consulat, qui se plaindrait en retour au ministère des Affaires étrangères, multipliant la paperasse et les remontrances.

Une certaine Svetlana Timoféïévna, lieutenant-colonel de la Brigade d'enquêtes criminelles de Moscou, fut chargée d'instruire mon dossier. Corpulente et sûre d'elle, cette femme me jaugea d'un regard pénétrant, en matrone habituée à distinguer les chiffes molles des grandes gueules. Tout en elle la désignait comme l'archétype de ces dames entre deux âges, typiquement russes, grosses et invincibles, qui trônent comme des dobermans dans les administrations du pays, protégeant les grands hommes, gérant les billetteries et traitant les clients de haut à l'entrée des hôtels.

Après m'avoir fait raconter plusieurs fois l'agression dans ses moindres détails, Svetlana Timoféïévna s'empara d'un formulaire vierge intitulé *Protokol*, ou « procès-verbal », sur lequel elle nota solennellement ma déposition officielle. Lorsqu'elle eut terminé, je signai chaque page du document et marquai chaque correction de mes initiales. Elle prit ensuite une chemise titrée *Diélo*, « affaire criminelle », et remplit soigneusement les cases relatives aux deux accusés sur la couverture de carton brun. Le dossier était né. Dès lors, les enquêteurs, mes agresseurs et moi fûmes ses créatures.

Au cours des trois jours suivants, sonné par une légère commotion cérébrale, je me rendis en chancelant au commissariat chaque fois que Svetlana Timoféïévna m'y convoquait. Le bâtiment – deux étages de béton posés au milieu d'une cour infestée de chiens errants, où fondait une neige sale et pleine de détritus – était encore plus sinistre en plein jour. Je revis les policiers qui m'avaient accompagné le soir de l'agression. Se penchant vers moi, l'un d'eux m'assura dans un murmure que ses collègues et lui s'étaient « débrouillés pour que les types passent un mauvais quart d'heure ». Un frisson coupable me traversa – j'étais vengé –, dont je me repentis aussitôt.

Entre mes longues matinées de sommeil agité dans mon appartement sans soleil du troisième étage et mes interminables après-midi au commissariat, j'avais l'impression d'avoir basculé dans un monde parallèle, âpre et dur, où j'étais condamné à regarder indéfiniment le stylo de l'inspecteur courir sur des rames de papier, la tête lourde, pressé d'en finir. La scène me poursuivait jusque dans mon sommeil sous forme de rêves de frustration fiévreux, centrés de manière obsessionnelle sur le stylo de l'inspecteur, la main désincarnée qui le tenait, sa course ininterrompue sur le papier, la façon dont il perçait le formulaire de mauvaise qualité sous la lumière crue d'une administration sans âme.

Le troisième jour – autant dire une éternité –, j'arrivai au commissariat en habitué des lieux. Je gravis péniblement les marches usées de l'escalier, je passai devant les toilettes puantes des employés (dont la lunette avait été volée) et j'entrai dans le bureau de Svetlana Timoféïévna. J'eus la surprise de la trouver en uniforme.

« Nous allons procéder à l'*otchnaïa stavka* », annonça-t-elle. L'*otchnaïa stavka*, la « confrontation », est l'une des procédures standard de la brigade criminelle russe. Elle consiste à mettre en présence accusés et plaignants afin de leur lire leurs dépositions respectives. Svetlana Timoféïévna souleva le dossier, qui enflait à vue d'œil, et m'emmena au sous-sol dans ce qui ressemblait à une grande salle de classe : plusieurs rangées de bancs étaient alignées devant une estrade, sur laquelle nous nous installâmes en silence. Assis derrière un pupitre, je fixai le grain du bois.

Les deux hommes entrèrent si doucement que je ne les remarquai pas avant qu'un policier referme la porte sur eux. Menottés, ils s'avancèrent en traînant les pieds, la tête baissée. Ils s'assirent lourdement au premier rang et nous regardèrent d'un air penaud, comme des écoliers coupables. Svetlana Timoféïévna m'avait précisé qu'ils étaient frères, tatars et originaires de Kazan. Tous deux mariés et pères de famille, ils vivaient à Moscou. Ils me parurent plus jeunes que dans mon souvenir, et plus petits.

« Je vous en prie, Matthews, pardonnez-nous de vous avoir frappé ! Si nous pouvons faire quelque chose pour vous, nous… », commença le plus trapu des deux, qui était aussi l'aîné, mais Svetlana Timoféïévna l'interrompit aussitôt. Elle lut ma déposition, dans la plus détaillée et la plus malhabile de ses quatre versions, puis un rapport médical. Ils écoutèrent en silence ; le cadet se tenait la tête à deux mains. Leur propre déposition se résumait à cinq phrases, stipulant qu'ils étaient trop soûls pour se rappeler les faits et qu'ils avaient spontanément avoué leur culpabilité et exprimé leurs regrets. Après chaque lecture, il y eut un moment délicat quand Svetlana Timoféïévna leur demanda de signer les documents. Devinant leur gêne, je leur facilitai la tâche en faisant glisser les papiers vers eux pour qu'ils puissent les atteindre malgré leurs menottes. Chaque fois, ils me remercièrent poliment d'un hochement de tête.

« Avez-vous quelque chose à dire ? » s'enquit l'inspectrice.

L'aîné des frères, qui portait toujours sa veste en peau lainée, prit la parole. Il s'exprima d'abord assez calmement, avec une camaraderie forcée, en me cherchant des yeux. Je cessai peu à peu de l'écouter pour concentrer mon attention sur le ton de sa voix et l'expression de son regard – un regard suppliant, qui implorait ma clémence. Je sentis mes lèvres se figer en une sorte de sourire horrifié. Il se pencha vers moi, la voix vibrante de panique. Puis il tomba à genoux et fondit en larmes. Il sanglota bruyamment tandis que son frère pleurait en silence.

On les emmena. Svetlana Timoféïévna prononça quelques mots, que je n'entendis pas. Elle dut se répéter et toucher mon épaule. « Vous pouvez partir, maintenant », dit-elle. « J'aimerais abandonner les poursuites », répliquai-je dans un murmure. Elle poussa un profond soupir et m'annonça d'un ton las – le ton qu'elle aurait pris pour expliquer à un enfant que la vie n'est pas toujours facile – que je ne pouvais pas retirer ma plainte. « C'est impossible », insista-t-elle. Elle n'était pourtant pas insensible : des années passées à épingler de sales petits voyous pour de sales petits délits ne l'avaient pas complètement endurcie. Elle avait reçu les épouses éplorées des deux hommes ; elle savait pertinemment que l'affaire était des plus triviales et le préjudice subi sans commune mesure avec le terrible châtiment qu'elle s'apprêtait à infliger aux coupables. Mais elle savait aussi qu'elle rédigerait son rapport final dans l'après-midi en demandant que les prévenus soient placés en détention provisoire jusqu'au procès.

Nous étions tous pris au piège, maintenant. Le train filait sur les rails. Il prenait de la vitesse. Mon passeport britannique les obligeait à suivre les procédures à la lettre. Le dossier, toujours le dossier, rien que le dossier ! On entendait grincer les roues. Plus personne ne pouvait descendre. Parce que ce qui avait été écrit ne pouvait être démenti.

Les deux hommes passèrent onze mois et demi à Boutirskaïa, l'une des prisons les plus tristement célèbres de toute la Russie, dans l'attente du jugement. Lorsque je reçus la citation à comparaître, je n'eus pas le courage d'y aller.

J'envoyai un ami présenter mes excuses au tribunal. Il apprit que les deux frères avaient attrapé la tuberculose derrière les barreaux. Le juge ne tint pas compte de mon absence et les condamna à une peine de prison égale à celle qu'ils avaient déjà subie en détention provisoire. Ils avaient perdu leur emploi, et leurs proches étaient rentrés au Tatarstan.

Quand j'appris le verdict, le choc de l'agression s'était estompé. Je ne gardais plus qu'un vague souvenir du soir où nos vies s'étaient heurtées de manière si calamiteuse. Je tentai de me convaincre que l'incident s'était perdu dans l'océan d'atrocités qui engloutissait quotidiennement la salle de rédaction où je travaillais. N'était-il pas pervers de ma part de m'appesantir sur le sort de ces deux coupables lorsque les journaux qui s'amoncelaient sur mon bureau regorgeaient d'histoires terrifiantes sur les souffrances endurées dans le monde entier par des milliers d'innocents ?

Certes, mais le souvenir de l'horreur et de la culpabilité qui m'avaient envahi quand les deux frères s'étaient jetés à mes genoux demeurait enfoui au plus profond de moi-même. Son poison se diffusait lentement dans mes veines. Je suis convaincu que de nombreux Russes baignent dans les mêmes eaux saumâtres, subtil mélange de traumatismes, de culpabilité et d'amnésie volontaire. Ce marasme fournit le terreau parfait dans lequel leur hédonisme et leur manque de loyauté, leurs moindres plaisirs et leurs plus infimes trahisons plongent leurs racines. Ce n'est pas du tout pareil pour les Européens choyés parmi lesquels j'ai grandi, bien que nombre d'entre eux soient persuadés de pâtir de leurs échecs personnels, de l'indifférence de leurs parents ou de la cruauté de leur conjoint. Après des années passées en Russie, j'ai acquis la conviction que, à dix-sept ans, les jeunes Russes d'aujourd'hui ont connu plus de violence, plus d'impuissance, plus de corruption et d'injustice que la plupart de mes amis anglais n'en ont vu au cours de leur vie entière. Pour survivre et tenter d'être heureux, les Russes ont tant à ensevelir, tant à enfouir en eux-mêmes ! Rien d'étonnant à ce que l'intensité de leurs plaisirs soit si vive : elle doit compenser celle de leurs souffrances.

Après le départ des officiers du NKVD et la perquisition qu'ils avaient effectuée chez les Bibikov à Tchernigov, plusieurs jours s'écoulèrent sans apporter la moindre nouvelle. Boris ne revint pas de vacances. « On vous tiendra informée », répétait la réceptionniste du NKVD à ma grand-mère, chaque fois qu'elle cherchait à en savoir plus. Varia fut renvoyée chez ses parents à la campagne. Martha et ses deux filles s'installèrent dans la cuisine et la salle de bains de l'appartement, les autres pièces ayant été mises sous scellés. Martha fit quelques courses avec l'argent qui restait dans son porte-monnaie, puis elle dut accepter l'aide des rares habitants qui vivaient encore dans l'immeuble, tous les autres ayant été arrêtés.

Les collègues de Bibikov ne leur furent d'aucun secours. Beaucoup d'entre eux avaient déjà disparu, et ceux qui travaillaient encore à l'usine ou au Parti étaient trop terrifiés pour parler, ou naïvement persuadés que le NKVD rectifierait bientôt son erreur.

Un incident dramatique se produisit quand Martha se rendit pour la énième fois au NKVD en laissant les fillettes attablées devant une assiette de soupe aux cerises, spécialité estivale ukrainienne dont elles raffolaient. Après le goûter, Lénina se plongea dans la lecture d'un ouvrage que son père lui avait offert, sans remarquer que sa petite sœur avait enfoncé plusieurs noyaux de cerise dans son nez, si loin qu'on ne pouvait déjà plus les retirer.

« Regarde ! Je suis une tirelire », annonça Ludmila à sa grande sœur en poussant un autre noyau dans sa narine. Martha rentra un moment plus tard. Elle hurla en apprenant l'incident et emmena aussitôt sa cadette à l'hôpital, où une infirmière revêche ôta les noyaux de son conduit nasal à l'aide de longues pinces apparemment conçues à cet effet. Lénina, que sa mère avait giflée pour la punir de sa négligence, pleura d'autant plus que son père n'était pas là pour la consoler.

Au bout de quinze jours d'angoisse, n'y tenant plus, Martha résolut d'envoyer Lénina à Moscou pour informer les frères de Bibikov de sa disparition. N'était-ce pas la seule chose qui restait à faire ? Les deux hommes étaient bien placés dans l'armée. Ils pourraient sûrement s'informer en haut lieu et obtenir enfin des éclaircissements sur ce qui s'était passé. Faute d'argent – son porte-monnaie était vide depuis plusieurs jours –, elle emballa une paire de cuillères en argent massif dans une serviette et se rendit avec sa fille à la gare, où elle supplia une contrôleuse de lui octroyer un siège dans l'express de Kiev à Moscou qui faisait halte à Tchernigov tard dans la nuit. L'employée des chemins de fer refusa les cuillères, mais hissa Lénina dans un filet à bagages en lui ordonnant de ne pas bouger. Martha s'élança sur le quai quand le train démarra. Elle courut près du wagon où était sa fille, accélérant à mesure qu'il prenait de la vitesse jusqu'à ce qu'elle n'ait plus la force de le suivre.

Dix ans plus tôt, son père avait envoyé Martha en Crimée, l'arrachant à la maison où elle avait grandi. À peine arrivée sur la presqu'île, elle avait abandonné sa sœur mourante sur un quai de gare. Elle regardait maintenant les phares du train qui emmenait sa fille s'éloigner dans la nuit, en songeant que sa nouvelle famille se brisait à son tour. Elle se rendit au bureau de poste et envoya un court télégramme à Moscou pour annoncer l'arrivée de Lénina à ses beaux-frères. Puis elle rentra chez elle. Elle trouva Ludmila endormie sur une couverture posée à même le carrelage de la cuisine. Elle la prit dans ses bras et, comme elle le raconta à Lénina des années plus tard, « elle gémit comme un animal blessé. »

En arrivant gare Kourski à Moscou, Lénina fut accueillie par son oncle Isaac, le plus jeune des trois frères Bibikov. Iakov, l'aîné, servait dans l'armée de l'air. Il était alors en poste à Khabarovsk, près de Vladivostok, où stationnait l'état-major des armées de Russie extrême-orientale, et ignorait encore l'arrestation de Boris. Âgé de vingt-trois ans, Isaac était l'un des meilleurs ingénieurs de l'usine Dynamo, qui fabriquait des moteurs d'avion dans la banlieue de Moscou. Il embrassa sa jeune nièce en la priant de garder son récit pour plus tard – lorsqu'ils auraient rejoint le petit appartement qu'il partageait avec sa mère. Lénina obtempéra. Ils n'échangèrent que des banalités pendant le trajet en tramway et s'enfermèrent sitôt arrivés dans la cuisine de l'appartement, où Sofia les attendait. Là, ma tante put enfin raconter ce qui s'était passé depuis le départ de Boris pour Gagry. « Je ne comprends pas… Qu'est-ce qu'il a fait de mal ? » gémit-elle en fondant brusquement en larmes. Isaac tenta de la réconforter. « Il s'agit sûrement d'une méprise, dit-il. Je connais des gens qui pourront arranger ça. »

Il s'adressa dès le lendemain à l'un de ses amis, qui travaillait à la cellule du NKVD de l'usine Dynamo. Ce jeune officier était, jusqu'à une date récente, l'un des gardes du corps d'un général en chef du NKVD. Il écouta le récit d'Isaac et lui promit de demander à ses anciens collègues de solliciter un entretien avec le général afin de corriger ce qu'il eut le tact d'appeler une « terrible erreur ».

Deux jours plus tard, Isaac revint tôt du travail. Il demanda à Lénina de mettre sa plus belle robe et l'emmena en tram jusqu'au quartier général du NKVD, place Loubianka. L'énorme bâtiment de style bourgeois, qui abritait une compagnie d'assurances avant la Révolution, avait été agrandi en 1937. Ses caves, transformées en cellules et en salles d'interrogatoire, formaient une vaste prison où s'entassaient les victimes des purges, dont le nombre augmentait chaque nuit depuis le déclenchement de la Grande Terreur. Isaac et sa nièce entrèrent par la porte principale. Le jeune homme présenta son passeport au brigadier en faction à la réception, qui les fit conduire dans une salle d'attente au premier étage. Là, un officier vêtu de l'uniforme vert foncé du NKVD, très fringant dans ses bottes et ses culottes de cheval, vint échanger quelques mots avec Isaac. Il s'agissait vraisemblablement de l'ami qui avait organisé l'entrevue avec le général.

Lorsqu'ils furent enfin invités à entrer dans le bureau, Lénina crut qu'il n'y avait personne. Une grande table de bois sombre trônait au fond de la pièce, sous la lumière crue d'une lampe électrique. D'épais rideaux à demi tirés masquaient le soleil encore vif de l'après-midi. Les fenêtres étaient hautes ; un tapis moelleux couvrait le sol. Elle plissa les yeux et finit par apercevoir un petit crâne chauve coiffé de lunettes derrière le bureau. « On dirait un gnome », pensa-t-elle.

Le minuscule général leva les yeux vers ses visiteurs et leur demanda ce qu'ils voulaient. Isaac expliqua d'une voix tremblante que son frère, fidèle communiste, avait été arrêté par erreur, ou plutôt « par inadvertance », les agents du NKVD ayant sans doute fait preuve d'un zèle excessif dans leur hâte à traquer les ennemis de l'État. Tout en l'écoutant parler, le gnome saisit un mince dossier sur son bureau, qu'il feuilleta rapidement avant de lâcher son verdict : « *Razberiomsia* » – « Nous allons tirer ça au clair. » L'entrevue était terminée. Isaac en sortit bouleversé. Lénina rentra le lendemain à Tchernigov, où sa mère l'attendait. Quelques jours plus tard, Martha vendit les quelques objets de valeur qu'elle trouva dans la cuisine et acheta trois billets de train pour la Crimée, où Féodossia, sa sœur aînée, pouvait les loger. Avant de partir, elle prit soin de laisser sa nouvelle adresse au bureau du NKVD de Tchernigov, afin que son mari ne s'inquiète pas de trouver l'appartement vide quand les autorités, comprenant leur erreur, le laisseraient enfin rentrer chez lui.

L'hiver s'installa, et Boris ne revenait toujours pas. Martha dormait avec ses filles dans la cuisine de la petite isba de Féodossia, près de Simferopol. Pour une femme qui avait connu les privilèges réservés à l'élite du Parti, la chute était brutale. Elle se fit embaucher comme infirmière dans un hôpital pour enfants atteints de maladies infectieuses, ce qui lui permit de rapporter chez elle les restes des repas servis aux petits malades.

La Crimée bénéficie toute l'année d'un climat plus doux que celui de la Russie occidentale, mais un vent glacé s'engouffre en hiver dans la baie de Sébastopol et déferle sur l'intérieur des terres. La maison de Féodossia, mal isolée, en pâtissait. Une *bourgeouika*, un petit poêle « bourgeois » en métal, trônait dans la pièce principale. Il chauffait vite et bien au démarrage, puis s'éteignait progressivement pendant la nuit. Les enfants n'étaient pas autorisées à l'allumer durant la journée, quand Martha était à l'hôpital. Assises à la fenêtre, emmitouflées dans plusieurs chandails, elles passaient leurs journées à regarder la pluie tomber sur le petit verger qui entourait la maison.

Le temps s'écoulait lentement, si lentement que Lénina avait l'impression d'être coupée du monde. Tout lui manquait : l'agitation de Tchernigov, leurs voisins, ses camarades de classe, le défilé permanent d'amis et d'officiels qui venaient bavarder dans leur cuisine jusque tard dans la nuit. Mais l'absence qui lui pesait le plus, c'était celle de son père. L'homme qui avait été à la fois son refuge et son meilleur ami lui manquait terriblement. Elle demeurait convaincue qu'il était vivant quelque part et qu'il se languissait d'elle autant qu'elle se languissait de lui.

Ludmila, qui n'avait jamais été turbulente, sembla se replier sur elle-même. Elle jouait en silence avec ses poupées dans un coin de la cuisine, près du coffre sur lequel dormait Lénina, en veillant à ne déranger ni sa tante ni sa mère, toujours prompte à se mettre en colère. Martha rentrait tard de l'hôpital, exténuée, les cheveux en désordre. Depuis l'arrestation de son mari, elle avait renoncé à son apparence.

Ludmila attrapa la rougeole au début du mois de décembre. Le virus avait sans doute contaminé la nourriture que sa mère rapportait de l'hôpital, ou les blouses qu'elle revêtait pour travailler. Inquiète, Martha décida de rester à la maison pour la soigner, car la fièvre ne baissait pas. Elle envoya Lénina à la pharmacie à plusieurs reprises afin d'acheter les remèdes nécessaires : cataplasmes à la moutarde contre la toux et flacons de collyre pour soulager les yeux gonflés de la petite malade.

Ludmila était souffrante depuis trois ou quatre jours quand on frappa sèchement à la porte au milieu de la nuit. Féodossia se leva pour aller ouvrir. Plusieurs hommes en uniforme sombre, pistolets à la ceinture, s'engouffrèrent dans l'entrée en demandant à voir « la citoyenne Bibikova ». Martha, qui dormait par terre, Ludmila dans ses bras, se redressa d'un bond en les voyant entrer dans la cuisine.

« Debout ! » ordonna un des hommes en s'approchant de Lénina. Il ouvrit brutalement le coffre sur lequel elle dormait, l'envoyant rouler au sol avec ses couvertures. Martha, qui n'avait pas lâché Ludmila, se mit à hurler. Elle attrapa l'officier par le bras, mais celui-ci la repoussa vivement. Martha, perdant l'équilibre, tomba dans le coffre encore ouvert, sa fille de trois ans et demi juchée contre sa hanche. Lénina se souvient des cris – tout le monde criait, et sa mère se démenait pour sortir du coffre. La scène, grotesque, frisait la farce. Puis le cauchemar recommença. Les hommes du NKVD tirèrent Martha du coffre, lui plaquèrent les mains dans le dos et l'entraînèrent dehors, toujours en chemise de nuit. Deux voitures de police, surnommées les « corbeaux noirs », les attendaient au bas des marches. Les types poussèrent Martha dans l'une d'elles, tandis qu'un autre officier arrivait avec les enfants : il avait coincé Ludmila sous son bras et tirait Lénina par la main. À force de se débattre, celle-ci parvint à se libérer. Elle voulut courir vers sa mère, mais les hommes la rattrapèrent. Ils la jetèrent avec Ludmila dans la seconde voiture. Le chauffeur démarra aussitôt. À l'arrière, la sœur aînée enlaça la cadette, qui hurlait de terreur. Au bout de la rue, les deux voitures partirent dans des directions opposées. Lénina et Ludmila ne revirent leur mère que onze ans plus tard.

À l'heure où j'écris ces lignes, Nikita, mon fils, a exactement l'âge qu'avait Ludmila quand Martha fut arrêtée : trois ans et dix mois. Il a le visage rond, une crinière de cheveux sombres et les yeux bleus de Ludmila, sa grand-mère. Lorsque nous sommes allés lui rendre visite il y a quelques semaines, Lénina l'a serré si fort dans ses bras qu'il s'est mis à pleurer. Elle disait qu'il ressemblait tant à Ludmila que c'en était presque insupportable. « Je suis devenue mère à douze ans, quand ils ont emmené maman, a-t-elle ajouté. Ludmila a été ma première fille. Ton fils est une petite Ludmila. »

Parfois, lorsque je regarde Nikita jouer, j'éprouve – comme la plupart des parents, j'imagine – un brusque frisson d'angoisse, totalement irrationnelle. En le voyant s'amuser dans les plates-bandes, chercher des escargots ou déterrer des bulbes, sourcils froncés, absorbé dans ses petites pensées, je suis terrifié à l'idée qu'il puisse mourir ou m'être enlevé, pour une raison ou pour une autre. À d'autres moments, le plus souvent à une heure avancée de la nuit, quand j'ai trop bu et que je suis loin de chez moi, en reportage à Bagdad ou ailleurs, dans un de ces enfers où je passe la majeure partie de ma vie depuis que j'ai quitté Moscou, j'essaie d'imaginer ce qui lui arriverait si je mourais. Je me demande s'il s'en remettrait, quels souvenirs il garderait de moi, s'il comprendrait, s'il pleurerait. La seule pensée de le perdre me donne le vertige. Je pense souvent à Martha et à la nuit de l'arrestation en tentant d'imaginer ce que j'éprouverais si Nikita m'était arraché des bras par des inconnus. Mais je suis incapable de le concevoir.

Les hommes du NKVD conduisirent Lénina et Ludmila à la prison pour mineurs de Simferopol, où elles demeurèrent jusqu'à ce que l'État décide de leur sort. Selon la logique sordide des purges, les proches parents d'un « ennemi du peuple » étaient coupables eux aussi, contaminés par ses pensées hérétiques comme par une maladie infectieuse. « La pomme ne tombe jamais loin du pommier ! » dit un vieux proverbe russe. Ces deux enfants, âgées de douze et trois ans, furent donc condamnées à expier les péchés de leur père. Le Parti avait décrété qu'elles n'étaient, comme lui, que des rebuts de l'histoire.

La prison était plongée dans la pénombre. Il s'en dégageait une odeur pestilentielle d'urine, de savon au phénol et de pommade au coaltar. Lénina se souvient encore aujourd'hui des visages des trois hommes qui notèrent leur identité, de l'odeur âcre de la cellule bondée où elles furent enfermées (avec ordre de se trouver un coin pour dormir sur le sol couvert de paille), et des aboiements des chiens qui montaient la garde dans les couloirs. Elle prit sa petite sœur fiévreuse dans ses bras et pleura longuement avant de trouver le sommeil.

Mila se souvient aussi de la nuit où sa mère fut arrêtée : elle se voit en chemise de nuit, sa poupée dans les bras. Un soldat la pousse, tout le monde crie. De ses trois ans et dix mois de vie familiale normale, elle n'a gardé aucune image, si ce n'est le souvenir fugace d'avoir été portée sur les épaules de son père. À partir de cette nuit-là, Lénina fut sa deuxième maman. Agrippées l'une à l'autre, elles sombrèrent dans le chaos, seules et terrifiées dans un monde d'adultes qui avait brusquement perdu toute cohérence.

5
Incarcération

Nous, les enfants des années terribles de la Russie,
nous n'avons pas la force d'oublier.
Gueorgui IVANOV

Par une matinée chaude et brumeuse de juin 1995, je me présentai à la porte de la prison Boutirskaïa, rue Novoslobodskaïa, mon carnet de reporter en poche. L'entrée étant coincée entre une boutique et un salon de coiffure, je crus d'abord m'être trompé. Mais, en m'engageant dans l'étroit passage aménagé entre les bâtiments d'époque soviétique qui bordaient la rue, je basculai dans un monde inconnu et secret. La prison était bien là. Vaste forteresse construite par Catherine II pour enfermer les nombreux criminels de son pays d'adoption, dont Émélian Pougatchev, le fameux chef de l'insurrection paysanne, elle en avait gardé tous les attributs : tours à créneaux et vols de corbeaux planant au-dessus des toits.

Dans la rue, à l'autre bout du passage, la chaleur poussiéreuse de l'été moscovite me semblait déjà pesante. Mais, lorsque nous entrâmes dans la forteresse proprement dite, l'air parut brusquement tourner à l'aigre. Il s'abattit sur ma peau et mes vêtements comme un drap mouillé de sueur. Même dans l'aile réservée à l'administration, on sentait une odeur métallique, mélange de chou rance, de détergent bon marché et de vêtements humides.

J'obtins l'autorisation de visiter une des cellules. Longue de vingt mètres sur quatre mètres cinquante de large, elle empestait la sueur et l'urine – l'odeur me gifla quand le garde ouvrit la porte. Je crus d'abord que les détenus s'étaient massés près de l'entrée pour m'observer. En me penchant à l'intérieur, je compris qu'ils étaient entassés les uns contre les autres *dans toute la pièce*, depuis l'entrée jusqu'à la fenêtre lourdement grillagée qui trouait le mur du fond. On aurait dit un wagon de métro bondé. Deux rangées de planches couvertes de corps et de draps sales couraient le long des murs. Des pieds calleux en dépassaient. Plusieurs dizaines d'hommes se tenaient dans la travée centrale, en slip, adossés aux planches ou assis au bout des lits. Certains d'entre eux jouaient aux cartes ; la plupart des hommes allongés dormaient. Ceux qui étaient debout, incapables de bouger, ne faisaient rien. Leurs vêtements séchaient sur des cordes à linge improvisées, tendues d'un bout à l'autre de la geôle. Un seul évier et des toilettes bouchées se dressaient dans un coin. La chaleur et l'humidité étaient telles que j'avais du mal à respirer. Et l'odeur écœurante de cette masse d'êtres humains en sueur me soulevait l'estomac.

Je me frayai un passage à l'intérieur sous l'œil vigilant du garde, qui demeura sur le seuil. Il m'expliqua plus tard que les matons n'entraient jamais dans les cellules, sauf en cas de bagarre ou de crise de folie. C'était une des règles tacites de la prison.

Il y avait cent quarante-deux détenus dans cette cellule. Leurs yeux caves, privés de lumière, étaient devenus vitreux. Ils étaient couverts de plaies et de piqûres de puces. La moitié d'entre eux, manifestement atteints de tuberculose, étaient secoués de quintes de toux sèche et spasmodique, qu'ils évacuaient en crachant copieusement sur le sol graisseux. L'unique fenêtre était obturée, bloquant la lumière naturelle. Seules deux petites fentes avaient été aménagées à travers le grillage pour laisser entrer un peu d'air. La cellule était faiblement éclairée par quatre ampoules électriques allumées seize heures par jour.

J'avais l'intention de discuter brièvement avec quelques-uns d'entre eux, mais j'étais si gêné que je ne trouvai rien à leur dire. Comment engager la conversation avec ces inconnus ? Nous étions littéralement torse contre torse. Leur proximité me paralysait. Impossible de leur parler d'homme à homme : je ne les perçus pas, ni sur le moment ni plus tard, comme des êtres humains. Ils avaient sombré dans une autre réalité ; on en avait fait des êtres hybrides, plus proches des animaux que des humains. Ils feraient toujours partie du troupeau, désormais – même après leur libération. À l'inverse, j'aurais beau tenter de leur parler, d'entrer dans leur cellule, je ne serais jamais qu'un observateur, un homme du dehors. Je ne pouvais pas davantage m'identifier à eux qu'aux animaux galeux du vieux zoo de Moscou. Jamais, ni auparavant ni par la suite dans ma carrière de journaliste en Russie, je n'avais senti avec plus d'intensité que j'étais celui « qui ne fait que passer ».

On devinait à leur expression que leur vie entière avait implosé dans l'espace restreint – à peine quelques centimètres carrés par personne – de la geôle fétide qu'ils occupaient. Ils me dévisagèrent fixement quand je les frôlai pour passer, mais, en plongeant mon regard dans le leur, je compris qu'ils m'observaient depuis une distance que je ne pourrais jamais, jamais franchir.

Ludmila et Lénina ont été prises en photo au début de l'année 1938. Elles ont conservé ce portrait, qui les montre peu de temps après leur incarcération à Simferopol. On y voit Lénina, en foulard pour couvrir sa tête rasée ; Ludmila, juchée sur ses genoux, tient une poupée de chiffon aux cheveux nattés, parée d'une robe de coton blanc et d'un petit chapeau. Les grands yeux de Lénina, son front large et sa bouche délicate en font une enfant ravissante. Lovée contre son épaule, Ludmila, rasée elle aussi et vêtue d'un gilet en tricot et d'une chemise claire, a l'air d'un garçonnet. Un demi-sourire mélancolique, d'une maturité déconcertante, flotte sur les lèvres de Lénina. Toutes deux semblent graves et tourmentées. Leurs yeux ne sont pas des yeux d'enfants. La photographie est maintenant posée sur mon bureau. Elle m'est familière, mais j'éprouve une émotion intacte chaque fois que je la regarde.

Après leur première nuit en prison, les deux sœurs durent répondre aux questions de leurs camarades de cellule, curieuses de savoir ce qu'elles faisaient là. La plupart d'entre elles avaient été arrêtées pour vol ou prostitution. Lorsqu'elles apprirent que les nouvelles venues n'étaient pas des délinquantes, mais des « politiques », comme on surnommait les enfants des ennemis du peuple, elles pincèrent violemment Lénina et rirent de ses larmes de douleur. Deux gardiens, dont l'un tenait un berger allemand en laisse, ouvrirent la porte de la cellule et leur ordonnèrent de se taire. Elles furent ensuite conduites dans un réfectoire, où elles firent la queue devant une petite lucarne pour obtenir un bol de soupe. La cérémonie d'initiation n'était pas terminée : une des adolescentes donna un coup sous le bol de Lénina quand celle-ci fit demi-tour après avoir été servie. Le bol lui échappa des mains, la soupe se répandit au sol, et Lénina regagna sa cellule le ventre vide. Peu de temps après, un des médecins de la prison vint les examiner. Ludmila, toujours atteinte de la rougeole, fut envoyée sur-le-champ à l'infirmerie, laissant Lénina seule avec ses jeunes bourreaux.

Quelques jours plus tard, Lénina fut autorisée à rendre visite à sa sœur pendant les heures normalement dévolues à l'exercice physique. Dès lors, elle prit l'habitude de garder sur elle, bien cachés sous ses vêtements, les petits morceaux de viande ou de sucre que les détenues plus âgées n'avaient pas volés dans son assiette. Elle se retenait de les manger pour les donner à sa sœur, qui avait besoin de reprendre des forces. Leur tante Féodossia leur apportait parfois des colis de nourriture, que Lénina hissait jusqu'à l'infirmerie à l'aide d'une ficelle jetée par la fenêtre grillagée qui surplombait la rue. Mila se souvient de la ficelle et des petits sacs de denrées. Elle se souvient aussi que sa sœur pleurait tout le temps, et que les infirmières la grondaient parce qu'elle faisait encore pipi au lit.

Fin décembre, trois semaines après leur arrestation, Lénina se réveilla en pleine nuit : une épaisse fumée noire emplissait la cellule. La porte s'ouvrit à la volée. Un gardien paniqué leur ordonna de sortir dans la cour. Un incendie avait été déclenché par de jeunes détenus qui tentaient de s'évader. Les gardes avaient lâché les bergers allemands. Les bêtes essayaient de mordre les enfants à mesure qu'on les poussait dehors. Lénina en a gardé une peur panique des chiens. Quand les camions de pompiers entrèrent dans l'enceinte du bâtiment, les enfants tremblaient de froid. Ludmila avait été transportée dans la cour, elle aussi : elle était étendue sur un brancard près des autres occupants de l'infirmerie.

La prison brûla toute la nuit. Le jour se leva sur un bâtiment calciné, devenu inutilisable. Les petits détenus, toujours sous bonne garde, étaient à demi morts de froid dans la cour. Un convoi de camions à plateforme arriva pour les emmener par groupes de vingt. Lénina et Ludmila furent parmi les dernières à embarquer sur un camion en partance pour un des orphelinats situés à l'extrême nord de la région. Ils roulèrent presque toute la journée sans s'arrêter pour nourrir ni réchauffer les enfants, qui grelottaient sous les averses de neige fondue. Lorsqu'ils arrivèrent enfin à destination, dans un « centre d'affectation » pour enfants évacués ou abandonnés à Dniepropetrovsk, les sœurs Bibikova étaient bleues de froid. Lénina tremblait si fort qu'elle ne parvenait plus à parler. Un garde les fit descendre des camions, puis on les rassembla dans une grande salle, déjà pleine d'enfants – ceux que les républicains espagnols avaient réussi à évacuer en Union soviétique pour leur épargner les horreurs de la guerre civile. Ces petits Espagnols, si loin de chez eux, étaient terrifiés. Ils attendaient en pleurant qu'on les affecte dans l'un ou l'autre des orphelinats de la région.

Un fonctionnaire épuisé nota le nom et l'âge des nouveaux arrivants. Il ordonna à Ludmila de rejoindre le groupe des plus jeunes enfants ; à Lénina de se mettre à l'écart pour attendre qu'on l'appelle. Effarée, elle tomba à genoux et supplia les gardes de ne pas la séparer de sa sœur. Elle s'agrippait à leurs bottes, implorant leur pitié d'un ton déchirant. Adossé au chambranle de la porte, un homme en civil l'écoutait plaider sa cause. Lorsqu'elle me raconta cette histoire, soixante-cinq ans plus tard dans la cuisine de son appartement de Moscou, ma tante joignit le geste à la parole : se levant péniblement de sa chaise, elle vint s'appuyer contre la porte de la cuisine, bras croisés sur sa poitrine pour que je me représente bien la scène. L'homme fit un pas en avant, posa doucement la main sur l'épaule d'un des gardes, dit : « Je la prends avec moi », et se pencha pour aider Lénina à se relever.

Il s'appelait Iakov Abramovitch Mitchnik et dirigeait un gigantesque centre récemment construit à Verkhne-Dnieprovsk pour accueillir jusqu'à mille six cents enfants des rues, jeunes délinquants et orphelins, et les transformer en citoyens soviétiques modèles. C'est dans cet orphelinat que les sœurs Bibikova furent conduites ce soir-là : on les fit monter dans un bus avec les plus jeunes enfants. Lénina, qui avait douze ans, était de loin la plus âgée. Ils furent douchés, épouillés et rasés à leur arrivée au centre, puis répartis dans les différents dortoirs selon leur classe d'âge. Lénina fut autorisée à dormir sur un lit de camp près de sa sœur, qui avait été transportée dans le dortoir de l'hôpital, un peu à l'écart des autres patients. Les infirmières et les surveillants confisquèrent les chaussures et les jouets des petits Espagnols pour les donner à leurs propres enfants. Lénina n'a jamais oublié leurs cris de désespoir : encore aujourd'hui, ils viennent hanter ses rêves. « *Mamá ! Mamá !* » sanglotaient-ils, affolés. Privés de leurs poupées et de leurs peluches, derniers vestiges de leur pays d'origine, ces enfants hurlèrent toute la nuit.

Malgré le choc causé par leur arrestation et leur incarcération, Lénina et Ludmila furent relativement heureuses à Verkhne-Dnieprovsk. Elles étaient nourries ; les enseignants étaient gentils. Quelques jours après son arrivée, Ludmila, toujours brûlante de fièvre, fut surprise en train d'enfoncer ses jambes dans un tas de sable humide pour essayer de faire baisser sa température. Elle guérit de sa rougeole en quelques semaines, mais resta gravement malade : les médecins diagnostiquèrent une coxalgie, une tuberculose de l'articulation de la hanche, qui s'aggravait rapidement, son système immunitaire étant très affaibli.

Elle fut transférée au pavillon des maladies infectieuses de l'hôpital local, où Lénina vint lui rendre visite chaque jour après l'école. Montée sur une chaise, Ludmila se penchait à la fenêtre pour la voir arriver. Elle lui faisait signe de la main et lui racontait sa journée. Aussi Lénina fut-elle surprise de la trouver silencieuse un après-midi, les yeux rougis de larmes. Juan, ou plutôt « Juanchik » comme elle l'appelait, le petit garçon espagnol qui dormait dans le lit voisin du sien, avait été emmené pendant la nuit, et personne ne voulait lui dire où il était parti. L'infirmière expliqua plus tard à Lénina que l'ami de sa sœur était mort de la tuberculose. L'hécatombe ne faisait que commencer : un à un, chacun des dix-huit enfants qui occupaient le pavillon quand Ludmila était arrivée fut emporté par la maladie. Seule ma mère survécut.

Lénina renonça vite à écrire à sa grand-mère et à ses oncles puisqu'elle ne se souvenait pas de leur adresse moscovite – et, même si elle s'en était souvenue, il est peu probable que ses proches auraient pris le risque d'intervenir en leur faveur. N'étaient-elles pas les filles d'un ennemi du peuple ? Elle se rabattit sur sa tante Féodossia à Simferopol, mais celle-ci ne vint pas les chercher, se contentant d'envoyer des nouvelles de Martha : on l'avait déportée au Kazakhstan, expliqua-t-elle à sa jeune nièce, dans un camp de prisonniers appelé Karlager. Elle lui transmit le numéro de boîte postale qui servait d'adresse à Martha, en lui conseillant de lui écrire. Lénina, qui effectuait déjà cinq kilomètres à pied chaque matin pour se rendre de l'orphelinat à l'école du village, employa son peu de temps libre à travailler : elle accepta de récurer les planchers chez ses instituteurs en échange d'un oignon, d'une pomme, de petits morceaux de lard ou de sucre. Elle donnait les fruits et le sucre à Ludmila et gardait les oignons pour sa mère. Lorsqu'elle en eut dix, elle les enveloppa dans du papier brun, sur lequel elle écrivit soigneusement le numéro de la boîte postale au Kazakhstan. Elle fit quelques corvées supplémentaires pour acheter les timbres et posta son paquet à l'orphelinat. La réponse de Martha arriva des mois plus tard. Elle remerciait sa fille pour les oignons, mais la traitait d'« imbécile » parce qu'elle ne les avait pas emballés individuellement : ils étaient arrivés gelés, donc immangeables, ce dont elle se plaignait amèrement. Elle s'enquérait tout de même de Ludmila et leur souhaitait à toutes deux une bonne santé. « Je viendrai bientôt vous chercher », promettait-elle. Lénina demeura pourtant sans nouvelles d'elle jusqu'à la fin des années quarante, bien après la guerre.

Ma mère ne se rappelle pas avoir eu de jouets dans son enfance. Elle avait emporté son ours en peluche en quittant Tchernigov, mais elle l'avait perdu dans la prison pour mineurs de Simferopol. La poupée qui figure sur le cliché pris début 1938 à Verkhne-Dnieprovsk appartenait au photographe, qui l'utilisait comme accessoire. Lénina se souvient que sa sœur a fondu en larmes après la prise de vue en apprenant qu'elle ne pouvait pas la garder.

Ludmila adorait dessiner, bien qu'elle n'eût jamais, selon ses propres termes, le « moindre talent ». Malgré sa maladie, elle apprit à lire très tôt et put ainsi tromper la solitude et l'ennui des longs séjours à l'hôpital qui ponctuèrent son enfance, en se plongeant dans les ouvrages que Lénina empruntait pour elle à la bibliothèque de l'orphelinat. Ces livres et le monde merveilleux qu'ils renfermaient lui tinrent lieu d'amis. Ce fut durant ces longs mois d'oisiveté forcée sur un lit d'hôpital qu'elle apprit à s'évader dans un monde idéal, fruit de sa seule imagination. Les forêts sombres et mystérieuses des récits de Pouchkine, les voyages en tapis volant au-dessus de Bagdad endormie dans les contes des *Mille et Une Nuits*, les monstres fabuleux que rencontre Sinbad le marin, les cavaliers des hautes steppes et les sorcières d'antan qui illustraient, sous le pinceau d'Ivan Bilibine, les contes russes traditionnels – autant de lieux, de personnages, de situations qu'elle convoquait à loisir dans son imaginaire d'enfant. Le monde dur, impersonnel et aseptisé qui l'environnait lui semblait plus tolérable depuis qu'elle avait découvert l'existence d'un pays rêvé, plus beau et bien plus agréable que le sien, où elle pourrait se rendre plus tard. Cette vision puissante d'une vie différente et magique – et l'idée que la persévérance et la volonté peuvent venir à bout des pires difficultés – ne la quitta jamais, même lorsqu'elle fut adulte et que ses jambes cessèrent de la faire souffrir.

Lénina fit à cette époque un rêve si marquant qu'il resta gravé dans sa mémoire. Elle se voyait d'abord à l'orphelinat, en chemise blanche et cravate rouge de Jeune Pionnière. Puis elle entendait un groupe d'enfants l'appeler. « Ton père ! Ils amènent ton père ! » criaient-ils. Elle se précipitait dans la cour et apercevait son père de dos, poussé par trois hommes en armes. Le rêve se poursuivait au bord du Dniepr, le grand fleuve qui coulait en bordure du parc de l'orphelinat. Lénina, figée par le rêve, observait son père de loin. Il se tenait sur les berges escarpées du fleuve, le dos tourné. Le temps semblait s'étirer ; Lénina regardait son père qui regardait le Dniepr. Soudain, les trois hommes armaient leurs fusils et l'abattaient en silence. Boris s'affaissait sur lui-même. Son corps roulait puis disparaissait dans l'eau. C'était la première fois que Lénina rêvait de son père. Ce fut aussi la dernière.

Fin 1938, les médecins autorisèrent Ludmila à quitter son lit. Elle put enfin aller à l'école maternelle, mais dut retourner plusieurs fois à l'hôpital pour y subir une série d'interventions rudimentaires : les os de sa jambe droite ayant été dévorés par la tuberculose, les chirurgiens furent contraints de supprimer à plusieurs reprises les tissus malades. Elle ne marchait plus qu'en boitant, mais ce handicap semblait décupler sa joie de vivre. C'était une enfant charmante, intelligente et gaie, pleine d'amour pour sa sœur. Arrivée très jeune à l'orphelinat, elle avait l'impression d'y avoir toujours vécu, et elle s'y sentait presque heureuse.

Lénina l'était moins, car sa vie passée refusait de s'estomper dans sa mémoire. Les images, les visages revenaient la hanter. Ses professeurs lui avaient expliqué que ses parents étaient des « ennemis du peuple », châtiés pour leurs erreurs. Elle devait les oublier, faire comme s'ils n'avaient jamais existé. D'ailleurs, Staline veillait sur elle et sa sœur, désormais. Son portrait était accroché dans la salle de classe, et Lénina, comme ses camarades, chantait ses louanges avec conviction, entonnant chaque matin un vibrant hymne à sa gloire : « Merci, camarade Staline, pour notre enfance radieuse ! » Elle demeurait pourtant convaincue que son père chéri, une fois libéré, viendrait la chercher. Quand ses professeurs lui parlaient de l'« avenir radieux », c'était à leurs retrouvailles qu'elle pensait.

Les steppes de l'est de l'Ukraine, uniformément plates, s'étendaient à perte de vue sous des cieux immenses. En été, Lénina se rendait souvent au bord du Dniepr avec ses amis pour se baigner dans ses eaux paresseuses. Les berges étaient si boueuses qu'il suffisait de se laisser glisser. Hormis ces brefs instants de loisir, les horaires et le cadre de vie très stricts de l'orphelinat laissaient peu de place à la réflexion. Les sœurs Bibikova se pliaient docilement à la discipline qui leur était imposée. De quoi se seraient-elles plaintes, après tout ? Elles savaient qu'elles étaient mieux loties que leurs camarades : elles avaient perdu leurs parents, certes, mais elles étaient ensemble.

La paix que les filles de Boris et de Martha avaient trouvée à Verkhne-Dnieprovsk vola bientôt en éclats, elle aussi.

On était en juin 1941. Lénina avait seize ans. Ludmila, qui en avait sept, se réjouissait d'entrer à l'école primaire après les vacances. Lénina portait avec fierté l'uniforme amidonné des Jeunes Pionniers, dont elle était un des membres les plus âgés. L'équipe d'enseignants organisait une parade presque chaque matin : sagement alignés dans la cour, les pensionnaires défilaient sous leurs yeux vigilants. Choisis parmi les plus âgés, deux adolescents jouaient les gardes d'honneur tandis que le drapeau soviétique était hissé en haut du mât au son crachotant de l'hymne national. Lénina se souvient qu'on les faisait asseoir, ses camarades et elle, devant un grand poste de radio en bakélite pour leur faire écouter les sermons et les discours édifiants diffusés par la radio d'État à l'intention de ses jeunes auditeurs. Plus tard, une fois les enfants couchés, les adultes se retrouvaient devant le poste pour prendre des nouvelles de la guerre que l'Allemagne avait déclarée contre la France et la Grande-Bretagne. Mais ce conflit n'était pas le leur. Cette Europe repliée sur elle-même leur offrait l'image d'un monde capitaliste à l'agonie. Depuis que l'Union soviétique et l'Allemagne avaient signé un pacte de non-agression deux ans plus tôt, ils se sentaient à l'abri. La guerre se déroulait loin, très loin des plaines du Dniepr. Elle ne les concernait pas.

Il fit très chaud, cet été-là. Le vent des steppes soulevait des nuages de terre séchée en balayant les champs qui brûlaient au soleil. Après son passage, une fine poussière brune se déposait comme un linceul sur les arbres et sur les bâtiments de l'orphelinat. Les enfants vaquaient à leurs activités coutumières sous un soleil de plomb tandis que, à des kilomètres de là, l'armée allemande se massait à la frontière polonaise.

Hitler déclencha l'opération Barbarossa le 22 juin 1941. Cette *blitzkrieg* vint rapidement à bout de la résistance soviétique. Ce fut durant ces premiers jours de guerre que leur oncle Isaac, qui servait dans l'armée de l'air, fut abattu au-dessus de la Biélorussie, alors qu'il était aux commandes d'un Polikarpov : son petit avion de chasse fut rapidement dominé par l'essaim de Messerschmitt chargés de nettoyer le ciel pour faciliter l'avance de la Wehrmacht. Ses deux nièces n'apprirent sa mort que des années plus tard. Et personne, dans la famille Bibikov, ne sut jamais où il fut enterré – à supposer qu'il l'ait été.

Lénina et Ludmila ne furent informées de l'attaque que plusieurs jours après son déclenchement. Leurs professeurs, qui l'avaient appris à la radio, leur annoncèrent solennellement la nouvelle, en précisant, comme le faisaient les commentateurs des stations d'État, que l'armée Rouge repoussait héroïquement les envahisseurs. C'était faux. L'armée allemande eut raison de Minsk en dix jours. Le 27 juin, elle avait déjà parcouru plus de trois cents kilomètres en territoire soviétique, soit un tiers de la distance qui la séparait de Moscou. Le 21 août, la Wehrmacht prit le contrôle de la voie ferrée qui reliait Moscou à Leningrad. Au sud, les divisions Panzer traversaient rapidement les champs de blé ukrainiens pour gagner Stalingrad et les gisements pétrolifères du Caucase.

Kiev tomba le 26 septembre. Quelques jours plus tard, des tirs d'armes automatiques, encore lointains, se firent entendre à Verkhne-Dnieprovsk, portés par le vent d'ouest. Lénina était à l'école quand plusieurs camions vinrent mobiliser les pensionnaires les plus âgés de l'orphelinat : on avait besoin d'eux pour creuser des tranchées. Pas question d'emporter quoi que ce soit. Il fallait faire vite. Abandonnant la leçon en cours, ils furent entassés à l'arrière des camions, qui démarrèrent aussitôt. Lénina pensait être bientôt de retour, peut-être même à temps pour le dîner. Ludmila, qui se trouvait dans la classe des petits, ne la vit pas partir.

Lénina ne revint jamais à Verkhne-Dnieprovsk. Son détachement de jeunes terrassiers fut emmené à la sortie de la ville, où ils passèrent plusieurs jours à creuser la terre noire, la jetant par pelletées entières sur les plateaux à poignées que les Russes utilisent en guise de brouettes. Puis, l'armée allemande continuant d'avancer, ils furent contraints de reculer vers l'est. Ils dormaient où ils pouvaient, sur des bâches étendues à même le sol dans des usines évacuées en toute hâte, ou sur la terre encore molle qu'ils venaient de creuser. Ils travaillaient le jour et marchaient la nuit, se déplaçant constamment pour échapper aux Allemands. Il leur était impossible de retourner à l'orphelinat, et même d'avoir des nouvelles de ceux qui y étaient restés.

Ludmila se souvient très peu de ce qui s'est passé après le départ de sa sœur. Ses impressions de l'époque sont aussi floues que celles de Lénina sont nettes. Toutes deux n'ont compris ce qui était arrivé que plusieurs années après la guerre, quand Lénina en discuta avec une de ses anciennes camarades de classe. La jeune fille était de corvée de ménage le jour où les grands pensionnaires avaient été mobilisés. Elle était donc restée avec Ludmila et les autres enfants, et ses souvenirs étaient parfaitement clairs. Son récit fut d'ailleurs confirmé par Iakov Mitchnik, le directeur de l'orphelinat, devenu par la suite leur bienfaiteur et ami.

Début octobre, les enfants et les six adultes restés à l'orphelinat se trouvèrent bloqués par l'avancée des lignes de front. Les routes étaient dangereuses ou impraticables, et tous les moyens de transport avaient été réquisitionnés par l'armée Rouge. Lorsque les premiers bombardements frappèrent Verkhne-Dnieprovsk, le personnel décida d'évacuer les enfants par la seule voie encore accessible : celle du grand fleuve qui coulait au bout du parc. Le directeur réclama deux grands radeaux au kolkhoze le plus proche. Il y fit monter les quarante enfants restants, puis il sauta à son tour dans l'une des embarcations. Son équipe l'imita. Le crépuscule tombait. Un tir d'artillerie illumina le ciel quand les adultes s'aidèrent des perches pour quitter la rive. Au milieu du Dniepr, le courant les emporta, et ils disparurent dans l'obscurité.

6

La guerre

Mourez, mais ne vous rendez pas.
STALINE

Les radeaux dérivèrent toute la nuit au gré des courants paresseux du Dniepr. Ils échouèrent à l'aube sur la rive orientale du fleuve, près d'un petit village. Les paysans, qui avaient gardé quelques chevaux et des charrettes, acceptèrent d'emmener les enfants et le directeur de l'orphelinat jusqu'à la gare la plus proche, à Zaporojié. La ville se préparait à l'invasion allemande dans une panique indescriptible. Mitchnik parvint pourtant à confier les enfants aux autorités locales. Il ne les revit pas – sauf la poignée d'entre eux qui, comme Lénina, survécurent à la guerre et vinrent lui rendre visite, des années plus tard, par gratitude ou par simple curiosité. À Zaporojié, les enfants se joignirent à la gigantesque marée humaine qui fuyait devant les troupes allemandes.

Ludmila garde de cette période, celle du chaos qui caractérisa la retraite de l'armée Rouge et l'évacuation des populations civiles au cours de l'automne et de l'hiver 1941, une série d'images disparates. Elle se revoit devant une grande fenêtre, les yeux rivés sur les bombes qui s'écrasaient au loin, dans la grande plaine. Lorsqu'elles explosaient, un choc sourd se propageait jusqu'à elle, faisant trembler le plancher sous ses pieds. Elle se revoit aussi au bord d'une route, avec les autres enfants de l'orphelinat, distribuant de l'eau à une file ininterrompue de soldats épuisés en route pour le front. Ou encore la nuit, couchée au fond des bois, grelottant de froid sous une couverture trop mince, attentive aux moindres bruits qui troublaient le silence de la forêt.

Ils étaient constamment sur les routes. Certaines nuits, le faisceau des projecteurs venait trouer l'obscurité ; des explosions les réveillaient en sursaut. Un jour, on les transporta sur une grosse charrette en leur donnant à chacun une branche d'arbre pour qu'ils puissent se camoufler pendant les raids aériens. Le harnais du cheval, une énorme bête de trait au pas lent, disparaissait sous les branchages, lui aussi. De tous les souvenirs de ma mère, c'est peut-être celui qui m'a le plus frappé. L'image vient souvent danser devant mes yeux : j'imagine cette petite infirme, seule et terrifiée – ma mère –, faisant route vers l'est avec d'autres enfants à travers les steppes immenses de la Volga, accroupie au fond d'une charrette, s'agrippant à sa branche d'arbre comme à un talisman sous le vrombissement de l'aviation allemande.

On les transportait toujours plus loin vers l'est, dans les régions les plus reculées de Russie occidentale. Tributaires des moyens de transport que l'administration ou les paysans voulaient bien fournir à leur petit groupe, ils s'arrêtaient parfois plusieurs jours, voire des semaines entières, avant qu'une bonne âme les aide à repartir. L'hiver les trouva à l'ouest de Stalingrad, refoulés par le flot d'hommes et de machines qui déferlaient sur les steppes. Ils furent cantonnés dans un hameau paralysé par la neige, où Ludmila et ses camarades passèrent plusieurs mois à mâchonner des feuilles de maïs séchées chipées au fond des granges et à se battre avec les enfants du village pour quelques morceaux de pain. Aux premiers jours du printemps 1942, quelqu'un se souvint brusquement de leur existence et s'arrangea pour qu'ils soient hébergés dans une ferme collective plus proche de la Volga. Ludmila se rappelle avoir cherché des baies dans la fraîcheur et le calme des forêts environnantes. Et avoir récuré des planchers en échange de quelques miettes.

Enfin, par on ne sait quel miracle, alors que l'armée allemande commençait à marcher sur Stalingrad, quelqu'un se débrouilla pour faire évacuer les enfants à bord d'un gros pick-up américain – un Studebaker, le comble du luxe – attendu en ville. Ils franchirent donc la Volga quelques jours à peine avant les Allemands. Ce devait être aux alentours du 23 août 1942, date à laquelle les soldats du génie soviétique firent sauter les ponts, car Ludmila se rappelle avoir embarqué avec ses camarades sur un bac rempli de réfugiés pressés de traverser le fleuve. Le pont le plus proche était impraticable : elle vit ses poutres distordues par l'explosion s'affaisser dans l'eau sombre. En ville, les écoles et les bâtiments publics avaient tous été réquisitionnés pour accueillir les blessés de retour du front. C'est une des images dont Ludmila se souvient le mieux : « Ils étaient des centaines à se tenir là, couverts de bandages, derrière chaque fenêtre. »

De l'autre côté du fleuve, le petit groupe d'enfants fut de nouveau bloqué. Afin de renforcer la ville avant l'arrivée des Allemands, puis durant les premières semaines, très chaotiques, de la bataille, l'armée Rouge réquisitionna tous les moyens disponibles pour transporter hommes et matériel dans la ville attaquée, et pour en évacuer les blessés.

Les orphelins furent cantonnés dans les villages qui bordaient la Volga. Ludmila se rappelle avoir vu passer les files de réfugiés. Ils fuyaient la région à pied, dormant dans les champs quand ils n'avaient plus la force de marcher ou s'entassant dans les étables, les granges et les cabanes, en groupes si nombreux qu'ils n'arrivaient pas à fermer la porte. La nuit, leurs ronflements peuplaient les ténèbres d'étranges grondements, comme si la terre elle-même se mettait à vibrer. Les raids aériens se succédaient jusqu'à l'aube – Mila se revoit courant au petit matin dans l'herbe haute des steppes pour échapper aux bombes ennemies qui obscurcissaient lentement le ciel d'été.

De jour comme de nuit, des charrettes pleines de blessés traversaient le village. Les soldats étaient couverts de sang ; certains d'entre eux avaient perdu un bras ou une jambe. Chaque nuit, le fleuve reflétait les lueurs de la ville en flammes. Quand le vent venait de l'est, il amenait avec lui la moiteur et les fumées de la grande bataille. Ludmila vit bien souvent des corps ou des morceaux de corps flotter à la surface de l'eau.

Manger était son obsession. Elle ne pensait à rien d'autre. Livrés à eux-mêmes, les enfants se comportaient comme de petits sauvages. Ils déferlaient en bandes compactes dans les champs pour arracher les épis d'orge et de blé, et mendiaient tout ce qu'ils pouvaient aux réfugiés qui traversaient le village. Mila et ses amis se mirent aussi à ramasser des feuilles séchées. Ils les froissaient pour les mélanger au tabac qu'ils récupéraient sur les mégots trouvés au bord de la route, et proposaient ensuite cette mixture aux troupes qui marchaient vers Stalingrad. En la faisant passer pour de la *makhorka*, le mauvais tabac auquel les militaires étaient habitués, ils parvenaient à l'échanger contre des morceaux de sucre ou un quignon de pain. La plupart des soldats avaient le visage plat et les yeux bridés : ils venaient de Sibérie. Arrivés en train, ils avaient marché plusieurs jours depuis la gare la plus proche, dormant au bord des routes, pour rejoindre l'inexorable marée humaine qui s'engouffrait dans la ville.

Un demi-siècle plus tard, j'ai vu l'armée russe en action, moi aussi. J'étais avec les troupes du front en banlieue nord de Grozny, la capitale tchétchène, sous un déluge de tirs d'artillerie. Autour de nous, la ville rebelle était en feu. Les rues du centre disparaissaient sous un nuage de fumée âcre. Une odeur de poudre nous prenait à la gorge. Partout, des carcasses d'immeubles déchiquetés, criblés de balles puis pilonnés, encore et encore. À chaque instant, des chasseurs-bombardiers Soukhoï arrivaient en mugissant. Ils volaient vite et bas pour mieux larguer leurs bombes d'une demi-tonne. Elles chutaient avec une grâce terrible sur leurs cibles, avant d'exploser dans un fracas qui paraissait assez retentissant pour anéantir la ville entière. Les bombardements étaient si oppressants que je les percevais comme une présence physique : ils tonnaient sous mes pieds telles d'énormes portes claquant sous terre.

J'ai passé plusieurs jours avec les soldats russes au fond des tranchées qu'ils avaient creusées dans la terre sablonneuse ; je les ai entendus ronfler lorsque nous dormions côte à côte dans les bivouacs qu'ils installaient au milieu des ruines. Ils étaient noirs de fumée et de crasse ; ils juraient, crachaient et riaient aux éclats à la moindre plaisanterie. Un soir, alors que nous mangions une viande sans nom tirée d'une boîte de conserve, un jeune sergent lança brusquement une grenade dans ma direction. Je la vis rouler vers moi à la lueur de la lampe à kérosène crachotante qui nous éclairait. Elle était dégoupillée et privée de sa coiffe de sécurité. Je fixai le petit œuf métallique sans comprendre, d'un air hébété qui provoqua les rires de l'assistance. C'était un leurre.

On aurait dit une bande de gamins. La guerre et le danger les rendaient fous, mais, lorsqu'ils patrouillaient de maison en maison, faisant crisser les vitres brisées sous leurs pas entre des murs de brique affaissés, ils étaient tendus et silencieux, comme tous les fantassins le sont au combat. Leur tactique consistait à progresser en terrain ennemi jusqu'à ce qu'ils se trouvent sous le feu des rebelles ; ils localisaient alors les tireurs et appelaient l'artillerie avant de se replier aussi vite qu'ils le pouvaient, en priant pour que les artilleurs russes ne soient pas soûls ou qu'ils n'utilisent pas un canon à courte portée. L'armée Rouge avait employé presque la même tactique lors des combats de rues qui s'étaient déroulés à Stalingrad. À Grozny, quand nous nous installions pour la nuit, les jeunes conscrits ôtaient leurs grandes bottes en peau de porc et déroulaient les bandes molletières que les soldats russes portent en guise de chaussettes, avant de tapoter sur leurs chapkas pour en faire des oreillers de fortune. Dehors, une unité essuyait le feu ennemi. Nous sentions sous nos pieds le *rip-rip-rip* vrombissant des lance-roquettes : les vibrations se propageaient sous le sol bétonné de notre abri. Tout dans cette scène, depuis les bougies à demi consumées jusqu'aux boîtes d'allumettes en balsa que ces gamins glissaient dans la poche de leur veste avec leurs *papirosy*, leurs cigarettes à bouts cartonnés, semblait surgir de la guerre de leurs grands-pères.

Aujourd'hui, près de Stalingrad, les steppes sont vides et silencieuses. Les champs des fermes collectives s'étendent à perte de vue, creusés de sillons tortueux, ponctués de cabanes en rondins à demi effondrées et de longs bâtiments agricoles en béton. La rive opposée de la Volga se perd dans le lointain, noyée sous un ruban de brume ; d'un côté comme de l'autre, les eaux lentes et grises du grand fleuve enflent doucement avant de s'échouer contre les berges. Les champs immenses, les arbres qui oscillent sous le vent semblent ressasser l'étrange convulsion qui incita tant d'hommes à venir verser leur sang sur ce sol sablonneux, il y a soixante ans.

J'ai visité Volgograd, l'ancienne Stalingrad, au cours de l'hiver 1999. J'en suis revenu profondément démoralisé. Le ciel d'hiver s'étirait trop bas sur la campagne. La ville se morfondait sous une chape de grisaille qui l'enveloppait comme un manteau de neige sale. Elle entretenait une similitude déprimante avec d'autres capitales provinciales mornes et désolées, ces trous perdus où l'esprit se flétrit, dilué dans un concentré amer de réalité.

Un immense monument dédié à la Mère-Patrie se dresse sur la colline partiellement artificielle de Mamaïev Kourgan, à l'ouest de Stalingrad, là où se déroulèrent les combats les plus acharnés. Haute de quatre-vingt-cinq mètres, cette statue de béton représente une femme brandissant un glaive. Jeune et solidement bâtie, elle appelle à la vengeance (ou à la victoire ?) tout en jetant un regard derrière elle pour ordonner à ses enfants de la suivre. En elle, la Russie se voit comme une déesse vengeresse, une force de la nature insatiable et dévorante, qui s'estime en droit de réclamer d'impossibles sacrifices à ses enfants.

À l'approche de l'hiver 1942, alors que les troupes allemandes s'embourbaient dans les ruines de Stalingrad, les autorités soviétiques entreprirent de regrouper les enfants perdus ou abandonnés, qu'ils entassèrent sur des trains et des camions en partance pour Kouïbychev – l'actuelle Samara –, sur la Volga supérieure, à plus de six cents kilomètres au nord de Stalingrad. Mila fut emmenée avec les autres. Elle se souvient d'un voyage interminable dans un wagon glacé et bondé. Le convoi dépassa Kouïbychev et continua vers le nord pour les déposer, elle et plusieurs milliers d'autres orphelins, dans un gigantesque centre d'hébergement installé à Solikamsk, à deux cents kilomètres au nord de Perm, au pied des monts Oural.

Solikamsk était un monde à part, constitué d'êtres hagards, affolés ou déracinés par la guerre. La ville entière, qui semblait avoir été livrée aux orphelins sur décision d'un bureaucrate moscovite, était régie par ce que Ludmila appelait les « lois de la meute » : les enfants se battaient âprement entre eux pour survivre. Les plus âgés tentaient d'obliger les plus jeunes à cacher les petits morceaux de viande qui agrémentaient la soupe du déjeuner dans leurs caleçons longs, afin qu'ils puissent les leur donner en sortant du réfectoire. En cas de refus, les grands mettaient les petits « dans le noir » : ils leur jetaient une couverture sur la tête et les rouaient de coups. Les cantiniers organisaient trois services à l'heure du déjeuner. Les plus jeunes enfants se restauraient toujours en premier sous la surveillance de quelques adultes exténués, contraints d'arpenter les allées pour s'assurer qu'ils ne cachaient pas leur viande. Constamment affamés, Ludmila et ses amis mangeaient de l'herbe mêlée à du sel : la mixture, qui soulageait leurs carences en vitamines, leur permit d'éviter le rachitisme. Mais ils tenaient à peine sur leurs jambes trop maigres, l'estomac distendu par la faim.

Un éclair de gentillesse venait parfois adoucir leur quotidien. À l'école, l'institutrice demandait aux enfants du village de ne pas manger les cinquante grammes de pain qui constituaient leur déjeuner afin de les distribuer aux orphelins qu'elle accueillait dans sa classe. Les jeunes villageois s'exécutaient, alors qu'ils étaient eux-mêmes au bord de la famine : ils se nourrissaient de radis noirs et amers, et de minuscules pommes de terre, les seuls légumes que leurs parents parvenaient à cultiver à la belle saison, toujours trop courte dans cette partie de l'Oural.

Pendant l'été 1943, les enfants de Solikamsk furent chargés d'aller ramasser des baies pour les soldats blessés dans la taïga, la grande forêt entrecoupée de tourbières qui s'étendait à la périphérie de la ville. Ils partaient par centaines au petit matin, munis d'un seau chacun, avec mission de le rapporter à demi plein. La grande crainte de

Mila était de chuter dans un des profonds trous d'eau marécageuse dissimulés sous le tapis de mousse qui recouvrait la taïga. Lors d'une de ces expéditions, les enfants durent parcourir vingt-cinq kilomètres dans la forêt avant de trouver des zones de cueillette encore intactes : les villageois n'étaient pas venus aussi loin. Sur le chemin du retour, Mila, qui n'avait que neuf ans, prit la tête de l'immense file d'enfants en clopinant aussi vite que possible sur sa jambe trop courte. Elle leur fit chanter tout le répertoire des Jeunes Pionniers jusqu'à l'orphelinat. Lorsqu'ils arrivèrent, ses yeux étaient injectés de sang. L'effort physique l'avait épuisée, mais elle tendit fièrement son seau de baies aux responsables de la collecte. Les lois de la meute en vigueur à Solikamsk lui avaient appris que les plus faibles ne pouvaient survivre que s'ils parvenaient à prendre la tête du groupe par leur seule force de caractère.

Dniepropetrovsk était tombée aux mains des Allemands après une semaine de combats. Lénina et les autres adolescents de l'orphelinat, tout comme sa sœur et des millions de réfugiés, firent route vers l'est par tous les moyens – à pied, en charrette ou en camion. Partout où ils passaient, on leur faisait creuser des tranchées et des fossés antichars.

Début septembre 1942, Lénina arriva dans la région de Stavropol, non loin des premières lignes allemandes. Hitler avait ordonné à ses armées d'interrompre leur marche sur le Caucase et les gisements pétrolifères de Bakou afin d'affecter l'ensemble des troupes disponibles à la bataille de Stalingrad, qui faisait rage à cinq cents kilomètres au nord de Stavropol. Devenus inutiles, Lénina et son groupe de jeunes terrassiers furent abandonnés dans un village situé près d'une ferme collective.

Les moissons avaient commencé, mais ma tante ne fut pas d'une grande aide aux paysans : ses mains couvertes de plaies, douloureuses et infectées à force d'avoir creusé des tranchées, étaient si abîmées qu'elle ne put participer aux travaux des champs. Un des kolkhoziens lui apprit à conduire une charrette à cheval afin qu'elle puisse transporter la récolte jusqu'aux granges. Après la moisson, une des villageoises, d'origine arménienne, proposa à Lénina d'effectuer quelques corvées domestiques en échange d'un peu de nourriture. Il s'agissait surtout de récurer les planchers de sa maison à l'aide d'un couteau et d'un pain de savon phénique. En me racontant l'histoire des années plus tard, Lénina m'a montré, en repliant ses doigts sur la table, la longueur du petit couteau émoussé que la femme lui avait donné pour gratter son plancher, et a fait mine de rincer ses mains bandées dans un seau d'eau chaude et savonneuse.

Pendant que Lénina lavait les sols, la maîtresse de maison faisait la cuisine. Elles finirent par engager la conversation. En apprenant que la femme et ses enfants, qui résidaient à Moscou avant la guerre, avaient été évacués vers le sud, Lénina lui confia qu'elle avait elle aussi de la famille à Moscou. L'Arménienne lui fit alors une autre proposition : si Lénina acceptait de s'y rendre avec sa fille cadette et un chargement de fruits secs destinés aux marchés de la capitale, la femme s'engagerait à lui procurer son billet de train – depuis le déclenchement des hostilités, seuls les Soviétiques munis d'un passeport intérieur délivré à Moscou étaient autorisés à acheter des billets pour la capitale. Lénina, qui brûlait de retrouver sa famille maintenant qu'elle avait été séparée de Ludmila, accepta aussitôt. Une semaine plus tard, elle montait dans le train avec la fille de la villageoise et huit valises attachées par deux, remplies à ras bord d'abricots secs. Elles trouvèrent deux places assises et gagnèrent la capitale après un long détour à l'est du bassin de la Volga pour éviter la zone des combats.

Les cousins arméniens de la fillette les attendaient sur le quai de la gare Kourski. Ils prirent l'enfant et les valises, remercièrent Lénina et s'engouffrèrent dans le métro. Ma tante parcourut à pied les dix kilomètres qui la séparaient de la rue Krasnaïa-Presnia et retrouva de mémoire l'ancien appartement de sa grand-mère paternelle. Il était vide. Les voisins, qui se souvenaient du précédent séjour de Lénina dans l'immeuble cinq ans plus tôt, lui apprirent que sa grand-mère avait été évacuée. Ils exhumèrent le numéro de téléphone de son oncle Iakov, qui vivait toujours à Moscou, et descendirent dans la rue pour l'appeler depuis une cabine publique. Iakov arriva une heure plus tard dans sa voiture de fonction. Il emmena Lénina chez lui, près de la place Taganka.

Frère aîné de Boris, Iakov avait comme lui un regard intense, de la prestance et un goût prononcé pour les femmes. Il gagna en corpulence et prit des bajoues avec l'âge sans perdre son charisme : sur la photo officielle de son départ à la retraite, prise en 1969, il fixe fièrement l'objectif. Digne serviteur de sa patrie, il apparaît sanglé dans son uniforme de lieutenant général, le torse couvert de médailles militaires.

Comme Boris, Iakov avait fait de brillantes études. Au début des années vingt, enthousiasmés par la Révolution et tout ce qu'elle représentait, ils avaient rejoint avec ferveur les rangs des bolcheviks. Pendant que son cadet faisait carrière au sein du Parti, Iakov s'engageait dans la jeune armée de l'air soviétique. En 1937, lorsque Boris fut arrêté, Iakov était général de division, attaché à l'état-major du maréchal Vassili Blücher, héros de la guerre civile et haut commandant des forces soviétiques en Extrême-Orient, stationnées à Khabarovsk, près de la côte Pacifique. Les purges s'étendirent à l'armée en octobre 1938. Blücher, ancien compagnon d'armes de Trotski, sentit vite le vent tourner. Il convoqua ses trois adjoints dans son bureau et leur ordonna de se rendre à Moscou sur-le-champ. Toute explication était inutile : Iakov avait compris. Il passa chez lui chercher sa femme lourdement enceinte et l'entraîna à la gare sans lui laisser le temps de faire leurs valises. Ils montèrent dans le premier train qui partait vers l'ouest.

Blücher fut arrêté quelques jours plus tard. Transféré à la Loubianka, il mourut aux mains des enquêteurs du NKVD. Varvara, l'épouse de Iakov, accoucha dans le train, mais leur départ précipité pour Moscou leur permit d'échapper à la bureaucratie retorse et complexe des purges. La logique aberrante de Staline voulait en effet que les proches parents des « ennemis du peuple » soient arrêtés par millions alors que certains hauts responsables du Parti poursuivaient leur carrière sans être inquiétés. L'épouse de Viatcheslav Molotov, le ministre des Affaires étrangères de Staline, fut envoyée au goulag ; celle d'Alexandre Poskrebychev, le secrétaire personnel du dictateur, fut fusillée. « On vous trouvera une autre femme », déclara nonchalamment Staline à son collaborateur.

Iakov avait donc échappé aux purges. En octobre 1942, quand Lénina arriva à Moscou, il venait d'être nommé lieutenant général et vivait avec sa famille dans un immeuble cossu réservé aux officiers supérieurs de l'armée. Varvara et sa fille, encore petite, se montrèrent hostiles à la nouvelle venue. Leur réaction, quoique cruelle, peut se comprendre : héberger la fille d'un apparatchik déchu et sans doute déporté les mettait en grand danger. Iakov insista néanmoins pour que sa nièce reste avec eux. Tout en refusant de l'admettre, Varvara fut soulagée de pouvoir partager avec elle les corvées domestiques. Elle traitait Lénina comme une sorte d'employée, et celle-ci ne s'en plaignait pas : au moins, elle vivait confortablement et parmi les siens. Iakov annonça à la jeune fille la mort de son oncle Isaac. Il ajouta qu'il n'avait aucune nouvelle de Boris et de Martha, et lui recommanda sévèrement de ne parler à personne de ce qui leur était arrivé. L'arrestation de Boris faisait de lui le frère d'un traître au Parti. Seules la chance et la guerre lui avaient évité d'être arrêté à son tour.

Lorsque Lénina raconta à Iakov et à Varvara qu'elle avait été séparée de Ludmila dans le chaos de l'avance allemande, sa tante lui conseilla méchamment de ne pas se faire d'illusions : les probabilités pour qu'elle retrouve sa sœur étaient nulles.

Iakov fit embaucher Lénina comme opératrice radio à l'aérodrome de Khodinskoïé, dans la banlieue nord de Moscou. C'était là que les pilotes d'essai de l'armée Rouge testaient les Yak, les tout nouveaux chasseurs récemment sortis des chaînes de montage de l'usine Dynamo, où Isaac avait travaillé comme ingénieur. Ils vérifiaient aussi la solidité des appareils conçus par le bureau d'études Lavotchkine, où Iakov était responsable de l'acquisition du matériel militaire. Lénina travaillait vite et bien. Les pilotes la prirent en affection. Il leur arrivait souvent d'entonner un duo avec elle sur les ondes radio pendant leur vol d'essai. Elle se souvient encore de son indicatif d'appel – le 223305 – et se fâche contre ceux qui osent suggérer le contraire. « J'oublierai mon propre nom avant d'oublier mon indicatif ! » plaisante-t-elle. Le soir, avec l'aide de son oncle, elle rédigeait requête sur requête pour tenter de retrouver Ludmila et les remettait en main propre au ministère de l'Instruction populaire, chargé de gérer les orphelinats de l'Union. Mais ses lettres demeuraient sans réponse.

Lénina passa les deux années suivantes chez Iakov et Varvara. Elle y fut presque heureuse, comme à Verkhne-Dnieprovsk. Le cours de la guerre était en train de changer : la 6e armée d'Hitler avait capitulé sur les ruines de Stalingrad, et l'armée Rouge commençait à avancer vers l'ouest.

Au début de l'été 1944, tandis que les Soviétiques pénétraient en Pologne et que les Alliés débarquaient en

Normandie, Iakov demanda à Lénina de lui rendre un service : un de ses collègues, général comme lui, avait appris que son fils, dont il était sans nouvelles depuis qu'il avait été évacué, avec des milliers d'autres enfants, de Leningrad assiégée, se trouvait dans un centre pour jeunes réfugiés situé au pied des monts Oural. Les deux hommes souhaitaient que Lénina se rende en avion jusqu'au camp avec les documents nécessaires et qu'elle ramène le petit garçon à Moscou.

Lénina partit une semaine plus tard sur un vol militaire à destination de Molotov, l'actuelle Perm. L'appareil, un Douglas américain destiné au transport de troupes et fourni au titre du prêt-bail, était piloté par un équipage russe. Ma tante portait son uniforme de l'armée de l'air ; sa *pilotka*, son « calot militaire », semblait malicieusement perchée sur sa tête. C'était la première fois qu'elle prenait l'avion.

À Perm, le directeur de l'usine aéronautique, qui connaissait bien Iakov, organisa son transfert à bord d'un vieux Polikarpov biplace. Elle s'installa derrière le pilote. Ils décollèrent aussitôt pour le camp d'enfants où l'attendait le fils du général. Le camp en question s'appelait Solikamsk, comme la ville où il se trouvait.

Le petit avion cabossé se posa tant bien que mal sur une piste d'atterrissage improvisée à la lisière de la ville. Lénina et le jeune pilote empruntèrent une succession de rues boueuses avant d'arriver à l'orphelinat principal, un beau bâtiment en briques rouges construit avant la Révolution. Plusieurs centaines d'enfants en haillons jouaient dans la cour, derrière le muret d'enceinte. Lénina venait de franchir les grilles et se dirigeait vers l'entrée de l'établissement quand une petite infirme s'arrêta et se mit à courir maladroitement vers elle.

« *Tak tsé maya sistra Lina !* s'écria-t-elle en ukrainien. C'est ma sœur Lénina ! »

Ludmila était édentée, le ventre distendu par les privations. Bouleversée, Lénina tomba à genoux pour la prendre dans ses bras.

« *Yisti khotché ! Yisti khotché !* » gémit ma future mère en sanglotant. « J'ai faim ! »

Muette d'émotion, Lénina se mit à pleurer à son tour. Le pilote les observait avec stupeur, sans comprendre ce qui se passait. Incapable de les séparer, il les entraîna à l'intérieur, jusqu'au bureau de la directrice.

Celle-ci fondit en larmes en apprenant que Ludmila venait de retrouver sa sœur. Elle autorisa Lénina à emmener le petit garçon de quatre ans qu'elle était venue chercher, mais exigea l'aval des administrations compétentes pour lui confier Ludmila. Les deux sœurs connurent de longues heures d'angoisse avant d'être fixées sur leur sort – le temps que le pilote appelle son chef à Perm pour lui demander de contacter qui de droit à Moscou, afin que Lénina puisse repartir le jour même avec sa sœur vers la capitale. Quelqu'un parvint à joindre Iakov sur son lieu de travail, ce qui n'était pas une mince affaire dans la Russie en guerre. Il donna quelques coups de téléphone, et l'autorisation leur fut accordée. Lénina rentra à Perm avec les deux enfants. Coincés sur ses genoux à l'arrière du petit avion de chasse, ils vomirent pendant tout le trajet.

À Perm, ils passèrent la nuit chez un collègue du directeur de l'usine aéronautique, qui vivait dans un appartement communautaire. Les enfants eurent un sommeil agité : Lénina remarqua qu'ils se levaient fréquemment pour aller aux toilettes. Elle fut réveillée au petit matin par des cris de colère : la voisine venait de s'apercevoir, en entrant dans la cuisine, que les enfants s'étaient abondamment servis dans ses placards et qu'ils avaient mangé l'intégralité de son énorme casserole de riz au poulet. Au moment de partir pour l'aéroport, où les attendait l'avion de transport de troupes qui devait les ramener à Moscou,

Ludmila et le petit garçon furent pris de terribles diarrhées. Leurs corps sous-alimentés n'étaient plus en mesure de digérer une telle quantité de nourriture.

Il n'y avait plus assez de place chez Iakov et Varvara pour accueillir la petite malade, mais leur oncle s'était arrangé pour qu'elle soit envoyée dans un hôpital réservé aux enfants des cadres du Parti évacués pendant les combats. Installé dans le monastère Danilovski, au sud de la capitale, l'établissement bénéficiait de l'aide alimentaire américaine fournie au titre du prêt-bail – un luxe inimaginable. Les enfants étaient gavés de soupe de tomates Campbell's, de corned-beef, de thon en conserve, de lait concentré, et même de chocolat en poudre Hershey's. Il leur était livré dans d'énormes boîtes, si belles que Mila s'en souvient encore. Sous le couvercle d'étain se trouvait une pellicule d'aluminium doré, que les cuisinières de l'hôpital découpaient avec soin sous son regard fasciné. Le fabricant avait enfoui une cuillère en bakélite à l'intérieur pour aider la ménagère à mesurer la quantité de chocolat nécessaire à ses préparations. Ludmila était émerveillée par une telle perfection, et l'idée d'une cuillère jetable la laissait sans voix. De toute évidence, un emballage aussi beau et bien conçu ne pouvait provenir que du monde magique de ses rêves.

7
Mila

Nous sommes nés pour réaliser un conte de fées,
Maîtrisons l'espace et le temps !
Staline nous a donné des ailes d'acier
et mis dans le cœur un beau moteur flambant !
Comptine des années trente

Mila prit rapidement du poids, mais son corps resta marqué par la tuberculose. Elle séjourna six mois au monastère Danilovski, où elle dévora avec avidité toutes les bandes dessinées américaines de la bibliothèque pour enfants. Elle avait dix ans. Elle était vivante.

Au printemps 1945, elle fut transférée dans un centre de soins pour enfants malades situé à Malakhovka, une banlieue du sud-est de Moscou aisément accessible en *électritchka*, le train électrique qui relie la capitale à sa périphérie. Bien traitée, elle y poursuivit sa convalescence. Son ventre était toujours distendu par la famine – « vu de profil, il dépassait son nez », selon Lénina –, et sa jambe gauche s'était atrophiée, mais elle faisait preuve d'un entrain inépuisable. Qu'il s'agisse de chanter ou de jouer à la marelle avec les autres fillettes, elle était toujours partante. Elle participait aussi aux rondes de surveillance que les enfants effectuaient en cuisine sur ordre de la direction :

postés derrière les employés du réfectoire, ils les regardaient ouvrir les énormes boîtes de corned-beef américain pour s'assurer qu'ils versaient leur contenu dans la soupe du jour sans en subtiliser une miette. L'aide alimentaire américaine, si abondante soit-elle, ne suffit pourtant pas à la guérir des séquelles psychologiques de la famine. « La faim que j'ai connue dans l'enfance m'a poursuivie toute ma vie, m'a-t-elle confié. Après ça, je ne me suis plus jamais sentie vraiment rassasiée. »

Malgré tout, Ludmila et Lénina avaient eu de la chance. Issues d'une génération qui avait affronté la famine, les purges et la guerre, elles auraient pu mourir ou ne jamais se retrouver. Or elles étaient ensemble, et en vie. Elles mesuraient chaque jour leur bonne fortune. Tant d'autres avaient perdu beaucoup plus qu'elles ! Ce sentiment d'avoir échappé au pire explique peut-être que les deux sœurs soient parvenues à surmonter des traumatismes d'une telle violence qu'ils nous sembleraient, à nous, insurmontables. Mila résista à la tuberculose alors que les enfants espagnols y succombèrent ; Lénina la retrouva par hasard alors que des milliers d'autres ne revirent jamais leurs proches. Comment n'auraient-elles pas remercié le destin ?

La survie de Lénina et de Ludmila s'explique aussi par la résilience naturelle des enfants et par leur capacité à se plonger dans l'instant présent. Sourds au monde extérieur, ils mènent leur vie en termes d'ici et de maintenant, ce qui constitue peut-être la meilleure arme qui soit contre le désespoir. Mila avait un autre atout, qui a certainement joué dans sa survie : elle ne gardait aucun souvenir du passé qu'elle avait perdu. Cette ignorance la protégeait ; elle faisait de son quotidien en prison puis à l'orphelinat un fait établi et indiscutable, une réalité qu'elle devait endurer, mais dont elle ne se plaignait pas et qu'elle ne cherchait pas à comprendre. Elle était meurtrie, physiquement et mentalement, mais pas anéantie. Raffermie par le chocolat

Hershey's et le corned-beef, l'esprit intact, elle se sentait prête à affronter le vaste monde.

Quelques semaines après le voyage de Lénina à Solikamsk, le jeune Alexandre Vassine, capitaine d'un régiment de blindés, profita d'une de ses permissions pour rendre visite aux Bibikov. Varvara, la femme de Iakov, était sa tante. Lénina l'accueillit en rougissant. Rire clair et sourire conquérant, Alexandre – Sacha, pour ses proches – était beau et vigoureux. Il lui parut splendide ce jour-là, dans son uniforme vert olive, ses culottes de cheval, ses bottes d'officier en cuir souple, ses épaulettes et ses cheveux blonds coupés en brosse.

Lénina et Sacha s'étaient croisés en 1937, lorsqu'elle était venue à Moscou pour la première fois, juste après l'arrestation de son père. Sacha la trouva changée, évidemment. Sous le charme, il fit une remarque élogieuse sur la beauté de sa « jeune cousine » et lui proposa de l'accompagner jusqu'au métro quand elle prit congé pour aller travailler. Il flirta avec elle pendant tout le trajet et la chatouilla dans l'escalier mécanique en murmurant qu'il serait ravi de l'épouser. Il ne plaisantait qu'à moitié. Ils se donnèrent rendez-vous quelques jours plus tard, au café du parc Krasnopresnenski, près du zoo. Ce fut leur premier tête-à-tête. Et, pour la première fois de sa vie, Lénina entrait dans un restaurant. Par une étrange coïncidence, lorsque Sacha mourut subitement d'une crise cardiaque trente-six ans plus tard, ses collègues organisèrent la veillée funèbre dans le même restaurant.

Après deux semaines de cour assidue, Sacha dut regagner son cantonnement. Il fit sa demande à Lénina avant de partir. Elle l'accepta.

Il avait quitté Moscou depuis trois jours et approchait de la ligne de front, près de Smolensk, quand son véhicule heurta une mine antichar. Sa jambe fut déchiquetée sur le coup. Il dut se faire amputer d'urgence, sous le genou, avec une scie à bois. Il fut ensuite transféré par avion dans l'un des gigantesques hôpitaux militaires d'Ivanovo, où il se rétablit peu à peu. Il écrivit alors à Lénina une lettre étrange : affirmant avoir été pris dans un incendie qui l'avait laissé brûlé et défiguré, il conseillait tristement à sa fiancée de se trouver un autre homme. Lénina reçut la missive quelques jours plus tard. Bouleversée, elle courut annoncer la nouvelle à son oncle. Iakov se débrouilla pour lui trouver une place sur un vol militaire à destination d'Ivanovo, en précisant à l'équipage du Douglas qu'ils devraient se charger d'un grand blessé sur le vol du retour à Moscou. Lénina se rendit à l'hôpital aussitôt débarquée de l'avion. En montant l'escalier, elle aperçut Sacha en caleçon dans la cour, une béquille sous chaque épaule. Il n'était pas brûlé, mais il lui manquait une jambe. Elle le ramena à Moscou, où ils se marièrent trois mois plus tard. Elle avait dix-neuf ans, il en avait vingt-six. Étrangement, après un mariage qui a duré près de quatre décennies, Lénina ne sait plus de quelle jambe il était amputé.

J'ai gardé de Sacha le souvenir d'une présence masculine écrasante. C'était un homme au menton volontaire, aux manières franches et directes, qui s'exprimait d'un ton catégorique et riait d'un rire explosif – le parfait Soviétique, en somme. D'un naturel positif, rarement abattu, il voyait toujours le bon côté des choses, même lorsqu'il était confronté, comme c'était perpétuellement le cas en URSS, à la laideur ou à l'incompétence.

Il me semble qu'il était, à plus d'un titre, l'exact opposé de Ludmila, sa jeune belle-sœur. Éprise d'absolu, elle aspirait au succès et cherchait constamment à influer sur le monde qui l'entourait. Lui se contentait de plaisirs simples : le respect de ses amis et collègues, son petit appartement, la datcha qu'il avait bâtie de ses mains avec des matériaux de récupération. Il se savait bel homme et usait volontiers de ses charmes sur le sexe féminin, mais sans affectation, comme si sa virilité était un cadeau du destin dont il devait faire profiter une génération de femmes privées d'hommes par la guerre. En trente-six ans de mariage, il n'éveilla pourtant jamais les soupçons de Lénina, qui était d'une jalousie farouche. « Il m'a peut-être trompée, mais il s'est débrouillé pour que je n'en sache jamais rien », m'a-t-elle confié avec approbation.

Durant les derniers mois de la « Grande Guerre patriotique », Moscou était au bord de l'épuisement. À plus de mille kilomètres de là, sur le front ouest, l'armée Rouge se battait en Prusse orientale pour tenter d'arriver à Berlin avant ses alliés occidentaux. À Moscou aussi, on se battait : femmes et enfants menaient une guerre plus banale, mais non moins cruelle, contre la faim et le froid dans les ruines d'un pays exténué par l'effort de guerre. Elles se rongeaient d'inquiétude pour leurs hommes restés au front et vivaient dans la peur constante d'une mauvaise nouvelle – une peur d'autant plus poignante que la victoire était imminente.

On croisait des soldats en uniforme à tous les coins de rue ; la ville était plongée dans le noir dès le coucher du soleil, l'éclairage public étant, comme le reste, sévèrement rationné. La vie elle-même semblait suspendue aux nouvelles du front, comme si l'attente du dénouement final interdisait de penser à l'avenir. Chacun se concentrait sur sa propre survie. Les rumeurs et les tickets de rationnement régissaient le quotidien. Varvara et sa fille passaient des heures à faire la queue devant des boutiques vides dans l'attente d'une livraison prétendument imminente ; Lénina quémandait du lait aux maternités de son quartier pour tenter d'apaiser l'appétit féroce de sa petite sœur. Le soir, elle s'asseyait avec Sacha devant leur grand poste de radio pour écouter le présentateur énumérer la liste des victoires soviétiques sur des villes à consonance allemande. Elle était d'autant plus satisfaite que la victoire lui semblait juste.

Elle se réjouissait surtout, avec un égoïsme assumé, que son homme soit encore vivant, contrairement aux fiancés de plusieurs de ses collègues à l'aérodrome de Khodinskoïé. Elle avait aussi le bonheur de vivre dans un logement décent : les autorités leur avaient attribué un studio après leur mariage. Situé à l'entresol d'un hôtel particulier construit avant la Révolution, rue Herzen, en plein centre de la ville, il était exigu et mal éclairé, mais, pour la première fois depuis son enfance, Lénina était chez elle.

Fermement résolue à rendre son nid aussi agréable que possible pour sa petite famille, elle fit de la cuisine son royaume, et de la nourriture sa nouvelle devise. Aujourd'hui, lorsqu'elle m'invite chez elle, quai Frounzenskaïa, plusieurs décennies après ses débuts de cuisinière sur le petit fourneau de la rue Herzen, elle me sert les plats qu'elle préparait autrefois pour Sacha : bortsch, soupe aux petits pois, côtelettes de bœuf et pommes de terre sautées. Sourcils froncés, elle traque sur mon visage le moindre signe de satisfaction. Pour Lénina comme pour ma mère, l'alimentation et le bonheur sont étroitement liés.

En janvier 1945, quelques jours avant son onzième anniversaire, Ludmila fut autorisée à quitter l'hôpital pour enfants de Malakhovka : son état de santé s'était beaucoup amélioré. Le studio de la rue Herzen était bien trop petit pour l'accueillir : Lénina attendait son premier enfant, et Tamara, la sœur de Sacha, dormait sur un lit de camp dans la cuisine. Lénina appela sa tante Varvara, qui refusa fermement de loger Ludmila. « C'est encore une parasite », dit-elle à son mari quand il lui demanda qui était au téléphone. Finalement, ce fut Sacha qui trouva la solution : il réussit à inscrire Ludmila dans un orphelinat, à Saltykovka, à quarante kilomètres de Moscou. Ludmila partit avec une petite valise en carton dans laquelle étaient rassemblées toutes ses possessions : quelques vêtements donnés par la Croix-Rouge américaine, des livres pour enfants et une poupée.

J'ai visité Saltykovka avec ma mère par un après-midi d'été poussiéreux, en 1988. C'est une jolie bourgade endormie. On y accède encore en prenant l'*électritchka* à la gare Kourski, comme le faisait Ludmila autrefois. Sur place, le quai se limite à une mince coulée de béton. Lorsque le train s'éloigne en bringuebalant dans la forêt de bouleaux, on n'entend plus que le chant des oiseaux, troublé, de loin en loin, par un bruit de moteur.

« Ça n'a pas du tout changé », m'a dit ma mère quand nous nous sommes engagés, bras dessus bras dessous, dans l'unique rue du village, une bande de terre battue bordée d'isbas délabrées, peintes en vert ou en jaune fané. Des palissades branlantes encadraient des jardinets envahis d'herbes folles ; les maisons disparaissaient derrière d'immenses tournesols et des buissons de jasmin en désordre.

Les bâtiments du vieil orphelinat où ma mère a passé une grande partie de son adolescence se dressent au bout de la rue, à l'orée du bois. Il n'y avait personne le jour de notre visite : les pensionnaires étaient partis en colonie de vacances. Les lieux dégageaient l'atmosphère mélancolique des centres d'hébergement d'enfants lorsqu'ils sont désertés par leurs occupants, mélange pesant d'entrain militaire et de solitudes enfantines.

Pourtant, Mila fut heureuse à Saltykovka, plus heureuse qu'elle ne l'avait jamais été auparavant. Son état de santé lui permettait enfin d'aller à l'école, comme tous les enfants de son âge. Elle s'y rendait chaque matin avec un enthousiasme renouvelé. Longtemps condamnée à l'immobilité par sa maladie, elle en avait gardé une véritable passion pour la lecture et dévorait les ouvrages que Lénina empruntait pour elle chez Iakov. Stricts mais dévoués, adeptes d'une pédagogie à l'ancienne, ses professeurs se chargèrent de lui inculquer les règles de la grammaire russe et la métrique de Pouchkine. Le dimanche, des soldats venaient chercher les enfants pour les emmener au cinéma voisin dans de gros camions de l'armée.

Mila se souvient d'avoir passé des heures auprès de la vieille paysanne qui entretenait la vapeur dans les bains publics du village : elle faisait asseoir les enfants sur ses genoux et les épouillait patiemment au peigne fin. Elle garde aussi un souvenir ému de Maria Nikolaïevna Kharlamova, une enseignante qui prit sur son temps libre pour lui offrir des cours particuliers d'histoire et de littérature russe.

Maria Nikolaïevna n'avait pas déménagé. Nous sommes allés frapper chez elle lors de notre visite. Elle a reconnu ma mère sur-le-champ et l'a serrée contre elle avec effusion.

« Milotchka ! C'est bien toi ? » répétait-elle à travers ses larmes.

Elle nous a fait asseoir à la table branlante de la cuisine, nous a servi du thé et de la confiture maison, puis elle est allée fouiller dans ses montagnes de vieux papiers pour en extraire une petite enveloppe remplie d'articles jaunis. Parus autrefois dans la presse locale, ils relataient les succès universitaires de Ludmila : son admission à l'université de Moscou, sa médaille d'or en histoire, à la fin de ses études.

« J'étais si fière de toi ! murmura Maria Nikolaïevna en couvant son ancienne élève d'un regard ému, brillant de tendresse et de satisfaction. J'étais si fière de vous tous ! »

La petite Mila allait mieux, mais elle n'en avait pas encore fini avec les médecins : elle dut quitter Saltykovka à de nombreuses reprises pour rejoindre l'hôpital Botkine, au centre de Moscou, où elle subit de longues et douloureuses opérations à la hanche et à la jambe. Rongée par la tuberculose osseuse dont elle avait souffert avant la guerre, sa jambe malade mesurait seize centimètres de moins que l'autre. À quinze ans, elle passa de longs mois à l'hôpital après que les chirurgiens eurent scié l'os de sa hanche et fixé des poids sur sa jambe trop courte pour la contraindre à s'étirer.

Lorsqu'elle quittait enfin le silence oppressant qui régnait dans les couloirs de l'hôpital pour retrouver le bruit et l'agitation de Saltykovka, Mila se jetait avec ferveur dans les jeux et les activités collectives. Elle devint vite une des meneuses de son groupe de Jeunes Pionnières et n'était pas peu fière du badge d'« activiste » qui ornait sa chemise blanche pour signaler son statut particulier aux autres filles. « Staline nous a donné des ailes d'acier et mis dans le cœur un beau moteur flambant ! » proclamait une des chansons les plus entraînantes de l'époque. Malgré son handicap, Mila faisait de son mieux pour répondre à cet idéal.

C'était aussi une enfant franche et réfléchie – traits de caractère qui lui valurent de nombreux ennuis, même à l'école. Quelques mois après la fin de la guerre, lors d'un cours consacré à la lecture obligatoire de l'éditorial de la *Pionierskaïa Pravda* (la version réduite et destinée aux enfants du quotidien du Parti), elle fut stupéfaite d'entendre le professeur énoncer les nouveaux slogans anti-américains mis au point par le gouvernement. Elle leva la main comme les Jeunes Pionniers apprenaient à le faire – doigt pointé vers le plafond, coude posé sur la table – pour exprimer son étonnement.

« Pourtant les Américains nous ont beaucoup aidés pendant la guerre, n'est-ce pas ? »

Horrifiée, l'enseignante envoya aussitôt Mila chez le directeur de l'école, qui convoqua la *droujina* – le tribunal informel des enfants – en session extraordinaire. Ce groupe d'élèves chargés du respect des principes révolutionnaires était l'équivalent, à l'échelle des jeunes gens, des réunions de cellule du Parti. Dûment assemblés, les camarades de classe de Mila la critiquèrent vertement et lui ordonnèrent d'être plus attentive aux cours d'éducation politique. Ce ne fut pas la dernière fois qu'elle dut faire face à une telle hypocrisie.

Son petit corps infirme renfermait déjà une volonté de fer. Quelques années plus tard, elle confia par lettre à son futur mari, mon père, son refus absolu du compromis : pas question pour elle d'accepter les réalités de la vie soviétique. « Je veux que la vie mette en pratique la puissance de mes principes, écrivit-elle. Je le veux, je le veux, je le veux ! » Alors que la plupart de ses concitoyens aspiraient tout au plus à s'en sortir, à faire de leur mieux avec le peu qu'ils avaient, Mila souhaitait conquérir le monde par la seule force de son esprit. Le poète Evgueni Evtouchenko, contemporain de Mila, inventa l'expression de « Camarade Kompromis Kompromissovitch » pour désigner les antihéros de sa génération, ces rois et reines du compromis qui louvoyaient entre hypocrisie et désillusions pour tenir leur barque. Ludmila n'en fit jamais partie.

À dix ans, elle était imbattable à la corde à sauter, malgré sa jambe trop courte. Elle initiait sans cesse de nouvelles activités à l'orphelinat : séances d'épouillage en classe, randonnées, club de chant ou compétition de marelle. Lorsqu'elle rendait visite à sa sœur, rue Herzen, elle se lançait dans d'interminables parties de marelle avec les voisines, dont elle sortait presque toujours victorieuse – même la fois où elle arriva avec un bras dans le plâtre.

La victoire contre les Allemands fut triomphalement proclamée à la radio le 9 mai 1945. Lénina entendit l'annonce à l'usine Dynamo. Elle se souvient d'avoir éprouvé un immense soulagement, doublé d'une fatigue écrasante. Quelques jours plus tard, les autorités firent défiler les prisonniers allemands sur l'avenue Sadovaïa, la

« ceinture des jardins » qui encercle le nord de Moscou. Lénina remonta la rue Herzen et se joignit à la foule qui observait l'ennemi en silence. Elle fut frappée par la forte odeur de cuir qui imprégnait les bottes et les sangles des uniformes allemands. Ils défilaient en bon ordre, l'air impassible. Des camions de nettoyage les suivaient de près, aspergeant ostensiblement la rue et les trottoirs comme pour éviter toute contagion fasciste. Moins d'un prisonnier allemand sur dix survécut à sa captivité en Union soviétique.

Iakov emménagea avec sa famille dans un appartement plus grand, plus élégant que le précédent. Il s'était procuré, plus ou moins légalement, une splendide Mercedes en Allemagne lors d'un voyage destiné à démanteler les laboratoires allemands de recherche spatiale pour les envoyer, en pièces détachées, au bureau d'études Lavotchkine à Moscou. Rutilante sous sa carrosserie noire, la Mercedes était l'apanage des puissants : elle le hissait au sommet de l'échelle sociale. Grisé par son succès, Iakov paradait dans Moscou en proposant aux jeunes et jolies passantes de les déposer à l'endroit de leur choix – passe-temps dont Varvara finit par découvrir l'existence, ce qui déclencha chez elle de violentes crises de jalousie. Récemment nommé à la tête d'un programme spatial chargé de concevoir les toutes premières fusées soviétiques à l'aide des scientifiques allemands capturés pendant la guerre, Iakov bénéficiait de nombreux privilèges et avantages en nature, que sa femme rechignait à partager avec leurs proches. Pour Lénina et Ludmila, la grisaille et l'austérité des années de guerre se poursuivirent longtemps après la victoire. Elles manquaient de tout, mais la fierté et le sens du devoir accompli leur donnaient des ailes. Partout, l'Union soviétique célébrait sa victoire. Les défilés succédaient aux parades militaires, où l'on brandissait des slogans tapageurs sur de grandes bannières de papier coloré. Chaque fois que Lénina et Sacha, le torse bardé de médailles, se promenaient en ville avec leur bébé, elle mesurait le chemin parcouru en se félicitant d'avoir échappé au cauchemar de son enfance.

Boris Bibikov ayant été officiellement condamné à « une peine de dix ans d'emprisonnement avec interdiction de correspondance », il était censé revenir du goulag en juin 1947. Il semblait improbable qu'il ait survécu aux camps et à la guerre, mais Lénina continuait d'espérer son retour.

Bien que durement éprouvés par le régime, les Bibikov persistaient à croire au système soviétique, qu'ils considéraient comme juste et foncièrement honnête. Comme des millions de familles touchées par les purges, ils étaient convaincus que leur parent arrêté, exécuté ou déporté avait subi une injustice qui demeurait exceptionnelle. Sofia, la mère de Boris, écrivit des dizaines de lettres au ministère de l'Intérieur pour demander des nouvelles de son fils, avec l'assurance que justice lui serait rendue. La réponse se faisait attendre, mais sa foi demeurait inébranlable – même lorsque, en 1947, la date de la libération de Boris passa sans apporter de nouvelles.

Au cours de l'hiver 1948, Lénina, qui attendait son second enfant, partit s'installer quelques mois chez Prascovia, la mère de Sacha, qui habitait à trente kilomètres de Kalouga, au sud de Moscou. Les restrictions alimentaires n'y étaient pas aussi strictes que dans la capitale ; il y avait du lait en abondance, et les villageoises pourraient s'occuper de la petite Nadia pendant que Lénina préparerait l'arrivée du nouveau bébé. Sacha resta à Moscou, où il avait entrepris des études de droit. Chaque samedi soir, il prenait le train pour Kalouga avec un vieux vélo qu'il avait réparé lui-même, puis il pédalait (sur une seule jambe) jusqu'au village, passait la nuit et la journée du lendemain avec sa famille, et refaisait le chemin en sens inverse pour être de retour à Moscou le dimanche soir.

Un jour, Sacha arriva avec une lettre postée de Karlager. Dépourvue d'enveloppe, elle était pliée en triangle et refermée sur elle-même, comme cela se faisait à l'époque. C'était une lettre de Martha. Elle annonçait à ses filles qu'elle avait été libérée de prison au printemps précédent et qu'elle vivait en « rétention administrative » dans un village situé près du camp. Elle avait récemment donné naissance à un petit garçon, qu'elle avait baptisé Victor. Le père de l'enfant était un ancien prêtre. Elle l'avait connu au goulag, où elle lui avait sauvé la vie. Libéré avant elle, il était parti rejoindre sa propre famille, dans la région de l'Altaï, en Sibérie.

Martha ajoutait qu'elle serait bientôt autorisée à quitter le Kazakhstan. « Mais pour aller où, puisque je n'ai plus de passeport ? » s'interrogeait-elle. Lénina comprit parfaitement ce que sa mère cherchait à insinuer : son statut de prisonnière politique étant inscrit sur ses documents de voyage, elle ne pourrait pas s'installer à moins de cent un kilomètres d'une grande ville. Lénina et Sacha discutèrent un moment. Comment faire ? Ils n'avaient pas la place de l'accueillir dans leur minuscule appartement moscovite ! Prascovia balaya leurs réticences : ils devaient mettre tout en œuvre, au contraire, pour faire venir Martha à Moscou. Lénina répondit le soir même à sa mère en lui demandant de ne pas tenir compte de la « règle des cent un kilomètres » et de venir vivre avec eux dès qu'elle le pourrait. Sacha posta la lettre de Moscou le lendemain soir.

La locomotive venait de s'immobiliser sur le quai de la gare Kourski dans un nuage de suie et de fumée. Faute de matériel roulant approprié, le train se composait d'une succession de wagons à bestiaux. Martha, qui n'avait pas pu acheter un billet pour Moscou parce qu'elle n'avait pas les papiers nécessaires, s'était rabattue à la dernière minute sur ce train supplémentaire. Elle avait envoyé un bref télégramme à sa fille aînée pour l'avertir de son arrivée, avant de rejoindre la foule des voyageurs sans passeports qui montaient à bord. La plupart d'entre eux étaient comme elle d'anciens prisonniers mis au rebut de l'Union. À Moscou, le train n'en finissait pas de dégorger ces torrents d'hommes et de femmes dépenaillés, épuisés et puants après cinq jours de voyage.

Lénina se souvenait de sa mère comme d'une trentenaire élégante et privilégiée, vêtue à la dernière mode. Elle retrouva une mendiante harassée et la reconnut à peine en la voyant descendre péniblement du wagon. C'était elle, pourtant. Engoncée dans la veste noire des prisonniers soviétiques, Martha était sale et pleine de poux. Elle n'avait aucun bagage, hormis un ballot de vêtements crasseux. Elle était seule.

Elle sembla se forcer à sourire lorsqu'elle vit sa fille aînée, lourdement enceinte de son second enfant, se dandiner vers elle. Elles s'étreignirent en sanglotant. Lénina demanda des nouvelles du petit Victor, le fils dont Martha lui avait annoncé la naissance. « Pff ! Il est mort », répondit-elle sèchement, avant de se frayer un passage vers la sortie de la gare. Elles s'engouffrèrent dans le métro et voyagèrent en silence jusqu'à la rue Barrikadnaïa, où Lénina emmena sa mère aux bains publics situés près du zoo pour la laver et la débarrasser de ses poux.

Ce soir-là, dans le petit appartement de la rue Herzen, entourée de Lénina, de Sacha et de leur fille Nadia, Martha sembla se replier sur elle-même, en état de choc. Elle se plaignit du lit « trop mou » qu'on lui avait préparé, et des pleurs « trop bruyants » de sa petite-fille. À la fin de la soirée, Lénina était en larmes. Sacha la réconforta de son mieux tandis que sa belle-mère arpentait la cuisine de long en large, incapable de trouver le sommeil.

Le lendemain, Lénina prit l'*électritchka* pour aller chercher Ludmila à Saltykovka. Quand elles arrivèrent rue Herzen, Martha les attendait sur le seuil avec impatience. L'appartement étant situé au bout d'un long couloir, la première vision que Martha eut de sa fille cadette fut celle d'une silhouette infirme, éclairée à contre-jour. Elle l'appela par son prénom et poussa un hurlement déchirant en la voyant clopiner maladroitement vers elle. Ludmila n'oublia jamais ce cri – celui d'une mère qui retrouvait sa fille après onze ans de séparation et hurlait d'horreur devant l'adolescente boiteuse et émaciée qui s'était substituée au beau poupon joufflu d'autrefois. Martha la serra contre elle un long moment, le visage baigné de larmes. Lorsque j'ai demandé à Mila ce qu'elle avait ressenti à l'époque, elle a secoué la tête, perplexe. « Je crois que je n'éprouvais rien. Je l'ai sans doute embrassée. J'ai peut-être dit "Maman"... mais je ne m'en souviens plus. »

Pour l'adolescente qu'elle était alors, le mot « mère » ne recouvrait aucune réalité. Il n'avait pas sa place dans le monde des orphelins qui avait été le sien. Elle n'avait gardé aucun souvenir de ses parents, hormis quelques images confuses de la nuit où sa mère avait été arrêtée à Simferopol. Certes, elle avait consciencieusement écrit à Martha quand Lénina lui avait annoncé qu'elle était vivante, internée à Karlager. Mais la tendresse filiale qu'elle avait manifestée dans ces lignes relevait de la fiction. Les seules mères que Mila avait connues étaient celles des contes pour enfants qu'elle dévorait sur son lit d'hôpital. À quatorze ans, elle n'avait pas la moindre idée de ce qu'était une maman, ni de ce qu'elle devait éprouver à son égard.

Lorsqu'elle regagna Saltykovka en fin d'après-midi, elle était surtout reconnaissante à Martha de leur avoir préparé un bon repas. « J'ai pleuré en apprenant qu'elle était vivante, écrivit-elle à son fiancé des années plus tard, mais un instant seulement : furieuse contre ce signe de faiblesse, j'ai vite séché mes larmes. »

Martha ne redevint jamais une mère pour Ludmila. Le lien avait été brisé en décembre 1937. Il ne se reforma pas. Mila venait souvent la voir rue Herzen, mais elle supportait mal sa mauvaise humeur et ses brusques accès de colère. Au cours des mois qui suivirent leurs retrouvailles, Martha et Lénina prirent l'habitude de venir la voir à Saltykovka presque chaque week-end. Mila se pliait sans enthousiasme à ce nouveau rituel. Lénina venait la chercher à l'orphelinat tandis que leur mère, toujours dépourvue de papiers, les attendait près de l'étang du village. Elles se promenaient, échangeaient des nouvelles, puis Martha donnait à sa fille les gâteaux ou les bonbons qu'elle avait apportés pour elle – et que Mila partageait, aussitôt rentrée, avec les autres pensionnaires.

Ludmila aimait sa mère « comme un chien aime la main qui le nourrit », m'expliqua-t-elle à Istanbul un soir d'été, alors qu'elle était en visite chez moi. « Quand j'entendais parler du Parti, de Staline ou du peuple, je comprenais très bien ce que c'était. Le mot "mère", en revanche, n'avait aucun sens pour moi. »

Mila demeura toute sa vie une orpheline, même après le retour de Martha. Mais, bien avant d'être mère à son tour, elle se demandait déjà comment elle s'acquitterait de son rôle. La question de la maternité revêtait à ses yeux une importance cruciale : dans ses lettres à mon père, elle parlait souvent des enfants qu'ils auraient ensemble, et lui confiait son angoisse de les perdre comme Martha avait perdu les siens.

« Toute la nuit, j'ai rêvé que je portais un petit garçon dans mes bras, écrivit-elle à mon père en 1964. C'était notre fils. Il était très doux et affectueux, mais la route était longue et difficile. Nous n'arrêtions pas de monter et de descendre dans des labyrinthes souterrains. J'avais de plus en plus de mal à le porter, mais je ne pouvais pas l'abandonner : il était si beau ! Tout en lui me parlait de toi : sa voix, son nez, ses cheveux, ses mains. Nous sommes arrivés devant les anciens bâtiments de l'université de Moscou, rue Mokhovaïa. Des gens s'étaient rassemblés pour présenter leurs enfants à un vieil homme chargé de sélectionner les meilleurs d'entre eux. Il a choisi mon fils. J'aurais dû me réjouir, comme les autres parents, mais j'étais en larmes. J'avais peur de ne jamais le revoir. »

Si Mila brûlait déjà du désir de protéger ses enfants à venir, Martha semblait parfois se consumer de haine envers les siens. Il n'était pas rare qu'elle qualifie sèchement Ludmila de « sale infirme » ou de « déchet d'orphelinat », si la jeune fille l'avait agacée pour une raison ou pour une autre. Sa colère pouvait se muer en crise d'hystérie : blême de rage, elle traitait alors sa fille aînée d'« engeance juive » et la noyait sous un flot d'injures, d'insanités et d'argot des camps. Elle se livrait aussi à d'interminables démonstrations d'affection, au cours desquelles elle serrait ses filles dans ses bras en versant des torrents de larmes.

Le goulag l'avait rendue folle. Son comportement à son retour du Kazakhstan ne laissait aucun doute là-dessus. Mais l'ignorance de ses proches et la crainte qu'ils éprouvaient envers la psychiatrie étaient telles qu'aucun d'eux n'envisagea de la faire soigner ni même de lui offrir un quelconque soutien psychologique. Ils subirent en silence ses crises de violence et ses bouffées de haine. « À l'époque, on craignait plus les psychiatres que les agents du NKVD », m'a expliqué Lénina par la suite. Martha était déjà dure et souvent méchante avant son arrestation. Au camp, ses rancœurs se muèrent en véritable hargne. Elle passa le reste de sa vie à haïr tout et tout le monde, à commencer par elle-même, avec une virulence incontrôlable.

Cette femme qui avait été rejetée par son père abandonna sa sœur et rejeta ensuite ses propres filles, comme si le fait d'infliger sa rage, son ressentiment et ses espoirs déçus à ses proches l'aidait à se venger du sort cruel qui avait été le sien. Elle semblait animée d'un désir pervers, qui la poussait à répandre la colère et le dépit autour d'elle.

Elle était pourtant capable d'une grande générosité lorsque son moi ancien, plus altruiste, l'emportait sur son amertume. En 1971, apprenant ma naissance, elle écrivit à Mila pour la féliciter et lui annonça qu'elle avait ouvert un compte bancaire pour moi : elle y déposait chaque semaine l'argent qu'elle gagnait en préparant les repas du prêtre de sa paroisse. Quand elle vint nous rendre visite à Londres en 1976, elle apporta le livret d'épargne du compte en question pour le montrer à Ludmila. C'était un geste d'apaisement, une manière de compenser le manque d'amour dont Ludmila avait souffert dans sa propre enfance. Lénina n'a pas retrouvé le livret d'épargne après la mort de Martha ; ses cousins ukrainiens le lui avaient sans doute volé. Je n'ai donc jamais perçu cet argent, mais j'imagine souvent Martha debout devant ses fourneaux, affairée à préparer des boulettes de viande ou de la soupe de légumes en pensant à l'enfant qui grandissait à Londres – moi, son petit-fils. Elle ne m'aura vu qu'une fois dans sa vie, mais elle se rendait chaque semaine au bureau de poste pour y déposer ses kopecks à mon intention.

Ludmila, qui ne voyait Martha que le week-end, n'eut pas à subir ses crises de folie. Lénina n'avait pas cette chance. À l'époque, elle améliorait ses revenus en vendant son lait maternel, très abondant, à l'hôpital pour enfants situé en face de chez elle, rue Herzen. L'établissement, qui recueillait des nourrissons abandonnés, avait aussi besoin de personnel : Lénina se débrouilla pour faire embaucher sa mère aux cuisines. Martha s'absentait donc une grande partie de la journée, mais, à peine rentrée, elle passait ses soirées à critiquer sa fille, à l'assaillir de remarques assassines sur son mari – « Qu'est-ce qui t'a pris d'épouser un handicapé au lieu d'un général ? » s'exclamait-elle méchamment – ou à tenter de convaincre Sacha et Lénina de divorcer. Elle flirtait ouvertement avec son gendre, ce qui donnait lieu à d'horribles disputes, et elle se jeta plusieurs fois sur Lénina armée d'un couteau. Un soir, ma tante lui cassa un doigt en essayant de la maîtriser après une crise d'hystérie qui avait laissé la moitié de sa précieuse vaisselle en miettes. Une fois couchée, Martha pleurait et s'en prenait à Boris, ce « sale traître », cet « imbécile » qui avait causé sa perte. Entre deux sanglots, elle le vouait aux gémonies en espérant sa mort.

« Nous avons tout toléré de sa part, se souvient Lénina. Mais elle nous a presque vidés de notre sang. Quel vampire ! Elle se délectait de nos souffrances. »

Martha mit des mois à raconter ce qu'elle avait vécu au cours de la décennie précédente et, lorsqu'elle se décida à le faire, ce fut pour cracher ses anecdotes d'un ton lourd de sarcasmes. Elle avait été condamnée quelques semaines après son arrestation. Il semble qu'elle ait fait une sorte de dépression nerveuse lors des interrogatoires : profondément abattue, elle a avoué tous les crimes dont on l'accusait et confirmé la prétendue culpabilité de son mari. Reconnue coupable de « complicité dans des activités antisoviétiques », elle écopa d'une peine de dix ans de travaux forcés. Elle fut entassée, avec plusieurs centaines d'autres détenues, dans des fourgons à bestiaux et envoyée au fin fond du Kazakhstan. En descendant du train, ces femmes durent encore marcher de longues heures à travers la steppe pour atteindre Semipalatinsk, un camp de tentes délabrées où les attendaient le bois et le fil barbelé nécessaires à la construction de leur propre prison.

Un ami de la famille de ma femme, fils d'un ancien prisonnier du goulag, m'a raconté comment son père avait survécu aux camps. « Oublie ta vie d'avant comme si elle n'avait pas existé, lui avait dit le vieil homme. Renonce à tout espoir de revenir chez toi, libère-toi de la colère et des regrets, et tente de te dissoudre dans le présent, de savourer les minuscules joies de la vie quotidienne au camp, un poêle chaud, un morceau de savon aux bains, la beauté liquide des aubes hivernales en Sibérie, le silence de la forêt, la découverte d'un buisson d'airelles dans la taïga, la gentillesse inattendue d'un compagnon de cellule. » Il fallait une forte personnalité, peut-être même une force surhumaine, pour se contenter de si peu. La plupart des hommes et des femmes qui ont été envoyés aux camps en sont revenus brisés.

Martha ne parlait presque jamais de sa vie au goulag. Elle ne raconta qu'un incident à Lénina, si cruel et si grotesque que celle-ci ne souhaita pas en entendre davantage. Un automne, quelques mois avant la guerre, Martha fut chargée d'aider les vaches du camp à vêler. Après chaque naissance, elle devait mettre le placenta et la coiffe encore fumants dans un seau, les jeter dans un tonneau placé à l'extérieur et recouvrir le tout de phénol pour empêcher les rats de venir les manger. Quand elle eut vidé son premier seau, Martha regagna l'étable, où une autre vache s'apprêtait à mettre bas. Lorsqu'elle ressortit un moment plus tard, deux hommes se tordaient de douleur devant le tonneau de déchets. D'une maigreur effarante, ils venaient d'arriver à Karlager avec d'autres détenus, tous d'anciens prêtres. Durement éprouvés par les privations subies dans un autre camp, ils n'avaient presque plus forme humaine. Ils s'étaient glissés jusqu'à l'étable pour manger les placentas crus. Martha traîna l'un des deux hommes à l'intérieur et lui fit boire du lait frais pour contrer les effets du phénol. Il survécut. L'autre homme mourut sur place quelques instants plus tard. Lorsqu'ils furent tous deux libérés après la guerre, Martha et cet ancien prêtre emménagèrent ensemble. Il était le père de l'enfant qui mourut avant le retour de ma grand-mère à Moscou.

Après la naissance du dernier veau ce soir-là, Martha dut aider un groupe de détenus à rassembler les cadavres des prisonniers qui n'avaient pas survécu à leur transfert. Ils mirent les corps sur une charrette, que Martha conduisit seule jusqu'au cimetière situé en bordure du camp. Attirés par l'odeur des cadavres, les chacals des steppes se lancèrent bientôt à sa poursuite. Ils étaient si féroces qu'elle dut jeter un des corps sur la route pour leur échapper. « Sans cela, ils m'auraient dévorée », raconta-t-elle à Lénina des années plus tard.

Martha fut libérée début 1948, après dix ans de goulag. Mais on ne l'autorisa pas à quitter immédiatement le Kazakhstan : elle fut d'abord placée en « rétention administrative », c'est-à-dire qu'elle fut obligée de rester à proximité du camp, dans un village constitué d'anciens détenus. Elle s'installa dans une petite isba avec l'ancien prêtre, dont Lénina ne connut jamais le nom. Ils passèrent quelques mois ensemble, vivant des légumes de leur jardin potager et des corvées qu'ils effectuaient pour le personnel du camp.

Martha ne parlait presque jamais de son « mari » des camps ni de leur fils, né pendant leur rétention administrative. En arrivant à Moscou, elle avait dit à Lénina que l'enfant était mort peu de temps auparavant, mais ma tante n'en fut jamais tout à fait convaincue. Elle s'imagina que sa mère avait confié l'enfant à des médecins ou à un orphelinat après le départ de son compagnon, qui la quitta pour rentrer chez lui à la fin de sa période de rétention. Rien ne vint jamais étayer ses soupçons, mais elle n'en démordait pas. « Je le vois avec mon cœur », disait-elle quand je cherchais à en savoir plus. En 2007, elle rencontra un certain Victor Chtcherbakov, procureur au tribunal de Moscou.

Intriguée, elle le soumit aussitôt à un feu roulant de questions, avant de se rendre à l'évidence : cet homme n'était pas son demi-frère disparu en 1948, mais un inconnu doté du même patronyme que celui de Martha. Après quelques jours de réflexion, Lénina, qui avait alors quatre-vingt-deux ans, décida d'abandonner ses recherches. « Imagine que je retrouve ce fameux Victor, et que ce soit un bon à rien ! C'est très possible, tu sais : il ne descend pas de Boris, lui. Il a hérité des gènes de Martha, et nous savons à quoi nous en tenir là-dessus ! »

Le passeport intérieur de Martha ne lui fut pas rendu à sa sortie de prison : on lui donna un certificat confirmant sa libération et un passeport spécial, qui lui interdisait de vivre dans ou à proximité d'une grande ville jusqu'à la fin de ses jours. Elle n'était pas seule dans son cas : l'Union soviétique des années quarante regorgeait d'hommes et de femmes aux libertés restreintes. Surnommés les *limitchiki* par la suite, ils étaient condamnés à vivre comme une sous-classe d'êtres humains à cause d'un simple tampon sur leur passeport.

Martha eut la chance d'avoir un gendre ingénieux et bien placé : Sacha venait d'être embauché comme avocat stagiaire au ministère de la Justice. Il parvint à lui procurer des papiers en exploitant habilement une erreur commise par l'administration, des années plus tôt : elle avait été inscrite au goulag sous le nom de Chtcherbakova, la version russifiée et féminisée de son nom de famille, alors que, sur son extrait de naissance, son nom était orthographié « Chtcherbak », en ukrainien. Sacha réussit à convaincre la police moscovite de délivrer un passeport intérieur à Martha Chtcherbak, une honnête femme dépourvue de casier judiciaire, sans « limites » officielles à son existence. Sur le papier, elle redevint donc une citoyenne soviétique modèle. Mais ceux qui l'entouraient savaient qu'au fond d'elle-même son âme était en lambeaux.

La plupart des pensionnaires de l'orphelinat de Ludmila interrompaient leur scolarité à quatorze ans et suivaient une année de formation technique dans les ateliers de couture de Saltykovka, au terme de laquelle elles partaient travailler dans les gigantesques usines textiles d'Ivanovo, à deux cents kilomètres au nord de Moscou. Les professeurs de Ludmila écrivirent aux autorités locales pour demander qu'elle soit envoyée dans un collège des environs, où elle pourrait terminer ses études secondaires, ce qui lui permettrait de présenter l'examen d'entrée à l'université. La requête fut accordée, mais Ludmila dut financer la poursuite de son séjour à l'orphelinat en donnant des cours aux plus jeunes et en s'occupant du théâtre amateur. Ce fut là qu'elle testa pour la première fois les vigoureuses méthodes pédagogiques qu'elle infligea par la suite à des classes entières de jeunes Anglais vaguement terrifiés, initiés au forceps aux arcanes de la conjugaison russe. Ma mère avait une façon bien à elle d'enseigner la grammaire, en détachant les syllabes avec soin, sans tolérer la moindre erreur ou fantaisie de la part de ses élèves, ce qui ne l'empêchait pas de s'extasier en privé sur leurs prouesses avec une émotion inattendue.

Si Staline n'était pas mort d'une hémorragie cérébrale le 5 mars 1953, la vie de Ludmila aurait certainement pris un tour très différent. Elle fondit en larmes en apprenant le décès du dictateur, comme toutes les pensionnaires réunies ce jour-là par la directrice de Saltykovka au bord de l'hystérie : pour la plupart des orphelins de l'établissement, le dirigeant bienveillant et moustachu qui était à la tête de l'Union soviétique était aussi un père – ou ce qui s'en approchait le plus. À Moscou, Lénina se joignit aux deux millions de personnes rassemblées pour assister à ses funérailles. Elle aussi pleura sincèrement la mort de Staline, sans imaginer un instant que ce gentil bonhomme souriant était responsable de l'arrestation de ses parents.

Staline disparu, le monde vacilla sur son axe, et l'avenir de Ludmila en fut changé. Elle termina ses études secondaires première de sa classe avec une moyenne qui frisait la perfection (elle se souvient encore de la seule erreur qu'elle commit à ses examens de fin d'année : elle inséra à tort une virgule dans une phrase qui commençait par « Des hippopotames et des éléphants »). Sous Staline, il était impensable que la fille d'un « ennemi du peuple » décroche une place dans une des meilleures universités du pays : Mila se serait probablement orientée vers l'enseignement primaire. Elle serait devenue institutrice après quelques années de formation dans un centre pédagogique en province. Elle aurait exercé ce métier toute sa vie et n'aurait jamais quitté l'URSS.

La mort du dictateur avait changé la donne. Et Lénina se prit à espérer un autre avenir pour sa sœur : si l'administration acceptait de fermer les yeux sur la condamnation de Boris qui entachait le brillant dossier scolaire de Mila, elle pourrait entrer à l'université ! Son rêve semblait encore hors de portée, mais Lénina s'y accrocha. Elle avait quitté l'aérodrome de Khodinskoïé pour entrer, sur recommandation de Sacha, à l'Institut de jurisprudence, où elle corrigeait les thèses de doctorat avant leur publication. Là, elle sympathisa avec une collègue qui connaissait personnellement le recteur de la faculté d'histoire de l'université de Moscou. Lénina demanda à le rencontrer afin de plaider la cause de Ludmila. Bien lui en prit : l'homme se montra d'une gentillesse extrême – à moins qu'il n'ait souffert sous Staline, lui aussi ? – et fondit en larmes quand Lénina lui raconta ce qui leur était arrivé, à sa sœur et elle, depuis l'arrestation de leurs parents. En septembre 1953, Ludmila fut admise en première année d'histoire à l'université de Moscou, la plus prestigieuse d'Union soviétique. Récemment transféré dans un immense gratte-ciel stalinien construit sur les monts Lénine, ce temple de l'instruction socialiste semblait dominer Moscou de toute sa splendeur. Comme elle me le raconta par la suite, Ludmila « se sentit pousser des ailes » en apprenant la nouvelle.

La mort de Staline avait aussi ravivé en elles l'espoir de voir revenir leur père du goulag. En 1954, les agents du MVD, la nouvelle incarnation du NKVD, brisèrent le silence qu'ils observaient depuis dix-sept ans sur le sort de Boris Bibikov : ils répondirent à une énième lettre de sa mère par une déclaration de quelques lignes certifiant que Bibikov B.L. était mort d'un cancer en 1944, pendant son internement dans un camp de travail. L'année suivante, Sofia Bibikova écrivit directement à Nikita Khrouchtchev, le nouveau secrétaire général du Parti, pour le supplier de blanchir Boris à titre posthume. Sa lettre fut dûment ajoutée au dossier d'instruction de son fils.

> « Respecté Nikita Sergueïevitch, je m'adresse à vous dans mes vieux jours pour vous parler de mes enfants. J'ai eu trois fils, tous communistes. Seul l'aîné [Iakov] est encore vivant : il sert dans les rangs de notre glorieuse armée soviétique. Le benjamin [Isaac] est mort au front pendant la Grande Guerre patriotique en défendant notre pays. Le cadet, Bibikov, Boris Lvovitch, a été arrêté en 1937 pour activités antisoviétiques et condamné à dix ans de prison. Il aurait dû purger sa peine en 1947.
>
> » Nikita Sergueïevitch, je suis absolument convaincue que [...] Boris était innocent, qu'il a été victime d'une erreur. Dix-huit ans après les faits, ne serait-il pas possible de rouvrir l'enquête et de le réhabiliter ? Toutes mes recherches ont été vaines : encore aujourd'hui, je ne sais pas ce qui s'est réellement passé. Je ne suis pas membre du Parti, j'ai quatre-vingts ans, mais je sais que j'ai élevé honnêtement mes enfants. Je leur ai appris à aimer leur patrie et à la servir

fidèlement. Ils ont tout donné, leurs connaissances, leur santé, leur vie, pour l'amour du communisme et de la paix sur terre, afin que leur grande et belle patrie puisse prospérer ! [...] Cher Nikita Sergueïevitch, je vous demande d'examiner son dossier en communiste et, si mon fils est innocent, de le réhabiliter. Respectueusement vôtre, Bibikov. »

Sa requête fut entendue : le dossier de Boris Bibikov fut rouvert en 1955, lors de la toute première vague d'enquêtes judiciaires destinées à réhabiliter les victimes des purges. Ces enquêtes furent effectuées sur demande de Khrouchtchev lui-même, après la parution du « rapport secret » qu'il présenta à l'issue du XXe Congrès du parti communiste pour dénoncer les abus de pouvoir de Staline. Le réexamen du verdict prononcé à l'encontre de Boris Bibikov et de milliers d'autres « ennemis du peuple » arrêtés pendant les purges fut une entreprise colossale : les enquêteurs recueillirent les dépositions détaillées de dizaines de témoins qui avaient bien connu Boris Bibikov et examinèrent avec attention les dossiers de tous ceux qui avaient été impliqués dans son arrestation. Ironiquement, la partie du dossier d'instruction qui concerne l'enquête de réhabilitation est presque trois fois plus épaisse que les minces soixante-dix-neuf pages qui ont suffi à l'arrêter, à le condamner et à l'exécuter.

Tous ceux qui furent interrogés sur les éventuelles activités contre-révolutionnaires de Boris se prononcèrent en sa faveur en le décrivant comme un communiste sincère et dévoué au Parti.

« Je n'ai rien de négatif à dire à son sujet. Il se consacrait entièrement au Parti et à la vie de l'usine. Il avait énormément d'autorité sur les ouvriers, affirma Ivan Kavitski, l'adjoint de Boris à la KhTZ. Je ne sais rien de ses activités anticommunistes. Au contraire, c'était un fervent communiste. »

« Je n'ai jamais soupçonné la moindre déviance politique chez Bibikov. On a entendu dire qu'il avait été arrêté comme ennemi du peuple, mais personne ne savait pourquoi », confia Lev Veselov, un des comptables de l'usine.

« Je me souviens que mes camarades dans les bureaux de la direction ont été stupéfaits d'apprendre son arrestation », déclara Olga Irjavskaïa, dactylo à la KhTZ.

Le 22 février 1956, la Cour suprême de l'URSS, réunie à huis clos, rédigea un long rapport classé « secret », au terme duquel elle annulait formellement le jugement rendu par le tribunal militaire de Kiev le 13 octobre 1937. Un courrier succinct fut envoyé à la famille de Bibikov pour lui annoncer la réhabilitation de Boris, accompagné d'un certificat de décès qui spécifiait enfin la date de son exécution : ses proches apprirent qu'il était mort le 14 octobre 1937, vingt-quatre heures après l'annonce du verdict. La cause du décès, en revanche, n'était pas précisée.

L'université fut un vrai paradis pour Ludmila. Elle logea d'abord dans un foyer d'étudiants rue Stromynka à Sokolniki, dans la banlieue nord de Moscou, où elle partagea un dortoir avec quinze autres filles. Puis elle emménagea dans les bâtiments de l'université proprement dite, sur les monts Lénine. Elle avait passé toute son enfance dans des institutions soviétiques : habituée aux contraintes de la vie en collectivité, elle entra à l'université comme on entre dans une nouvelle famille, et se fit immédiatement des amis, qu'elle garda toute sa vie, parmi les représentants les plus brillants de sa génération. Elle se lia notamment avec Iouri Afanassiev, jeune historien franc et massif qui devint l'un des intellectuels les plus influents de la perestroïka. Elle fit aussi la connaissance d'un ancien garçon de ferme inscrit en droit : originaire de Stavropol, il en avait gardé l'accent et les manières rustiques, mais se montrait dépourvu de l'ironie cosmopolite que Mila et ses camarades développaient à l'encontre de la vie soviétique. Il mena une cour insistante auprès de Nadia Mikhaïlova, une des meilleures amies de Ludmila, qui, le jugeant affreusement provincial, refusa de répondre à ses avances. Il s'agissait de Mikhaïl Sergueïevitch Gorbatchev.

Ludmila apprit le français, des rudiments d'allemand et de latin, tout en se pliant avec une apparente docilité au conformisme ambiant. Elle travaillait dur et ne s'en plaignait pas. Ses dissertations, rédigées en belles lettres rondes, sont un modèle de diligence et de minutie. En parfaite créature du système qui l'avait élevée, elle participait avec enthousiasme aux activités collectives et ne paraissait pas souffrir de l'absence totale d'intimité physique et morale qui caractérisait la société soviétique des années cinquante. Le soir et le week-end, les étudiants étaient invités à participer à des lectures de Molière, à des randonnées pédestres ou à des groupes de théâtre amateur. Malgré les contraintes idéologiques et les exigences de la vie collective, Mila jouissait d'une liberté enivrante – celle d'explorer enfin l'univers sans limites de la littérature mondiale. Elle lut Dumas et Hugo, Zola et Dostoïevski, les débordements sentimentaux d'Alexandre Grine et les pastorales d'Ivan Bounine. Elle trouva, grâce aux livres, au théâtre et à la musique, une fenêtre bien à elle sur un monde assez vaste pour contenir ses débordements d'énergie.

Ludmila était très appréciée de ses camarades et de ses professeurs. Outre son goût pour l'étude, elle nourrissait une véritable passion pour la danse classique depuis que Lénina l'avait emmenée pour la première fois au Bolchoï, des années auparavant, sur l'insistance de Sacha, qui souhaitait lui offrir un bon « départ dans la vie ». Éblouies, elles y retournèrent aussi souvent que possible.

L'apparatchik. Ce portrait de Boris Bibikov, réalisé en 1936, figurait sur sa carte du Parti. Il venait d'être nommé chef de section du Comité régional de Tchernigov. Il avait trente-trois ans.

« De vrais géants ! » Bibikov *(deuxième en partant de la droite au deuxième rang)* et ses jeunes collègues de l'usine de tracteurs de Kharkov, vers 1932.

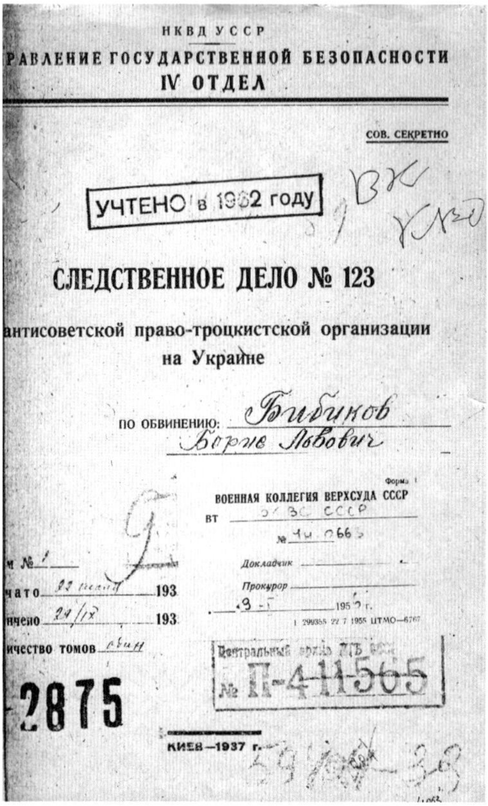

НКВД УССР
[УП]РАВЛЕНИЕ ГОСУДАРСТВЕННОЙ БЕЗОПАСНОСТИ
IV ОТДЕЛ

СОВ. СЕКРЕТНО

УЧТЕНО в 1962 году

ВК

УКГБ

СЛЕДСТВЕННОЕ ДЕЛО № 123

[а]нтисоветской право-троцкистской организации
на Украине

по обвинению: Бибиков
Борис Львович

Форма 1
ВОЕННАЯ КОЛЛЕГИЯ ВЕРХСУДА СССР
вт ВК ВС СССР
№ 4н 0663

Докладчик
Прокурор
3-5 195[5] г.
1 299355 22 7 1955 ЦТМО—6767

[То]м № 1
[Нач]ато 22 [...] 193
[Окон]чено 24/IX 193
[Кол]ичество томов один

Центральный архив КГБ [...]
№ П-411565

2875

КИЕВ—1937 г.

« Le dossier, rien que le dossier. » Couverture du dossier d’instruction n° 123, ouvert par le NKVD à l’encontre du « Bloc anti-soviétique des droitistes-trotskistes en Ukraine ». Le nom de Boris Lvovitch Bibikov est calligraphié en belles lettres rondes d’une étonnante distinction.

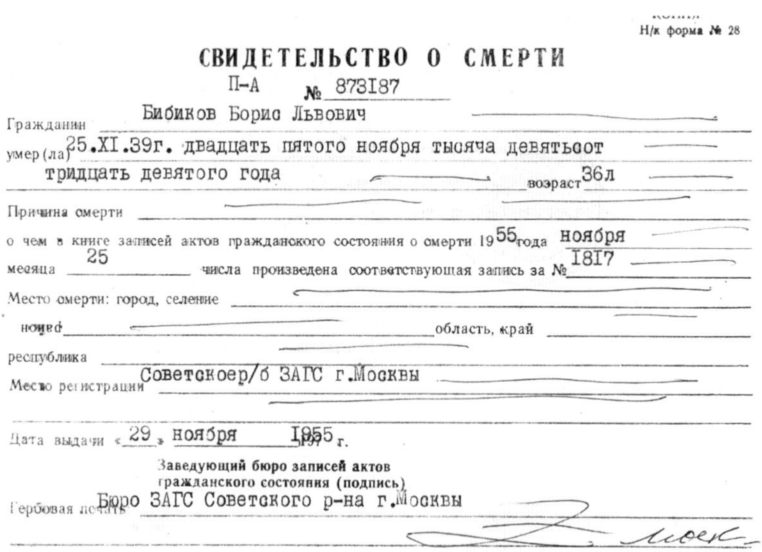

Н/к форма № 28

СВИДЕТЕЛЬСТВО О СМЕРТИ
П-А № 873187

Гражданин Бибиков Борис Львович
умер (ла) 25.XI.39г. двадцать пятого ноября тысяча девятьсот тридцать девятого года возраст 36л
Причина смерти
о чем в книге записей актов гражданского состояния о смерти 1955 года ноября месяца 25 числа произведена соответствующая запись за № 1817
Место смерти: город, селение
район область, край
республика
Место регистрации Советскоер/б ЗАГС г.Москвы

Дата выдачи « 29 » ноября 1955 г.
Заведующий бюро записей актов гражданского состояния (подпись)
Гербовая печать Бюро ЗАГС Советского р-на г.Москвы

Premier certificat de décès de Boris Bibikov. La cause et le lieu du décès ne sont pas mentionnés. La vérité n’a été établie qu’en 1988 : les autorités ont alors émis un second certificat, révélant que Boris Bibikov avait été fusillé le 14 octobre 1937 dans les environs de Kiev, et enterré dans une fosse commune.

Ludmila et Lénina Bibikova, âgées de quatre et douze ans, à l'orphelinat de Verkhne-Dnieprovsk, début 1938. On leur avait rasé la tête pour les protéger des poux ; la poupée appartenait au photographe, qui s'en servait d'accessoire.

« Il faudra que tu parles des gens bien. » Iakov Abramovitch Mitchnik, directeur de l'orphelinat de Verkhne-Dnieprovsk, ici avec Nadia, fille aînée de Lénina, en 1950. C'est grâce à l'intervention de cet homme que Lénina et Ludmila ne furent pas séparées à leur arrivée à Dniepropetrovsk en novembre 1937. En 1941, Mitchnik sauva Ludmila et ses camarades de la catastrophe en embarquant avec eux sur le Dniepr à bord d'un radeau de fortune, quelques heures avant l'arrivée des troupes allemandes à Verkhne-Dnieprovsk.

« Merci, camarade Staline, pour notre enfance radieuse ! » Lénina *(à droite)* et une amie à Verkhne-Dnieprovsk en 1938.

Iakov Bibikov, frère de Boris, dans son uniforme de lieutenant général de l'armée de l'air, en 1969.

Alexandre Vassine, capitaine de l'armée de terre, en 1942. Quelques jours après avoir demandé Lénina en mariage, son convoi militaire sauta sur une mine près de Smolensk. On dut l'amputer sur place à l'aide d'une scie à bois.

Lénina *(à gauche)* et une amie à Moscou, fin des années quarante.

Ludmila à l'orphelinat de Saltykovka, près de Moscou, en 1949. Elle se remettait d'une de ses nombreuses opérations à la hanche effectuées à l'hôpital Botkine de Moscou. C'est une des rares photos qu'elle a gardées de son enfance.

« Je me sentis pousser des ailes. » Ludmila *(à l'extrême droite)* avec son groupe d'amies moscovites, attendant l'arrivée de Gérard Philipe à l'aéroport de Vnoukovo, automne 1957. Il lui dédicaça son exemplaire du *Rouge et le Noir* avec cette phrase : « Pour Ludmila, en souvenir du soleil de Moscou. »

Ludmila en vacances dans le nord de la Russie, été 1965.

Charles Languet, arrière-petit-fils de Karl Marx, en visite à l'Institut du marxisme-léninisme à Moscou. Ludmila *(au centre)* traduit ses propos.

Ludmila *(à droite)* et son amie Galina Golovitser dans la chambre de Ludmila, rue Starokonouchenny, en 1962. On doit cette photo au mari est-allemand d'une de leurs amies, danseuse de ballet.

Le personnel de l'ambassade de Grande-Bretagne, automne 1958. Mervyn Matthews est au dernier rang *(au centre)*, coiffé d'une toque de fourrure grise. Notez que le labrador noir de Sir Patrick Reilly occupe la place d'honneur au premier rang.

« Certaines aventures sont merveilleuses. » Mervyn dans l'appartement de fonction qu'il partageait avec Martin Dewhirst avenue Sadovaïa-Samotetchnaïa à Moscou en 1958.

L'histoire d'amour que Ludmila entretint toute sa vie avec le palais néoclassique de la rue Okhotny Riad s'intensifia encore durant ses années d'étudiante. Elle se rendait plusieurs fois par semaine au Bolchoï avec ses amis. Assis aux places les moins chères, au fond de la salle, ils applaudissaient à tout rompre après chaque acte et se glissaient dehors sitôt le spectacle terminé pour attendre les artistes devant la porte 17 avec d'énormes bouquets de fleurs. Valery Golovitser, le frère de Galia, sa meilleure amie, l'accompagnait souvent. Mince et sensible, il partageait sa passion pour la danse. Bien que joli garçon, il ne manifestait aucun intérêt pour les conquêtes féminines, ce qui ne troublait personne : l'époque était à l'innocence, et ni Ludmila ni ses amies ne songèrent à le taxer d'une homosexualité qu'il dissimulait soigneusement.

Ils ne se contentaient pas d'assister aux spectacles : ils *vivaient* la représentation, vouaient une véritable adoration aux artistes et pleuraient sur les livrets. Ils firent la queue pendant des heures pour voir jouer les acteurs de la Comédie-Française, la première compagnie étrangère invitée à Moscou depuis l'avant-guerre. Ils assistèrent à la quasi-totalité des quarante représentations du répertoire, qui allaient du *Tartuffe* de Molière au *Cid* de Corneille. Penchés au poulailler, ils crièrent « Vive la France ! » et jetèrent des fleurs sur la scène tous les soirs. Après la dernière représentation de la saison, ils se joignirent aux spectateurs enthousiastes qui suivirent les acteurs de la place des Théâtres à l'hôtel National. Les agents du KGB disséminés dans la foule leur donnèrent de méchants coups de pied pour essayer de contenir l'adulation inconvenante qu'ils manifestaient envers leurs visiteurs étrangers.

Quand Gérard Philipe, le meilleur acteur français de sa génération, se rendit à Moscou l'année suivante pour assister à un festival de cinéma, Mila et ses amies l'attendirent à la sortie des projections et réussirent à lui parler quelques instants. Il bavarda poliment avec elles et leur promit de revenir. Quand il fut parti, les jeunes femmes organisèrent une collecte afin d'acheter un cadeau à leur idole. Une des filles prit le train jusqu'au village de Palekh, célèbre pour ses boîtes laquées, et commanda aux artisans un minuscule portrait de Philipe en Julien Sorel dans son film *Le Rouge et le Noir*. Quand Elsa Triolet et Louis Aragon vinrent à Moscou quelques mois plus tard, Ludmila et quatre de ses amies franchirent les portes de l'hôtel Moskva – une initiative intrépide, puisque le hall grouillait d'étrangers et d'espions du KGB – et demandèrent à la réceptionniste d'appeler Triolet dans sa chambre. La communication fut établie. Prenant l'appareil, l'une des amies de Mila expliqua à la compagne d'Aragon qu'elles souhaitaient lui confier un cadeau pour Gérard Philipe. Perplexe mais impressionnée par leur audace, Triolet les rejoignit dans le hall pour se charger du paquet, qu'elle remit à Philipe dès son retour. Cinq ans plus tôt, ce geste insensé leur aurait valu les pires ennuis. Mais le dégel avait changé les règles : Ludmila et ses amies repoussaient les limites du monde qui s'ouvrait à elles aussi loin que leur courage le leur permettait.

Une camarade de Ludmila apprit en lisant *L'Humanité*, le seul quotidien de langue française disponible en Union soviétique, que Gérard Philipe était en voyage culturel à Pékin. Pour rigoler – mais la plaisanterie aurait pu leur coûter cher –, ma mère et ses amies se rendirent au grand bureau de poste de la rue Gorki et demandèrent à passer un appel téléphonique en Chine. Elles ignoraient où l'acteur français était logé à Pékin, mais leur insistance amusa la jeune opératrice. Décidée à les aider, elle suggéra à son homologue chinoise de les mettre en relation avec le plus grand hôtel de Pékin. Une demi-heure plus tard, une des amies de Mila bavardait avec Gérard Philipe. Il raccrocha en lui annonçant qu'il devait faire escale à Moscou avant de regagner Paris.

Rendez-vous était pris : quand l'avion de Gérard Philipe se posa quelques jours plus tard à l'aéroport de Vnoukovo, ses admiratrices forcèrent les barrages policiers et déferlèrent sur la piste pour l'accueillir au bas des marches. Le cancer du foie dont souffrait l'acteur était alors en phase terminale. Son teint gris lui donnait l'air bien plus vieux que ses trente-sept ans. Il reconnut Ludmila et la salua chaleureusement. Elle lui tendit son exemplaire du roman de Stendhal, *Le Rouge et le Noir*, en lui demandant de le signer.

« Pour Ludmila, en souvenir du soleil de Moscou[1] », écrivit-il. Le roman dédicacé figure toujours en bonne place sur une étagère, dans la chambre de ma mère.

L'année universitaire s'acheva. Mila, qui avait été une des meilleures étudiantes de sa promotion, ne surprit personne en décrochant son diplôme d'histoire avec une médaille d'or. On lui offrit alors un poste à l'université de Moscou, qu'elle prit le risque de refuser, préférant choisir elle-même son premier emploi. Elle loua une chambre meublée d'un lit de camp à un couple d'une cinquantaine d'années, logé près du métro Lermontovskaïa. Ancien ingénieur aéronautique, son hôte lui proposa de donner des cours particuliers à son fils en échange du gîte et du couvert. Il n'avait pas d'emploi, hormis les petits boulots qu'il effectuait chez ses voisins pour leur rendre service. Mila devina qu'il faisait profil bas : sans doute avait-il été disgracié pour une raison ou pour une autre. Mais, en perdant son emploi, il avait aussi perdu son existence officielle : privés d'argent et de statut social, les chômeurs soviétiques ne pouvaient pas inscrire leurs enfants à l'école, n'avaient pas droit aux cartes de rationnement ni aux congés. Les logeurs de Mila survivaient tant bien que mal à l'ombre du système en se

1. En français dans le texte.

nourrissant de carottes et de bouillon maigre. Elle leur apportait des saucisses quand elle en trouvait et qu'elle avait le temps de faire la queue.

L'hiver approchait. Ekaterina Ivanovna Markitana, l'épouse de l'ancien secrétaire du Comité de Kharkov, qui avait bien connu Boris Bibikov, vint passer quelques jours à Moscou pour faire les magasins. Elle logea chez Lénina, où Ludmila lui rendit visite. Comme elles évoquaient son avenir professionnel, Ekaterina confia à ma mère qu'une de ses amies d'enfance, une certaine Evguénia Stepanovna, dirigeait maintenant l'Institut du marxisme-léninisme, l'organisme chargé d'étudier et d'archiver l'héritage des fondateurs du communisme. Ludmila prit contact avec cette femme, qui lui offrit immédiatement un poste d'assistante de recherche. Ludmila n'éprouvait aucun enthousiasme particulier pour le marxisme ou le léninisme, mais c'était un travail intellectuel, et le poste était basé à Moscou. Aussi l'accepta-t-elle sans hésiter. Elle rejoignit l'équipe d'historiens responsables de la publication des œuvres complètes de Marx et d'Engels, son ami et mécène. Sa tâche, immense vu les volumineux écrits des deux hommes, consistait à préparer et à corriger leurs manuscrits, qu'elle trouvait pompeux et affreusement barbants. Par chance, elle s'entendait bien avec ses collègues, un groupe d'historiens intelligents et vivants, et l'occasion lui était souvent donnée de pratiquer son français puisque l'Institut recevait des délégations de communistes étrangers ou d'éminents spécialistes internationaux du marxisme-léninisme – discipline qu'ils élevaient presque au rang de théologie. On appelait alors Ludmila, qui leur servait de guide et d'interprète pendant la durée de leur séjour. Elle bénéficiait aussi de l'excellente cantine réservée aux employés, située au rez-de-chaussée du petit palais néoclassique qui abritait l'Institut. Bâti par la princesse Dolgorouki, il accueillit l'Assemblée de la noblesse russe avant d'être employé de manière plus égalitaire par le gouvernement communiste, après la Révolution.

J'ai moi-même visité les lieux en 1995, par le plus grand des hasards. L'Institut – et le marxisme-léninisme en général – étant tombé en désuétude, le vieux palais avait été abandonné. Il menaçait de s'effondrer quand un groupe de descendants de la noblesse russe en avait réclamé la propriété au gouvernement. Ils l'avaient récupéré, mais n'avaient pas les moyens de le restaurer. Le vieux palais, vide et inutile, moisissait dans son jardin livré aux orties.

L'Assemblée de la noblesse fraîchement reconstituée organisa un bal pour collecter des fonds auprès de ses sympathisants dans l'une des ailes du bâtiment, qui servait autrefois de salle de gym. Je m'y rendis par curiosité, affublé du vieux smoking de mon père, celui qu'il avait acheté pour rencontrer Nikita Khrouchtchev en 1959 lors d'une réunion de jeunes diplomates. Les survivants des plus grandes familles de la Russie tsariste, autrement dit les rares nobles qui n'avaient pas émigré et qui avaient miraculeusement échappé à la Révolution, à la guerre civile et aux purges, étaient tous là. Massés sur la piste de danse, ils tournoyaient gauchement au son des mazurkas et des valses viennoises qu'entonnait un orchestre de l'armée. Le résultat était pathétique : les organisateurs cherchaient à ressusciter un passé dont personne ne se souvenait et à ranimer des traditions qui n'existaient que dans leur imagination. Le prince Golitsyne, chaussé de mocassins en plastique gris, discutait dans un coin avec le comte Lopoukhine, en costume de polyester rapiécé, tandis que leurs femmes lourdement maquillées agitaient leurs éventails en plastique rapportés de Venise.

Quant au bâtiment lui-même, des décennies de philistinisme soviétique lui avaient ôté toute splendeur, le réduisant à un labyrinthe de couloirs en contreplaqué et de bureaux sans âme, tapissés de linoléum racorni. Les hautes fenêtres qui donnaient sur la cour avaient depuis longtemps été enduites de peinture opaque. Tout ce qui pouvait être volé l'avait été, même les poignées de porte et les interrupteurs.

Je tentai d'imaginer ma mère, jeune et pleine d'enthousiasme, boitant sur sa jambe malade dans ces mêmes couloirs, le jour de son entretien de recrutement avec la directrice de l'Institut. Puis volubile et provocatrice face aux accusations abjectes que lui firent ses collègues lors d'une réunion de cellule organisée pour critiquer son histoire d'amour avec un étranger. Mais elle n'était pas là ; nul fantôme ne rôdait entre les murs de l'ancien gymnase englouti sous les flonflons de l'orchestre.

Au printemps 1960, Ludmila devint membre à part entière de l'Institut du marxisme-léninisme. Les roues grinçantes de la bureaucratie chargée du logement se mirent lentement en marche : ma mère remplissait désormais les conditions nécessaires pour bénéficier d'un appartement, ou plutôt, puisqu'elle était célibataire, d'une chambre dans un logement communautaire. En mars, sa collègue Clava Konnova, ses deux enfants et son vieux père se virent enfin attribuer un appartement. Ils quittèrent la petite pièce de sept mètres carrés qu'ils occupaient dans une *kommounalka* de la rue Starokonouchenny, près de la Vieille Arbat. Ludmila s'inscrivit sur la liste et l'obtint. C'était minuscule, mais c'était à son nom. Elle avait vingt-six ans et disposait d'une chambre rien qu'à elle pour la première fois de sa vie.

8

Mervyn

Du rêve dans les yeux […]
Et tout le reste voilé,
Effacé de soi-même, comme si
Nous n'y comprenions rien, terni
Par ses propres profondeurs.
Daguerréotype qui t'effaces si vite
Entre mes mains plus lentes à passer.
Rainer MARIA RILKE [1]

Enfant, j'étais fasciné par le bureau de mon père, situé au premier étage de l'étroite maison victorienne où nous habitions, dans le quartier de Pimlico à Londres. La pièce sentait les cigarettes françaises et le thé Darjeeling. Des notes de musique s'en échappaient – cantates de Bach ou opéras de Haendel, le plus souvent. Elle semble petite aujourd'hui, mais elle demeure énorme dans mon esprit : je continue à la voir avec mes yeux d'enfant, ceux d'un petit garçon de sept ans timidement posté près du vénérable fauteuil de son père, les yeux levés vers les piles de livres qui tapissaient les murs. La vieille épée accrochée au-dessus de la cheminée et la collection de locomotives miniatures

1. Extrait du « Portrait de jeunesse de mon père », traduit par Lorand Gaspar, *Œuvres complètes : Poésie*, tome II, Paris, Le Seuil, 1972.

m'évoquaient une virilité écrasante et mystérieuse ; les tiroirs remplis de bric-à-brac (longues-vues, boussoles et photos de famille) constituaient un trésor d'autant plus attirant qu'il m'était interdit. L'adolescence n'y changea rien : même lorsque je commençai à me disputer avec mon père, vers quinze ou seize ans, je demeurai fasciné par son passé, ce mystère qu'il refusait d'évoquer et dont son espace de travail semblait détenir la clé.

Un jour, en fouillant subrepticement dans les tiroirs de son bureau – je devais avoir seize ans –, je suis tombé sur un petit paquet de photos qui le montraient non pas tel que je le connaissais, mais sous les traits d'un jeune homme étonnamment détendu, presque branché, en costume des années soixante et lunettes de soleil à la Malcolm X. On le voyait sur la digue d'une station balnéaire, en plein soleil ; sur un immense lac gelé, engoncé dans un lourd manteau d'hiver ; flânant parmi les étals de pastèques d'un marché d'Asie centrale ; l'air sûr de lui, entouré de jolies filles dans un restaurant de bord de mer. Il avait légendé les photos avec soin, inscrivant au crayon la date et le lieu de la prise de vue au dos de chacune d'elles.

Plus tard dans la journée, sans doute par désir de le provoquer en avouant que j'avais osé violer le sanctuaire de son bureau, je lui demandai ce qu'il faisait à Boukhara et au lac Baïkal en 1961. Il détourna les yeux, un léger sourire aux lèvres – expression qui prenait chez lui des allures de manie –, et se carra contre le dossier de sa chaise.

« Oh, lâcha-t-il d'un ton évasif en se servant une tasse de thé. Le Baïkal ? J'y suis allé avec le KGB. »

Mon père est né en juillet 1932 au pays de Galles, dans une maison mitoyenne de Lamb Street, à Swansea. Il a grandi dans un monde où on se chauffait au charbon, où les chambres à coucher étaient minuscules et glacées, où les petits salons, côté rue et encombrés de meubles imposants, ne servaient à rien ; les femmes avaient des voix stridentes et les traits tirés ; les hommes buvaient plus que de raison. Il m'a emmené deux ou trois fois voir Lamb Street quand j'étais petit, toujours par mauvais temps – ciel gris, bruine et bourrasques, rues désertes. Le souvenir d'une ville baignée de lumière jaune sale, toxique et pesante, reste gravé dans ma mémoire. Le vent marin qui balayait les vastes étendues de la baie de Swansea se chargeait de sel et de vapeurs d'essence. Les rues étaient monochromes, comme le teint des habitants : leurs chairs flasques et lourdes me semblaient d'un blanc de lard.

Le sud du pays de Galles n'a pas toujours été la région moribonde, sans charme et peu sûre d'elle que nous connaissons aujourd'hui. Ses villes noircies, enrouées par un siècle de fumées et de labeur, étaient très différentes à l'époque de mon père. Il a connu les dernières années de gloire d'une des plus grandes villes portuaires de l'époque victorienne. Lorsqu'il était enfant, le terminal charbonnier de Swansea était un des plus actifs de Grande-Bretagne. Les gigantesques cargos amarrés le long des quais formaient les artères d'un empire qui demeurait le plus puissant du monde. Des locomotives à vapeur crachotantes actionnaient encore les monte-charges des houillères, et quelques belles goélettes venaient parfois se glisser entre les cargos et les paquebots de luxe qui mouillaient au port.

Je crois avoir perçu, à divers moments de ma vie, l'écho du monde aujourd'hui disparu dans lequel mon père a grandi. Je l'ai respiré un soir de 1993 en traversant une misérable ville minière slovaque noyée sous le brouillard : une forte odeur de charbon et d'oignons frits m'a empli les narines quand j'ai baissé la vitre de la voiture. Je l'ai croisé parmi les grues rouillées et les cargos du port de Leningrad : courbé sous le vent mordant qui balayait le golfe de Finlande, j'ai senti sur ma langue l'acidité de l'acier qui s'oxyde, et dans mes oreilles le fracas du métal qui choque le métal. Je l'ai observé à Tcheliabinsk, une ville industrielle du sud de l'Oural où j'ai passé une semaine en compagnie des mineurs, de gros bras moustachus à l'air triste qui parlaient peu et buvaient avec une détermination sinistre. Ivres de lassitude, leurs compagnes s'épuisaient à sauver les apparences d'un trait de rouge à lèvres ou d'un coup de fer à friser sur leur permanente fanée. Ces images sont venues nourrir ma vision du pays de Galles pendant la grande dépression. Je me le représente comme un endroit où la part de bonheur dévolue à chacun était minuscule et précieuse, obtenue au prix d'une vie entière de corvées.

Les aïeuls de Mervyn, des petits-bourgeois pauvres mais respectables, s'agrippaient désespérément à leur statut social. Eux aussi luttaient pour sauver les apparences. Vers 1904, mon arrière-grand-père Alfred se fit photographier chez un professionnel avec sa femme et ses enfants : le daguerréotype réalisé ce jour-là reflète fidèlement les circonstances économiques difficiles qu'ils traversaient à l'époque. Alfred, en costume noir barré d'une chaîne de montre en or, y apparaît comme le prototype du *pater familias* édouardien. Ses enfants sont vêtus avec soin : William porte une chemise à col Eton tandis qu'Ethel, en collants sombres et robe noire à col montant, fixe sagement l'objectif. Leur mère, Sarah Ann, semble pâle et maladive. Ils posent avec raideur sur des chaises en bois massif, entourés de plantes en pots habilement disposées par le photographe pour accentuer le caractère solennel du portrait. Leur propre mobilier n'était sans doute pas aussi luxueux. L'immense tirage, teinté à la main et encadré à grands frais, trônait dans la petite maison que le jeune Mervyn partageait avec sa mère et sa grand-mère dans le quartier de Hafod, à Swansea, comme le témoin silencieux de l'inexorable régression sociale de sa famille.

William Alfred Matthews, le père de mon père, supervisait le chargement du charbon dans les cales des bateaux afin que la cargaison ne vire pas d'un bord à l'autre pendant la traversée. Cette opération d'équilibrage exigeait des compétences qui, quoique modestes, en faisaient un emploi qualifié. Il fallait se salir, mais pas autant que les manutentionnaires qui travaillaient tout en bas de l'échelle sociale. Ceux-là pelletaient le charbon, nus jusqu'à la ceinture et enfoncés jusqu'aux genoux dans la poussière noire.

William Matthews était apparemment dénué de toute ambition professionnelle. Seules l'intéressaient ses virées au Working Men's Club, où il buvait son salaire avec ses anciens compagnons de tranchées. Il avait été blessé à cinq reprises pendant la Grande Guerre. Mais, comme bien des hommes de sa génération, il n'en avait tiré qu'un penchant prononcé pour la boisson, une collection de médailles et le respect de ses pairs au Comrades' Sick Club, une caisse mutualiste d'assurance maladie ouverte aux anciens combattants. Il y exerça des fonctions de secrétaire à titre bénévole et se vit offrir, en guise de remerciement, une pendule bon marché que mon père a gardée et posée sur la cheminée de son bureau. Rentré très affaibli de la Somme, où le gaz moutarde allemand avait abîmé ses poumons, William continua de fumer : il consommait plusieurs paquets de Player's Navy Cut par jour.

Il était bel homme et soignait sa mise : toujours vêtu d'un costume trois-pièces, il ne sortait jamais sans la grosse chaîne de montre que son père lui avait transmise, dans son étui tapageur en or massif incrusté d'un souverain. À sa mort, en 1964, il ne légua presque rien à Mervyn, hormis ses agendas de poche dans lesquels il avait marqué d'une croix les jours où il rencontrait ses bonnes amies dans les jardins publics de Swansea.

Il négligeait son fils, ne s'intéressait pas à sa scolarité et passait le moins de temps possible avec Lillian, son épouse. Inculte, il ne lisait jamais. Son ignorance suscita le dégoût de Mervyn, qui manifesta – peut-être en réaction contre son père – une véritable passion pour les études. William se sentit-il humilié par l'intelligence de son fils ? C'est possible. Il éprouvait en tout cas le besoin de réaffirmer périodiquement et de manière arbitraire son autorité paternelle en refusant de lui prêter ses outils ou en raillant son manque de vigueur physique.

Mervyn se souvint toute sa vie de ces vexations. Dans les lettres qu'il écrivit plus tard à sa fiancée russe, il évoque de temps à autre la cruauté et l'égoïsme de son père. Mila le comprenait d'autant mieux qu'elle avait, elle aussi, souffert d'un manque d'affection dans son enfance. Cette expérience commune contribua beaucoup à renforcer le lien qui les unissait.

« Ton enfance sans joie, la méchanceté, les humiliations, le manque permanent d'affection et de chaleur, de gentillesse et de respect que tu as subis, toutes tes larmes, tes souffrances et tes maladies, je les comprends au point d'en être meurtrie dans ma chair, écrivit Ludmila à Mervyn en 1965. Comme j'ai haï ton père quand tu m'as raconté qu'il avait refusé de te prêter son rabot le jour où tu voulais te fabriquer un petit objet en bois ! Quelle cruauté, quel manque de respect envers toi ! J'en ai souffert tant de fois, moi aussi... J'aurais tant voulu te rendre ces instants perdus, t'acheter tous les outils du monde, combler tous tes désirs, rendre ta vie pleine et heureuse ! »

Mervyn fut sans doute un petit garçon solitaire. Il aimait se promener sur les docks près des gares d'aiguillage, ou contempler les locomotives à vapeur dans les salles des machines des houillères qui encerclaient sa ville natale. Le dimanche, il grimpait en haut des grands terrils pour admirer les bateaux qui arrivaient au port et, plus loin, la vaste étendue de la mer d'Irlande. Il rêvait alors d'expéditions dans des contrées lointaines, comme bien des enfants appelés à vivre un destin hors norme.

Il passa la majeure partie de son enfance entre sa mère, Lillian, et sa grand-mère paternelle clouée dans un fauteuil. Sa vie de famille fut rythmée par les fréquentes disputes qui éclataient entre ses parents. Leurs dissensions, apparemment irréconciliables, ne s'apaisaient qu'après le départ furieux de William ou celui de son épouse, qui courait se réfugier chez sa mère avec le petit Mervyn. Émotive, Lillian était sujette à de violentes crises de nerfs. Elle plaçait tous ses espoirs en son fils et ne vivait que pour lui. Il dut déployer une énergie considérable pour échapper à son amour possessif et dévorant. Plus tard, il s'en plaignit fréquemment à Mila, d'autant que Lillian, adepte de l'hyperbole, l'accusait alors de « la tuer par manque de considération ».

Sa fragilité émotionnelle s'explique en partie par l'épreuve qu'elle connut à dix-neuf ans, lorsqu'elle fut abandonnée par l'homme marié – un notaire du quartier – dont elle attendait un enfant. Pour les méthodistes bien-pensants qui régissaient la société galloise de l'époque, toute naissance hors mariage constituait un déshonneur irréparable. Quand William Matthews l'épousa, Lillian était une fille perdue aux yeux du voisinage – un fait qui pesa lourdement sur leurs relations. Mon père grandit en pensant que son demi-frère Jack était son oncle. Il n'apprit la vérité qu'au sortir de l'adolescence.

En rompant la monotonie de l'enfance de Mervyn, la Seconde Guerre mondiale lui offrit un intermède presque excitant. Il m'en parlait souvent, et ses récits ont bercé ma propre enfance. Je croyais entendre le vrombissement des bombardiers dans la nuit noire, et voir les docks et les lignes de chemins de fer détruits par les explosions. Au lendemain de la déclaration de guerre, Mervyn fut hâtivement évacué avec ses camarades de classe vers les prairies verdoyantes de Gwendraeth, sur la péninsule de Gower, une petite valise en carton à son nom pour tout bagage.

Il revint chez lui, comme la plupart des enfants, dès que sa mère estima que les autorités avaient exagéré l'ampleur du danger.

Elle se trompait : le pire était à venir. Mervyn dut endurer les terribles bombardements aériens qui ravagèrent Swansea en 1941. Il se souvient encore du vacarme assourdissant des bombes et de la peur mêlée d'excitation qu'il éprouvait lorsque Lillian l'entraînait en courant vers l'abri enfoui au bout du jardin, des bougies et une vieille lampe à huile de mineurs à la main.

Quelques heures avant l'un des pires raids aériens, la mère de Mervyn décida subitement et sans raison particulière de l'emmener dormir chez ses grands-parents. Lorsqu'ils revinrent à Lamb Street le lendemain matin après avoir gravi, main dans la main, la pente escarpée qui menait à leur quartier, ils ne trouvèrent que des ruines : leur maison avait été complètement détruite par une bombe allemande. La moitié des bâtiments de la rue avaient subi le même sort : il n'en restait que des monceaux de briques encore fumantes. Plusieurs de leurs voisins avaient été enterrés vivants dans leurs abris Anderson. Mervyn fut horrifié et profondément impressionné, comme n'importe quel petit garçon l'aurait été à sa place.

Il me semble que tous les pères revisitent leur enfance en jouant avec leur fils. Et, inversement, que tous les petits garçons partagent les passions de leur père jusqu'à ce que l'adolescence les pousse à voler de leurs propres ailes. La jeunesse galloise de Mervyn surgissait constamment dans ma propre enfance londonienne, à tel point que j'ai souvent l'impression d'avoir grandi dans les années trente, moi aussi, ce qui n'était peut-être pas le cas de mes camarades de classe. L'un des premiers livres dont je me souviens est son édition de *Blanche-Neige et les sept nains*, publiée en 1937 par Disney pour accompagner la sortie du dessin animé : l'ouvrage était illustré d'images en trois dimensions qu'on regardait en chaussant une paire de lunettes rouge et vert en carton. Plus tard, j'ai adoré ses collections de magazines illustrés et ses volumineux romans d'aventures émaillés de biplans et d'indigènes menaçants. Au matin de mon huitième Noël, j'ai découvert une grosse valise en toile de jute sur le plancher de ma chambre. Elle contenait un magnifique train électrique Hornby échelle O et sa splendide locomotive Caerphilly Castle de couleur verte. C'était un des rares cadeaux que mon grand-père avait offerts à mon père, en décembre 1939. Un an plus tard, Mervyn me donna son ancien jeu de Meccano, soigneusement rangé dans sa mallette d'origine, en bois rigide, pleine de petits tiroirs et de compartiments pour les plaques et les boulons. Je me plongeai aussitôt dans les manuels d'instructions merveilleusement illustrés représentant des garçonnets en short et chaussettes hautes. Au cours des années suivantes, j'ai passé des heures, seul, à construire des grues à portique, des trains blindés et des ponts suspendus pour la Caerphilly Castle sur le plancher de ma chambre mansardée.

Parfois, mon père redonnait vie à sa collection de locomotives à vapeur propulsées par une petite chaudière que chauffait une lampe à pétrole miniature. J'adorais l'odeur d'huile de moteur et de vapeur chaude qui s'en dégageait. Le week-end, il m'emmenait voir les péniches amarrées aux docks St Katharine, dans l'East End. Nous organisions aussi de grandes expéditions pour récupérer des bouteilles et de vieilles pipes en terre cuite dans le lit boueux de la Tamise à marée basse. Quand je fus un peu plus âgé, nous faisions tous les soirs un grand tour du quartier : tournant le dos aux rues principales de Belgravia, avec leurs belles façades blanches érigées par Thomas Cubitt, le célèbre architecte et promoteur victorien, nous empruntions un raccourci à travers Pimlico en descendant Turpentine Lane pour déboucher sur les berges de la Tamise, juste en face de la centrale électrique de Battersea. De toutes les rues que je connais à Londres, Turpentine Lane, avec ses maisons de briques noircies et ses minuscules arrière-cours, est celle qui ressemble le plus à une ruelle de Swansea.

À la même époque, nous fabriquâmes ensemble plusieurs modèles réduits de bateaux, taillés dans de gros blocs de bois que nous trouvâmes en fouillant dans les bennes à ordures du quartier. Nous fîmes tout de nos propres mains – la coque, les espars, les voiles et le gréement – à l'aide d'un petit étau, d'un cutter et d'une vieille pince. Sans oublier le rabot que Mervyn se fit une joie de m'offrir, et avec lequel je construisis une grande et belle péniche.

À quinze ans, mon père se cassa le pelvis en tombant de vélo. Cet accident marqua un tournant dans sa vie : la fracture révéla qu'il souffrait depuis longtemps d'une maladie rare qui fragilisait ses os. Afin de réparer son bassin et sa hanche droite, les médecins lui prescrivirent de longues séances de traction : attaché sur un lit spécialement conçu à cet effet, ses jambes plâtrées levées et alourdies par des poids, il passa des heures sans pouvoir bouger, les yeux rivés au plafond.

Il resta plus d'un an à l'hôpital, la plupart du temps dans cette position atrocement douloureuse. Comme Ludmila, qui fut hospitalisée la même année pour soigner sa hanche droite, il n'eut d'autre choix que de lire et de réfléchir. Il me semble que l'ennui et l'immobilité forcée qu'ils ont tous deux subis à une époque si cruciale de leur jeunesse les ont rendus hostiles à toute forme d'inertie. Leur corps fut privé de mouvement, mais leur esprit, lui, vagabonda librement. Le goût des voyages et l'appétit d'aventures de mon père, son mépris de l'autorité et son goût du risque naquirent sans doute à cette époque, de même qu'un certain talent pour l'insatisfaction et une propension à s'apitoyer sur lui-même.

« Je crois que mon enfance fut parallèle à la tienne, que mes études ont ressemblé à tes études, mes pensées à tes pensées, mes peurs et mes doutes à tes peurs et à tes doutes, lui écrivit Mila en 1964. Ton manque de force physique et ta supériorité intellectuelle sur les enfants de ton âge (rappelle-toi comme tu voulais exceller en sport alors que tu étais premier de la classe dans toutes les autres disciplines), je les ai connus, moi aussi. Tout dans nos vies, même nos maladies, fut absolument semblable. »

Ce fut en rentrant chez lui après ce long séjour à l'hôpital que Mervyn commença à s'intéresser à la Russie – un choix particulièrement excentrique de la part d'un jeune provincial qui n'avait jamais été plus loin que Bristol. Comment expliquer cette soudaine passion ? Aujourd'hui encore, alors que cette décision a bouleversé le cours de sa vie, il ne sait pas ce qui l'a motivé à apprendre le russe, si ce n'est que cette langue était à ses yeux « la chose la plus exotique qui soit ». Et en effet, quoi de mieux que le russe pour plonger dans un univers radicalement différent du sien ?

Afin de bien comprendre ce que pouvait représenter la Russie pour un collégien britannique en 1948, il faut nous départir des préjugés hérités de la guerre froide – ce qui n'est pas chose facile. Aux États-Unis, la Commission parlementaire sur les activités antiaméricaines venait de lancer une vaste campagne d'enquêtes sur l'infiltration des communistes à Hollywood, n'hésitant pas à traquer d'éventuels « rouges » jusque sous les lits. En Grande-Bretagne, l'opinion publique demeurait plus ambiguë, surtout dans une ville ouvrière comme Swansea, où syndicalisme et socialisme allaient de pair. Harry Pollitt, le chef du PC britannique, avait failli décrocher un siège au Parlement en se présentant aux récentes élections législatives dans le bassin houiller de la vallée de la Rhondda, au sud du pays de Galles. La majorité des sympathisants communistes inscrits aux Comrades' Sick Club de William Matthews n'avait pas encore compris qu'oncle Staline, qui avait gagné la guerre au côté des Anglais, était en passe de devenir leur ennemi.

Pourtant, comme l'avait fait remarquer le 5 mars 1946 l'ancien Premier ministre Winston Churchill lors d'un discours prononcé à Fulton dans le Missouri, un « rideau de fer » s'était abattu sur l'Europe. L'URSS se muait rapidement, aux yeux de ses anciens alliés, en un continent sombre et menaçant. Et quand Igor Kourtchatov, le physicien chargé du programme nucléaire soviétique, fit exploser la première bombe atomique russe le 29 août 1949 à Semipalatinsk – le petit morceau de steppe kazakh où Martha avait été emprisonnée en 1938 –, la menace devint soudain bien réelle. Le monde se scinda en deux blocs ennemis. Et la culture dont le jeune Mervyn s'était entiché sembla de plus en plus étrangère à ses compatriotes.

Quand j'étais petit, le communisme et la Russie étaient synonymes de menace pour la grande majorité des Anglais. À Pimlico, seule une vieille dame prénommée Vicky osait affirmer le contraire. J'étais stupéfait : c'était la première fois que j'entendais dire du bien de la Russie en dehors du cercle familial. Elle habitait dans un HLM près de chez nous. Elle marchait d'un pas lourd, arborait du poil au menton et se lavait rarement (j'avais remarqué que son odeur aigre était très différente de celle des vieilles dames russes, grasse et plus hormonale). Elle m'accompagnait parfois à l'école et me ramenait chez moi en fin d'après-midi, émaillant notre trajet de récits captivants sur les *milk bottle bombs*, ces bombes incendiaires en forme de bouteilles de lait que les Allemands larguèrent massivement sur Londres pendant la guerre. Elle me parlait aussi de son père, embarqué sur un convoi de navires alliés chargés de ravitailler l'armée Rouge à Mourmansk : leur bateau gorgé de munitions américaines fut torpillé par un sous-marin allemand à l'approche des côtes soviétiques. Le père de Vicky, qui travaillait comme chauffeur dans les cales, avait d'abord été ébouillanté par l'eau qui jaillissait des chaudières endommagées, puis transi dans les flots glacés de la mer de Barents, où il avait failli se noyer. J'écoutais ma vieille amie avec fascination, persuadé que les deux phénomènes auraient dû s'annuler, laissant un bain d'eau tiède sur les lieux du désastre.

« Et les rouges, là, ils ont été très chic avec mon père, concluait-elle de sa voix aiguë teintée d'accent cockney. J'laisserai personne dire du mal d'eux, tu peux me croire ! »

Mes camarades de classe avaient un point de vue très différent. D'abord confuse, la conviction que les Russes étaient des ennemis de l'Angleterre, qu'ils étaient des « rouges », des communistes, se propagea soudain dans l'école par cette sorte d'osmose psychique qui provoque la multiplication des cruautés enfantines. J'avais à peu près sept ans quand un garçon m'accusa d'être un rouge. Ignorant de quoi il s'agissait, je lui répondis que je n'en étais pas un – ce qui me valut d'être traité de menteur et, pire encore, de « sale menteur » puisque j'avais catégoriquement nié les faits. Un petit groupe se forma autour de nous à la sortie des classes. Les gamins, fins limiers, décelèrent mon désespoir, mon exaspération croissante, et en tirèrent la conclusion qui s'imposait : j'avais peut-être *vraiment* quelque chose à cacher. Si l'accusation faisait mouche, c'est que j'étais bel et bien un rouge – autant dire le mal en personne. Une bagarre s'ensuivit, et je rentrai chez moi avec un œil au beurre noir. L'incident me causa un tel choc que je refusai de parler russe à la maison pendant près de trois ans.

En 1950, son bac de russe en poche, mon père fut admis à l'université de Manchester, au sein du département d'études russes qui venait d'y être créé. Il partit avec soulagement, ravi de quitter enfin Hafod et d'échapper à sa mère. Il s'accoutuma vite au brouillard et à l'accent traînant de Manchester, et se plongea avec assiduité dans l'étude de la langue russe, dont il acquit une maîtrise impressionnante. Lorsqu'il se présenta à ses examens de fin d'études, il était venu à bout des mille deux cents pages de *Guerre et Paix* dans l'original – exploit aussi spectaculaire que masochiste qu'il ne se priva pas de me rappeler par la suite pour fustiger mes propres lacunes et mon manque d'enthousiasme pour les grands classiques de la littérature russe.

Il obtint sa maîtrise avec mention très bien. Ses professeurs lui recommandèrent alors de s'inscrire en troisième cycle à Oxford, estimant à juste titre que St Catherine's College, l'une des facultés les plus récentes du complexe universitaire, serait l'endroit idéal pour un jeune Gallois intelligent et travailleur, mais dépourvu de vernis social. Réputé pour son dynamisme, l'établissement n'était pas encore installé dans ses locaux actuels, dont Mervyn, aussi conservateur en architecture que dans bien d'autres domaines, désapprouva formellement le modernisme triomphant. Ses origines galloises lui valurent quelques vexations : lorsqu'il se présenta à son premier cours de travaux dirigés, peu après son arrivée sur le campus, l'enseignant lui demanda poliment si l'anglais était bien sa langue maternelle.

Ce genre d'incident n'entama pas son enthousiasme : Oxford lui plut, et il s'y intégra rapidement. Il travailla dur, sans se mêler aux soirées de beuverie organisées dans les différents pubs étudiants de la ville. Ses efforts furent récompensés deux ans plus tard, quand on lui proposa un poste de recherche au prestigieux St Anthony's College, qui accueillait les meilleurs spécialistes britanniques de l'Union soviétique. C'était la première étape du long processus qui menait à la titularisation. Par la seule vertu de son travail, Mervyn était donc en passe de devenir un des meilleurs soviétologues du pays, rejoignant ainsi le cercle croissant de jeunes chercheurs passionnés par les étranges machinations à l'œuvre dans l'empire rouge qui s'élevait à l'Est.

Mais il se lassa bientôt de scruter de loin cette étrange contrée : il voulut aller la voir de plus près. La possibilité de partir pour Moscou, inimaginable pour un simple touriste, fût-il étudiant de russe – depuis les années trente, seuls les diplomates dûment accrédités et quelques rares journalistes avaient été admis en Russie –, se présenta miraculeusement en 1957. Cette année-là, Khrouchtchev décida d'organiser à Moscou un gigantesque rassemblement de jeunes et d'étudiants accessible à tous les membres de la grande communauté des pays socialistes (auxquels Cuba, toujours contrôlée par Batista, ne s'était pas encore jointe), mais aussi, de manière complètement inattendue, aux représentants les plus « progressistes » des sociétés capitalistes décadentes. Mervyn remplit un bulletin d'inscription. Quelques semaines plus tard, il eut l'immense surprise de se voir accorder la faveur la plus rare qui soit : un visa soviétique.

Le déroulement des festivités fut soigneusement contrôlé par les autorités, et les participants furent soumis à une surveillance quasi constante. Mais, pour les six cents étudiants occidentaux qui y assistèrent, ce fut l'occasion d'une plongée grisante dans l'univers qu'ils étudiaient depuis si longtemps. Bien que rétif aux longues séances de chants, à l'étalage des drapeaux et aux interminables défilés dans des stades remplis de jeunes communistes exaltés, Mervyn fut tellement transporté par l'événement qu'il ne dormit presque pas de la semaine. Les Moscovites n'étaient pas moins enthousiastes : les jeunes Occidentaux leur semblaient aussi exotiques que des personnages de contes et légendes, d'autant plus que, au cours des deux décennies écoulées, tout contact avec un étranger était susceptible d'envoyer les Russes au goulag. Certaines jeunes Soviétiques fraternisèrent si bien avec leurs camarades africains qu'une génération de petits métis, surnommés les « enfants du Festival », naquit l'année suivante, à la grande surprise du gouvernement, qui n'avait pas anticipé de telles conséquences.

Quoi qu'il en soit, le festival avait suffisamment détendu l'atmosphère pour que les Russes les plus intrépides osent discuter avec les Occidentaux, et Mervyn se lia d'amitié avec deux d'entre eux : le premier était un étudiant en théâtre d'origine juive, au physique ravageur, qui portait des casquettes de couleur vive et des chemises à rayures. Il s'appelait Valery Shein. Son cousin, Valery Golovitser, était plus introverti. Passionné de danse classique, il avait deux ans de moins que Shein. Tous trois prirent l'habitude de se retrouver boulevard Gogolevski, où ils se lançaient avec franchise dans d'intenses discussions sur leurs vies respectives. Quand le séjour de Mervyn prit fin, après une semaine qui leur sembla bien trop courte, ils échangèrent leurs adresses sans grand espoir de se revoir : il leur paraissait improbable que le miracle du festival puisse se répéter dans les années à venir ou que Mervyn obtienne un autre visa. Quant à l'éventualité que les deux cousins se rendent en Angleterre, elle était si incertaine que c'en était risible. L'avenir leur donna raison sur un point : il fallut attendre les jeux Olympiques de 1980 pour que Moscou accueille de nouveau un tel flot de visiteurs étrangers.

Mon père, lui, n'attendit qu'un an : il apprit en 1958 qu'un poste de chercheur se libérait à l'ambassade de Grande-Bretagne à Moscou. Ce n'était pas l'idéal : l'emploi lui-même n'avait rien de passionnant, et Mervyn devrait se plier au mode de vie des diplomates, isolés des « vrais » Russes qu'il avait rencontrés le temps du festival. Mais le poste, si humble soit-il, lui permettrait au moins de se rendre en Russie.

Il envoya sa candidature et s'arrangea auprès de ses supérieurs à St Anthony's pour prendre un congé sabbatique.

Un courrier officiel à l'en-tête du ministère des Affaires étrangères arriva quelques semaines plus tard dans son casier, lui annonçant qu'il avait été retenu pour le poste. Il s'acheta un épais manteau d'hiver bleu marine en prévision des terribles hivers moscovites – manteau que je porte encore aujourd'hui. Vers la fin de l'été, il se munit d'un pot de peinture noire et s'assit devant sa belle malle de voyage flambant neuve pour y inscrire son nom et son adresse : « W.H.M. Matthews, St Anthony's College, Oxford, АНГЛИЯ ». Le dernier mot, en lettres cyrilliques majuscules, ne laissait aucun doute quant à la destination de la malle.

Ceux qui, comme moi, ont rompu les amarres avec leur pays natal pour errer librement à travers le monde se laissent souvent dériver des mois, voire des années entières avant de trouver un nouveau port d'attache. Dès la fin de ma première semaine à Moscou, en avril 1995, j'ai su que je pouvais poser mes valises : ma place était là, dans cette ville gouailleuse, à la vulgarité rampante et tapageuse. J'étais enfin au cœur de la réalité. Si j'avais une vie à vivre, me disais-je, c'était celle-là.

La Russie que je connaissais avait sombré dans le chaos : le virus des dernières années du siècle avait été long à produire ses effets, mais le vieil édifice miné par ses dysfonctionnements avait finalement cédé sous le poids de sa propre hypocrisie. Le choc causé à la population russe par l'implosion du système qui répondait à tous leurs besoins matériels, intellectuels et spirituels fut bien plus violent que ce qu'ils avaient subi sous le régime soviétique lui-même – y compris pendant les purges et la Seconde Guerre mondiale. Si abominables soient-ils, les événements des années trente et quarante avaient au moins l'avantage de suivre un fil narratif clair. Ceux des années quatre-vingt-dix ne répondaient à aucune logique. Il n'y avait plus d'ennemis, mais un gouffre. Face au vide qui s'ouvrait devant eux, les Russes, tels des soldats perdus dans le blizzard, ne pouvaient s'accrocher à rien, si ce n'est à la part la plus russe d'eux-mêmes, celle qui les définissait et leur servait de point de ralliement.

Ils réagirent tous de manière différente. Certains, l'air hagard, clignant des yeux comme les rescapés d'un tremblement de terre, se vouèrent rapidement à de nouveaux cultes : argent, sexe, drogues, nationalisme, mysticisme ou sectes catholiques charismatiques. D'autres redécouvrirent le dieu orthodoxe et austère qui régnait autrefois sur toutes les Russies. D'autres encore, pris de frénésie, s'enrichirent en pillant les ruines de l'ancien régime. Quant à ceux qui allaient devenir les nouveaux maîtres du pays, ils dédaignèrent les ruines pour mieux s'emparer des trésors.

Malgré les nombreuses menaces qui pesaient sur leur équilibre psychique, les Russes continuaient pourtant de donner le change : ils semblaient vivre au petit bonheur, comme si de rien n'était. Ailleurs, un traumatisme de cette ampleur aurait fait exploser le corps social et plongé la population dans le doute pour des décennies entières. En Russie, où le fatalisme allié à une profonde apathie finit toujours par l'emporter, la société se contenta de réagir par une sorte de soupir résigné, avant de se remettre à trimer pour tenter de survivre dans la jungle post-soviétique.

Je suis arrivé à Moscou désespéré, presque dégoûté de tout. Après avoir obtenu ma maîtrise d'histoire moderne à Oxford, j'avais passé deux ans à errer avec toute une génération de jeunes expatriés anglo-saxons dans les rues de Prague et de Budapest, nos bases arrière favorites. Je fréquentais assidûment les bistrots, où je m'abreuvais de café très noir dès le matin et me faisais offrir une pinte de bière par des Américaines compatissantes le soir venu. J'essayais sans grande conviction de devenir journaliste, ce qui me valut d'être envoyé comme reporter free-lance à Sarajevo, en pleine guerre de Bosnie. Je suis arrivé sur place avec un gilet pare-balles d'occasion et un sac à dos bourré de carnets de notes encore vierges. J'ai trouvé le frisson que j'étais venu chercher en sillonnant le théâtre des opérations à bord de véhicules blindés de l'ONU. C'était ma première guerre. J'observais les décombres avec des yeux d'adolescent, trouvant presque beaux les bâtiments en ruine et les colonnes de béton effondrées. Tard dans la soirée, je m'aventurais dans les rues privées d'éclairage, me mêlant aux foules qui goûtaient l'air du soir comme les damnés des gravures de Gustave Doré. Je lisais *Les Frères Karamazov* pendant que l'armée serbe pilonnait la ville, en m'imaginant que j'entrais en communion avec les forces les plus ténébreuses de l'univers. Puis j'ai vu un enfant mourir sous mes yeux, abattu par un sniper alors qu'il traversait la rue en courant. Il fut brièvement projeté en l'air par la violence de l'impact, avant de s'affaisser sur lui-même comme un vêtement sale qu'on jette dans un panier. J'ai titubé, révulsé par mon propre voyeurisme. Je suis rentré à Budapest fermement décidé à arrêter ma vie de bohème. Les cafés ne m'amusaient plus. J'avais besoin de m'endurcir et d'enquêter sur la noirceur du monde.

C'est ainsi que je me suis retrouvé, quelques mois plus tard, sur un trottoir mouillé de pluie du centre de Belgrade, fouillant dans mes poches pour m'offrir un hamburger et une portion de frites au McDonald's le plus proche. Arrivé depuis plusieurs jours, je tentais vainement de décrocher un entretien avec un ancien chef de guerre serbe, le tristement célèbre Arkan, de son vrai nom Željko Ražnatović, qui avait récemment mis un terme à ses fonctions paramilitaires. Il fascinait la Serbie par ses frasques dignes d'un mauvais feuilleton, mélange de kitsch effréné, de fanatisme sportif et de violence mafieuse, dont j'espérais tirer un bon article pour un magazine anglo-saxon. Je l'avais guetté dans les tribunes des matchs de l'Étoile rouge de Belgrade, j'avais fait le pied de grue devant ses bureaux, je l'avais attendu en bas de chez lui et j'étais même allé voir son ancienne mascotte, un jeune tigre apprivoisé qui vieillissait maintenant dans une cage du zoo municipal. J'étais sûr de tenir un sujet intéressant, mais toutes mes économies y étaient passées, et Arkan n'avait manifestement pas l'intention de me parler. J'étais dans l'impasse.

Je me rendis au *Press Club* de Belgrade (j'avais récemment découvert que je pouvais y passer mes appels internationaux gratuitement), d'où je téléphonai à ma mère. Elle m'annonça que le *Moscow Times*, un quotidien en langue anglaise basé à Moscou, auquel elle m'avait suggéré d'adresser une candidature spontanée durant une de mes périodes d'inactivité à Londres, venait de me proposer un poste de journaliste. Je ne pouvais espérer mieux : c'était un travail régulier. Et c'était à Moscou. Je partis sur-le-champ.

J'étais allé plusieurs fois dans la capitale russe avec ma mère quand j'étais enfant, puis avec mon père, quand il fut de nouveau autorisé à se rendre en URSS au milieu des années quatre-vingt. Je ne m'y étais jamais vraiment plu. Je détestais l'exiguïté du trois-pièces de Lénina, où je ne pouvais pas m'isoler ; j'étais agacé par le flot de conseils et de sermons impérieux que les vieilles Russes s'estimaient en droit d'infliger aux jeunes gens. D'une manière générale, les Soviétiques me déconcertaient : je me sentais écrasé sous le poids de leur hospitalité et gêné par leurs débordements d'affection. Ma tante ne me laissait pas en repos : elle chargeait des régiments de vieilles dames de m'escorter dans les divers musées et théâtres de la ville, et priait leurs petits-enfants de me traîner dans des parcs d'attractions (invariablement délabrés) ou de m'emmener écouter les chanteurs de rue sur l'Arbat. À seize ans, j'étais timide, complexé et un peu vieux jeu pour mon âge. L'admiration sans retenue que mes jeunes compagnons manifestaient pour tout ce qui venait de l'Ouest me mettait mal à l'aise – d'autant plus que je détestais la musique pop et les discothèques qui représentaient leur idée du nirvana. Moscou me donnait l'impression d'être pris au piège, et le fait que mes vêtements occidentaux me valaient les regards appuyés des passants partout où j'allais ne faisait qu'ajouter à ma claustrophobie.

En 1990, après avoir achevé mes études secondaires, je fus enfin autorisé à m'y rendre seul. J'avais trouvé pour l'été un job de traducteur à l'ambassade de Grande-Bretagne par l'entremise d'anciens étudiants de ma mère qui y travaillaient. Comme mon père quarante ans plus tôt, je franchis donc la porte des bureaux aménagés dans les anciennes écuries du palais Kharitonenko, bâti par un riche marchand russe à la fin du dix-neuvième siècle. Mes fonctions n'avaient rien d'exaltant : je passais mes journées à transporter des piles de formulaires d'un couloir à un autre. Parfois, en l'absence du vice-consul, on m'envoyait répondre aux doléances de certains demandeurs de visa qui exigeaient avec fureur de parler à un « vrai » citoyen britannique. J'avais dix-huit ans. J'appris à jouer au croquet avec les fils du chargé d'affaires sur la pelouse impeccable de leur résidence située à deux pas de la Vieille Arbat. Je n'avais même pas à marcher pour me rendre au travail : je m'étais arrangé pour qu'un des chauffeurs de l'ambassade m'attende chaque matin en bas de chez Lénina dans une des berlines noires du corps diplomatique.

Moscou avait radicalement changé depuis mon dernier séjour. Le système soviétique, autrefois si solide, apparemment immuable, semblait se fissurer sous mes yeux. L'effondrement était perceptible à chaque instant. Les automobilistes faisaient demi-tour au milieu de la chaussée sous le regard impuissant des agents de la circulation ; les propriétaires de véhicules individuels se transformaient en taxis pour arrondir leurs fins de mois au mépris de l'interdiction de ce genre de pratique. Au marché noir, la livre anglaise s'échangeait pour dix fois sa valeur officielle, ce qui me permit de décupler mes économies du jour au lendemain. Il n'y avait pas grand-chose à acheter, mais je m'offris tout de même le luxe d'acquérir la totalité du stock de disques classiques du grand magasin Mélodia sur la Nouvelle Arbat pour la modique somme de vingt livres sterling. Je dévalisai aussi la boutique de la Galerie Tretiakov : les livres d'art n'y coûtaient que quelques pennies. Je sortis du musée en chancelant sous le poids de mes achats. Le premier restaurant McDonald's installé en URSS avait ouvert ses portes quelques mois plus tôt sur la place Pouchkine. Les services de l'ambassade avaient reçu à cette occasion plusieurs bons d'achat, que mes jeunes collègues et moi-même décidâmes d'utiliser lors d'une pause déjeuner. Nous nous entassâmes dans la Rolls-Royce de l'ambassadeur et partîmes aussitôt. Des centaines de Russes faisaient patiemment la queue devant les portes du fast-food pour s'offrir leur premier sandwich occidental. Nous descendîmes de la Rolls et nous engouffrâmes dans le restaurant en agitant nos bons d'achat sous le nez des vendeurs, comme si le seul fait d'être britanniques nous autorisait à passer devant tout le monde. Aujourd'hui, je ne suis pas fier de cette petite expédition, mais je l'ai beaucoup appréciée à l'époque. Moscou me donnait le sentiment grisant d'être ce que je n'étais pas : plein aux as, cool et inexplicablement supérieur au commun des mortels.

Tout dans cette ville semblait délabré ou de mauvaise qualité. Les vêtements des Moscovites étaient vieillots et médiocres, tout comme leurs chaussures, leurs voitures, leurs appareils électriques, leurs autobus. Même les tickets de bus étaient mal faits ! Pourtant les yeux des jeunes gens brillaient d'espoir. Des amis m'emmenèrent écouter une des conférences de Iouri Afanassiev, le brillant historien que ma mère avait connu à l'université. Il parla du stalinisme pendant deux heures devant un amphithéâtre plein à craquer. Pouvoir aborder publiquement un sujet aussi tabou semblait galvaniser l'ensemble des participants. Ils firent passer des dizaines de questions à Afanassiev à la fin de sa conférence, en les rédigeant sur de petits bouts de papier comme le voulait la coutume soviétique. Le débat aurait certainement duré toute la nuit si quelqu'un n'était pas venu nous avertir que le dernier bus allait bientôt partir. Je rentrai chez moi profondément impressionné. Il y avait chez ces jeunes Soviétiques une soif de vérité inouïe – et la certitude que cette vérité leur rendrait la liberté. Je les trouvais naïfs et sentimentaux, mais leur sincérité ne faisait aucun doute : reprenant à leur compte les exhortations de Soljenitsyne, ils étaient fermement déterminés à ne plus vivre dans le mensonge.

Cinq ans plus tard, je passai de nouveau de l'autre côté du miroir en franchissant les portes du terminal international de l'aéroport de Cheremetievo – non plus comme stagiaire ou simple visiteur, mais en futur résident, cette fois. Le terminal, plongé dans une semi-obscurité, me parut aussi déprimant que d'habitude. L'odeur de moisi, de détergent soviétique et d'air surchauffé était toujours là, elle aussi : elle me ramena instantanément en enfance, à l'époque de mes premiers voyages avec ma mère. Mais, au lieu des longs couloirs déserts et des gardes-frontières impassibles auxquels je m'attendais, je me trouvai face à une meute de chauffeurs de taxi survoltés, sous des panneaux publicitaires criards vantant les mérites des cigarettes More ou des bières d'importation. De grosses femmes enrichies par l'import-export me bousculèrent en traînant derrière elles d'énormes valises bourrées de manteaux et de bottes achetés à Dubaï ou à Istanbul. Victor, l'un des chauffeurs du *Moscow Times*, me tira opportunément de la mêlée et me poussa dans sa vieille Lada, qu'il conduisit d'une main experte à travers le flot de voitures qui noircissaient la perspective Leningradski.

Le temps était couvert. Une pâle lumière hivernale nimbait la ville d'un voile gris pâle. De chaque côté de la gigantesque avenue, des rangées d'immeubles s'étiraient à l'infini vers un horizon brumeux, hérissé de cheminées crachotantes. De gros bus cahotaient bruyamment vers le centre-ville dans un nuage de fumée noire. À chaque carrefour, des groupes de piétons attendaient de pouvoir traverser les seize files que compte l'impressionnante avenue. Même à l'approche de la capitale, l'immensité des steppes russes se devinait encore dans ces grands espaces balayés par le vent.

La ville au bord de l'épuisement qui m'accueillit en 1995 avait un tout autre visage quand mon père la découvrit à la fin des années cinquante. La victoire sur les Allemands était encore fraîche dans les mémoires. Capitale impeccable et soigneusement planifiée d'un empire en pleine expansion, Moscou exultait de fierté. Tout y était surveillé, contrôlé – rien à voir avec le chaos dans lequel elle sombra après l'effondrement de l'Union soviétique. Et, pour mon père, la distance symbolique à parcourir était bien plus grande qu'elle ne le fut pour moi. Pour cette génération qui n'avait pas l'habitude de voyager, la Russie semblait aussi lointaine qu'une autre planète. Mais Mervyn n'avait jamais été aussi heureux. Il avait enfin rompu les amarres avec son pays natal et se laissait dériver vers son nouveau port d'attache.

L'époque et la ville recelaient de nombreux écueils pour un jeune homme amoureux de la Russie, et doté – ou affligé – d'un esprit libre et entêté. La guerre froide s'envenimait de jour en jour. Les chars soviétiques avaient récemment écrasé l'insurrection hongroise à Budapest, confirmant les craintes de nombreux Occidentaux persuadés que le socialisme s'était lancé à l'assaut du globe. Le monde était scindé en deux parties bien distinctes, en fonction d'idéologies radicalement opposées. Chaque équipe avait choisi ses couleurs et noté ses handicaps nucléaires sur la feuille de jeu.

Il nous est presque impossible aujourd'hui de comprendre à quel point il pouvait être excitant et mystérieux pour un Occidental de vivre à Moscou dans les années soixante. Ce qui n'est pour nous qu'une grande ville parmi d'autres était alors la capitale énigmatique d'un monde hostile et parallèle. Une quarantaine d'années séparent le Moscou que mon père a connu de celui dans lequel j'ai vécu, mais pas seulement : un violent séisme historique les a rendus profondément étrangers l'un à l'autre. La génération de mon père se définissait en fonction de son appartenance à l'une des deux idéologies qui dominaient la planète. Un mur s'était formé et, pour des raisons que je n'ai commencé à comprendre qu'en m'installant moi-même en Russie quarante ans après lui, Mervyn a mis tout en œuvre pour vivre de l'autre côté de ce mur. J'imagine qu'à ses yeux, comme à ceux des guerriers en civil qui travaillaient à l'ambassade, habiter Moscou revenait à plonger au cœur des ténèbres.

Mon père a gardé de cette époque une photo qu'il ne m'avait jamais montrée avant de me tendre un exemplaire de ses Mémoires dans l'escalier de notre maison de Pimlico, fin 1999. Il me remit le document sans un mot d'explication et regagna promptement le havre de son bureau, un sourire gêné aux lèvres. Le cliché le montre sous les traits d'un jeune homme étonnamment séduisant, la cravate et le col un peu de guingois, posant sur le balcon d'un des appartements réservés au corps diplomatique, avenue Sadovaïa-Samotetchnaïa – l'immeuble est encore aujourd'hui surnommé le « Sad-Sam » par ses occupants –, en octobre ou en novembre 1958. L'air rêveur, presque timide, il observe le boulevard de ceinture, presque dépourvu de voitures à l'époque, avec un sérieux qui trahit à la fois son désir de plaire et son manque d'assurance. La photo a été prise peu de temps après son arrivée à Moscou. Il avait vingt-sept ans. Une brillante carrière universitaire devant lui, et il était ravi d'être en URSS. La grande aventure de sa vie venait de commencer.

Il menait une vie confortable, voire franchement luxueuse comparée à l'immense majorité des Soviétiques. Les services de l'ambassade lui avaient attribué un appartement de trois pièces, qu'il partageait avec un jeune collègue, Martin Dewhirst. Les prises et les appareils électriques venaient d'Angleterre, et le téléphone portait l'inscription « Attention : cette ligne n'est PAS SÛRE ». Ils avaient une femme de ménage – une certaine Léna, très nonchalante – et un chat sibérien prénommé Choura. Ils garnissaient leurs placards de whisky et de biscuits importés du Royaume-Uni et vendus au petit magasin de l'ambassade. Le smoking que Mervyn avait acheté avant de partir pour Oxford se révélait indispensable : les diplomates étaient tenus d'assister à une succession de cocktails, qu'il trouvait insupportablement barbants.

Mon père était à Moscou, certes, mais il comprit vite que les étrangers étaient contraints de mener une vie bien différente de celle des Russes. Son accent anglais et ses vêtements suscitaient une franche inquiétude chez les caissières des magasins où il faisait ses courses. Dans le tram, les passagers lui jetaient des regards effarés. Contacter ses amis du festival aurait été extrêmement dangereux (non pour lui, mais pour eux). Ses moindres faits et gestes étaient surveillés par une armada d'agents du KGB en civil. Surnommés les « gus » par les jeunes diplomates qui s'amusaient de leur ressemblance avec les truands des films de gangsters américains de l'époque, ces types le suivaient jusque dans ses errances nocturnes sur le boulevard de ceinture. Bien que menaçants, ils ne l'effrayaient pas. Mervyn les traitait même avec une certaine désinvolture, un peu comme des figurants dans le film d'aventures dont il aurait été le héros. L'un de ses jeux favoris consistait à piquer un sprint en pleine rue et à jeter un regard par-dessus son épaule pour narguer le gus qui s'était lancé à sa poursuite. Lors d'un trajet en métro, reconnaissant un de ses « gardes du corps » habituels parmi les voyageurs, il se risqua même à l'aborder. « Ça fait un bail, non ? » lança-t-il en russe d'un ton goguenard. Le type ne répondit rien et resta de marbre jusqu'à la fin du trajet.

Mervyn commençait à souffrir de son isolement forcé quand Vadim Popov fit miraculeusement irruption dans sa vie. Ce jeune fonctionnaire du ministère de l'Éducation fut son premier véritable ami russe. Mon père le rencontra lors d'une visite au ministère, dans le cadre de sa mission officielle, qui consistait à compiler un rapport sur le système universitaire soviétique. La mâchoire et les épaules carrées, plutôt trapu, Vadim avait quelques années de plus que lui. Amateur de vodka et de jolies femmes, il était franc, direct, parfois mordant. Ses manières un peu frustes ne rebutèrent pas Mervyn, qui ressentit bientôt pour lui une vive sympathie. Une amitié était née.

Au cours des mois suivants, Vadim se chargea d'initier Mervyn à ce que les Occidentaux considéraient naïvement comme la « vraie Russie » – celle des restaurants enfumés, des conversations animées et des accolades viriles. À son contact, mon père se départit peu à peu de sa réserve naturelle et se laissa entraîner dans de folles soirées peuplées de filles énamourées où, la vodka aidant, chacun s'épanchait jusqu'au petit matin.

Après son premier rendez-vous au ministère avec Vadim, Mervyn informa scrupuleusement ses supérieurs de la teneur de l'entretien, qui avait porté comme convenu sur la politique universitaire du régime soviétique. Mais il se garda de mentionner les nombreux dîners bien arrosés qui s'ensuivirent. Il savait qu'il aurait dû en parler – c'était une des règles cardinales de l'ambassade –, mais il ne pouvait s'y résoudre, conscient que les gros bonnets de la chancellerie risquaient de lui interdire de fréquenter Vadim, sa seule fenêtre sur un Moscou dont ses collègues britanniques ignoraient tout.

Mervyn passait ses journées à trimer sous les lambris bourgeois et les hauts plafonds de l'ambassade, installée dans l'ancien palais Kharitonenko, un château miniature affreusement laid situé en face du Kremlin, sur les berges de la Moskova. Le soir venu, il bavardait avec son colocataire en sirotant une tasse d'Ovomaltine. Ou il arpentait à grandes enjambées le boulevard Tsvetnoï et la rue Petrovka, histoire de faire faire un peu d'exercice aux gus du KGB. Les soirs bénis où il avait rendez-vous avec Vadim, il quittait Sad-Sam aussi discrètement que possible et le rejoignait sur une des péniches amarrées le long du fleuve, transformée en restaurant par un groupe de Tsiganes. On y mangeait mal, et la musique était atroce, mais les convives étaient aussi russes que Mervyn pouvait l'espérer. Ça fumait, ça buvait, ça riait jusqu'au petit matin. Il n'avait jamais été aussi heureux.

Chaque année, l'hiver s'abat sur Moscou comme un coup de massue. La ville semble brusquement privée de lumière, de couleurs, de vie. Le froid l'enveloppe dans ses ailes grisâtres et, coupée du monde, elle se replie dans son cocon. Le paysage urbain perd peu à peu ses contours. Il évoque un monde imaginaire en noir et blanc, subtilement déconcertant. Dans les rues, des grappes de silhouettes recroquevillées sur elles-mêmes surgissent brièvement sous la lumière jaune des réverbères, avant de s'engouffrer dans le métro ou sous une porte cochère. Tout devient monochrome – manteaux, blousons, fourrures. La ville paraît noyée dans l'ombre. Dans les boutiques et les passages souterrains, les seuls endroits où l'on peut se voir en pleine lumière, les visages sont pâles, les traits tirés, et tout semble imprégné d'une odeur de chien mouillé. Le ciel est d'un gris sale, bas et oppressant.

L'hiver moscovite m'a toujours donné l'impression que le monde se refermait sur lui-même, qu'il se retranchait, comme en état de siège, derrière les doubles vitrages des appartements, qu'il se mettait à l'abri dans l'atmosphère douillette des pièces surchauffées aux frais de l'État. Je n'ai jamais mieux senti à quel point nous sommes impuissants face à la nature, fragiles, irrémédiablement condamnés à accepter notre sort.

En décembre 1958, quand le thermomètre commença à afficher des valeurs négatives, Mervyn et Vadim dînaient déjà régulièrement ensemble. Ils décidaient du lieu et de l'heure de leur prochain rendez-vous à la fin du repas, juste avant de se séparer. Pour des raisons aussi tacites qu'évidentes, ils évitaient de se téléphoner.

Un soir, Mervyn se rendit en trolleybus place du Manège, où Vadim l'attendait. Il pensait qu'ils iraient à l'Aragvi, un de leurs restaurants géorgiens préférés, ou à l'hôtel National. Mais, en arrivant sur la place, il fut surpris et légèrement inquiet d'apercevoir son ami près d'une ZiL, les limousines de fabrication soviétique généralement réservées aux personnages officiels. Vadim accueillit Mervyn avec chaleur et lui expliqua d'un ton léger que la ZiL appartenait à son oncle, qui la leur avait prêtée pour la soirée afin qu'ils puissent se rendre dans sa datcha, où il leur ferait servir à dîner. « Monte ! » conclut-il en souriant.

À l'intérieur, le moteur ronronnait doucement. Mervyn hésita, conscient du risque auquel il s'exposait : le gouvernement soviétique interdisait aux étrangers de quitter Moscou sans autorisation préalable. Puis la curiosité l'emporta. Pourquoi refuser l'aventure qui s'offrait à lui ? Il s'assit près de Vadim et se laissa conduire jusqu'à la datcha, située à plusieurs dizaines de kilomètres de la capitale, dans une campagne noyée sous la neige. Une nouvelle étape de sa vie venait de commencer.

Le dîner fut excellent. Une vieille cuisinière leur servit du caviar, des harengs, de la vodka, de l'esturgeon fumé et des pommes vapeur encore fumantes. Un généreux feu de bois brûlait dans la cheminée, les couverts étaient en argent massif et les fauteuils du salon, qui dataient manifestement d'avant la Révolution, étaient bien rembourrés. Ils évoquèrent leurs relations avec la gent féminine et se livrèrent à une partie de billard très avinée. Un ami de Popov les rejoignit, ajoutant à la bonne humeur générale. Ce gynécologue rondouillard et jovial les régala de plaisanteries sur ses recherches en laboratoire, qui consistaient à dilater des utérus de lapines. Vadim se lança dans une description brumeuse de sa dernière conquête. Personne ne parla politique. Vite grisé par la vodka – comme toujours –, les joues rougies par les flammes, Mervyn était détendu, très à l'aise. Lorsqu'il fit l'éloge de la datcha, s'extasiant sur le bel escalier en bois massif et les grandes toiles qui décoraient le salon, Vadim répliqua nonchalamment que son oncle était une *bolchaïa chichka*, une « grosse pomme de pin », comme on appelait familièrement les chefs du Parti.

À une heure du matin, la cuisinière vint leur annoncer que la ZiL les attendait. Ils rentrèrent à Moscou en silence, repus, ivres et heureux. Lorsque l'énorme voiture s'engagea sur le boulevard de ceinture, au coin de la place Maïakovski, Mervyn, reconnaissant brusquement les lieux, eut un sursaut de lucidité : il demanda au chauffeur de le déposer à quelques centaines de mètres de Sad-Sam. Là, il descendit de voiture, remercia son hôte avec effusion et parcourut à pied le reste du trajet. Sa prudence était parfaitement justifiée. Arriver chez lui au petit matin dans une limousine du Parti lui aurait sans doute valu la suspicion de ses collègues si l'un d'eux, encore debout, avait jeté par hasard un regard dans la rue en buvant son chocolat chaud. Le dîner à la datcha devait donc rester un secret – tout comme l'existence de Vadim. Mervyn était trop heureux d'avoir conquis son amitié pour laisser quiconque à l'ambassade compromettre leurs relations.

Le premier logement que je trouvai en arrivant à Moscou était un petit appartement défraîchi situé à quelques encablures de Sad-Sam. Toutes mes fenêtres donnaient sur le même carrefour, noyé sous les gaz d'échappement. Le soir, j'arpentais seul le boulevard Tsvetnoï : aucun gus ne me suivait.

Les locaux de mon nouvel employeur se trouvaient rue Pravdy – littéralement, rue de la Vérité –, ainsi nommée en raison du grand quotidien soviétique qui s'y était installé. Chaque matin en sortant de chez moi, je hélais une voiture dans le flot de la circulation, marchandais brièvement avec le conducteur et me faisais conduire à mon travail pour la modique somme de deux dollars. Il s'agissait le plus souvent de petits véhicules privés, mais j'eus parfois la surprise de voir s'arrêter devant moi de belles Audi noires aux vitres teintées, des ambulances, et même un camion de l'armée rempli de soldats. Quel que soit le véhicule, le trajet était toujours le même : nous laissions l'avenue Sadovaïa-Samotetchnaïa derrière nous et remontions plus ou moins lourdement la perspective Leningradski. Nous arrivions à destination un quart d'heure plus tard. Les bureaux de la *Pravda*, où le *Moscow Times* louait la moitié d'un étage, occupaient un énorme bâtiment de style constructiviste à la façade noircie par le temps, tapi dans un entrelacs de petites rues hérissées d'entrepôts délabrés. Mon chauffeur du jour me déposait devant l'entrée. Je grimpais les escaliers et m'engouffrais en courant dans la salle de presse.

Le quotidien était géré par une équipe de jeunes journalistes étrangers, américains pour la plupart. Le patron, qui m'arrivait à l'épaule, était un ancien maoïste hollandais. Il publiait aussi les éditions russes de *Cosmopolitan* et de *Playboy*. La majorité de mes nouveaux collègues avait étudié le russe dans les meilleures universités américaines. Intelligents, sympathiques et enthousiastes, ils analysaient et commentaient avec le plus grand sérieux les intrigues du Kremlin et la situation économique du pays. Ma mission était nettement plus simple : j'étais chargé de couvrir la jungle moscovite en partant à l'affût des histoires les plus folles qui couraient en ville. Pour un journaliste débutant de vingt-quatre ans, qui n'avait que deux petites années d'expérience professionnelle, c'était une sorte de miracle : j'avais les dessous criards, racoleurs et outranciers de Moscou plus ou moins pour moi seul.

Le Moscou du milieu des années quatre-vingt-dix était vulgaire, vénal et violent. C'était une capitale frénétique, obscène et tapageuse, obsédée par l'argent. Mais c'était aussi et surtout un endroit incroyablement drôle. Tout me paraissait hilarant, d'un comique féroce et absurde : l'autocollant « *UV Protected* » que les nouveaux Russes au look mafieux laissaient sur leurs lunettes de soleil, la manière dont ils se chipaient mutuellement les compagnies pétrolières du pays comme des garçons jouant aux billes, et même leur habitude de placer des charges d'explosifs sous les voitures ou d'organiser des règlements de comptes au beau milieu de la rue. Une fois qu'on avait absorbé le cynisme environnant en dose suffisante, même les drames les plus effroyables se teintaient d'humour noir. Chaque jour apportait son lot de tragi-comédies : on apprenait que des soldats s'étaient tués en martelant des ogives de missiles sol-air pour tenter de récupérer les circuits électriques en or qu'elles renfermaient ; les conducteurs d'ambulance doublaient leur salaire en jouant les taxis, et les flics se muaient en proxénètes en emmenant les filles chez leurs clients dans leur voiture de service. À Berlin, le président russe, enhardi par quelques coupes de champagne, avait arraché sa baguette au chef d'orchestre et improvisé quelques pas de danse lors d'une cérémonie officielle. Les cosmonautes buvaient des canettes de vodka portant l'inscription « Matériel de soutien psychologique » et réparaient leur navette avec une clé à molette et du ruban adhésif – quand ils ne filmaient pas des spots télévisés pour une marque de lait israélien et de bretzels. Les filles qui acceptaient de vous accompagner chez vous après trois verres de vodka dans un night-club se déclaraient mortellement offensées si vous ne leur offriez pas des fleurs au rendez-vous suivant. En un sens, rien n'avait changé depuis Gogol : l'atmosphère cauchemardesque de déliquescence permanente, les complots insensés et médiocres des petites gens, leur suffisance mesquine, les beuveries abjectes, la flagornerie baveuse, les paysans voleurs, incompétents et grossiers – toute cette absurdité excessive et sordide qu'il avait su peindre comme personne me semblait plus que jamais d'actualité.

Comme mon père quarante ans plus tôt, je n'ai pas seulement découvert un autre pays en arrivant en Russie, mais une autre réalité. L'aspect extérieur de la ville m'était plutôt familier – population blanche, devantures à l'occidentale, architecture néoclassique. Mais ce décor européen ne faisait que renforcer le sentiment d'étrangeté qui s'en dégageait. Loin de me rassurer, la distorsion de mon univers familier n'en était que plus dérangeante. Moscou semblait aussi irréelle qu'un lointain port colonial sur lequel on aurait tenté de plaquer une architecture impériale et des mœurs européennes. Sous ses airs de sage Occidentale, la ville cachait un cœur d'Asiatique, ardent et indomptable.

L'une de mes premières chroniques portait sur le tout nouveau congrès annuel des tatoueurs moscovites. L'événement était pudiquement annoncé comme un *koultourny festival* par la presse locale, manifestement perplexe. Il s'agissait plutôt d'un rassemblement de tout ce que la capitale comptait de clans alternatifs – une débauche exubérante et païenne d'anticonformisme. De puissants effluves corporels s'échappaient de l'Ermitage, une sorte de caverne enténébrée d'où pulsait une musique punk rock assourdissante. Je m'engouffrai à l'intérieur. Les deux pièces principales, noyées sous la fumée rance du tabac soviétique, grouillaient d'êtres haletants, principalement masculins, qui dansaient le pogo à demi nus dans la pénombre. Les punks, les skinheads et les motards de la capitale, sans oublier quelques hippies manifestement égarés, formaient une immense marée humaine suante et bondissante, parcourue de soubresauts frénétiques – surtout devant l'estrade, où quatre punks à crête d'Iroquois scandaient de mauvaises reprises des Sex Pistols.

Mon job de reporter m'amenait aussi à fréquenter des clubs de strip-tease comme le Dolls, une boîte chic et branchée où de jeunes acrobates dansaient nues sur les tables. Un soir, j'aperçus Paul Tatum, l'un des hommes d'affaires américains les plus influents de la capitale, juché sur un tabouret de bar, au coin de la scène. Il sirotait un verre, seul, les yeux rivés sur l'estrade. Il s'était fait un nom en tentant de prendre le contrôle du Centre d'affaires américain et de l'hôtel Radisson-Slavianskaïa, qu'il avait acheté avec un groupe de Tchétchènes. Je m'approchai pour le saluer. Il m'offrit un sourire distrait, dépourvu de sa jovialité coutumière. Nous discutâmes un moment des « *freedom bonds* », ces obligations qu'il avait récemment émises pour lever les fonds nécessaires au financement de son interminable bataille juridique contre ses associés tchétchènes.

Joseph Glotser, le patron du club, vint nous rejoindre. « C'est vraiment dur de gagner honnêtement sa croûte dans cette ville ! » se plaignit-il avec son accent de Russe de Brooklyn. Tatum n'écoutait que d'une oreille, manifestement pressé de se replonger dans la contemplation des danseuses. Je lui souhaitai bonne chance et rejoignis mes amis.

Il fut assassiné un mois plus tard. Un tueur à gages lui transperça le corps de onze balles d'AK47 alors qu'il s'engouffrait dans un passage souterrain situé à la sortie du Radisson. Tatum ne portait pas son gilet pare-balles, qui, de toute façon, ne lui aurait été d'aucune utilité puisque le tireur avait visé le haut du dos, touchant la clavicule et les vertèbres supérieures. Les deux hommes de main qui assuraient sa protection s'en sortirent indemnes. Tout avait été fait dans les règles de l'art : c'était un règlement de comptes classique, comme Moscou les aimait à l'époque. Le tueur lâcha sa Kalachnikov et poursuivit tranquillement son chemin. Les services de police publièrent un communiqué officiel quelques heures plus tard, se bornant à constater, comme toujours dans ce genre d'affaire, que « le meurtre était lié aux activités professionnelles de la victime ».

Je fus bientôt le seul survivant de la brève discussion qui s'était tenue au Dolls en octobre 1996 : deux mois après Tatum, Joseph Glotser fut abattu, lui aussi. Un sniper posté sur le trottoir d'en face lui tira une balle en pleine tête alors qu'il émergeait de son club. Il s'effondra aussitôt. Persuadé d'avoir atteint sa cible, le tueur s'éloigna nonchalamment, sans même se donner la peine de tirer une seconde fois.

Quelques semaines plus tard, alors que je rédigeais un article sur le business de la mort à Moscou, je me rendis chez un entrepreneur de pompes funèbres d'un genre un peu particulier : il s'était taillé une excellente réputation chez les mafieux de la capitale en maquillant avantageusement les cadavres afin qu'ils puissent être présentés dans un cercueil ouvert lors des funérailles. Vêtu d'une chemise hawaïenne sous une blouse blanche tachée de sang, ce type évoquait les performances des tueurs à gages comme un amateur de ballet aurait vanté celles de ses danseurs favoris. Il considérait le meurtre de Glotser comme un cas d'école : « C'est un des meilleurs boulots que j'aie jamais vus », me confia-t-il d'une voix vibrante d'admiration. Comme les vrais héros de son temps, il portait son cynisme en bandoulière et mettait un point d'honneur à se gausser de l'horreur environnante pour mieux s'en protéger. En l'écoutant, je pensai brusquement à nous, les journalistes du *Moscow Times* : n'étions-nous pas, nous aussi, des croque-morts d'un genre un peu particulier ? Jeunes Occidentaux bon teint, nous avions enfilé en arrivant une blouse blanche sur nos chemises hawaïennes, et nous auscultions l'étrangeté morbide de Moscou en affectant des sourires de connaisseurs.

Je me souviens très clairement de mon premier printemps moscovite. Il éclata un matin d'avril, quelques semaines après mon arrivée. Les derniers bancs de neige sale et persistante avaient fondu peu de temps auparavant, mais, la veille, un vent glacé avait rafraîchi l'air nocturne. Dans les jardins publics, la terre semblait sans vie, l'herbe était sèche et broussailleuse. Pourtant, quand je m'éveillai le lendemain matin, le ciel était d'un bleu éclatant, les bourgeons qui se formaient depuis des semaines s'étaient brusquement ouverts, et le boulevard paraissait animé d'une vie nouvelle. En fin de journée, le doute n'était plus permis : le printemps s'était bel et bien installé sur la ville.

Comme des papillons surgissant de leur cocon, les passantes s'étaient défaites de leurs lourds manteaux d'hiver pour parader en minijupes et talons aiguilles. J'émergeai moi aussi de ma carapace : chaque dimanche, je remontais à pied l'allée de gravier qui flanquait le boulevard Tsvetnoï. En débouchant sur le boulevard de ceinture, je tournais à gauche jusqu'à la place Maïakovski et m'engouffrais dans l'American Bar and Grill, où les journalistes du *Moscow Times* avaient leurs habitudes. Nonchalamment attablés devant les restes de leurs œufs Bénédicte, ils lisaient la presse sous un nuage de fumée en échangeant les ragots du jour. La voilà enfin, me disais-je, la vraie vie d'un correspondant étranger : le glamour, les jolies filles, les beuveries, les collègues clope au bec, toute cette camaraderie de jeunes expatriés immergés dans une ville étrange et formidable ! J'étais extrêmement conscient de vivre l'aventure la plus grisante de mon existence – même si, en présence de mes nouveaux collègues, je veillais à dissimuler mon excitation sous une désinvolture savamment entretenue.

9

Quelques verres avec le KGB

Ce n'est pas la glace,
mais ce qu'il y a sous la glace qui est effrayant.
Alexeï Sountsov à Mervyn en 1960

Mervyn se lassa vite des rapports fastidieux qu'il devait rédiger pour la chancellerie : le système universitaire soviétique l'intéressait beaucoup moins que le monde nouveau qui s'ouvrait à lui par l'entremise de Vadim. Son nouvel ami lui faisait découvrir la Russie qu'il était venu chercher, ce pays excitant et romantique dont il avait tant rêvé lorsqu'il se penchait sur ses manuels de russe à la sortie du lycée ou qu'il trimait sur *Guerre et Paix* à Oxford. La Russie, sa fièvre et son exubérance, sa nature imprévisible et l'excitation qu'elle lui procurait, s'était immiscée dans ses veines. Il en devenait imprudent, et cette imprudence même lui procurait un étrange sentiment de liberté.

Un de ses confrères d'Oxford lui écrivit pour lui demander un petit service. Il s'apprêtait à publier une anthologie de poèmes de Boris Pasternak, l'auteur du *Docteur Jivago*, et souhaitait y inclure certaines œuvres de jeunesse du grand écrivain russe conservées à la bibliothèque Lénine, à Moscou. Il priait donc Mervyn de s'y rendre et de recopier les poèmes en question afin de les lui envoyer à Oxford. La mission paraissait simple, mais il y avait un hic : quelques mois plus tôt, en octobre 1958, Pasternak s'était vu attribuer le prix Nobel de littérature, déclenchant la colère de l'Union des Écrivains soviétiques qui, à l'instar du Parti, considérait *Jivago* comme un hymne pernicieux à la Russie prérévolutionnaire. La pression avait été telle que Pasternak avait été contraint de décliner le prix, mais il restait en disgrâce : seule sa réputation internationale lui avait épargné le goulag. Dans ce contexte, il était probablement illégal de procurer ses œuvres de jeunesse à un chercheur étranger et de les faire sortir d'Union soviétique sans l'accord préalable des autorités. L'opération comportait un risque certain et pouvait mettre en péril la carrière de Mervyn. Il l'accepta sans hésiter.

Mon père passa deux semaines à immortaliser les poèmes de Pasternak sur la pellicule de son petit appareil photo, dans une des salles de lecture de la bibliothèque Lénine, où chacun pouvait les consulter librement. Il ne rencontra aucun obstacle particulier – hormis l'indignation de l'employé chargé des communications et l'agacement des chercheurs, incommodés par le déclic de l'obturateur. Lorsqu'il eut terminé, il fit tirer les photos et les glissa dans deux grosses enveloppes, qu'il expédia en Angleterre par la valise diplomatique afin d'éviter qu'elles ne soient interceptées par les douaniers soviétiques.

Il fut appelé une semaine plus tard dans le bureau du premier conseiller de la chancellerie. La convocation, qui lui avait été solennellement transmise par son supérieur hiérarchique, n'augurait rien de bon : Mervyn s'y rendit à contrecœur, prêt à subir de sévères remontrances. Hilary King, le premier conseiller, le reçut avec une condescendance appuyée dans la pièce splendide qu'il occupait au rez-de-chaussée de l'ambassade. Il lui expliqua d'un ton affable qu'il avait été informé de ses agissements par le ministère des Affaires étrangères à Londres, où le contenu de la valise diplomatique était soigneusement inspecté chaque semaine. Or, l'ambassade ne pouvait se permettre de « prêter le flanc aux critiques », ajouta-t-il, et il aurait été « extrêmement ennuyeux » que les Soviétiques découvrent les photos qu'un jeune diplomate avait prises en consultant les manuscrits d'un auteur censuré. « Vous me comprenez, n'est-ce pas ? » conclut King en le toisant.

Mon père quitta la chancellerie en fulminant. J'imagine aisément l'expression de son visage : je l'ai souvent observée chez lui, cette agressivité contenue qui s'embrase brusquement après avoir couvé sous son apparente cordialité. Il avait prudemment présenté ses excuses à King, mais sa colère demeurait tapie au plus profond de lui-même. Il en voulait au Foreign Office de céder aussi bassement aux exigences mesquines de l'administration soviétique. On lui reprochait un acte qui aurait paru profondément juste à toute personne extérieure au petit monde de la bureaucratie diplomatique. Cette étroitesse d'esprit le laissait profondément amer. Il quitta les couloirs feutrés du palais Kharitonenko en bouillonnant de rage, et se retrancha dans la solitude de son petit bureau logé sous les anciennes écuries, à l'arrière du bâtiment.

Quelques jours plus tard, la chancellerie lui exprima formellement son désaveu avec l'infinie subtilité qui la caractérisait : un jeune stagiaire vint s'installer à Sad-Sam avec Mervyn, tandis que Martin Dewhirst se voyait accorder un appartement pour lui seul. Peu après, mon père découvrit que l'ambassade avait cessé de payer sa femme de ménage.

Mon père était résolu à se jeter à l'eau. Mais comment ? Un communiqué officiel, publié dans l'édition internationale du *Times*, lui offrit l'occasion qu'il attendait : le texte annonçait la création du premier programme anglo-soviétique d'échange universitaire destiné aux étudiants de troisième cycle. Mervyn ne pouvait rêver mieux. Enfin ! Le moment était venu d'échanger les sourires froids de la chancellerie contre les dortoirs bondés des universités moscovites, et de se libérer – du moins l'espérait-il – des gus qui le suivaient à la trace depuis son arrivée à l'ambassade. Mais, là aussi, il y avait un hic : bien que son nom soit en bout de liste, Mervyn appartenait au petit nombre de diplomates britanniques dûment accrédités par le gouvernement de son pays. Il semblait improbable que le ministère soviétique des Affaires étrangères l'autorise à troquer son prestigieux statut contre celui, nettement moins enviable, de simple étudiant. La sincérité de sa démarche risquait d'être mise en cause. Il commença donc par faire rayer son nom de la liste des personnes autorisées à accéder aux documents sensibles, puis il demanda à être déchu de son habilitation sécuritaire. Ses supérieurs acceptèrent sans sourciller, manifestement trop heureux de le priver de ces deux privilèges. Sa demande d'inscription à l'université de Moscou fut approuvée par la chancellerie et envoyée en temps voulu au ministère soviétique des Affaires étrangères. Qui lui répondit, en temps voulu et après moult considérations, par la négative.

Mervyn noya son chagrin dans un restaurant azerbaïdjanais en compagnie de Vadim, devant un copieux plat de brochettes. Son ami lui fit la grâce de l'écouter en silence, les yeux brillants de sympathie. Il remplit généreusement leurs verres de vodka pendant toute la durée du repas et hocha la tête d'un air entendu quand mon père évoqua l'intransigeance des fonctionnaires soviétiques.

« Ne t'inquiète pas : tout n'est peut-être pas encore joué, assura-t-il brusquement. Je vais demander à mon oncle s'il peut faire quelque chose pour toi. »

Mervyn reprit instantanément courage. Vadim, avec ses amis haut placés qui roulaient en ZiL et possédaient de splendides datchas, parviendrait certainement à faire revenir les fonctionnaires du ministère sur leur décision. Il se réjouit d'autant plus que Popov ne semblait rien attendre en contrepartie : il se contenta de porter un toast à l'amitié anglo-soviétique et à l'avenir universitaire de Mervyn. Mon père, ravi, avala son verre d'un trait.

« Vous voilà donc parti pour l'université de Moscou, si je comprends bien ! » Sir Patrick Reilly, l'ambassadeur de Grande-Bretagne en URSS, se montra très amical avec Mervyn lorsque ce dernier vint lui faire ses adieux. Tout sourires, Reilly ne fit aucune mention des légers accrocs qui avaient émaillé la courte carrière diplomatique de son futur ex-employé. « C'est très inhabituel. Savez-vous pourquoi le ministère vous a autorisé à le faire ? »

Il y eut un long silence. Mervyn le savait : ce n'était ni l'heure ni le lieu idéal pour révéler l'existence de Vadim et de son oncle, raconter les nombreuses soirées qu'ils avaient passées ensemble dans la capitale et expliquer les raisons du brusque revirement du ministère. Il jugea préférable de se taire. Comme il ne recevait aucune réponse, l'ambassadeur lui tendit la main. « Bien. Je vous souhaite bonne chance. »

Mervyn avait quelques jours de congés payés à prendre avant de quitter définitivement son poste à l'ambassade. Il décida de s'offrir un petit voyage en Asie centrale. Une des employées de la chancellerie, qui passait ses journées à faire brûler des documents confidentiels dans un énorme faitout en fer-blanc, lui conseilla de se rendre à Boukhara : c'était un peu loin de Samarkand et de Tachkent, mais le détour en valait la peine, assura-t-elle. Mervyn informa Vadim de son projet, sans parvenir à éveiller son enthousiasme : le jeune Russe ne partageait manifestement pas sa passion pour les sites historiques. Mon père partit donc seul pour l'est du pays à bord d'une succession d'appareils de la compagnie soviétique Aeroflot, qu'il jugea petits mais solides. Boukhara fut sa dernière étape.

La ville campée au milieu du désert le rebuta dès son arrivée. Un froid persistant régnait sur les lieux. Des masures en terre battue bordaient la route à la sortie de l'aéroport. Elles s'espaçaient puis disparaissaient à l'approche de la ville, remplacées par de grands ensembles en béton, déjà délabrés. Le chauffeur de taxi, juif boukhariote, lui vanta pendant tout le trajet les mérites de l'hôtel Intourist qui venait d'ouvrir ses portes. Mon père se laissa convaincre. Lorsqu'ils se garèrent devant l'établissement, l'homme se plaignit du poids de sa valise et augmenta le prix déjà exorbitant de la course en prétextant une surcharge de bagages. L'hôtel semblait neuf, en effet, mais il y faisait encore plus froid qu'à l'extérieur. La réceptionniste avait même poussé son bureau près de la porte pour tenter de se réchauffer.

Mervyn lui demanda si le chauffage serait bientôt remis en marche. « L'hôtel est tout neuf ! répliqua l'employée comme s'il avait formulé une exigence extravagante. L'ascenseur ne fonctionne pas. Il faut que vous preniez l'escalier. » Elle consulta son registre et lui attribua une chambre au dernier étage.

Mervyn s'engagea dans l'escalier en traînant lourdement sa valise derrière lui. Il était à mi-chemin quand il vit une paire de jambes familières arriver en sens inverse : Vadim était à Boukhara, lui aussi. Quelle coïncidence ! Les deux amis s'étreignirent chaleureusement et se réjouirent d'autant plus que Vadim, qui était venu « pour affaires », était libre de toute obligation pour la journée à venir. Il disposait d'une voiture officielle. Mervyn désirait-il en profiter pour visiter la ville en sa compagnie ? Mon père accepta avec joie.

Après avoir passé l'après-midi à visiter les sites historiques (bien trop sommairement au goût de Mervyn), ils se rendirent chez Volodia, un des amis de Vadim, qui avait organisé une petite réception en leur honneur. « Il y aura des filles », annonça fièrement Popov à mon père en le guidant dans l'entrelacs de rues en terre battue qui s'étendait à la sortie de la ville. Leur hôte, un Russe installé à Boukhara, habitait le « quartier russe », un ensemble de maisons traditionnelles en bois, très différentes des demeures en brique de leurs voisins ouzbeks. Il les accueillit chaleureusement et leur servit aussitôt de généreuses rasades de vodka. Ils mangèrent de la dinde (la plus grosse que Mervyn ait jamais vue en Russie) et dansèrent sur de vieux disques américains. Nina, l'une des jeunes femmes présentes, était descendue au même hôtel que Vadim et Mervyn. Ils regagnèrent l'Intourist à pied, sous la pâle clarté de la lune, et se firent leurs adieux dans le hall.

« Tu viendras me rejoindre un peu plus tard ? » murmura Mervyn à Nina quand Vadim s'engagea dans l'escalier. La jeune femme pressa sa main dans la sienne.

Mon père longea en titubant le couloir enténébré qui menait à sa chambre et se figea, interloqué : un rai de lumière filtrait sous la porte. Il y avait quelqu'un à l'intérieur ! Ce quelqu'un, qui l'entendait arriver, ouvrit le battant. Son visage resta dans l'ombre, mais Mervyn aperçut un autre type derrière lui. Furieux, il leur demanda ce qu'ils faisaient dans sa chambre. « On est venu réparer l'électricité, répondit tranquillement l'un des deux hommes. Ça marche, maintenant. »

Après leur départ, Mervyn s'assit lourdement sur le lit. Le KGB le suivait partout, même en Asie centrale ! Il y avait deux verres vides sur la table. Les agents de la police secrète s'autorisaient à boire dans l'exercice de leurs fonctions, apparemment.

Il se déshabilla et se glissa en frissonnant sous les couvertures. On frappa à la porte un instant plus tard. C'était Nina. D'humeur câline, elle le poussa à l'intérieur. Il la repoussa fermement dans le couloir, soudain persuadé qu'il s'agissait d'un coup monté : la jeune femme se mettrait à hurler dès qu'il tenterait de l'embrasser, et il serait arrêté pour viol. Effaré, il tourna le verrou et s'étendit seul entre les draps glacés.

L'université de Moscou était le plus imposant des immenses bâtiments staliniens qui encerclaient le ciel de la capitale comme une nuée de vautours. Haute de trente-six étages, la tour régnait aussi en maître incontesté sur le ciel d'Europe. D'énormes statues de pierre, représentant des étudiants musclés au regard confiant et tourné vers l'avenir, ornaient le parvis gigantesque qui s'étendait au pied de l'université. Difficile d'imaginer plus différent des bâtiments en grès d'Oxford, agencés sans grande cohérence au détour des rues de la vieille ville.

Mervyn fut installé dans ce que l'administration appelait l'« hôtel » de l'université : son logis était rigoureusement identique aux cinq mille chambres d'étudiants que comptait le vaste établissement, mais il offrait l'avantage d'être nettoyé régulièrement par une femme de ménage. C'était une petite pièce meublée d'un canapé-lit, d'un bureau et d'une armoire encastrée dans le mur. Une fenêtre immense, totalement disproportionnée par rapport à la taille de la chambre, occupait le mur opposé. L'effet était saisissant – et certainement conçu pour répondre au gigantisme de la façade.

Mervyn était enchanté. Sa vie universitaire était à l'exact opposé de l'univers clos qu'il avait connu à l'ambassade. Sur les monts Lénine, tout était rustique, éminemment soviétique. Il avait aussi gagné en liberté : quelques voitures du KGB stationnaient devant l'entrée des bâtiments, prêtes à suivre les étrangers qui en sortaient, mais, dans l'ensemble, les étudiants occidentaux étaient beaucoup moins surveillés que les diplomates. Et les jeunes Russes, bien que méfiants, semblaient nettement plus enclins à discuter avec Mervyn que le reste de la population soviétique – Vadim excepté, bien sûr.

Lorsqu'il travaillait à l'ambassade, Mervyn mettait un point d'honneur à emprunter les transports publics et à manger aussi souvent que possible dans des *stolovaïas*, ces cantines bon marché qui nourrissaient la majorité des employés de la ville. Depuis son arrivée à l'université, il prenait tous ses repas à la cantine, avalant sans sourciller les boulettes de viande insipides, la soupe trop claire et la purée de pommes de terre aqueuse qu'on lui servait. Il était contraint de se mêler à la foule des voyageurs qui s'entassaient dans les trolleybus. Engoncé dans son lourd manteau d'hiver, il respirait leur haleine vinaigrée et l'odeur de chien mouillé qui montait de leurs vêtements. Il n'aurait pu être plus heureux.

Il partageait son goût de la « vraie » vie russe avec Georges Nivat, un jeune étudiant français qu'il avait rencontré à St Anthony's, croisé au Festival de la jeunesse à Moscou et retrouvé dans les couloirs de l'université. Georges était logé dans une partie du bâtiment occupée par des étudiants vietnamiens. L'odeur des plats qu'ils se préparaient chaque soir dans la cuisine communautaire – pattes de poulet au poivre et soupes au chou très aillées – se répandait dans les couloirs de la résidence au grand déplaisir de Georges, incapable de s'y habituer. « Ça me gâche la vie ! » se plaignait-il avec une fougue très française lorsqu'il rendait visite à Mervyn, qui l'abreuvait de thé et de biscuits pour le réconforter. « Tu comprends ? Ça me gâche la vie ! » répétait Nivat en secouant la tête avec fatalisme.

Georges avait toujours été fasciné par la littérature russe. Il était venu à Moscou pour la côtoyer de plus près et y était parvenu. Il fréquentait l'un des salons littéraires les plus prisés de la capitale : l'appartement d'Olga Vsevolodovna Ivinskaïa, rue Potapov. Olga Ivinskaïa était la secrétaire et la collaboratrice de Boris Pasternak depuis 1946. Elle était aussi la maîtresse du poète, qui s'était inspiré de sa beauté et de sa personnalité pour créer le personnage de Lara dans *Le Docteur Jivago.* Cette liaison lui avait coûté cher : elle avait été condamnée à huit ans de travaux forcés en 1949 pour avoir refusé de dénoncer son amant, que les autorités accusaient d'être un espion britannique. Enceinte de Pasternak lors de son arrestation, elle perdit l'enfant en prison. Elle bénéficia d'une libération anticipée en 1953, à la mort de Staline. De retour rue Potapov, elle renoua aussitôt avec le poète, mais ce dernier persista dans son refus de quitter son épouse et ses enfants légitimes, ce dont Olga souffrit durablement. Une curieuse routine s'instaura entre les deux familles, qui n'ignoraient rien l'une de l'autre : Pasternak déjeunait et passait l'après-midi avec Olga, puis il prenait poliment congé de sa maîtresse et de ses hôtes, et rejoignait son épouse pour le dîner.

Irina Ivinskaïa, la fille d'Olga, était née de son bref mariage avec un scientifique qui se suicida en 1938 : certain de figurer sur les listes des prochaines victimes des purges, il préféra choisir sa mort plutôt que d'affronter les geôles de la Loubianka.

D'un naturel heureux, Irina incarnait une vivante riposte aux drames qui avaient émaillé la vie de sa mère : ravissante, intelligente et enthousiaste, elle se passionnait pour la danse et la littérature. Georges tomba follement amoureux d'elle et la demanda en mariage quelques mois après leur rencontre. La jeune femme accepta. Ravi, Pasternak organisa une réception en leur honneur dans sa datcha de Peredelkino. Mervyn y fut convié, mais il déclina poliment l'invitation – par timidité, sans doute. « Je n'aurais pas su quoi dire à Pasternak », me confia-t-il des années plus tard.

J'ai longtemps cherché à comprendre le sens de cet étrange refus, qui me semblait en contradiction avec le goût du risque qui caractérisait mon père à cette époque de sa vie. Pourquoi n'avait-il pas saisi l'occasion de rencontrer Pasternak ? Je me l'explique mieux aujourd'hui : il ne répugnait pas à se mettre en danger, certes – mais il n'était vraiment à l'aise qu'avec ses amis ou les membres de sa classe sociale. Il avait, et il a encore, les mondanités en horreur. J'ai toujours été frappé par sa discrétion et sa capacité à s'enfermer dans une sorte de cocon protecteur qui l'isole du monde extérieur. Quand j'étais petit, son bureau de Pimlico, comme les divers appartements qu'il occupa au cours de sa carrière universitaire chaque fois qu'il était invité à enseigner loin de Londres, constituait un refuge, un nid sobre et confortable où il se plongeait dans ses papiers en buvant du thé au son d'un disque de Bach. Aujourd'hui encore, il se rend aux réceptions à contrecœur, vêtu de son éternelle veste en tweed et d'une chemise défraîchie, généralement achetée pour deux livres aux bonnes œuvres de son quartier. Incapable de se mêler à la fête, il se tient dans un coin de la pièce, un sourire forcé aux lèvres, attendant manifestement l'heure du départ. Pris de timidité, il a même quitté mon repas de mariage avant le dessert. Je le revois encore, me faisant ses adieux sur le perron du vieil hôtel Splendid, sur l'île de Büyükada, près d'Istanbul. Il m'a félicité chaleureusement et m'a remercié de l'avoir invité, en élevant un peu la voix pour couvrir le vacarme qui s'échappait de la salle à manger, où un orchestre de jeunes Tsiganes faisait danser les convives. « Mais tu me connais… Je n'aime pas les grandes réunions », a-t-il ajouté en enfilant un imperméable beige sur son smoking élimé. Il a descendu les marches et s'est éloigné sous la bruine.

Quelques jours après les fiançailles de Georges et d'Irina, Vadim Popov obtint sa maîtrise de langues et civilisations orientales. Il invita Mervyn à célébrer l'événement au Praga, un de ses restaurants préférés, où il convia également ses professeurs et ses supérieurs hiérarchiques. Les convives étaient donc plus vieux que Mervyn – à l'exception de l'homme élégant, âgé d'une petite trentaine d'années, qui était assis en face de lui. Une grande mèche blanche striait ses cheveux sombres, soigneusement peignés en arrière, ajoutant à sa distinction naturelle. Se penchant vers Mervyn, Vadim lui confia en chuchotant que l'inconnu se nommait Alexeï, et qu'il travaillait comme « assistant de recherche » pour son oncle. Mais il ne fit pas les présentations, et les deux hommes ne s'adressèrent pas la parole. Au cours du dîner, Alexeï proposa de lever son verre à la santé de leur hôte, qu'il complimenta avec beaucoup d'esprit. Mervyn conversa avec ses voisins de table sans parvenir à les dérider et but trop de vodka.

Vadim lui annonça peu après qu'Alexeï souhaitait les inviter tous deux au Bolchoï. Mervyn fut surpris et plutôt flatté de l'intérêt que lui portait cet homme énigmatique. Ils n'avaient pourtant pas échangé un mot au cours du dîner... Il se raisonna en songeant qu'Alexeï éprouvait sans doute une curiosité légitime à son égard, et accepta l'invitation.

Posé et sûr de lui, Alexeï était l'archétype de la nomenklatura soviétique de l'après-guerre. Il portait des costumes de marques étrangères et il avait voyagé hors des frontières soviétiques à plusieurs reprises. Sa femme, Ina Vadimovna, était grande et mince, toujours élégante. Lors de leur rencontre au Bolchoï, Mervyn remarqua qu'elle portait un coûteux bracelet-montre en or. « C'est une Soviétique typique », confia fièrement Alexeï à mon père, qui pensa aussitôt à sa femme de ménage, Anna Pavlovna, toujours courbée sous le poids de ses paquets, marchant lourdement vers l'arrêt de bus. N'était-elle pas bien plus « typique » des femmes soviétiques que la belle Ina Vadimovna ?

La soirée fut très réussie. Alexeï, qui adorait la danse classique, partagea son enthousiasme avec Mervyn à l'entracte, tandis que Vadim, plus futile, rôdait près du buffet en regardant les jolies filles. Dès lors, Alexeï emmena régulièrement mon père dîner avec lui dans les restaurants les plus prestigieux de la ville : l'Aragvi, le Bakou, le Métropole, l'hôtel National. Manifestement fortuné, cet « assistant de recherche » semblait entretenir d'excellentes relations avec les maîtres d'hôtel de la capitale, qui l'accueillaient en souriant et les conduisaient avec empressement vers un salon particulier ou l'une des tables les mieux situées, même lorsque la réservation avait été faite à la dernière minute.

Lors de ces repas en tête à tête, Alexeï se montrait plus direct que Vadim, n'hésitant pas à aborder ouvertement des sujets politiques. Il était aussi plus formel, plus guindé que Popov : il ne parlait jamais des femmes et buvait avec modération. Il exprima un vif intérêt pour l'enfance de Mervyn et pour son origine sociale, mais mon père comprit vite qu'il était incapable de concevoir la misère et les rapports de classes en dehors des platitudes marxistes-léninistes dont il parsemait ses propos. L'ironie voulait qu'Alexeï, qui se posait en défenseur de la classe ouvrière internationale, soit issu d'une famille de privilégiés ; et que Mervyn, patriote anglais naïf mais sincère, soit profondément anticommuniste alors qu'il aurait dû, en toute logique marxiste, être né révolutionnaire.

Au cours d'un de ces dîners, désormais fréquents, ils abordèrent la question des visas (dont l'attribution demeurait extrêmement stricte), de l'espionnage et de la surveillance policière. Ils étaient ce soir-là à l'hôtel National, où le beau monde de la capitale aimait se retrouver autour d'un verre. Alexeï fit remarquer à Mervyn que l'Union soviétique, comme toute grande puissance, devait se protéger des espions étrangers. Mervyn, qui se sentit peut-être visé, voulut prouver à son nouvel ami qu'il n'était pas l'un d'« eux » : il lui raconta en riant que le personnel de l'ambassade britannique s'amusait beaucoup de la présence mal dissimulée de quelques agents du KGB en faction permanente sous le pont Bolchoï Kamennyi, juste en face du palais Kharitonenko. Les gus jouaient aux dominos dans une petite baraque en attendant de prendre leur service.

Alexeï l'écouta avec beaucoup d'intérêt. Il demanda à Mervyn de lui expliquer précisément où se situait la baraque et insista, après le dîner, pour passer sous le pont, avant de le ramener à l'université dans sa voiture de fonction. Mervyn se rembrunit, mal à l'aise. Devinant son embarras, Alexeï fit une remarque désobligeante sur le travail des services secrets britanniques, comme si Mervyn se devait d'être conscient de leurs déficiences. Mon père ne répondit rien.

Quand il emprunta le pont quelques jours plus tard, il remarqua que la baraque et les gus avaient disparu.

Vadim proposa à Mervyn de retourner à la datcha de son oncle, ce qu'il accepta avec plaisir. Ils s'y rendirent en ZiL comme la fois précédente, en compagnie d'un jeune moniteur de ski et de trois filles rondelettes mais pleines d'entrain. Après le dîner, ils firent une longue promenade à ski de fond entre les sapins. Mon père, qui manquait d'adresse, chuta à plusieurs reprises dans des bancs de neige, ce qui provoqua l'hilarité des jeunes femmes. De retour à la datcha, ils se réchauffèrent au coin du feu avec une bouteille de vodka avant de se retirer pour la nuit avec leurs compagnes respectives. Celle de Mervyn était imposante et plus âgée que lui. Mais elle semblait encline à partager son lit. Et Mervyn, soucieux de n'offenser personne, répondit obligeamment à ses avances.

Quelque temps plus tard, Alexeï l'invita à l'Aragvi, où ils firent un véritable festin géorgien : brochettes d'agneau, *lobio* de haricots rouges aux noix, et galettes de pain *khatchapouri*, généreusement arrosés de Tsinandali, un délicieux vin blanc sec. Alexeï se montra plus expansif que d'ordinaire, et même, comme cela lui arrivait parfois, franchement bienveillant envers mon père. Il lui annonça son intention de « l'aider plus activement dans sa carrière » – en l'emmenant en voyage, par exemple. Mervyn désirait-il visiter un endroit en particulier ? « La Mongolie ! » répondit mon père sans réfléchir. « Impossible, répondit son hôte. Je pensais plutôt à l'Union soviétique... Où rêvez-vous d'aller ? » Mervyn suggéra la Sibérie. « Formidable, approuva Alexeï. Où, en Sibérie ? La centrale hydroélectrique de Bratsk ? Le lac Baïkal ? » Mervyn hocha la tête, ravi. Et trinqua joyeusement avec Alexeï au succès de leur périple.

À quel moment Mervyn a-t-il compris qu'il allait trop loin ? Il était naïf, certes – mais pas aveugle. Les liens qu'Alexeï entretenait avec le KGB devenaient de plus en plus flagrants. En témoignaient ses remarques désobligeantes sur le MI5, ses questions insidieuses sur les orientations politiques de mon père et la prompte disparition des gus installés sous le pont. Tout portait à croire que Mervyn était en train d'être recruté par les services secrets soviétiques. Mais lui, le savait-il ?

J'ai longtemps réfléchi à cette question. Et je suis maintenant persuadé qu'Alexeï et Mervyn ne se sont jamais vraiment compris. Leurs relations étaient fondées sur un profond malentendu. Le dogmatisme de l'agent soviétique l'empêchait de mesurer l'ampleur du patriotisme qui animait alors la classe ouvrière britannique, dont mon père était issu. Personne, en Angleterre, ne se serait permis de quitter une salle de cinéma avant la fin du « *God Save the King* », par exemple. Quant à Mervyn, je crois qu'il avait trop d'amour-propre pour s'interroger sérieusement sur les raisons qui poussaient Alexeï à cultiver si assidûment son amitié, à lui consacrer tant de temps et d'argent alors que mon père n'était, somme toute, qu'un obscur étudiant anglais de troisième cycle. Il avait certainement conscience de flirter avec le KGB. Il ignorait en revanche à quel point ce petit jeu allait se révéler dangereux. En acceptant de partir en Sibérie avec Alexeï, il pouvait se douter qu'il y aurait un prix à payer. Mais le goût de l'aventure – ce goût si longtemps réprimé et si puissant chez lui – finit par l'emporter. Quoi qu'il arrive, ce serait excitant, se dit-il. Et n'était-ce pas précisément pour vivre des moments excitants qu'il était venu en Russie ?

Survoler la Sibérie de nuit, en plein hiver, procure l'étrange sensation d'avoir basculé hors du monde, au-delà des limites terrestres. Le paysage qui défile sous les flancs de l'appareil semble s'étendre à l'infini, comme si la Terre n'était plus qu'un immense ruban de forêts noires couvertes de neige. En 1995, quand je me suis rendu au lac Baïkal avant d'aller en Mongolie (que Mervyn, lui, n'a jamais eu l'occasion de visiter), j'ai contemplé la Russie depuis le hublot d'un petit avion soviétique, un vieil An-24 qui avait sans doute commencé sa longue carrière à l'époque de mon père. Après un décollage chaotique, le vrombissement des réacteurs couvrit le bruit des conversations pendant toute la durée du vol. Nous nous sommes enfoncés dans la nuit, toujours plus à l'est. Sous mes yeux, la Sibérie semblait sans fin.

Soljenitsyne a qualifié d'« archipel du goulag » le gigantesque maillage pénitentiaire qui s'étendait d'un bout à l'autre de l'Union soviétique. J'ai souvent pensé que le terme d'« archipel » pouvait s'appliquer à la Russie tout entière – cette succession de petits îlots de chaleur et de lumière déployés sur une mer hostile et vide. Je suis convaincu que c'est dans cette immensité même que réside une des clés de l'âme russe. Comment ne pas être fataliste lorsqu'on vit dans un pays si grand qu'il fallait autrefois six mois pour le traverser ? Comment ne pas se résigner aux caprices insensés d'un pouvoir d'autant plus tyrannique qu'il lui fut longtemps impossible de communiquer avec les bastions les plus éloignés de son empire ? Quand j'ai lu le fameux oukase de Pierre le Grand, ordonnant avec fureur à ses sujets d'obéir à ses précédents oukases, je l'ai imaginé sous les traits d'un opérateur radio hystérique envoyant des messages indignés dans l'espace, et n'obtenant pour toute réponse que de faibles signaux cosmiques.

Aeroflot, les lignes téléphoniques et la télévision par satellite ont indéniablement renforcé l'unité nationale en facilitant les liaisons entre les différentes régions du pays, mais ces moyens de communication modernes ont aussi, d'une certaine manière, accentué la perception des distances, qui restent effarantes. La Russie est encore aujourd'hui le plus grand pays du monde ; elle a perdu dix-sept pour cent de son territoire lors de l'effondrement de l'Union soviétique, mais elle couvre toujours onze fuseaux horaires. Un des cameramen de l'ancienne chaîne de télévision d'État m'a raconté que le signal des informations télévisées du soir devait être émis plusieurs fois de suite dans la stratosphère pour compenser la courbure de la Terre : il y a soixante-dix degrés de différence entre Moscou et Tchoukotka, à l'extrémité orientale du pays. Depuis le milieu des années quatre-vingt-dix, on peut joindre sans difficulté les régions du Kamtchatka et de Magadan sur la côte pacifique russe, par téléphone, mais le décalage horaire avec elles est aussi important qu'avec New York. La route qui relie la Russie européenne à l'Extrême-Orient n'est achevée que depuis 2002. Avant cette date, elle se confondait sur plusieurs centaines de kilomètres avec le lit du fleuve Amour : totalement gelé en hiver, il se transformait alors en voie de circulation, mais redevenait impraticable à la belle saison.

On ne s'étonnera pas, dans ces conditions, du profond sentiment d'impuissance qui anime la grande majorité des

Russes face aux difficultés physiques et matérielles qui régissent leur existence. Nés dans un espace trop grand, trop vide, perpétuellement limités dans leurs aspirations par un environnement hostile, ils n'en acceptent que plus aisément les contraintes dictées par l'homme. « Dieu est tout là-haut, et le tsar est loin », affirme un vieux proverbe russe. Et ce n'est pas une coïncidence si l'un des principaux enseignements de l'Église russe orthodoxe repose sur la *smirenié*, la « résignation », ou plutôt l'« acceptation » du fardeau que le Seigneur fait porter à ses fidèles. Seuls les esprits les plus brillants ou les plus ambitieux parviennent à résister aux forces combinées de la distance, de l'isolement et du climat. Les autres sombrent dans un ennui qu'Anton Tchekhov a merveilleusement décrit dans *Les Trois Sœurs*, cette pièce qui met en scène trois jeunes femmes condamnées à se morfondre dans leur province et à voir leurs rêves de jeunesse se dissoudre lentement, mais inexorablement, dans l'immense inertie du pays. Même ceux qui vivent à Moscou, dans un cocon de sophistication qui les protège de l'isolement et de l'obscurantisme médiéval dont souffrent encore les campagnes, semblent influencés par le gigantisme du pays qui les entoure – tout comme les marins sont influencés par la mer si vaste, si noire et si profonde qui encercle leur navire.

Alexeï et Mervyn se rendirent en Sibérie au mois d'avril 1960, dès la fin du premier semestre universitaire. Ils survolèrent les immenses plaines enneigées de la Russie en plusieurs étapes, à bord d'une série de petits Antonov An-24 d'Aeroflot, dont le premier s'arrêta à Novossibirsk, une ville industrielle récemment bâtie aux abords d'un ancien poste frontière tsariste. Reconnaissable à ses bâtiments bas et délabrés, à ses isbas ou à ses maisons de marchands à demi effondrées, la partie historique de la ville offrait un contraste saisissant avec ses faubourgs rectilignes hérissés de grands ensembles d'habitations rigoureusement identiques. Mervyn jugea les lieux déprimants et sans âme, malgré l'enthousiasme apparemment sincère d'Alexeï.

Ils quittèrent Novossibirsk pour Bratsk, qui se résumait à une succession de rues boueuses bordées de baraquements. Un gigantesque fleuve gelé et un lac à demi fondu s'étendaient à proximité. D'après Alexeï, ce grand lac était un des prodiges du socialisme : il avait été créé de toutes pièces par la seule volonté du peuple, grâce au travail de millions d'ouvriers œuvrant au paradis commun. Ensemble, ils avaient dompté la nature pour édifier un énorme barrage de béton et d'acier sur le fleuve.

Ils prirent deux chambres à l'hôtel Intourist, un bâtiment manifestement construit à la va-vite pour accueillir les dignitaires que les autorités locales espéraient impressionner en leur vantant les mérites de leur splendide centrale hydroélectrique. Ils visitèrent le barrage le lendemain matin. Le printemps commençait à libérer les eaux du fleuve, qui se précipitaient à grand bruit dans les turbines. L'énorme paroi de béton s'incurvait gracieusement vers la rive opposée, à peine visible dans le lointain. Cette fois, mon père tomba d'accord avec Alexeï : c'était fabuleux, réellement fabuleux ! Son ami hocha la tête, un sourire approbateur aux lèvres. Décidément, le jeune Mervyn était sur la bonne voie. « N'y avait-il donc pas de limites aux surprises que me réservait la Russie ? Quel pays enchanteur ! » commenta mon père bien des années plus tard dans ses Mémoires – sans que rien ne permette de savoir si sa remarque était dictée par l'ironie ou si elle se faisait simplement l'écho de son enthousiasme juvénile.

Alexeï l'emmena ensuite à Irkoutsk et au lac Baïkal, dernière étape de leur périple. Ce qu'il avait présenté à Mervyn comme une simple expédition touristique s'était mué, de manière assez inexplicable, en une sorte de tournée officielle des prouesses industrielles et technologiques du socialisme. Ils survolèrent des forêts, des forêts, et d'autres forêts encore avant d'arriver à Irkoutsk. L'horizon était si vaste qu'il paraissait flotter dans un paysage onirique. Le lac Baïkal, le plus grand du monde, était d'une blancheur aveuglante. Ce gigantesque champ de glace s'étendait sur des centaines de kilomètres carrés d'eau noire, dont la profondeur atteignait jusqu'à mille cinq cents mètres.

« Rendez-vous compte : le Baïkal abrite plus de trois cents espèces de poissons différentes ! » s'exclama le notable local qui leur servit de guide pour la journée. Cet homme affable et replet dirigeait un des kolkhozes de la région. Mystérieusement informé de l'arrivée d'Alexeï et de son éminent compagnon étranger, il avait insisté pour les emmener sur la glace. Les trois hommes se tenaient donc en plein vent, au milieu du lac gelé. Alexeï, dont l'humeur impassible semblait avoir souffert de leur nuit dans une mauvaise isba, contemplait la rive avec irritation. Quant à Mervyn, il observait avec inquiétude la fine couche de glace craquelée qui s'étirait sous ses pieds. Elle avait ployé lorsqu'ils s'étaient avancés.

« Ce n'est pas la glace, mais ce qu'il y a sous la glace qui est effrayant », fit remarquer Alexeï, manifestement conscient des craintes de Mervyn.

« Allons un peu plus loin », suggéra le directeur.

Alexeï n'abattit ses cartes qu'au dernier moment – lors du déjeuner qu'ils prirent au restaurant de l'aéroport d'Irkoutsk, une heure avant de rentrer à Moscou. Ce fut là, entre une bouteille de vodka, un plat de raviolis sibériens et une soupe de poissons, qu'il demanda à Mervyn s'il se sentait prêt à œuvrer pour « la cause de la paix entre les peuples ». Mervyn avait beau s'y attendre, la question lui fit un choc.

Penché vers lui, Alexeï le dévisageait avec une intensité qui ne laissait aucun doute sur le sérieux de ses intentions.

Très persuasif, il chanta d'abord les louanges de la société soviétique, dont Mervyn, qui était issu d'une famille pauvre, avait certainement pu constater l'équité. « Il me paraît donc légitime de vous offrir l'occasion de lutter contre la misère et l'injustice qui règnent encore dans le monde », conclut-il. Bien qu'il se soit gardé de l'énoncer franchement, il était clair pour lui comme pour mon père, qu'il lui proposait de travailler pour le KGB.

Mervyn opposa un démenti cinglant aux théories d'Alexeï sur la guerre des classes : il refusa sa proposition. « Je ne peux pas trahir mon pays », expliqua-t-il. La discussion vira aussitôt à l'aigre. Alexeï perdit son calme habituel, et le repas s'acheva sur des récriminations. Délaissant la politesse un peu glacée qu'il affectait depuis le début de leurs relations, l'agent soviétique assaillit son « ami » de reproches, l'accusant d'être trop gâté, hypocrite et ingrat. Affreusement gêné, Mervyn garda le silence.

Ils n'échangèrent pas un mot durant le vol qui les ramena à Moscou. Lorsque leur avion se posa en fin d'après-midi sur le tarmac noyé de pluie de l'aéroport de Vnoukovo, Mervyn se dirigea aussitôt vers le carrousel à bagages. Alexeï le rejoignit. Ils attendirent un instant en silence devant le tapis roulant encore vide, puis Alexeï se confondit en excuses. « Oubliez ce que je vous ai dit. Je me suis trompé. Le moment était mal choisi. J'aimerais vous revoir. Restons amis et oublions cette histoire, vous voulez bien ? » Ils échangèrent des adieux embarrassés. Mervyn était plus troublé que réellement effrayé par l'issue somme toute prévisible de leur curieuse aventure sibérienne.

Nina, la jeune femme que mon père avait rencontrée à Boukhara, l'appela quelques semaines plus tard à la résidence universitaire. Elle était à Moscou en voyage d'affaires, annonça-t-elle, mais elle espérait profiter de l'occasion pour le revoir. Ils décidèrent de se rejoindre dans la soirée, lorsqu'elle aurait terminé ses emplettes au Goum, le grand magasin d'État situé sur la place Rouge.

Mervyn raccrocha, vaguement perplexe. Comment Nina avait-elle obtenu son numéro de téléphone ? Il se promit de lui poser la question, mais ne le fit jamais.

Mervyn pensait avoir tiré son épingle du jeu. Il n'avait pas la moindre idée de la persévérance ni de la cruauté dont le KGB était capable. L'organisation se résumait, pour lui, à la courtoisie d'Alexeï, à ses flatteries, et à la présence silencieuse des gus qui l'avaient suivi à distance respectueuse dans tout Moscou lorsqu'il travaillait à l'ambassade.

Son ami Georges Nivat se faisait nettement moins d'illusions. Ses relations avec Irina Ivinskaïa, déjà épiées par les services secrets, prirent une tournure dramatique après la mort de Pasternak, qui succomba à une crise cardiaque le 31 mai 1960, dans sa datcha de Peredelkino. Privées de la protection que leur assurait la renommée internationale de l'écrivain, Irina et sa mère se retrouvèrent seules face au KGB, qui cherchait à les arrêter depuis des années sous des prétextes fallacieux : n'étaient-elles pas connues pour fréquenter des Occidentaux et accepter leurs cadeaux ? Pire encore, elles étaient les seules bénéficiaires des royalties générées par la vente de l'œuvre de Pasternak à l'étranger. Or le régime n'avait jamais pu souffrir *Jivago*, considéré comme un odieux roman antisoviétique. Tout dans la vie de ces femmes, depuis la liaison d'Olga avec Pasternak jusqu'aux récentes fiançailles d'Irina avec un étudiant français, semblait une insulte au Kremlin. Le KGB n'avait que trop attendu : l'heure était venue de les faire taire.

Peu après la mort de Pasternak, Mervyn et Georges, comme l'ensemble des étudiants de leur promotion, furent convoqués à l'infirmerie pour y être vaccinés contre la variole. Ce fut une formalité de routine pour mon père, qui reprit aussitôt ses activités normales. Nivat, en revanche, se réveilla fiévreux et couvert de plaques rouges. Il fut hospitalisé dans la journée, mais son état ne fit qu'empirer : la réaction allergique était si violente qu'il fut incapable de quitter sa chambre le jour de son mariage. La cérémonie fut reportée au mois de juillet – sans plus de succès : arrivée à l'aube ce matin-là, Irina trouva un infirmier posté au pied du lit de son fiancé. Georges était si bien gardé qu'elle dut renoncer à lui faire quitter subrepticement l'hôpital, comme elle en avait eu l'intention. Quelques jours plus tard, atteinte des mêmes symptômes, elle tomba gravement malade à son tour.

Dans les premiers temps, ni Georges ni Irina – ni même sa mère, qui avait pourtant été incarcérée dans les geôles de la Loubianka – ne soupçonnèrent les agents du KGB de les avoir empoisonnés pour les empêcher de se marier. Mais ils durent bientôt se rendre à l'évidence : seule une intervention criminelle pouvait expliquer les mystérieuses démangeaisons qui les accablaient. Georges fut profondément choqué ; Olga, qui avait connu bien pire, ne le fut pas moins. Quand le visa d'étudiant du jeune Français arriva à expiration à la fin du mois de juillet, les autorités soviétiques se montrèrent sourdes à ses requêtes et refusèrent fermement de le lui renouveler. Nivat fit ses bagages, la mort dans l'âme. Irina dut renoncer à l'accompagner à l'aéroport : elle fut terrassée par une nouvelle crise d'urticaire le jour de son départ. Olga et Mervyn le conduisirent, en larmes, à Vnoukovo. Recroquevillée sur elle-même, la vieille dame n'était plus que l'ombre de la femme splendide et pleine d'élan que Pasternak avait tant aimée. Georges et Irina guérirent quelques semaines plus tard, mais ils ne se revirent pas avant plusieurs décennies.

Très affecté par la séparation forcée de Georges et d'Irina, et par la maladie apparemment incurable dont ils souffraient, Mervyn avait besoin de repos. Depuis le début du mois d'août, il rêvait d'échapper à la moiteur de l'été moscovite, aussi bref que caniculaire. Quelques jours au bord de la mer Noire lui feraient le plus grand bien. Vadim Popov, auquel il fit part de son projet, accepta de se joindre à lui. Ils prirent l'avion pour Gagry, la station balnéaire où Boris Bibikov avait été arrêté vingt-cinq ans plus tôt. L'air y était tiède et parfumé. Il y régnait une vraie douceur de vivre, à mille lieues de la grisaille et des difficultés de la vie soviétique. Même les habitants étaient agréables : chaleureux et hospitaliers, ils n'hésitaient pas à bavarder, au lieu de bougonner sous leur carapace comme le faisaient les Moscovites pour se protéger des agressions du monde extérieur.

Mervyn se détendit. Ses démêlés avec le KGB semblaient s'être apaisés : Alexeï n'avait pas tenté de reprendre contact avec lui, contrairement à ce qu'il avait laissé entendre à l'aéroport. Peut-être avait-il renoncé à le convaincre ? Dans le doute, mon père avait veillé à garder le secret absolu sur cette affaire. Il n'avait rien dit à Vadim – dont il pensait encore, en toute naïveté, qu'il n'avait rien à voir avec sa tentative de recrutement. En parfaits touristes, les deux hommes passèrent leurs journées à la plage, où mon père se couvrit de coups de soleil, et leurs soirées à arpenter le front de mer. Ils firent la connaissance d'une jolie étudiante aux joues rondes, qui accepta obligeamment de rejoindre Mervyn dans sa chambre à la nuit tombée.

Le répit fut de courte durée : quelques jours après leur arrivée, Mervyn fut convoqué dans le hall de son hôtel pour y prendre un appel téléphonique. C'était Alexeï. Il lui annonça qu'il était à Gagry et souhaitait le voir. Ils convinrent de se retrouver en fin d'après-midi dans un jardin public proche de l'hôtel. Mervyn connaissait bien le square en question et le petit kiosque qu'Alexeï avait mentionné. Il y avait une mare à proximité. Il s'y rendit au crépuscule. Une ribambelle de grenouilles coassaient dans l'air du soir ; les passants n'étaient déjà plus que des ombres furtives, entrevues au détour des allées. Alexeï arriva d'un pas tranquille, plus élégant que jamais. Leur entretien fut bref, presque théâtral. L'agent soviétique salua Mervyn avec courtoisie et lui demanda s'il était libre après dîner. Oui ? Parfait. Un autre rendez-vous fut fixé – à vingt et une heures, dans une chambre d'hôtel. Satisfait, Alexeï s'éloigna dans l'obscurité en faisant crisser le gravier sous ses pas.

Mervyn ne s'attendait pas à une réunion amicale, et elle ne le fut pas. Alexeï le présenta à son « chef », Alexander Fiodorovitch Sokolov. Un type massif, âgé d'une soixantaine d'années, qui portait un mauvais costume soviétique et des sandales en similicuir. C'était de toute évidence un homme de l'ancienne école, une brute qui avait travaillé pour le NKVD. Il n'avait que mépris pour son jeune collègue maniéré, trop policé, et pour l'étudiant étranger qu'il cherchait à recruter.

Alexeï entama la réunion d'un ton solennel. Il évoqua la « carrière » et les « intentions » de Mervyn, puis il se lança dans un long panégyrique sur l'Union soviétique, « le seul pays au monde où les hommes sont libres et égaux », affirma-t-il avec gravité. Les yeux baissés sur le dossier de Mervyn, Sokolov prit le relais en rappelant que William Matthews, son père, était si pauvre qu'il n'avait jamais bu de vin. Pourquoi, dans ces conditions, le jeune homme continuait-il à protéger le système qui avait si durement opprimé ses parents ? Le moment était venu de lui porter atteinte, au contraire ! Mervyn faillit sourire. Son père n'achetait jamais de vin, certes – mais il engloutissait des litres de bière et de whisky. Ce que le KGB s'était bien gardé de noter dans son dossier, naturellement.

Les arguments se succédèrent ainsi pendant deux heures. Puis les deux Soviétiques en vinrent aux menaces. « Nous savons que vous vous êtes rendu coupable d'actes immoraux », déclara gravement Alexeï.

« Si le Komsomol venait à le découvrir, renchérit Sokolov, ça ferait un énorme scandale dans les journaux. Vos professeurs l'apprendraient, et vous seriez expulsé de l'université et du pays. » Cette fois, ils faisaient fausse route – et Mervyn le savait bien. En réalité, il n'avait commis que très peu d'« actes immoraux » depuis son arrivée en URSS : hormis sa virée dans un bordel de la capitale avec Vadim, ses conquêtes soviétiques se comptaient sur les doigts d'une main : il y avait eu Nina de Boukhara, la femme qu'il avait rencontrée à la datcha de l'oncle de Popov, une jeune Moscovite qui logeait près du ministère des Affaires étrangères et l'étudiante de Gagry. Ce n'était rien, comparé aux exploits de Valery Shein et même de Vadim. Le KGB ne pourrait pas l'épingler pour si peu.

« Réfléchissez bien, Matthews. Nous vous avons fait une offre. Le moment est venu de nous répondre par oui ou par non. » Alexeï et Alexander Fiodorovitch Sokolov semblaient retenir leur souffle.

« Ma réponse est non, déclara mon père. Rien ne pourra me persuader de trahir mon pays. »

Cette nuit-là, assis sur son lit, Mervyn tourna et retourna la conversation dans sa tête. Il envisagea toutes les conséquences possibles de son refus, et comprit qu'il n'était plus en mesure de temporiser avec le KGB. Il ne prenait pas au sérieux leurs menaces de causer un scandale, mais ils pouvaient s'en prendre à ses amis, en revanche. Les pires rumeurs circulaient en ville à ce sujet : on parlait d'accusations forgées de toutes pièces, d'accidents malencontreux, d'arrestations pour vandalisme, d'annulation de permis de résidents. Il décida de faire ses valises, de prendre le premier avion pour Moscou et de quitter l'Union soviétique le plus rapidement possible.

Mais, là encore, la situation se révéla plus compliquée qu'il ne l'imaginait. Alexeï reprit contact avec lui quelques jours à peine après son retour à Moscou. Manifestement soucieux de se réconcilier avec son « protégé », il lui expliqua que les plus hautes instances de l'organisation avaient statué sur son cas et décidé de clore officiellement son dossier. Aucune autre mesure supplémentaire ne serait donc prise à son encontre, assura-t-il. Il conclut la conversation en l'invitant à dîner. « J'ai quelque chose à vous raconter », glissa-t-il avant de raccrocher.

« Ah ! Je voulais vous parler de cette femme, Olga Vsevolodovna Ivinskaïa. Vous la connaissez, il me semble, dit Alexeï d'un ton badin en entamant ce qui devait être leur dernier repas ensemble. Elle vient d'être arrêtée pour contrebande. Elle était impliquée dans un trafic de devises étrangères et dans d'autres affaires illégales. Elle était moralement corrompue. »

Mervyn baissa les yeux vers son assiette. Son appétit s'était envolé.

« Je vous avais pourtant dit que ce n'étaient pas des gens bien ! poursuivit Alexeï en portant sa fourchette à sa bouche. Si j'étais vous, je cesserais de les fréquenter. »

Mon père le regarda avaler une gorgée de vin. Son visage était absolument dépourvu de la moindre expression. Quinze jours après l'arrestation de sa mère, Irina, la si jolie fiancée de Georges, cette jeune fille pleine de vie qui aimait l'art et la danse, fut arrachée à son lit d'hôpital et conduite à la Loubianka pour y être interrogée. Elle rejoignit sa mère au goulag quelques semaines plus tard et sombra avec elle dans la brutalité inimaginable des camps de travail forcé. Mervyn ne reçut plus de leurs nouvelles. Ce n'était pas un jeu, comprit-il brusquement. Ce n'était pas un jeu du tout. Il prit les dispositions nécessaires et rentra précipitamment à Oxford.

10

L'amour

Certaines aventures sont merveilleuses.
Mervyn MATTHEWS à Vadim POPOV, printemps 1964

Surtout quand elles sont terminées.
Vadim POPOV

Le Moscou que mon père a connu était solidement ancré dans ses certitudes. Ses us et coutumes étaient aussi stables que l'étaient les prix dans les magasins d'État, aussi immuables que le paysage urbain environnant, d'une rigueur toute stalinienne. La plupart des Soviétiques de sa génération passaient leur vie entière dans le même appartement, allaient tous les jours travailler au même endroit, achetaient leur bouteille de vodka pour 2,87 roubles de leur adolescence à leur mort, et patientaient dix ans avant d'avoir une voiture. Le passage du temps se mesurait d'une semaine de vacances à une autre, d'une saison théâtrale à la suivante, de la parution d'un tome de Dickens à la sortie du volume suivant.

Quand je suis arrivé à Moscou quarante ans plus tard, la ville s'efforçait de rattraper le temps perdu. Fascinée par sa propre modernité, elle se modifiait constamment sous mes yeux, abhorrant à l'aube ce qu'elle adulait la veille.

Tout changeait du jour au lendemain. Les jeunes gars qui paradaient en veston rouge et cheveux en brosse se montraient le jour d'après en pull DNKY et coupe au bol. Un peu partout, des boutiques branchées (qui faisaient aussi office de cafés Internet) remplaçaient les vieilles épiceries démodées. Des centres commerciaux rutilants, dûment équipés d'escalators transparents et de distributeurs automatiques gorgés de dollars américains, surgissaient de terre comme des champignons sous la pluie. Le paysage urbain se transformait à un rythme frénétique. Je finis par m'y habituer : passé quelques mois, plus rien ne m'étonnait – ni l'église subitement restaurée, ni le siège social tout en chrome et en marbre brusquement éclos sur mon parcours habituel. Londres me semblait figée, délicieusement statique en comparaison. La Russie s'effondrait en silence, mais, à Moscou, on se repaissait goulûment du pillage des ruines de l'empire.

Quand je ne hantais pas les bas-fonds de la capitale à la recherche d'un sujet assez racoleur pour mes chroniques, j'allais dépenser mon énergie dans les bars, les clubs et les boîtes de la ville. Mon père avait passé de folles soirées dans des restaurants tsiganes bruyants et enfumés. Une génération plus tard, le temps, la liberté et l'arrivée massive de capitaux avaient transformé la nuit moscovite en un spectacle étrange et luxuriant. Au Club 13, installé dans un palais décrépi à deux pas de la Loubianka, un groupe de nains déguisés en pères Noël faisaient claquer leurs martinets sur les mollets des clients qui s'engageaient dans l'escalier. Les mafieux de la capitale avaient leurs habitudes au Titanic, reconnaissable aux dizaines de Mercedes noires garées devant l'entrée. À l'intérieur, des filles splendides sirotaient leurs cocktails servis sur des tables en forme de hublots, avant de repartir avec un des vieux beaux richissimes qui leur contaient fleurette. Au Chance, des hommes nageaient nus dans des aquariums géants, et au Fire Bird, un casino du centre-ville, on n'était jamais à l'abri d'une rencontre improbable : j'y ai passé une soirée en compagnie de Chuck Norris, l'acteur américain vieillissant, et de l'ultranationaliste russe Vladimir Jirinovski.

Je poussais parfois la bravoure jusqu'à me risquer au Hungry Duck, un bar réputé pour ses débuts de soirée « interdits aux hommes » : entre dix-huit heures et vingt et une heures ces jours-là, seules les femmes (et quelques amis du patron, invités à tenir le bar) étaient autorisées à entrer. Leurs consommations étant gracieusement offertes par la maison, l'événement bénéficiait d'un succès garanti : dès l'ouverture des portes, six cents adolescentes surexcitées se ruaient vers le bar, où elles engloutissaient une quantité phénoménale d'alcool au cours des trois heures suivantes. Derrière le comptoir, nous travaillions sans relâche sous une épaisse chape de phéromones féminines afin de remplir leurs gosiers assoiffés. Le spectacle de cette meute de femmes hurlantes et gesticulantes massées autour du zinc était absolument terrifiant. J'avais l'impression de défendre la ferme fortifiée de Rorke's Drift contre l'armée zouloue [1]. L'excitation montait encore d'un cran lorsque les strip-teaseurs faisaient leur apparition : perchés sur le comptoir, ils choisissaient des filles dans la foule, les invitaient à les rejoindre et les dénudaient lascivement au-dessus des pompes à bière. Accoudé au bar, Doug Steele, le directeur de l'établissement, contemplait tranquillement la scène, un sourire satisfait aux lèvres. Ce Canadien musclé restait d'un calme olympien en toutes circonstances. La lumière verte de la caisse enregistreuse nimbait son visage d'une lueur méphistophélique. On aurait dit le colonel Kurtz de Conrad observant le chaos environnant depuis son comptoir perdu dans la jungle africaine. Quand Doug laissait

1. Célèbre bataille remportée le 22 janvier 1879 par une poignée de soldats britanniques contre l'armée zouloue, en Afrique du Sud.

entrer la clientèle masculine, à vingt et une heures, des adolescentes soûles gisaient dans les coins ou tombaient à demi nues du zinc couvert de bière. Les types de la sécurité les ramassaient pour les entasser dans l'entrée, où elles reprenaient lentement leurs esprits. La soirée s'achevait invariablement par des cris et des coups : les verres de bière volaient d'un bout à l'autre de la salle, les filles se battaient, s'arrachaient les yeux et se tiraient les cheveux, les garçons jouaient des poings – et les plus éclopés, à moitié inconscients, allaient rejoindre ceux qui dessoûlaient au rez-de-chaussée.

Je me souviens aussi d'une fête organisée par Bogdan Titomir, le rappeur le plus célèbre du pays, dans son gigantesque appartement transformé en discothèque pour l'occasion. Lorsque j'arrivai, l'énorme sono faisait trembler les vitres de l'immeuble. Dans la cour, des couples faisaient la queue pour s'embrasser à l'arrière de son quatre-quatre, un énorme Hummer flambant neuf. Je suis entré dans la pièce principale, noyée sous un flot de lumières stroboscopiques. C'est là que j'ai vu Iana pour la première fois. Elle ondulait gracieusement entre les volutes de fumée, les blondes alanguies sur les canapés bleu électrique de Bogdan et les corps enchâssés derrière les rideaux à demi tirés d'une alcôve. Vêtue d'une étrange minijupe qui reproduisait en plusieurs exemplaires l'œil en noir et blanc de Fornasetti [1], elle se dirigea avec assurance vers une table couverte de cocaïne et se pencha sous la lumière violette pour se faire un rail. Je l'observais avec fascination. Son regard brillait d'un éclat aussi énigmatique que celui des yeux dessinés sur sa jupe. Elle sniffa adroitement une ligne de coke aussi large qu'une corde pour se pendre. Puis elle rejeta vivement sa

1. Piero Fornasetti (1913-1988) : designer italien, célèbre pour ses motifs en trompe l'œil.

crinière blonde en arrière, me regarda droit dans les yeux et me décocha un clin d'œil.

« *Poliézno i vkoussno* », commenta-t-elle en citant le slogan d'une publicité pour une marque de céréales – « C'est sain et savoureux ». Sourire aux lèvres, elle me tendit le billet de banque roulé sur lui-même qu'elle venait d'utiliser.

Je la retrouvai un peu plus tard, assise sur les marches du perron. Jambes ballantes, poings posés sur ses genoux, elle fumait. Je m'accroupis près d'elle. Elle me regarda du coin de l'œil en tirant sur sa cigarette fichée au coin des lèvres. Et nous engageâmes la conversation.

Iana résumait à elle seule toute la jeunesse dorée de Moscou : elle était riche, intelligente, privilégiée et complètement perdue. Son père avait été ambassadeur d'Union soviétique en Suisse ; sa mère était issue d'une longue lignée d'intellectuels pétersbourgeois. La moitié des hommes à Moscou étaient amoureux d'elle. Elle avait le sens des situations, ce qui lui avait été très utile au cours des vingt premières années de sa vie, imprévisibles et chaotiques. L'aisance avec laquelle elle passait d'un milieu à un autre, d'un endroit, d'un homme, d'une rencontre à un ou une autre était stupéfiante. Sa volatilité, son instabilité étaient absolument irrésistibles. D'ailleurs, plus elle repoussait ses soupirants, plus ils l'aimaient. Férocement égoïste, lunatique, capricieuse, elle s'offrait au monde sous un masque social constamment renouvelé, réajusté, comme s'il lui fallait sans cesse tester de nouvelles caricatures d'elle-même. Comme beaucoup de solitaires, elle avait infiniment besoin d'être aimée, voire adulée – mais jamais de trop près. C'était là son paradoxe : plus on l'adulait, plus il lui était difficile d'être aimée pour elle-même.

Iana me donnait rendez-vous au Tram, le resto favori des nouveaux riches, près de la place Pouchkine, où, pour un coût faramineux, nous absorbions un repas trop léger servi sur des tables de bois noir assorties de chaises en acier tubulaire. Puis nous sortions – ou plutôt elle me sortait – jusqu'à l'aube. Elle m'emmena un soir aux studios Mosfilm, où quelqu'un avait eu l'idée d'organiser une fête dans le décor en contreplaqué des *Trois Mousquetaires*, un vaste labyrinthe de balcons du dix-septième siècle, de passages voûtés et d'escaliers en colimaçon. Là, des filles en veste à plumes et minishorts se déhanchaient en haut d'un carrosse sous le regard gourmand de jeunes types aux cheveux gominés, moulés dans leur jean Hugo Boss. Quelques semaines plus tard, nous nous rendîmes au Théâtre de l'armée Rouge, un absurde résidu de l'ère stalinienne en forme d'étoile à cinq branches, ceint d'une lourde colonnade néoclassique. Les lieux avaient abrité pendant des décennies les grandes messes organisées par le régime pour commémorer les victoires militaires de l'URSS, avec force balalaïkas et danseuses en costume traditionnel. Plus rien n'en subsistait quand je pénétrai ce soir-là dans l'immense théâtre, où se déroulait une sorte de bacchanale à la gloire du disco, peuplée de filles aux jambes interminables, harnachées dans des soutiens-gorge en lamé, et d'hommes au crâne rasé vêtus de manteaux de fourrure vert pomme. Iana, les yeux dissimulés derrière d'énormes lunettes de soleil panoramiques, dansait frénétiquement au bord de la scène pivotante installée au milieu de la salle. Je la revois encore, levant le poing et hurlant « *Davaï, davaï !*[1] » chaque fois qu'elle passait lentement devant moi, sur son plateau tournant à cinq kilomètres-heure.

Moscou était vulgaire et scabreux, mais j'adorais l'énergie qui se dégageait de ce fantastique bûcher des vanités. J'étais convaincu d'avoir découvert un trésor caché, rutilant et absolument fascinant. L'argent, la débauche, le glamour

1. Injonction russe presque intraduisible, employée pour souligner l'enthousiasme ou la détermination de son locuteur. *(Note de l'auteur.)*

– tout était décadent, apocalyptique, aussi splendide et éphémère qu'une sculpture de feu javanaise. L'énergie incandescente de la jeunesse dorée qui fréquentait ces endroits aurait pu éclairer ce fichu pays pendant un siècle entier, si elle avait été mieux canalisée et employée à d'autres fins qu'à sa propre destruction.

Je sortis avec Iana pendant près de six mois. Notre relation me galvanisait. À côté d'elle, je me sentais différent – plus audacieux, presque invincible. Au fond, j'avais peine à croire que cette créature extraordinaire m'ait choisi, moi, entre tous. Je dois rêver, me disais-je en la contemplant, éberlué. Je n'étais même pas jaloux de la voir flirter ou embrasser d'autres types sous mes yeux pendant les soirées auxquelles nous assistions. J'attendais sagement que son regard se repose sur moi. Et, lorsque mon tour venait, je me contentais des brefs instants d'intimité qu'elle voulait bien m'accorder. Chaque fois qu'elle repoussait les avances d'un fils à papa pour passer la nuit dans mes bras, j'éprouvais la sensation d'avoir été touché par la grâce.

Elle se départait rarement de son lourd masque social. Mais, lorsqu'elle y consentait, j'entrevoyais une autre Iana, docile et vulnérable. L'espace de quelques secondes, elle semblait adopter pour moi seul une version plus jeune et moins complexe d'elle-même. C'est cette femme-là dont je me souviens le mieux : pas la fille sublime que j'avais rencontrée chez Bogdan, mais la Iana moins maquillée qui parcourait Moscou incognito en lourdes bottes et faux treillis militaire, enveloppée dans le caban de marin que je lui avais donné.

Nos relations se distendirent exactement comme je l'avais prévu : elle me délaissa pour d'autres, et je ne la retins pas. Je me justifiai à mes propres yeux en la décrivant comme « trop divine » à mes proches. Et me promis de consacrer désormais mon énergie sexuelle à des créatures plus terrestres.

Mais le chagrin me rattrapa : lorsque nous cessâmes complètement de nous voir, ma petite déprime se mua en dépression. Un cafard tenace, pathétique et imbécile me cloua chez moi. « Comme première épouse, elle aurait été parfaite ! » disais-je en plaisantant à Matt Taibbi, mon meilleur ami et collègue au *Moscow Times*. Je me mis à détester mon appartement : il me semblait trop évocateur de ma vie d'avant Iana, cette existence immature dont je ne voulais plus. Je m'installai chez un ami qui partait en voyage, et passai plusieurs jours à me morfondre sur son vieux canapé déglingué en fumant cigarette sur cigarette. Il me sembla judicieux de commettre un acte masochiste pour marquer l'événement : je priai Matt d'apporter sa tondeuse électrique lors de sa visite suivante. Il se plia obligeamment à mon caprice et me rasa complètement la tête devant la baie vitrée de l'appartement qui surplombait le Kremlin. Les yeux baissés, je regardai avec jubilation mes boucles d'adolescent tomber une à une sur les journaux étalés à mes pieds.

La blessure que je m'étais infligée en laissant partir Iana sans un mot – en préférant donc l'avenir au présent – était plus profonde que je ne le pensais. J'avais été incapable de me libérer de la camisole de bon sens qui m'entravait lorsqu'elle avait fait irruption dans ma vie. Sa folie, son extravagance m'avaient rebuté. J'avais été lâche ; j'en rougissais de honte, à présent. J'avais l'impression d'avoir vieilli d'un seul coup, et ce d'autant plus que je me savais, même alors, sur la voie de la guérison : tôt ou tard, ma blessure finirait par se cicatriser. Il n'en resterait rien, et mon existence reprendrait son cours. J'étais plein d'amertume parce que mes prétentions à la vie de bohème avaient été brutalement révélées pour ce qu'elles étaient : une fragile imposture. Et je me sentais humilié parce que j'avais conscience d'avoir perdu Iana par manque de courage : je n'avais pas su relever le défi qu'elle me lançait. Cette découverte fut brutale. Je tentai d'y échapper en renouant rageusement avec mes vieilles habitudes, oblitérant ma souffrance dans une débauche de sexe, noyant l'humiliation sous des fanfaronnades. Cela fonctionna – pour un temps, du moins.

Au bout de six mois, je n'éprouvais plus qu'un léger serrement de cœur chaque fois que je voyais une photo d'elle dans *Ptioutch* ou un autre des magazines branchés dédiés à la vie nocturne de la capitale. J'avais traversé sa vie sans la marquer. Nouvel ami parmi tant d'autres, je ne serais jamais un de ses intimes : à peine posé, le papillon s'était déjà envolé – trop de soirées, trop de gens à rencontrer, pas assez de temps ! Mais j'aimais penser que mon image s'était logée quelque part dans le fabuleux kaléidoscope de son esprit.

Iana était trop belle, d'une perfection trop surréaliste pour vieillir comme Madame Tout-le-monde. Je ne fus donc pas vraiment surpris quand une de nos connaissances m'appela une nuit d'automne, en 1996, pour m'annoncer que Iana avait été violée et assassinée au bout d'une ligne de métro, dans une banlieue grise et terne de Moscou. Personne, et surtout pas la police, ne s'expliquait ce qui s'était passé. L'identité du tueur – ancien amant ou inconnu ? – demeura un mystère.

Je l'ai toujours considérée comme un pur produit de son époque, née pour épouser le rythme morbide et frénétique des années quatre-vingt-dix. Elle reste pour moi éternellement jeune, et éternellement moscovite : impossible de l'imaginer ailleurs, quinquagénaire, pétrie d'ennui, cynique, rondelette ou mariée. C'est peut-être la raison pour laquelle il me semble juste, d'une certaine manière, que la Russie ait fini par la dévorer.

Elle brillait par son intelligence et son optimisme dans un milieu gangrené par le mensonge et la mort. Mais, comme Icare, elle s'est brûlé les ailes : la réalité a fini par l'arracher à son nuage. Elle a sombré loin, très loin, dans ses bas-fonds. Étranglée par un meurtrier anonyme, elle est morte brisée, violée et terrifiée au bout d'une ligne de métro. Si elle avait été un personnage de mon roman, je l'aurais tuée, moi aussi.

Mervyn repartit en Union soviétique en septembre 1963, trois ans après avoir précipitamment quitté le pays. Quelques mois plus tôt, il avait demandé à bénéficier une seconde fois du programme d'échange universitaire de troisième cycle ouvert aux chercheurs de St Anthony's et de l'université de Moscou. À sa grande surprise, la requête avait été acceptée. Il y voyait la preuve que les autorités soviétiques ne lui tenaient pas rancune de ses mésaventures avec le KGB. Et que son dossier, comme l'avait promis Alexeï, était bel et bien enterré. De retour à Moscou, il renoua vite avec ses anciens amis – à l'exception, bien sûr, de Vadim et d'Alexeï.

Il n'était plus tout à fait le même homme : à trente et un ans, il s'était lassé de la « vraie » vie qu'il avait tant cherché à connaître lors de son précédent séjour. Les soirées d'ivresse ne le tentaient plus : il voulait s'installer. Et peut-être même se marier. Valery Golovitser, informé de son projet, lui parla d'une de ses amies – une jeune femme apparemment merveilleuse, tout à fait susceptible de lui plaire. En cela, il se montra bien meilleur juge des attentes et des désirs de Mervyn que son cousin Valery Shein, toujours prêt à l'emmener en goguette avec une de ses innombrables copines volages et provocantes.

Golovitser, lui, avait compris qu'il désirait nouer une relation stable avec une femme intellectuelle et romantique. Or son amie, en plus d'être courageuse, déterminée et très spirituelle, rassemblait précisément ces qualités, assura-t-il. Mervyn se déclara intéressé, mais il demanda à voir la jeune femme en question avant de lui être présenté. Valery pouvait-il la lui montrer de loin pour qu'il se fasse une idée ?

Conciliant, Golovitser lui suggéra d'attendre près du Bolchoï à la fin d'un spectacle auquel il assisterait avec son amie : il pourrait ainsi l'apercevoir sans être contraint de lui parler. Ce charmant stratagème semblait presque tiré d'une pièce de Molière – preuve, me semble-t-il, de l'absolue candeur qui animait les deux hommes. Mervyn se prêta au jeu avec le plus grand sérieux : posté sous le porche du Bolchoï, il endura patiemment la pluie verglaçante d'une soirée d'octobre pour entrevoir sa promise. Enfin, Valery émergea du théâtre en compagnie d'une jeune femme. Petite, menue, elle boitait un peu et bavardait avec animation. C'était Ludmila.

Valery les invita à prendre le thé chez lui quelques jours plus tard. Lorsque Mila arriva dans la petite chambre où il logeait, il lui présenta Mervyn comme un « ami estonien », préférant ce petit mensonge à l'aveu de sa nationalité britannique, qui risquait de mettre la jeune femme inutilement mal à l'aise. Elle le trouva timide, et se souvient d'avoir été frappée par la beauté de son dos, long et gracile. Mervyn, quant à lui, fut séduit par la douceur de ses yeux gris-bleu. Dans l'agenda sur lequel il griffonnait maladroitement ses impressions en gallois (afin de les rendre incompréhensibles au KGB si le carnet venait à s'égarer), il nota qu'il avait rencontré, le 28 octobre 1963, une fille « dotée d'une forte personnalité, tout à fait charmante, intelligente ». Ils décidèrent de se revoir. De longues promenades s'ensuivirent, agrémentées de discussions animées, intarissables. Mon père fut bientôt admis dans la petite chambre de la rue Starokonouchenny, qu'il fréquenta assidûment au cours des mois suivants.

Lors d'une des visites annuelles que ma mère me rendait à Moscou à la fin des années quatre-vingt-dix, nous sommes allés voir son ancien appartement de la rue Starokonouchenny. Près de trente ans s'étaient écoulés depuis qu'elle l'avait quitté. L'immeuble se dressait en retrait de la rue : nous empruntâmes deux passages voûtés encombrés d'ordures pour y accéder. Construit au début du vingtième siècle, c'était un bâtiment sans charme, massif et fonctionnel, aux murs épais. Les fenêtres du rez-de-chaussée étaient grillagées, ajoutant à la laideur de l'ensemble. Une odeur de moisi et de carton détrempé flottait dans le hall, où la peinture marron s'écaillait par couches entières. Ma mère se dirigea vers l'entrée de l'appartement communautaire situé au fond du couloir. Près de la porte, la rangée de sonnettes était toujours là – une pour chaque pièce de la *kommounalka.* J'appuyai sur le bouton, comme mon père l'avait fait lors de sa première visite en 1963, sourire timide aux lèvres et bouquet d'œillets à la main, puis des dizaines de fois jusqu'à leur départ, en 1969, lorsqu'il était venu chercher Mila pour l'emmener avec lui en Angleterre. Une jeune femme vint ouvrir et nous laissa gentiment entrer en apprenant que ma mère avait habité là autrefois. Elle nous expliqua que son mari et elle, ainsi que la vieille dame avec laquelle ils partageaient les lieux, seraient bientôt contraints de déménager : la municipalité s'apprêtait à refaire entièrement l'immeuble pour le vendre à des promoteurs immobiliers, qui le convertiraient en appartements de luxe.

Pour l'heure, l'appartement ne payait pas de mine. Un grand couloir tapissé de lino gondolé et de plusieurs couches de papier peint décollé ouvrait sur les différentes pièces, toutes munies d'une serrure. La cuisine, luisante de graisse, était répugnante. Plusieurs arrivées de gaz rouillées trouaient encore les murs, témoins fantomatiques d'une vie communautaire désormais révolue.

L'ancienne chambre de Mila, à peine plus grande qu'un débarras, abritait à présent un bébé de deux ans, profondément endormi. Ma mère promena un regard détaché sur les lieux, s'attardant parfois sur un pan de mur ou l'angle d'une porte comme si elle y cherchait une trace de sa présence. Ne trouvant rien, elle tourna les talons. Je l'observai avec attention, mais elle ne semblait pas particulièrement émue, et nous poursuivîmes notre promenade comme si de rien n'était.

À l'époque, j'habitais moi aussi rue Starokonouchenny, dans un immeuble des années trente, de style résolument constructiviste : mon appartement tout en longueur se distinguait par ses murs et ses fenêtres biscornus, de forme ou de taille inhabituelle. Je n'étais qu'à trois cents mètres de l'ancien logement de ma mère, situé à l'angle de la Vieille Arbat. Le soir, j'allais me promener dans les petites rues désertes du quartier : je me dirigeais souvent vers la rue Ryleev, où Valery Golovitser habitait autrefois et où mes parents s'étaient connus. De là, je descendais le boulevard Gogolevski, où ils s'étaient promenés main dans la main, jusqu'au métro Kropotkinskaïa. Je rentrais par la rue Sivtsev-Vrajek, bien connue de ma mère, qui faisait ses courses au Gastronom numéro un, l'épicerie d'État installée dans la rue. Toutes ces rues chargées de souvenirs pour mes parents ne m'évoquaient rien de particulier. Je n'avais pas encore lu leurs lettres, et le détail de leur vie passée ne m'intéressait pas spécialement. J'en connaissais les grandes lignes, ce qui me suffisait amplement. Il n'y avait aucun lien, à mes yeux, entre leur Moscou et le mien. « Mervyn, est-ce que tu m'imagines dans les petites rues de notre quartier ? Me vois-tu marcher dans les flaques de l'Arbat à la nuit tombée pour regagner notre maison ? » demandait ma mère à mon père dans une lettre datée de la fin 1964. Je sais qu'il n'avait qu'à fermer les yeux pour se représenter la scène. C'est aussi mon cas, à présent.

La chambre de Mila, pourvue d'une seule fenêtre, était sombre et exiguë, mais elle en fit ce qu'elle n'avait jamais eu auparavant : une maison. Et, lorsque Mervyn entra dans sa vie, elle fit de leur relation une vraie famille.

« Quand je t'ai vu pour la première fois, à l'automne 1963, écrivit Mila un an plus tard, j'ai été saisie d'une sorte d'impulsion, de certitude fulgurante. L'espace d'un instant, j'ai eu la conviction absolue que tu étais celui que j'attendais, celui dont je tomberais enfin réellement amoureuse. J'avais l'impression qu'une partie de mon cœur s'était détachée pour aller se loger dans le tien. Et je ne me trompais pas. Très vite, j'ai eu le sentiment de te comprendre et de te connaître intimement, comme si j'avais vécu dans ton ombre depuis tes premiers pas sur terre. Toutes les barrières qui auraient pu nous séparer se sont effondrées – qu'elles soient politiques, géographiques, nationales ou sexuelles. Dès lors, l'univers entier s'est divisé en deux : il y avait nous (toi et moi) d'un côté, le reste du monde de l'autre. »

Les plus infimes détails des neuf mois que mes parents ont passés ensemble à Moscou ont été préservés de l'oubli par les centaines de lettres qu'ils se sont échangées pendant leur séparation forcée – ces six années durant lesquelles ils ont revisité et contemplé amoureusement chaque minute de leur brève vie commune. Mila évoquait leurs menues querelles d'amoureux, leurs conversations, leurs nuits d'amour. Tout lui revenait à l'esprit ; elle déroulait les événements comme un film, analysant chaque scène, chaque réplique, les rejouant à l'infini comme pour se prouver qu'elle n'avait pas rêvé, qu'ils avaient réellement vécu ensemble, à Moscou, pendant neuf mois. « Je me laisse littéralement envahir par les moindres détails de notre vie commune, confia-t-elle à Mervyn. Je ne vis plus que dans le souvenir de cette époque. »

Lorsque l'hiver 1963 s'abattit sur la ville, mes parents se voyaient déjà presque quotidiennement. Mervyn passait chez Valery Golovitser en sortant de la bibliothèque Lénine pour discuter avec son ami et lui emprunter des disques, puis il descendait la rue Ryleev, s'engouffrait sous un passage s'il se sentait suivi par les gus du KGB, et repartait vers la rue Starokonouchenny dès que la voie était libre. Cinq minutes plus tard, il sonnait chez Mila. Il s'installait sur son divan et lisait tranquillement pendant qu'elle faisait frire des tranches d'esturgeon, son poisson préféré, dans la cuisine communautaire. Après le dîner, ils se promenaient sur les boulevards et dans les petites rues du quartier, ou discutaient une partie de la nuit, enlacés sur le canapé. Il adorait les confitures qu'elle faisait elle-même et servait sur de précieuses soucoupes en porcelaine de Gardner[1] dénichées dans un magasin d'antiquités (elle les aimait tant qu'elle les emporta avec elle à Londres, d'ailleurs). Plus tard dans la soirée, la petite chambre de Mila, avec son canapé-lit, sa table et son armoire, se refermait discrètement sur leurs étreintes tandis que, de l'autre côté de la cloison, les voisins éméchés dansaient et jouaient de l'accordéon.

Leur relation venait à point nommé. Studieux et solitaires, meurtris par une enfance malheureuse, tous deux avaient trouvé dans l'autre ce qui leur avait toujours manqué. Mila avait vingt-neuf ans. Elle avait puisé dans les films soviétiques et les grands classiques de la littérature occidentale une vision profondément romantique de l'amour. Contrairement à sa sœur et à la plupart de ses amies, qui s'étaient mariées au sortir de l'adolescence, elle

1. Porcelaines russes du dix-huitième siècle fabriquées à Verbilki, près de Moscou, par Francis Gardner, un entrepreneur britannique installé en Russie.

vivait seule depuis plusieurs années. Pourtant, elle plaisait aux hommes : malgré son handicap, elle avait eu plusieurs aventures, mais aucune d'elles n'avait été à la hauteur de ses exigences.

Et voilà que, comme par miracle, sa route avait croisé celle d'un étranger au long dos gracile, aux doigts fins et aux voyelles inquiètes, un russophile timide et rêveur, sérieux, pur (malgré ses brèves incursions dans l'univers immoral de Vadim et de Valery Shein), désemparé et violemment épris de son pays ! Mila n'hésita pas un instant : elle serait le havre qu'il cherchait encore, l'incarnation de tout ce qu'il aimait en Russie – cette fièvre et cette force qui le fascinaient tant.

Mervyn était sa pièce manquante : il combla très exactement le vide dont elle souffrait. Sa présence agit comme un baume sur les plaies encore à vif de son enfance. Il apaisa sa solitude et donna un sens à sa vie. Elle était encore inachevée : avec lui, elle devint une femme adulte, presque une mère. Elle fut le parent attentif et intelligent qu'il n'avait pas eu ; elle le choya et le cajola, elle qui ne l'avait jamais été. Comme si, en pansant ses blessures, elle se soignait elle-même et redressait ainsi les torts qu'ils avaient tous deux subis. Il fut son salut, celui que le destin lui envoyait pour combler tous ses manques affectifs.

« Tu vois ! La vie n'est pas aussi injuste et cruelle qu'on le dit, puisqu'elle t'a conduit vers moi, lui écrivit-elle pendant leur séparation, alors qu'ils vivaient de part et d'autre du rideau de fer. Je me suis logée en toi. Rien ne parviendra à me chasser d'un cocon aussi douillet. Il y a si peu de douceur, si peu d'amour dans le monde… Nous qui les avons trouvés, n'en perdons pas une miette ! »

Mervyn fut réellement le premier amour de Mila. Elle se donna à lui avec toute la pureté morale, toute l'intensité et tout l'absolutisme d'une adolescente. Ses référents émotionnels étaient principalement littéraires. Son langage amoureux, imprégné de ses lectures, s'en ressentait : il était mélodramatique, naïf, presque enfantin, mais toujours intense – d'une intensité brûlante qui n'appartenait qu'à elle. Sa passion pour Mervyn était moins érotique qu'affective : elle se nourrissait de la crainte terrible d'être abandonnée, de perdre la chance qui lui était donnée de réparer sa vie meurtrie et d'annuler enfin ses souffrances d'un seul coup de baguette magique.

Pour Mervyn, les choses étaient un peu différentes. Son physique agréable lui valait les faveurs des jeunes Russes : elles le trouvaient séduisant et flirtaient volontiers avec lui. Il aurait pu collectionner les aventures, mais il n'était pas, comme Valery Shein, enclin aux liaisons purement charnelles. L'appétit sexuel lui manquait. Et les femmes l'avaient toujours intimidé : il se montrait gauche en leur présence, incapable de déployer le charme un peu étudié et l'aisance dont faisaient preuve ses amis russes. Avec Mila, il s'était senti d'emblée sur un pied d'égalité. Cette femme au corps mutilé mais à l'âme intacte, vibrante et dévouée, ne lui était jamais apparue comme une menace : il l'avait d'abord perçue comme une amie, une alliée plutôt qu'une femme. Il avait admiré sa force et son indépendance d'esprit avant de s'émerveiller des ressources apparemment inépuisables d'amour et de tendresse qu'elle lui réservait. « Je veux t'offrir une vie saine et agréable, une maison confortable, te préparer de bons repas, lui annonça Mila quelques mois après leur rencontre en évoquant sa vision de leur avenir commun. Je veux aussi t'épauler dans ton travail, bien sûr. Tu ne peux pas imaginer à quel point je serai heureuse de t'aider ! Je suis certaine que nous parviendrons à fonder une vraie famille, unie dans l'amour et l'affection, la compréhension et le soutien mutuels. Tout ce que nous possédons, nous l'avons acquis à force de travail et de volonté. Il n'y a rien que nous ne puissions accomplir : ensemble, nous gravirons des montagnes. »

Surtout, et c'était peut-être le plus important, Mila comprenait Mervyn, ses espoirs et ses blessures secrètes, comme personne ne l'avait fait auparavant. « Je comprends ton désir d'échapper à la pauvreté et à l'anonymat ; je mesure à quel point tu as lutté pour t'en sortir et devenir quelqu'un dans ce vaste monde. Je sais que tu as repoussé tes propres limites et surmonté seul les pires difficultés, sans personne pour t'aider ni te montrer le chemin. Je comprends tes goûts, tes passions et tes faiblesses. »

Leur relation, déjà sérieuse, s'intensifia au cours de l'hiver. Mervyn mesura brusquement la puissance du sentiment qui le liait à Mila un soir de février, alors qu'ils descendaient tous deux le boulevard Gogolevski sous une averse de neige fondue. Ils se séparèrent avant d'arriver au métro Kropotkinskaïa : Mila devait tourner à gauche pour aller rendre visite à des amis. Ils s'embrassèrent au carrefour, et chacun partit de son côté. En voyant Mila s'éloigner dans la pénombre, mon père comprit, comme il le nota plus tard dans ses Mémoires, qu'il était « profondément amoureux de cette petite silhouette bancale », et ne pouvait « envisager son avenir sans elle ».

Il était pourtant loin d'imaginer à quel point cet amour, et la lutte qu'ils devraient mener pour le préserver, modifierait le cours de son existence. Il s'éprit de Mila comme il s'était épris de la Russie : avec une sorte d'engouement romanesque, sans songer au lendemain. Avant elle, il n'avait connu qu'une suite d'aventures excitantes et dépourvues de conséquences. Sa relation avec Mila allait exiger une implication totale. Il lui faudrait aller au bout de lui-même et mobiliser toute la détermination dont il était capable pour surmonter les obstacles qui se dresseraient devant eux.

Ludmila invita Mervyn à dîner chez sa sœur Lénina, dans l'appartement que celle-ci habitait avec son mari et leurs deux filles, quai Frounzenskaïa. Cet événement, qui témoignait du sérieux de leur relation, marqua une étape importante dans la vie de Mervyn : même après plusieurs années en Russie, il n'avait jamais été convié à un repas de famille chez des Soviétiques. Aucun de ses amis, pas même Vadim, ne lui avait fait cet honneur. Il avait pris le thé dans des *kommounalki* ou des chambres d'étudiant, bien sûr, mais il n'avait jamais franchi le seuil d'un « vrai » foyer russe.

Si l'initiative, qui revenait à Mila, était particulièrement audacieuse, Lénina ne le fut pas moins en acceptant de recevoir cet étranger chez elle. Car Mervyn était toujours suivi, quoique de manière sporadique, par les gus du KGB. Et sa visite chez Lénina risquait de causer des problèmes à Sacha, son mari, qui dirigeait depuis peu le service financier du ministère de la Justice. Mila et ses proches étaient donc conscients du danger, mais tous décidèrent de s'en moquer allègrement. Mon père fut traité comme un membre de la famille, et gavé de *chtchi*, de boulettes de viande, de thé et de gâteau. Il se montra sous son vrai jour : timide et un peu guindé. Lénina, Sacha et leurs deux filles adolescentes se prirent aussitôt de sympathie pour lui, et il fut fréquemment réinvité, malgré le risque qu'ils encouraient à le recevoir.

Au printemps, Mila proposa à Mervyn de l'accompagner à Vnoukovo, où Sacha avait construit une datcha pour sa petite famille. La localité, qu'on rejoignait en une heure de route depuis le centre de Moscou, semblait résumer à elle seule la campagne russe, avec ses cieux infinis, ses champs immenses, ses toilettes creusées au fond du jardin et ses puits remplis d'eau glacée. Le soleil fut au rendez-vous. Mervyn, en chemise à manches courtes, aida Sacha à bêcher le potager pour y planter des pommes de terre et des concombres. Mila l'emmena faire de grandes promenades en forêt. Elle était ravissante en longue robe de cotonnade à fleurs, ajustée à la taille, copiée sur une photo de mode parue dans un magazine. En fin d'après-midi, ils remplissaient le samovar de brindilles et d'écorces de bouleau, et buvaient du thé fumé accompagné de confiture de mûres en regardant la nuit tomber lentement sur le village.

Je suis allé à la datcha, moi aussi, lors d'un voyage à Moscou avec ma mère et ma petite sœur, l'année de mes huit ans. Je m'y suis amusé comme un fou. Tout me ravissait : la petite maison de bois, ses planchers grinçants, l'odeur d'humus et de vinaigre qui flottait dans la cuisine, la poussière qui tourbillonnait dans la lumière d'été. Le ciel me semblait toujours plus bleu ; les jours toujours plus longs. Il faisait très chaud, mais les champs de blé restaient délicieusement humides, pleins de grenouilles et d'escargots. Je me souviens d'avoir capturé une toute petite perche qui dormait au fond d'une mare, près de la datcha. Je l'ai enfermée dans un pot à confitures et rapportée à la maison. Elle est morte le lendemain matin. Rongé de culpabilité, je l'ai solennellement enterrée dans le jardin en creusant la terre noire à mains nues.

Le jardin potager paraissait livré aux herbes folles, malgré les efforts de mon oncle Sacha pour l'entretenir. Lénina répétait à qui voulait l'entendre qu'il plantait chaque année trois sacs de pommes de terre et n'en récoltait que deux. Elle ignorait que les gamins du village (auxquels je me joignis sans difficulté cette année-là) avaient pris l'habitude de venir dérober leurs patates pendant qu'ils faisaient la sieste. Je nous revois encore, mes copains et moi, récolter les tubercules puis remettre soigneusement les plantes à leur place, avant de courir dans la forêt, où nous les faisions cuire sous les cendres de notre feu de camp.

En fin d'après-midi, nous allions parfois cueillir des champignons et des baies dans la forêt – une tradition puissamment ancrée dans la psyché russe, à laquelle les villageois se livraient de manière obsessionnelle. Délaissant les champs écrasés de soleil, la brise et les sentiers poussiéreux de Vnoukovo, nous nous enfoncions avec délices dans les bois sombres, immobiles et moussus. C'était une forêt de bouleaux classique, comme on en trouve partout en Russie : silencieuse, si dense, si vaste qu'on s'y perdait à peine entré. Je participais à la cueillette, moi aussi. Mais j'écartais les feuilles mortes avec circonspection depuis qu'un énorme mille-pattes m'avait grimpé sur la main alors que j'espérais trouver un cèpe au pied d'un arbre. Une chose était sûre : l'âme russe était là, derrière chaque arbre, sous chaque feuille de ce bois. Ça sentait la Russie, comme dans les contes de Pouchkine que ma mère me lisait à Londres. Au-delà du sentier, les bouleaux semblaient se refermer sur un dédale d'ombres et de mystères qu'aucune forêt anglaise ne pourra jamais receler.

Le vieux samovar que mon père avait connu était toujours là. Je ramassais des pommes de pin bien sèches pour alimenter le petit réchaud, qui refusait pourtant de faire bouillir l'eau comme il aurait dû. Puis toute la famille s'installait au jardin. Nous buvions notre thé à peine chaud agrémenté de confitures maison. J'en profitais pour assaillir mon oncle de questions sur la guerre et sur les batailles qu'il avait livrées aux commandes de son tank. Il me répondait patiemment, avec sa bonhomie habituelle. Babka Simka, la vieille villageoise qui aidait ma tante à tenir la maison, s'offusquait de mon ignorance : n'aurais-je pas dû connaître le déroulement de la Grande Guerre patriotique sur le bout des doigts ? Je n'en savais presque rien, c'est vrai, mais j'étais dévoré de curiosité. Plus tard dans la journée, j'allais rejoindre les gamins du village qui jouaient à la Guerre civile – les rouges contre les blancs. Le grand-père d'un de mes amis lui avait fabriqué une réplique en bois, très bien imitée, d'une mitrailleuse Vickers. L'équipe qui sortait victorieuse de nos jeux d'enfants obtenait parfois l'insigne honneur de parader dans la rue principale avec la mitrailleuse, montée sur son chariot à roulettes. Lorsque nous passions en cahotant devant la datcha de ma famille, Sacha nous criait gaiement : « Paix à la terre des Soviets ! » en faisant de grands signes.

Mervyn et Ludmila étaient désormais inséparables. Après avoir été présenté à sa famille, Mervyn avait franchi un autre cap le 27 mars 1964, à Moscou. Ce soir-là, ils dînèrent ensemble dans la petite chambre de la jeune femme. En homme réservé et méthodique, Mervyn s'était promis d'attendre un peu avant de la demander en mariage. Mais, lorsqu'ils se dirigèrent vers la cuisine pour aller poser leurs assiettes sales dans l'évier, l'impatience balaya ses bonnes résolutions. « Allons nous faire enregistrer ! » déclara-t-il de but en blanc.

« Oh, Mervousia ! » s'exclama Mila, radieuse, en utilisant le diminutif qu'elle avait forgé à partir de son prénom. Ils s'enlacèrent sous le plafond graisseux de la cuisine. Mais elle réserva sa réponse, insistant pour que Mervyn y repense à tête reposée, au cas où il souhaiterait changer d'avis. Ils échangèrent un baiser dans le couloir, et Mervyn la quitta pour rentrer chez lui.

Il revint la voir le lendemain et réitéra sa demande, qui fut acceptée. Ils se rendirent aussitôt au Palais des mariages de la rue Griboïedov, la seule administration de la capitale qui était habilitée à enregistrer les mariages entre Soviétiques et étrangers. L'URSS était un pays profondément laïque : les couples ne s'unissaient pas devant Dieu, mais devant l'État. La cérémonie se déroulait sous le regard impassible d'un grand buste de Lénine, au son d'un enregistrement de Prokofiev que diffusait une vieille dame à l'air renfrogné. Mervyn et Mila se joignirent à la longue file d'attente qui se formait toujours à l'heure du déjeuner devant le bureau de la directrice. Lorsque leur tour arriva, on leur annonça que la première date disponible était le 9 juin – presque trois mois plus tard. Ils acquiescèrent, remplirent un formulaire et repartirent avec un récépissé certifiant le dépôt de leur demande d'enregistrement et la date prévue pour le mariage, ainsi qu'un coupon échangeable contre une bouteille de champagne dans un magasin d'État. Ils se quittèrent en arrivant dans la rue : mon père monta dans un trolleybus pour se rendre à la bibliothèque Lénine, et ma mère regagna son bureau.

L'interminable hiver moscovite touchait à sa fin. Le soir, Mervyn s'installait à la petite table de Mila et annotait ses livres à la lueur d'une lampe de chevet, tandis qu'elle tricotait, assise sur le divan. Elle lui achetait de petits cadeaux (livres ou disques) en sortant de son travail, où ses collègues lui enviaient son grand et beau fiancé, si timide. Certains soirs, il décidait de rester près d'elle au lieu de prendre le dernier métro pour regagner l'université. Ils passaient la nuit ensemble, étroitement enlacés dans le petit lit, comme deux adolescents. Mervyn se levait à l'aube et quittait l'appartement sur la pointe des pieds pour éviter de faire jaser les voisins. Ils étaient enfin, pour la première fois de leur vie, infiniment heureux.

Leur idylle ne fut que trop brève. En mai, à l'issue d'un entretien terriblement ennuyeux avec son directeur de recherches à l'université de Moscou, Mervyn remarqua qu'il était suivi par une équipe de gus plus nombreux que d'habitude. Il avait rendez-vous avec Igor Vail, un jeune étudiant russe rencontré sur les bancs de la fac, mais il s'arrêta pour lui téléphoner et lui suggérer de reporter leur rencontre. Les gus l'inquiétaient. Comme il l'expliqua à Vail, il n'aimait pas « venir dans certaines circonstances ».

Il était d'autant plus nerveux qu'il devait voir Igor « pour affaires » : il lui avait vendu un de ses pulls quelques semaines plus tôt et devait encaisser ce jour-là l'argent qu'Igor n'avait pu lui donner immédiatement. Il lui avait aussi remis un de ses vieux costumes, Igor lui ayant assuré qu'il pourrait le vendre à l'un des étudiants africains de sa résidence, ou dans une *kommissionka*, un magasin d'occasion, ce que seul un citoyen soviétique était autorisé à faire. Ces deux opérations étaient théoriquement illégales, comme l'était tout commerce privé en Union soviétique. Sur le moment, Igor n'avait pas semblé s'en inquiéter. La situation avait-elle changé ? Mervyn le trouva tendu au téléphone, mais son ami insista pour maintenir leur rendez-vous. Et mon père se rendit donc chez lui ce jour-là.

Vail vivait avec sa mère dans un appartement communautaire, rue Kropotkinskaïa. Il accueillit Mervyn avec un empressement inhabituel et le fit entrer dans sa chambre. Deux hommes en costume sombre, âgés d'une cinquantaine d'années, attendaient sur le divan.

« Mes deux amis s'intéressent au costume que tu voulais vendre… Tu te rappelles ? lança Igor avec un entrain forcé.

— Oui, nous nous intéressons à tout ce que vous voulez vendre », renchérit l'un des types d'un ton sec.

Mervyn tourna les talons pour s'enfuir. Il était manifestement tombé dans une souricière. Un vulgaire traquenard, comprit-il avec une panique croissante, que seuls ses anciens « amis » du KGB pouvaient avoir organisé. Sourire désespéré aux lèvres, Igor semblait cloué sur place. L'un des agents se leva pour retenir mon père. Exhibant une carte de police de couleur rouge, il lui annonça qu'il était « en état d'arrestation pour crime de spéculation économique ».

Ils furent tous deux conduits au poste de police le plus proche, situé rue Maly Mogiltsevski, derrière la place Smolenskaïa. Après une courte attente, Mervyn fut amené dans le bureau de l'inspecteur de service, un certain capitaine Mirzouïev, qui nota minutieusement les détails de l'affaire en insistant sur les crimes dont il s'était rendu coupable : vile tentative de corruption de la jeunesse soviétique et participation à d'odieuses opérations spéculatives. Mon père refusa de signer la déposition et demanda à passer un coup de téléphone. Il ne connaissait que trop l'identité de ceux qui l'avaient piégé, et leur supériorité sur le petit capitaine de police qui venait de l'arrêter. Ce fut avec une pointe de satisfaction qu'il interrompit les sermons de Mirzouïev d'un geste de la main.

« Il faut que j'appelle le KGB », annonça-t-il en sortant son carnet de sa poche.

Mirzouïev l'emmena immédiatement dans le hall, où Mervyn composa le numéro qu'Alexeï lui avait donné, des années plus tôt. Ce fut une femme qui répondit. Il lui expliqua brièvement la situation en demandant qu'on vienne le chercher. Elle nota l'adresse du commissariat sans faire le moindre commentaire et lui promit de transmettre le message à son supérieur.

Alexeï fit irruption une demi-heure plus tard dans la salle d'interrogatoire. Vêtu d'un costume sur mesure, il était plus élégant que jamais. Trois ans s'étaient écoulés depuis leur dernière rencontre. Il gratifia Mervyn d'un regard désapprobateur et fit mine d'ignorer les raisons de son arrestation. Mon père ne fut pas dupe, mais jugea préférable de se prêter au jeu : il lui raconta toute l'histoire dans ses moindres détails. « Vous avez commis un délit extrêmement répréhensible, Mervyn. Vous en êtes conscient, j'espère ? » s'enquit froidement Alexeï.

Ils coupèrent court aux formalités administratives : Alexeï se contenta de saluer Mirzouïev et d'emmener Mervyn dans sa voiture, une splendide ZiL garée devant le commissariat. Le chauffeur démarra aussitôt et se dirigea vers les monts Lénine sur ordre d'Alexeï, qui avait proposé à son « ami » de le raccompagner à l'université. Il avait manifestement pris du galon au sein du KGB, mais ils se gardèrent l'un comme l'autre d'évoquer le sujet. Alexeï demanda poliment à Mervyn des nouvelles de sa mère. « Elle est souffrante, répondit-il, et le serait encore plus si elle savait ce qui m'arrive.

— Certainement, renchérit Alexeï d'un ton mielleux. Elle se ferait beaucoup de souci… Car cette histoire va vous causer de graves ennuis, Mervyn. »

Tout était dit. Le silence retomba à l'arrière de la ZiL, et, cette fois, aucun des deux hommes ne fit l'effort de poursuivre la conversation.

Plus tard, seul dans sa petite chambre d'étudiant qui bénéficiait d'une vue plongeante sur les lumières de la capitale, Mervyn réfléchit longuement à la situation. Il était persuadé qu'Alexeï lui proposerait de nouveau de travailler « dans l'intérêt du peuple soviétique ». Six semaines le séparaient encore de la date prévue pour son mariage avec Ludmila – six semaines au cours desquelles le régime pourrait aisément l'expulser ou même l'incarcérer au moindre faux pas : le « délit » dont il s'était rendu coupable était passible de deux ans de prison. Alexeï avait raison : il avait de sérieux ennuis. Et le temps jouait contre lui.

Le lendemain, lorsqu'il raconta à Mila que le KGB lui avait tendu un guet-apens (il parla de « provocation »), elle accueillit la nouvelle sans flancher. Elle perdait parfois son calme pour des détails insignifiants, mais elle était solide comme un roc dans la tempête. « Oh ! C'est la vie à Moscou, tu sais ! » commenta-t-elle en lui servant une tasse de thé et une soucoupe de confiture. Mervyn acquiesça. Il pensait encore pouvoir déjouer les plans des services secrets soviétiques, les faire patienter jusqu'au mois de juin, épouser Ludmila et l'emmener avec lui en Angleterre.

Le KGB ne l'entendait malheureusement pas de cette oreille. Mervyn le comprit au cours d'une série d'entretiens, de plus en plus tendus, organisés à l'hôtel Métropole par Alexeï et son chef, Alexander Fiodorovitch Sokolov. Fidèle à sa tactique, mon père tenta de gagner du temps en réaffirmant son soutien indéfectible à la paix et à la solidarité internationales. Ses interlocuteurs accueillirent ses déclarations avec une impatience croissante. Sokolov, qui avait appris son métier à une époque où les caprices de ce genre étaient couramment réprimés par l'usage de la force, coupa court aux tergiversations de Mervyn : acceptait-il, oui ou non, de travailler pour le KGB ? s'enquit-il brutalement. Il devint agressif et frappa du poing sur la table, exaspéré par les atermoiements de plus en plus désespérés de mon père. Lorsqu'ils se séparèrent, furieux, à l'issue de ce qui devait être leur dernier entretien, il était clair que la patience du KGB avait atteint ses limites.

J'ai toujours pensé que mon père s'était conduit avec noblesse et courage dans cette affaire. Son refus de travailler pour le KGB force mon admiration, mais je ne le comprends pas mieux pour autant. Je me suis aperçu en écrivant ce livre que j'aurais, moi, agi de manière radicalement différente : si j'avais été contraint, comme lui, de choisir entre la femme que j'aimais et mon pays natal, j'aurais accepté l'offre du KGB sans hésiter. Ce choix m'aurait répugné, bien sûr, mais j'aurais fait passer mon bonheur et ma vie privée avant tout. Cette différence est-elle purement générationnelle, ou relève-t-elle d'une simple dissemblance de tempérament entre lui et moi ? La réponse continue de m'échapper.

La génération de mon père a vu ses hommes avancer en rangs serrés sous le feu des mitrailleuses ennemies au nom du roi et de la patrie. Il a grandi dans une atmosphère confinée, pétrie de conformisme. Bien qu'il se soit montré résolument individualiste tout le long de sa vie, l'idée de trahir son pays et de répondre à l'appel du KGB lui était tout bonnement insupportable – non parce que la trahison lui paraissait extravagante, mais parce que son sens de l'honneur lui interdisait de céder aux flatteries, puis aux menaces des Soviétiques. Il n'avait que mépris pour la politique, mais l'Angleterre éveillait en lui une loyauté qu'il ne remit jamais en question. Et dont il paya chèrement le prix.

Mervyn et Mila reçurent un document officiel, tapé sur papier fin, leur annonçant que la date prévue pour leur mariage avait été annulée puisque Mervyn était « impliqué dans une affaire criminelle » – ce qui n'était pas tout à fait exact, le rapport de police se limitant à une simple déposition. Peu après, le KGB convoqua à plusieurs reprises Valery Golovitser dans ses locaux pour l'interroger sur ses relations avec mon père. Tenu au secret, il était suivi de près, mais il chargea un de leurs amis communs d'informer Mervyn de la situation et des « ennuis » qui étaient les siens. Cette fois, mon père fut terrifié. Jusqu'où irait le KGB s'il commençait à s'en prendre à ses amis ?

Il retrouva espoir en apprenant qu'Harold Wilson, le leader du Parti travailliste anglais et chef de l'opposition, était attendu à Moscou pour y rencontrer les dirigeants soviétiques, qui cherchaient à favoriser la victoire du Labour Party aux prochaines élections. Mervyn se rendit à l'hôtel National le soir de l'arrivée de Wilson. Il franchit résolument le barrage des agents de sécurité en jouant de son accent britannique et se dirigea vers les ascenseurs. Par chance, la porte de la chambre de Wilson n'était pas gardée. Il frappa. Le chef du Labour en personne vint lui ouvrir, mais, lorsque Mervyn lui expliqua le motif de sa visite et lui demanda d'intervenir en sa faveur auprès de Khrouchtchev, le visage de son interlocuteur se ferma. Pressentant les difficultés que risquait de lui causer cette affaire, il refusa poliment mais fermement de l'aider. Le bref entretien que mon père eut deux jours plus tard avec Patrick Gordon Walker, le ministre des Affaires étrangères du cabinet fantôme de Wilson, fut encore plus déplaisant : Walker le congédia froidement en lui conseillant de s'adresser à l'ambassade.

Mervyn et Ludmila décidèrent de se rendre au Palais des mariages, rue Griboïedov, à la date initialement prévue pour la cérémonie. Mila portait une robe de mariée en lin, brodée de perles ; Mervyn avait glissé l'écrin qui contenait leurs alliances, deux gros anneaux d'or rose, dans la poche de sa veste.

Il avait invité un petit nombre de journalistes occidentaux à couvrir leur tentative de mariage. Ce coup de poker aurait pu fonctionner. Il ne fit, hélas, qu'empirer la situation. Victor Louis, le correspondant permanent de l'*Evening News*[1], répondit à l'appel, ainsi qu'une bonne dizaine de gus du KGB. Louis était un personnage énigmatique, d'origine russe, qui occupait depuis des années la position enviée de doyen des journalistes étrangers à Moscou. La directrice du Palais des mariages avait, quant à elle, sagement préféré s'absenter pour la journée. Son adjoint refusa obstinément d'enregistrer le jeune couple, en répétant que la réservation avait été annulée « sur ordre de l'administration ». Victor Louis tenta vaillamment de le faire capituler en insistant pour obtenir de sa part un « motif légal » justifiant son refus de procéder au mariage. Il se battit en vain : les bureaucrates usèrent de la vieille tactique soviétique consistant à ne rien faire et à ne rien dire des heures durant, jusqu'à ce que, épuisés, leurs adversaires finissent par renoncer à leur requête. Mervyn et Mila attendirent donc toute la journée. Et repartirent à bout de nerfs au coucher du soleil.

Conscient d'avoir joué avec le feu en convoquant la presse, mon père s'attendait aux représailles du KGB. Mais quand frapperait-il ? Il se terra chez Ludmila en attendant.

---

1. Grand quotidien du soir publié à Londres de 1881 à 1980.

Les journalistes étrangers, ne le trouvant pas à l'université, annoncèrent sa disparition. Pendant quelques jours, mes parents, qui espéraient encore un miracle, s'efforcèrent de rester sourds aux terribles menaces qui pesaient sur leur avenir commun. Mila prétexta une petite fièvre pour ne pas aller travailler. Ils se promenèrent main dans la main sur l'Arbat et passèrent des heures à lire et à discuter, enfermés dans leur chambre. Le 19 juin, un coup de téléphone les rappela à l'ordre : Mervyn devait se rendre de toute urgence à l'ambassade britannique.

Deux diplomates l'attendaient à l'entrée de la chancellerie. Ils le conduisirent dans la « bulle », une petite pièce prétendument exempte de tout dispositif de surveillance, où ils pourraient parler sans crainte d'être entendus. Cette mascarade avait pour but d'informer Mervyn que le ministère britannique des Affaires étrangères avait « de sérieuses raisons de penser que Mila était un agent du KGB ». Aucune preuve ne venait étayer leurs soupçons, qu'ils énoncèrent avec une gravité de circonstance. Mervyn commit alors l'un des actes dont il reste le plus fier – il en est plus fier encore que de son refus de travailler pour Alexeï : il se leva, profondément écœuré, et quitta l'ambassade sans un mot.

Son écœurement était sincère, mais ces manières bravaches ne lui ressemblaient pas. Sa timidité naturelle reprit vite le dessus, et ce fut en homme désespéré, au bord de la panique, qu'il monta dans un trolleybus pour regagner son petit refuge de la rue Starokonouchenny, où il se prépara à l'inévitable. L'attente fut brève : le lendemain matin, deux fonctionnaires de l'ambassade se présentèrent à la *kommounalka* pour lui remettre une lettre. La présence de tant d'étrangers fit sensation parmi les voisins de Ludmila, qui observèrent la scène en chuchotant.

La lettre informait mon père que les services de la chancellerie avaient reçu un courrier officiel du ministère soviétique des Affaires étrangères, leur annonçant que William Haydn Mervyn Matthews, étudiant de troisième cycle, était désormais *persona non grata* en Union soviétique et devait quitter immédiatement le pays. Quelques minutes plus tard, un milicien en uniforme accompagné d'un *droujinnik*, un membre des services civils de maintien de l'ordre, sonnait à la porte. « Vous êtes en infraction, annonça le milicien à Mervyn. Vous vivez illégalement dans cet appartement. Veuillez nous suivre. » Il dut obtempérer.

Ils le firent monter dans une voiture et traversèrent rapidement le centre de Moscou – la circulation était encore fluide, à l'époque – en contournant la place Loubianka. Terrifié, mon père s'imagina un instant qu'ils l'emmenaient au KGB. Mais ils empruntèrent ensuite la rue Tchernychevski, où se trouvaient les bureaux de l'OVIR, chargés des visas et de l'enregistrement des étrangers. Là, Mervyn fut officiellement informé que son visa avait expiré. Il avait vingt-quatre heures pour quitter le pays. Un fonctionnaire de l'ambassade britannique, présent sur les lieux, se proposa de l'aider à trouver une place sur le prochain vol à destination de Londres, qui partait le lendemain matin. Mervyn le laissa faire, mais il était si profondément révulsé par la tournure des événements qu'il refusa de prononcer un mot de russe, ce qui obligea le type de l'ambassade à traduire laborieusement leur conversation aux fonctionnaires soviétiques de l'OVIR.

Mes parents passèrent leur dernière nuit ensemble dans l'appartement de Mila. Mervyn ne se donna même pas la peine de retourner à l'université chercher ses affaires. Ils parlèrent peu : tous deux étaient muets de chagrin. Le lendemain matin, ils prirent un taxi pour se rendre à l'aéroport de Vnoukovo. Mila était blême, en état de choc. Ils s'embrassèrent devant la porte d'embarquement. Quand elle le vit franchir la porte vitrée qui menait au contrôle des passeports, sa douleur ne fut pas moins vive que lorsque ses parents lui avaient été enlevés, vingt-cinq ans plus tôt.

« Mon Dieu ! Quelles minutes effroyables j'ai vécues à l'aéroport ! Je suis restée dans un coin, les yeux rivés sur l'avion qui t'emmenait, étouffée sous le flot de mes larmes, écrivit Mila à Mervyn quelques jours plus tard. Les chauffeurs de taxi ont voulu m'aider. Ils m'ont demandé ce qui n'allait pas et m'ont même proposé de me ramener gratuitement à Moscou si je n'avais pas d'argent. Mais je n'arrivais pas à partir. Je restais là, au coin du mur, en espérant qu'un miracle se produirait et que tu reviendrais. »

11

Mila et Mervousia

Mon amour est plus fort que leur haine.
Mila à Mervyn

Mervyn fut réveillé par un chant d'oiseau. Dehors, un généreux soleil matinal inondait le petit jardin anglais bien tenu, dans une rue pavillonnaire de la banlieue sud de Londres. Des bruits de vaisselle montaient de la cuisine installée au rez-de-chaussée, où la radio diffusait les programmes de la BBC. Il resta étendu un long moment, écrasé sous le poids du cauchemar bien réel qui l'avait ramené en Grande-Bretagne. On était le 22 juin 1964.

« Je savais que ça finirait par arriver… Mais il est têtu comme une mule : il n'a rien voulu entendre ! » avait déclaré sa mère au reporter du *Daily Express* qui l'avait appelée la veille. Elle avait raison sur un point : son fils était extrêmement têtu. Mais cela ne suffisait pas à expliquer ce qui s'était passé à Moscou. Mervyn avait combattu toute sa vie contre le provincialisme et l'étroitesse d'esprit que d'autres tentaient de lui imposer. À présent, il devrait se battre pour que Mila puisse s'en affranchir à son tour.

Ce matin-là, il se promit de mettre tout en œuvre pour faire sortir sa fiancée d'URSS. Sa résolution n'avait rien d'impulsif : en homme pragmatique, il réfléchit longuement et se donna cinq ans pour y parvenir. Si, passé ce délai, ses efforts n'avaient pas abouti, il se résignerait à l'échec et tournerait la page.

Il installa aussitôt son quartier général au fond du petit pavillon de Jack, son demi-frère, qui vivait à Barnes, au sud-ouest de Londres, et entreprit de renouer avec ses anciens contacts. Il réserva l'un de ses premiers appels à St Anthony's. Bill Deakin, le directeur de la faculté, avait lu les articles consacrés aux mésaventures de son étudiant à Moscou avec une inquiétude croissante. Il invita Mervyn à dîner le lendemain soir chez Scott, un restaurant de poissons du quartier de Mayfair. C'était un homme imposant, patricien jusqu'au bout des ongles. Collaborateur de Churchill pendant la guerre, il avait sauté en parachute sur la Yougoslavie au côté du général Fitzroy Maclean pour nouer contact avec les partisans de Tito, hostiles à l'occupation allemande. Mervyn l'appréciait et le respectait, mais c'était exactement le genre d'homme qui le mettait sur la défensive : ses manières policées, héritées d'une vie passée au sein de l'establishment britannique, le plongeaient dans l'embarras.

Deakin n'avait accordé que peu d'attention à Mervyn avant son départ pour Moscou, le considérant comme un étudiant parmi d'autres. Aussi avait-il été désagréablement surpris de voir son nom et celui de St Anthony's cités à la une des journaux britanniques. Craignant que ce timide Gallois n'entache la réputation de la faculté, il jugea nécessaire d'avoir une sérieuse conversation avec lui. Si le repas, bien que coûteux, se révéla assez banal – mon père songea avec ironie que les choix d'Alexeï en matière de restaurants l'emportaient nettement sur ceux de Bill –, Deakin, lui, se montra charmant. Il commença par s'assurer, en sirotant son whisky soda, que Mervyn n'avait pas été impliqué dans une affaire criminelle susceptible de ternir l'image de St Anthony's. Lorsque mon père l'eut tranquillisé sur ce

Un jeune professeur d'université : Mervyn en 1957. Il venait d'obtenir un poste de recherche au prestigieux St Anthony's College d'Oxford.

Mervyn sur les berges de l'Isis à Oxford en 1958.

Mervyn lors d'une excursion à Kouskovo près de Moscou au printemps 1959.

Veste cintrée, cravate en tricot, Gauloises achetées au magasin de l'ambassade : Mervyn à Moscou en 1959.

« Quelle coïncidence ! » Vadim Popov, l'agent du KGB qui fut le premier « ami » russe de Mervyn, dégustant des brochettes sur le marché de Boukhara en Ouzbékistan, en 1959.

« Ce n'est pas la glace, mais ce qu'il y a sous la glace qui est effrayant. » Mervyn *(ici, avec le directeur d'un kolkhoze local)* pose sur le lac Baïkal encore gelé à l'issue de sa virée touristique avec le KGB en avril 1960.

« Quel ingrat, ce Matthews ! »
Alexeï Sountsov, l'officier du KGB chargé de recruter Mervyn, l'emmena jusqu'en Sibérie pour lui vanter les merveilles du socialisme sans parvenir à le convaincre de trahir l'Angleterre. Ina Vadimovna, sa veuve, donna cette photo à Mervyn en 1997.

En marge : Mervyn *(à l'extrême droite)* et ses camarades de promotion à St Anthony's en 1958. Ses aventures soviétiques signeraient bientôt la fin de sa carrière à Oxford.

« Je m'y suis sentie comme un poisson dans l'eau. » Ludmila à la bibliothèque de l'Académie des sciences de Moscou où elle fut recrutée après son renvoi de l'Institut du marxisme-léninisme. Elle s'entendait si bien avec ses collègues qu'ils réalisèrent une série de photos comiques : on la voit ici poser avec son ami Eric Jouk, marteau en main pour symboliser l'ouvrier et la kolkhozienne, puis en *Bourgeois de Calais* avec une autre collègue, et, enfin, à son bureau.

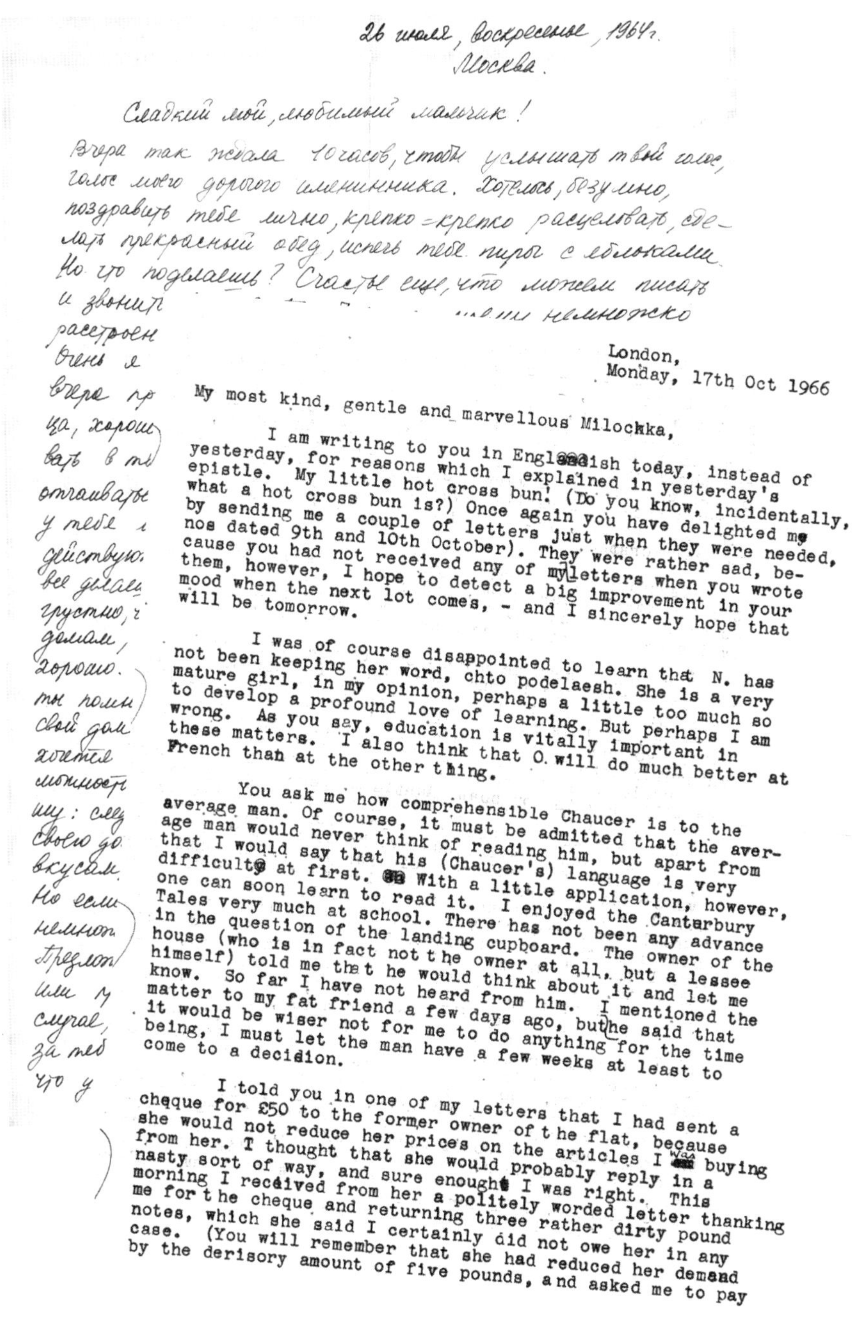

26 июля, Воскресенье, 1964 г.
Москва.

Сладкий мой, любимый мальчик!

Вчера так ждала 10 часов, чтобы услышать твой голос, голос моего дорогого именинника. Хотелось, безумно, поздравить тебя лично, крепко-крепко расцеловать, сделать прекрасный обед, испечь тебе пирог с яблоками. Но что поделаешь? Счастье еще, что можем писать и звонить ... ...ели немножко

расстроен
Очень я
вчера пр
ца, хорош
вать в тв
отчаивать
у тебя и
действую
все делае
грустно, ч
домам,
хорошо.
ты помн
свой дом
хочется
ну: сле
своею до
вкусам.
Но если
немног
предлог
или п
случае,
за теб
что у

London,
Monday, 17th Oct 1966

My most kind, gentle and marvellous Milockka,

I am writing to you in Engl[?]ish today, instead of yesterday, for reasons which I explained in yesterday's epistle. My little hot cross bun! (Do you know, incidentally, what a hot cross bun is?) Once again you have delighted me by sending me a couple of letters just when they were needed, nos dated 9th and 10th October). They were rather sad, because you had not received any of my letters when you wrote them, however, I hope to detect a big improvement in your mood when the next lot comes, - and I sincerely hope that will be tomorrow.

I was of course disappointed to learn that N. has not been keeping her word, chto podelaesh. She is a very mature girl, in my opinion, perhaps a little too much so to develop a profound love of learning. But perhaps I am wrong. As you say, education is vitally important in these matters. I also think that O. will do much better at French than at the other thing.

You ask me how comprehensible Chaucer is to the average man. Of course, it must be admitted that the average man would never think of reading him, but apart from that I would say that his (Chaucer's) language is very difficult at first. With a little application, however, one can soon learn to read it. I enjoyed the Canterbury Tales very much at school. There has not been any advance in the question of the landing cupboard. The owner of the house (who is in fact not the owner at all, but a lessee himself) told me that he would think about it and let me know. So far I have not heard from him. I mentioned the matter to my fat friend a few days ago, but he said that it would be wiser not for me to do anything for the time being, I must let the man have a few weeks at least to come to a decision.

I told you in one of my letters that I had sent a cheque for £50 to the former owner of the flat, because she would not reduce her prices on the articles I was buying from her. I thought that she would probably reply in a nasty sort of way, and sure enough I was right. This morning I received from her a politely worded letter thanking me for the cheque and returning three rather dirty pound notes, which she said I certainly did not owe her in any case. (You will remember that she had reduced her demand by the derisory amount of five pounds, and asked me to pay

« Chaque phrase *[de mes lettres]* est rédigée avec mon sang, celui qui vient du cœur » ;
Mila à Mervyn en 1963.

What about our Russian fiancées Mr. Ambassador?

by BRIAN PARK

TWO ENGLISHMEN who have waited four years to marry Russian women had a face-to-face confrontation with the Russian Ambassador, Mr. Mikhail Smirnovsky, in a London street.

Five days ago university lecturer Mr. Mervyn Matthews, 36, and car-worker Mr. Derek Deason, 38, who have become close friends because of their joint problem, were walking down South Audley Street, Mayfair, London, talking about their fiancées still in Russia.

... was asked why his Government would not allow the men to marry their sweethearts. He said: "You must not create difficulties."

Mr. Matthews said: "I don't know how he would feel if he'd been kept apart from someone he loved and I told him we would have to see about that."

The doors of the Chaika car—a Russian version of a Rolls-Royce—slammed shut and it drove off.

Mr. Deason—whose fiancée, Elenara Ginsburg, 38, is a Moscow schoolteacher—said: "It was one of the most heartening things that has happened for a very long time. At least it proved the Russians are well aware of our continuing fight to get married."

The fight is a two-capital affair.

SOUTH WALES — EVENING POST - 20 JUNE 68

Swansea man's 'surly' reply from Russians

By EVENING POST REPORTER

... was the description given today by Mr. Mervyn ... a man and lecturer in Russian at the University of ... tion he has received from the U.S.S.R. embassy in London.

Mr. Matthews visited the embassy three weeks ago and left a letter pleading with the Ambassador to intercede in Moscow on his behalf so that he can marry Ljudmila Bibikova, whom he began courting when doing research work at Moscow University.

It was shortly after their attempt to marry in 1964 that Mr. Matthews, whose mother lives in Aberdyberthi-street, Hafod, Swansea, was ordered out of Russia.

'POST' CUTTING

Mr. Matthews said today that three days after his visit to the embassy, he received a telephone call to say that he could expect an acknowledgment of his letter. But now he has had the acknowledgment, which was bitterly disappointing.

It came from the consular department of the embassy and in the envelope was his "open" letter delivered on June 4, the envelope in which it had been contained, some press cuttings about the letter which Mr. Matthews had sent a couple of days later, and a short letter in Russian.

Among the cuttings, said Mr. Matthews today, was the 'Post' Man's Diary report in the Evening Post dated June 4, which had had pride of place on top of the other cuttings.

"I find this negative and surly response of the embassy both puzzling and distressing.

"It is indeed strange that the ...

« La réponse "revêche" des Russes à l'homme de Swansea », titre le *South Wales Evening Post* du 20 juin 1968. « Pourquoi ne pouvons-nous pas nous marier, monsieur l'ambassadeur ? » s'interroge quelques mois plus tard le *Sunday Express*.

Enfin réunis. Mervyn et Mila à Moscou en octobre 1969, quelques jours avant leur mariage.

Mariés. Mila et Mervyn posent avec Éléonora Guinzbourg en face du Kremlin après avoir assisté à une réception organisée en leur honneur à l'ambassade de Grande-Bretagne le 1er novembre 1969, au lendemain de leur mariage.

« Je suis allée au pays des merveilles. » L'auteur avec Ludmila et Martha Bibikova à Londres, été 1976. Martha était venue de Moscou avec ses draps.

À la datcha des Vassine en 1978. Babka Simka *(en haut à gauche)*, Ludmila, Lénina, Sacha, l'auteur et sa cousine Macha.

Mervyn et Ludmila à Londres en 2006.

point, Deakin écouta son récit avec sympathie et lui conseilla doctement d'en parler avec « les services spéciaux ». Puis il vida son café, laissa généreusement dix shillings de pourboire au serveur et s'engouffra dans un taxi, tandis que Mervyn repartait à pied vers le métro.

En fait, mon père était pressé de passer à l'action. Dans l'avion qui le ramenait en Angleterre, il avait conçu un plan audacieux, mais parfaitement réalisable. Il avait l'intention de se rendre en Suède, où Nikita Khrouchtchev serait en visite officielle avec son épouse la semaine suivante, pour les supplier de l'aider à épouser la femme qu'il aimait.

Il s'était gardé d'informer sa mère de son projet, mais il en avait glissé un mot à son frère et aux quelques journalistes qui l'avaient accueilli à Heathrow. Lillian comprit malgré tout ce qu'il s'apprêtait à faire et tenta fermement de l'en empêcher. « Pour l'amour du ciel, Mervyn, renonce à cette idée d'aller voir Khrouchtchev en Scandinavie ! lui écrivit-elle de Swansea. Il se déplace avec un garde du corps absolument effrayant. Tu risques de te faire tirer dessus. » Mervyn bouda son conseil – et tous ceux qui suivirent, d'ailleurs.

Il s'envola donc pour Göteborg, mais son appareil se posa sur le tarmac au moment où celui des Khrouchtchev le quittait. La police suédoise, qui avait eu vent de son projet par voie de presse, fut extrêmement soulagée de le voir arriver trop tard. « *Khrouchtchev gone !* » s'exclama dans un anglais approximatif le policier suédois en civil qui l'accueillit à sa descente d'avion.

Mervyn fut invité à dîner par le rédacteur en chef du *Göteborgs Handels- och Sjöfartstidning*, auquel il accorda une interview. Puis il décida de rejoindre Khrouchtchev à Stockholm et monta dans un train de nuit à destination de la capitale suédoise. Il arriva sous une pluie battante et prit une chambre au Hellman, un hôtel bon marché du centre-ville. Il se prépara aussitôt une tasse de thé à l'aide de la petite résistance métallique, de la cuillère à infuser le thé et de la tasse qu'il prenait toujours soin de glisser dans sa valise. Il garda cette habitude pendant des années. L'image de son petit matériel étalé sur les tables branlantes des chambres d'hôtel où nous avons séjourné durant mon enfance, en Provence, à Istanbul, au Caire, à Florence ou à Rome, reste gravée dans ma mémoire. Lors de son voyage à Stockholm, il s'était aussi muni de couverts et d'une assiette afin de pouvoir manger dans sa chambre : les restaurants suédois étaient bien au-dessus de ses moyens. Il se nourrit de snacks et de sandwichs pendant toute la durée de son séjour.

Le lendemain matin, il se rendit dans les locaux des deux plus grands quotidiens de Stockholm, l'*Aftonbladet* et le *Stockholms-Tidningen*, où les journalistes lui conseillèrent de renoncer à son projet, vu l'ampleur du dispositif de sécurité qui entourait Khrouchtchev. Ils lui promirent néanmoins de lui consacrer de grands articles dans leurs éditions du lendemain.

Ce soir-là, Mervyn se rendit seul dans un parc d'attractions situé sur l'une des îles de la baie. Il regarda danser les jeunes couples (qui devaient payer séparément pour chaque morceau, remarqua-t-il avec étonnement) en s'imaginant le bonheur qu'il aurait à franchir le tourniquet et à s'avancer sur la piste au bras de Mila.

Il se réveilla en sursaut à trois heures du matin : on frappait à sa porte. C'était Des Zwar, un reporter du *Daily Mail*. Mervyn tenta de s'en débarrasser, en vain. Le type insista en lui racontant qu'il avait passé les hôtels de la ville au peigne fin pour le trouver. « Plus question de vous lâcher, maintenant ! C'est la rédaction qui m'envoie, expliqua-t-il. Ils pensent qu'on tient un bon coup avec votre histoire. »

Ils s'assirent sur le lit et discutèrent un long moment. Mon père lui parla de Ludmila et de leur tentative de mariage avortée. Zwar lui confia qu'il avait « deux passions dans la vie : le golf et les jolies femmes. Dans cet ordre ! » précisa-t-il avec un sourire en coin. Son article, véritable chef-d'œuvre de la presse tabloïd des années soixante, figura en bonne place dans le *Daily Mail* du lendemain. Mervyn le colla dans le premier des volumineux dossiers de presse qu'il conservait dans son bureau.

> « Le Dr Mervyn Matthews, le chercheur de 31 ans qui s'est vu refuser l'autorisation d'épouser une jeune Soviétique, était ce soir à Stockholm, où il espère entrevoir M. Khrouchtchev. Il s'est promené en ville toute la journée, prêt à remettre sa lettre au dirigeant soviétique dès que l'occasion se présenterait. "Je ne renoncerai pas", nous a-t-il affirmé. [...] Pourtant, le Dr Matthews risque gros : les hommes de la sécurité, lourdement armés, n'hésiteront pas à l'abattre s'il tente de se frayer un passage jusqu'au chef d'État. La police est sur les dents depuis que M. Khrouchtchev a été menacé d'enlèvement. Juchés dans les arbres et sur le toit des maisons, des hommes sont massés sur le parcours du dirigeant soviétique – certains sont même à cheval ! – avec des consignes strictes : tirer au moindre mouvement suspect. »

Khrouchtchev était inatteignable, et Mervyn n'avait presque plus d'argent. Il quitta Stockholm le lendemain et revint bredouille à Oxford.

« Je suis assis à la fenêtre de l'université et je pense à toi, écrivit Mervyn à Mila dans sa belle graphie russe, aux caractères élégants et bien formés. La poste est toujours en grève, et il paraît que ça va durer un petit moment. Alors j'ai demandé à un ami qui part à Paris de mettre pour moi cette lettre dans une boîte française. Une semaine s'est écoulée sans m'apporter de tes nouvelles. J'attends ton appel avec beaucoup d'impatience. »

Ses premières lettres à Mila sont rédigées dans un style plutôt formel, comme s'il se tenait sur ses gardes. Ou qu'il souhaitait évaluer ses réactions à elle, mieux cerner ses attentes. « J'aimerais t'appeler moi aussi, mais je crains de ne compliquer la situation. [...] Je fais tout mon possible pour trouver une solution à notre problème. Tu peux me faire une confiance totale. Je pense à toi constamment. J'ai tes photos avec moi, mais je n'ose pas les regarder. Elles sont dans une enveloppe. Je sais qu'un seul regard à ton visage me plongerait dans un tel chagrin que je n'arriverais pas à y faire face. Tout est si vide, si vide sans toi... [...] Il fait très chaud, ici. Lourd et étouffant, comme souvent l'été à Oxford. La fac n'a pas changé d'un iota – mais moi, j'ai beaucoup changé. Parle-moi de toi. J'aimerais savoir comment tu te sens. Ce serait tellement plus facile pour moi si je savais que tu tiens le coup ! Quand je repense à notre séparation, j'en ai le cœur brisé. Ne t'inquiète pas : je n'ai pas l'intention de laisser les choses en l'état. Tu peux être certaine que je prends toutes les mesures nécessaires à l'avènement de notre bonheur commun. Prends soin de toi, de ta santé et de tes nerfs. Ton Mervyn. »

Quelques jours plus tard, les premières lettres de Mila commencèrent à arriver dans le casier de Mervyn à St Anthony's.

« Nous sommes à l'aube d'une vie nouvelle – une vie de lettres et de luttes, assurait Ludmila dans son premier courrier, daté du 24 juin. Je me sens affreusement mal sans toi. C'est comme si ma vie s'était arrêtée. [...] Depuis que tu es parti, il y a trois jours, je suis maladive et sans forces, à bout de nerfs. Je sais que tu ne seras pas content de moi, mais je n'arrive à rien, je t'assure ! Je dors très mal. Je me couche en pensant que tu vas revenir, que je dois rester éveillée pour t'attendre. Je sursaute au moindre bruit. Mes amis font ce qu'ils peuvent pour m'aider. [...] Tous ceux qui sont honnêtes et sensibles estiment que notre séparation est stupide, inhumaine, cruelle et honteuse. »

Les amis de ma mère la réconfortaient du mieux possible, lui apportaient à manger et la forçaient à sortir. Ils l'emmenaient au square voisin faire quelques pas, mais Mila se montrait « silencieuse, imbécile, incapable de soutenir une conversation ». Elle refusait de changer les draps de son lit parce que, dit-elle à Mervyn, « ils portent encore l'odeur de ton corps ». Elle s'était promis d'assister à la première de *Cyrano de Bergerac* au théâtre Sovremennik, qui eut lieu le samedi suivant le départ de mon père, mais les forces lui manquèrent. Pour la première fois de sa vie, elle quitta une salle de spectacle à la fin du premier acte. Elle avait l'impression de tourner en rond « comme un hamster dans une roue ».

« Je vis repliée sur mon chagrin. Le monde extérieur a cessé d'exister pour moi, écrivit-elle à Mervyn le lendemain. Comment ai-je pu te laisser partir ? Nous aurions dû attendre, tenter de résister ! Sans toi, tout est mille fois plus difficile ; je suis dans une solitude atroce, insupportable. À l'Institut, mes collègues sont désolées pour moi. Elles me plaignent gentiment, mais, au fond, je sais qu'elles doutent de ta bonne foi. Elles pensent que tu me laisseras tomber, que tu tireras un trait sur notre histoire. J'ai beau leur répondre que tu ne renonceras pas et que nous nous aimons passionnément, elles ne sont pas convaincues. Elles se précipitent à la bibliothèque pour lire le *New York Times*. Beaucoup de gens ici ont vu ta photo : ils l'ont trouvée très bien. [...] J'essaie de rentrer le plus vite possible à la maison après le travail, sans voir personne. Ma mère a très mal réagi [à ton départ]. Elle dit que c'était couru d'avance et qu'elle s'en doutait, parce que tu es un étranger. »

S'il y a une chose dont j'ai pris conscience en écrivant ce livre, c'est que mon père est un homme foncièrement honnête. Il s'était engagé auprès de Mila. Il avait promis de l'épouser, et il était résolu à tenir parole. Quitte à consentir à de nombreux sacrifices pour réfuter les cruelles prédictions de Martha en lui prouvant que lui, un étranger, un Occidental, n'abandonnerait pas sa fille à son sort – qu'il ne la rendrait pas une seconde fois orpheline. « Mon enfance et la tienne, le passé et le présent semblent se confondre en un seul bloc de souffrance. Comme je voudrais le briser et commencer enfin une nouvelle vie ! s'exclamait Mila dans une de ses lettres. Tout est si sombre, si glacé, si désolé depuis que tu es parti ! J'ai l'impression d'être revenue à l'orphelinat. »

Elle était au supplice et ne laissait aucun doute sur la puissance de son amour, répondant ainsi aux interrogations qui pointaient sous les premières lettres encore hésitantes de Mervyn. Il comprit en la lisant qu'elle se consumait de douleur depuis son départ et qu'elle se vouait entièrement au combat qu'ils devaient mener pour se retrouver.

« Mervousia ! Je crois tant en toi. Me laisseras-tu tomber ? » s'inquiétait-elle, avant d'affirmer : « Je me battrai jusqu'au bout ! Mais je t'en supplie : si tu ne veux pas, toi, mener ce combat, écris-moi, fais-le-moi savoir au plus vite. Pas d'atermoiements, je t'en prie, ce serait plus terrible que la mort. »

Mervyn suivit les conseils de Bill Deakin : il rédigea un rapport détaillé sur ses contacts avec le KGB, qu'il adressa aux services spéciaux britanniques. Il eut aussi plusieurs entretiens avec David Footman, son tuteur à St Anthony's. Cet homme grand et mince, qui habitait un vaste appartement situé au rez-de-chaussée d'une belle maison de Chelsea, était, comme Deakin, sérieux, courtois et distingué. Pur produit de l'establishment britannique, doté d'une vive intelligence, il n'en faisait pas étalage, exerçant sans effort apparent sa supériorité intellectuelle et sociale sur son entourage. Décoré de la croix militaire pendant la Grande Guerre, il avait dirigé l'antenne soviétique des services secrets britanniques pendant la Seconde Guerre mondiale (ce que mon père n'apprit que des années plus tard).

Je me souviens d'être allé le voir avec mon père dans son appartement de Chelsea, quand j'étais petit. Je l'ai trouvé très mince et très bien habillé, et j'ai été frappé par son élocution traînante, typique de la grande bourgeoisie anglaise. C'était la première fois que j'entendais quelqu'un s'exprimer ainsi en dehors du petit écran. Son appartement regorgeait de livres et de photos des avions qu'il avait pilotés pendant la Première Guerre mondiale. Je fus très excité d'apprendre qu'il en avait « bousillé » certains, comme il me le confia avec gravité. Je n'avais que cinq ou six ans, mais il me serra solennellement la main quand nous partîmes, ce dont je lui fus reconnaissant, puisque personne n'avait encore échangé de poignée de main avec moi.

En juillet 1964, Footman reçut mon père avec sa courtoisie coutumière. Il lui servit un thé léger dans des tasses un peu ébréchées et l'invita à lui raconter son histoire, qu'il écouta attentivement, en remplissant sa pipe de temps à autre. Il ne s'en émut pas outre mesure. « C'est le lot de la jeunesse que de s'attirer des ennuis ! » commenta-t-il en précisant qu'il était passé par là, lui aussi. La discussion divergea, et il confia à Mervyn qu'il avait toujours préféré embaucher des secrétaires qui avaient « roulé dans le foin » parce qu'il s'entendait mieux avec elles qu'avec les employées plus guindées. Lorsque Mervyn eut terminé son récit, Footman lui suggéra de prendre contact avec « Battersby, qui travaille aux services spéciaux du Foreign

Office. Ça devrait l'intéresser », assura-t-il. Il bourra de nouveau sa pipe et se passa une main sur le front.

« Vous ne pensez tout de même pas que vous arriverez à la faire sortir ? Ce serait la cerise sur le gâteau… Soyez réaliste, mon cher ! »

Réaliste, Mervyn ne l'avait jamais été. C'était contre sa nature. Je crois aussi qu'il avait été contaminé par la propension à l'irrationnel et à l'emphase qui régnait et règne encore en Russie. Je ne parle pas de cette tendance à tout dramatiser, qui est assurément très russe, mais de la force quasi surhumaine qu'acquiert parfois l'esprit lorsqu'il est confronté à une réalité impossible à gérer. Autrement dit, pour un Russe, le réalisme est une forme de reddition. Si Mila avait été réaliste, elle serait partie travailler dans une usine textile à quinze ans ; si Mervyn l'avait été, il se serait contenté d'un emploi de bureau au Co-op de Swansea. Leur vie entière s'apparentait à un combat contre le réalisme : ils avaient toujours refusé de se plier à ce que le reste du monde considérait comme raisonnable.

Quelques jours après sa conversation avec Footman, Mervyn reçut une longue lettre de Ludmila, postée en Italie par un de ses amis. C'était à la fois un manifeste et un cri du cœur. Un texte foncièrement dénué de tout réalisme, ce qui le rend d'autant plus magnifique – et parfois presque insupportable à lire, même aujourd'hui, plusieurs décennies après sa rédaction.

« Tu recevras cette lettre la veille de ton anniversaire. Elle t'arrivera d'Italie. C'est mon cri d'amour, et je ne veux le crier qu'à toi. » Ils savaient tous deux que leurs autres lettres – celles qui partaient d'Union soviétique ou y arrivaient par la poste – étaient susceptibles d'être ouvertes par le KGB. Ludmila tenait à ce que celle-ci n'appartienne qu'à Mervyn.

« Je n'ai jamais écrit ainsi ; tout ce que contient cette lettre est parfaitement sincère. Mon amour pour toi peut sembler trop fort, presque pathologique. À notre époque, les gens apprennent à se contenter de peu, à vivre d'artifices et de demi-mesures. Ils oublient facilement leurs sentiments, se séparent ou se trahissent sans difficulté, se satisfont de substituts, même en amour. J'ai refusé toute ma vie de me conformer à ce modèle ; j'ai lutté et lutté encore contre le mode de vie, le mode de pensée qu'on tentait de m'imposer et qui me paraissaient, à moi, absolument inacceptables. Ma vie n'a été qu'une longue série de combats pour accéder à l'instruction, à la culture, à l'indépendance et, finalement, à l'amour.

» Dès ma petite enfance, j'ai mené d'âpres débats avec l'existence. Elle me disait : "Ne va pas à l'école ! Ne t'intéresse pas aux belles choses ! Mens ! Ne crois pas à l'amour ! Trahis tes amis ! Ne pense pas ! Obéis !" Mais je persistais à lui répondre : "Non" et à me frayer un chemin à travers les ruines de ma vie. Un sort cruel et vengeur me poursuivait. Affection, douceur et chaleur m'étaient refusées, mais ma soif d'amour ne faisait que grandir. Plus l'existence tentait de me convaincre que le bonheur n'existe pas, plus j'y croyais, plus je continuais à le chercher et à guetter son apparition. Sans jamais renoncer, farouchement prête à me battre pour le garder quand je l'aurais enfin trouvé.

» J'entends souvent dire qu'on aime quelqu'un pour ses qualités – mais j'aime tout en toi, le bon comme le mauvais. Je n'ai pas honte de tes faiblesses : je les porte en moi comme un objet sacré, invisible aux regards extérieurs. Je n'écoute pas ceux qui disent du mal de toi. Je sais que je suis la seule à connaître tout de toi, et de cette certitude naît ma conviction d'avoir rencontré le meilleur homme qui soit. Je t'aime comme si tu étais mon enfant ou une partie de moi-même. J'ai souvent l'impression de t'avoir mis au monde. Comme j'aimerais te bercer longuement dans mes bras, te protéger, te préserver des dangers et des maladies !

» Me crois-tu, mon amour, quand je dis que je donnerais ma vie pour toi ? Je m'efforce, avec tout le courage dont je suis capable, de t'aider à lutter contre les craintes que t'inspirent ces gens, à leur résister, encore et toujours. Sens-tu comme je me bats à ton côté ? Je ne suis qu'une faible femme, et ils sont tout-puissants, mais je refuse de les craindre. Les jours sombres que nous traversons me démontrent à quel point je t'aime, mon petit mulot chéri ! Je me suis liée à toi corps et âme et, quand ils t'ont arraché à moi, ils m'ont aussi opérée à cœur ouvert – ils m'ont arraché une partie du cœur. Je n'ai plus qu'un seul désir : prouver à cet aigle exterminateur, à ce prédateur vorace, que mon amour est plus fort que sa haine. »

Comment Mervyn aurait-il pu renoncer à se battre après une lettre pareille ? Mila plaçait tant d'amour, de foi et d'espoir en lui ! Comment aurait-il pu l'abandonner ? « Aime-moi, suppliait-elle. Ou je mourrai. »

« Pour moi, rien ne sera plus jamais pareil, répondit-il. Mais tu m'as chargé d'un lourd fardeau moral, et je ne suis pas certain d'avoir la force de le porter. Je ne parle pas des obstacles à notre mariage – sur ce point-là, tu peux être sûre que je remplirai ma mission à cent cinquante pour cent. Je parle de l'extrême exigence morale qui est la tienne et de la nécessité de m'améliorer pour y répondre. Tes compliments me plongent dans l'embarras. Ils semblent insinuer que je suis meilleur que toi, alors que j'apprends sans cesse à ton contact, au contraire. Tu as complètement changé ma conception de la vie au moment où j'en avais le plus besoin. »

Son russe était aussi formel et compassé que celui de Ludmila était fougueux et passionné. Cette tendance se confirma au fil des années. J'ai souvent eu l'impression en lisant leurs lettres que Mervyn devait lutter contre son éducation pour trouver les mots nécessaires à l'expression de ses sentiments. Ce qu'il éprouvait pour Mila excédait les limites étroites de son style épistolaire. Mais comment faire ? Il n'était pas homme à s'épancher. Il signa la lettre que je viens de citer d'un paraphe flamboyant – autant dire le geste le plus extravagant qu'il s'était permis jusqu'alors.

Mon père parvint à téléphoner à Lénina et la chargea de prévenir Ludmila qu'il tenterait de la joindre en fin de semaine au grand bureau de poste de la rue Gorki. Rendez-vous était pris. Mila fut galvanisée par leur conversation – la première depuis leur séparation, quelques semaines plus tôt. « Dès que je t'ai entendu, mon cœur a bondi comme une fusée, écrivit-elle. J'aurais voulu embrasser ta voix ! » Les voisins de ma mère étant trop indiscrets pour qu'elle se risque à utiliser le téléphone de son appartement communautaire, ils décidèrent de se joindre tous les quinze jours à la poste centrale. Les appels internationaux devaient être réservés à l'avance, et leur coût prohibitif les limitait à quelques minutes, mais ces brefs entretiens dans l'une des cabines exiguës du bureau de poste furent bientôt vitaux à Ludmila.

« Mon Mervyn ! Tu me manques tant ! Je voudrais tellement t'embrasser, couvrir de baisers ton visage, ta nuque, ton petit nez, mais que puis-je faire, hein, mon petit mulot ? lui écrivit-elle peu après leur première conversation téléphonique. Comment pourrions triompher de la distance qui nous sépare ? C'est si cruel, si difficile de s'aimer sans pouvoir se voir ni se toucher ! Je suis parfois remplie d'espoir. Je me promets alors d'être forte et courageuse mais la plupart du temps, j'éprouve un tel désespoir, une telle frustration, mon cœur se noie sous tant de souffrances et d'amertume que toute force m'abandonne. Mes nerfs me lâchent, et je dois me retenir de hurler ma colère à la face du monde. Je n'arrive toujours pas à croire que tu n'es plus à mon côté. C'est si cruel, si injuste ! Mais à qui pourrons-nous prouver cette injustice ? Qui prendra le temps de nous écouter ? Une machine, ça n'éprouve rien, ça ne pense rien. Ça se contente d'agir. Nous sommes broyés sous le rouleau compresseur de l'histoire. »

Mervyn commençait tout juste à mesurer la puissance de son adversaire, ce rouleau compresseur dont parlait Mila. Malgré tout ce qui leur était arrivé, malgré les imprécations de sa mère et les conseils de ses mentors, il continuait de penser qu'il pouvait emporter la partie. Elle n'était pas encore engagée, pourtant. Et le choix lui revenait : se battre pour une cause sublime mais presque perdue, ou se résigner à un destin plus ordinaire. Il opta pour l'extraordinaire. Ce fut certainement l'un de ses choix les plus courageux, dont l'éclat rejaillit sur sa vie entière.

Lénina fit preuve de courage et de détermination, elle aussi : elle écrivit à Mervyn pour l'assurer de son soutien dans le combat qu'il menait pour épouser Ludmila. « J'ai toujours considéré Mila comme l'aînée de mes enfants. Je l'aime énormément, et mon amour est décuplé ces temps-ci. Je pense à elle en permanence, où que je sois. Nous t'aimons tous beaucoup, ici. Tu fais vraiment partie de la famille, à présent. Bien sûr, j'aurais pu ne pas t'aimer, te considérer comme un voleur, un voyou qui a fait effraction en plein jour dans mon cœur pour me dérober ma tranquillité d'esprit. Mais je veux que Mila soit heureuse et qu'elle soit aimée, alors je t'aime, toi aussi, même si tu nous rends parfois la vie difficile. » Il reçut également une lettre de Nadia, la fille de Lénina, qui déplorait son absence et espérait le revoir avant l'hiver et la saison des champignons.

Mi-août, Mervyn eut de nouveau l'occasion d'approcher un dirigeant soviétique pour lui remettre une lettre de détresse. Il se rendit à Bonn, où Alexeï Adjoubeï, le gendre de Khrouchtchev, était attendu. Le coup de publicité qu'il avait monté à Stockholm n'ayant été d'aucune efficacité, il était résolu à aborder Adjoubeï aussi discrètement que possible. Un ami de St Anthony's le mit en contact avec Carla Stern, une des journalistes les plus influentes d'Allemagne de l'Ouest qui lui communiqua l'emploi du temps détaillé d'Adjoubeï et lui donna un carton d'invitation lui permettant d'assister à une réception organisée en son honneur.

Mon père enfila son plus beau costume et se rendit à la réception en question. Il y avait foule dans le grand salon. Il se fraya un passage parmi les invités. Le gendre de Khrouchtchev discutait avec un groupe d'hommes d'affaires allemands, tous désireux d'accéder au marché soviétique. Le dispositif de sécurité était presque inexistant. Mervyn serra la main d'Adjoubeï et lui remit une lettre. Le Soviétique parut légèrement embarrassé. Il salua Mervyn d'un signe de tête, donna la lettre à l'un de ses assistants et poursuivit sa conversation avec les hommes d'affaires. Mon père repartit aussitôt. Il reprit l'avion pour Londres le soir même, conscient d'avoir sans doute agi en vain.

« La seule chose qui me réconforte – et j'espère qu'il en est de même pour toi –, c'est la compréhension et la sympathie que suscite notre histoire, écrivit-il à Mila en rentrant de Bonn sans mentionner l'échec de son voyage. Je suis convaincu que les obstacles qui se dressent sur notre route finiront par être levés. »

Mervyn suivit les conseils de David Footman et contacta un dénommé Battersby au MI5. Leur conversation ne fut guère concluante. L'agent secret consentit tout juste à révéler à mon père que Sewell, son homologue moscovite, n'avait aucun moyen de prouver que Mila appartenait au KGB. Les diplomates britanniques ne l'avaient affirmé à Mervyn avant son départ que par « mesure de précaution », admit-il sans s'excuser le moins du monde. Pour lui comme pour l'administration anglaise, l'affaire s'arrêtait là.

Le MI5 envoya malgré tout l'un de ses agents à Oxford quelques semaines plus tard, afin d'interroger Mervyn de manière plus approfondie. M. McCaul se présenta chez mon père début septembre. Âgé d'une cinquantaine d'années, c'était un homme corpulent et résolu, aux manières de sergent-major. Il emmena Mervyn dîner dans un pub de Woodstock, où il entreprit de recouper son récit avec les informations qu'il leur avait fournies dans son rapport précédent, afin de s'assurer qu'il n'avait omis aucun détail. Il fit plusieurs fois référence à Alexeï et à Alexander Sokolov en les appelant « vos amis » ou « ces deux-là », et lui confia en souriant que les services secrets avaient beaucoup aimé l'une des expressions qu'il avait employées dans son rapport. « Vous écrivez qu'Alexeï s'entourait d'une aura d'amitié pour faciliter le recrutement. L'image nous a plu. On l'a reprise dans un de nos dossiers », affirma-t-il, sans préciser à quel document du MI5 mon père avait involontairement contribué.

Une semaine plus tard, McCaul adressa deux photographies à Mervyn en lui demandant de les identifier. La première représentait un étudiant soviétique que mon père reconnut sur-le-champ : il avait effectué son troisième cycle à St Anthony's deux ans plus tôt et n'avait rien à voir avec le KGB. La seconde montrait un homme qu'il n'avait jamais vu. Les remarques désobligeantes qu'Alexeï avait formulées à l'encontre des services secrets de sa Majesté lui revinrent en mémoire. Sur ce point-là au moins, son ancien « ami » avait entièrement raison.

Le MI5 répondit tout de même, bien que tardivement, à ses attentes. Un agent lui fixa rendez-vous en gare de Charing Cross, le 2 mars 1966, et lui tendit la photo d'un bel homme, très élégant, dont la chevelure de jais s'ornait d'une large mèche blanche. C'était Alexeï. Le type du MI5 apprit à mon père qu'il s'appelait Sountsov. Mervyn l'ignorait : il n'avait jamais osé demander son nom de famille à Alexeï.

À Moscou, Mila croyait apercevoir Mervyn à chaque instant : son fiancé surgissait sous ses pas comme le manteau de la nouvelle de Gogol. Au théâtre, elle remarqua des Anglais « aux longs doigts et au long cou, comme toi. Ça m'a rendue tellement triste, tellement amère que j'ai préféré partir avant le début de la représentation. Mon amour ! Où trouverai-je la force d'attendre si longtemps ? »

Même absent, Mervyn l'occupait entièrement. Son fantôme prit le contrôle de son existence, imprégnant ses actes et ses pensées de sa présence virtuelle. Elle couvrit un des murs de sa chambre de photos de son fiancé. Le soir, elle descendait seule le boulevard Gogolevski jusqu'au métro Kropotkinskaïa. Là, elle guettait l'arrivée de Mervyn parmi le flot des voyageurs qui émergeaient de l'escalier, comme lorsqu'ils avaient rendez-vous autrefois. « Si seulement je pouvais te retrouver au métro ! Nous rentrerions ensemble à la maison en respirant l'air du soir. Les petites rues du quartier me sembleraient magnifiques ; les passants me paraîtraient gentils, et la soirée serait infiniment douce. Mais je suis seule, à présent. Les passants ont l'air sévères et réprobateurs ; les arbres que je voyais jeunes et vigoureux quand tu étais avec moi m'apparaissent vieux et jaunis. Je jette des regards envieux aux femmes qui se promènent au bras d'un homme. »

Elle s'arrêtait près du métro pour lire les journaux du jour placardés sur de grands panneaux de bois. Cet été-là, on y parlait des bagarres que se livraient les fans de rock et de musique soul sur la plage de Hastings. Puis elle rentrait écrire à Mervyn et ressortait brièvement, tard dans la nuit, pour déposer sa lettre dans la boîte qui se dressait à l'angle de l'Arbat et de la rue Starokonouchenny, afin qu'elle parte avec la première levée. Ces petits rituels, qui remplirent son existence au cours de ses dernières années à Moscou, se muèrent en une sorte de routine, un train-train rassurant qui l'aida à surmonter (ne fût-ce qu'un peu) le sentiment d'impuissance qui l'engloutissait.

« Je t'écris chaque matin en me réveillant, mon chéri. [...] Je t'imagine en train de dormir, de te lever, de prendre ton bain. [...] Aucune lettre de toi aujourd'hui. [...] L'attente est pire que tout. Même si le facteur m'apportait trois lettres par jour, ça ne me suffirait pas ! La tienne et la mienne se sont croisées, et je dois attendre que tu me rattrapes. [...] Toujours pas de nouvelles. J'ai l'impression que ma vie s'est arrêtée. »

Mervyn passa le reste de l'été à travailler avec Alexandre Kerenski, le brillant avocat qui avait pris la tête du gouvernement provisoire de Russie au cours des mois mouvementés qui succédèrent à la Révolution de février 1917. Nommé chef du gouvernement en juillet 1917, Kerenski fut renversé par les bolcheviks au mois d'octobre suivant. C'était maintenant un très vieux monsieur aux cheveux argentés, aux doigts noueux, chaussé d'épaisses lunettes. Il recruta Mervyn pour l'aider dans ses recherches, qui consistaient principalement à démêler l'écheveau compliqué d'événements historiques auxquels il avait pris une part active. Mervyn lui raconta son histoire. Le vieil homme se montra compatissant, mais désabusé : la Russie n'était pour lui qu'un pays hostile et lointain, une patrie qu'il avait fuie cinquante ans plus tôt et ne reverrait jamais. Ils discutèrent de la Révolution et des hommes rudes et impitoyables qu'elle avait hissés au pouvoir.

« Raspoutine ? Ah oui, il était puissant, très puissant ! » murmura Kerenski en réponse aux questions de Mervyn. « Lénine ? J'aurais dû le faire arrêter quand j'en avais les moyens. » Mervyn hocha la tête, sincèrement d'accord avec lui.

Mon père décida d'écrire aux députés et aux dignitaires britanniques susceptibles de soutenir son combat. Leonard Shapiro, professeur à la London School of Economics, lui communiqua une liste de noms et d'adresses, qu'il mit aussitôt à profit. Il se lança dans une correspondance infatigable, si abondante qu'elle finit par remplir les trois grands tiroirs du meuble de rangement qu'il acheta à cet effet. Il écrivit au philosophe Bertrand Russell, qui s'était attiré les bonnes grâces du régime soviétique en menant campagne contre la prolifération des armes nucléaires ; il écrivit à Selwyn Lloyd, ancien ministre des Affaires étrangères du gouvernement conservateur, qui s'était, selon ses propres termes, « bien entendu » avec Andreï Gromyko, son homologue soviétique ; il écrivit à sir Isaiah Berlin, le philosophe né à Riga, grand connaisseur de Pasternak et d'Akhmatova, qui occupait la chaire de théorie sociale et politique du All Souls College d'Oxford ; il écrivit à George Woodcock, le secrétaire général du Trade Union Congress, l'organisation fédératrice des syndicats britanniques, célèbre compagnon de route du parti communiste. Tous lui répondirent poliment et avec sympathie – sans pour autant lui venir concrètement en aide.

Mervyn consacrait tant d'énergie à rédiger ces courriers, à passer des coups de téléphone et à obtenir divers rendez-vous pour plaider sa cause, que ses travaux universitaires commençaient à en pâtir. Il persévéra, cependant, et parvint même à décrocher un entretien avec Alexandre Soldatov, le secrétaire personnel de l'ambassadeur d'URSS en Grande-Bretagne. Il en sortit profondément déçu, Soldatov s'étant contenté de l'abreuver de platitudes.

Il s'évertua tout l'été à réclamer un visa pour l'Union soviétique, que les Russes s'évertuèrent à lui refuser avec une égale constance. Son espoir de se rendre à Moscou s'amenuisait de jour en jour. Ma mère, en revanche, semblait convaincue que sa demande de visa de sortie lui serait accordée. Rares étaient pourtant les Soviétiques qui pouvaient se rendre à l'étranger : l'administration n'octroyait cette faveur qu'aux plus fidèles serviteurs du régime. Lorsque Mila apprit, le 18 août, que sa requête avait été rejetée « au plus haut niveau », elle sombra dans le désespoir.

« J'ai vécu ces deux derniers mois grâce au soutien de mes parents et amis, et dans l'espoir que mes souffrances prendraient bientôt fin. Hier, j'ai compris que tous ces espoirs ont été vains, écrivit-elle à Mervyn en mouillant le papier de ses larmes. Incapable de dormir, j'ai erré toute la nuit dans les rues brûlantes de Moscou. Ce matin, je suis encore baignée de larmes. J'ai l'impression qu'on m'a arraché la moitié du cœur. Me voilà de nouveau au désespoir. Je t'en conjure, mon amour : ne m'abandonne pas ! Je n'ai jamais été si près de la mort. [...] Je vis comme un oiseau en cage. Je dors très mal. L'amour et la douleur me brisent, mais je sais qu'il faut vivre, supporter ce qui nous arrive et attendre. Je suis si lasse d'attendre, pourtant ! Il me semble que, si je t'attends une minute de plus, mon cœur explosera, faisant jaillir un flot de sang par ma bouche ! Avec toi, je me sens prête à endurer toutes les tortures, mais seule, je ne suis bonne à rien. C'est extrêmement difficile. [...] Ici, certains se réjouissent de mes malheurs : rien ne leur plaît davantage que de voir saigner l'âme de ceux qu'ils ont déchirés entre leurs griffes. Ils pensent qu'ils m'ont sauvée des flammes de l'enfer. Pour eux, tu es le démon en personne, tandis qu'eux sont des saints, naturellement. Continue de frapper aux portes du paradis ; tends l'oreille et tu m'entendras t'appeler derrière les grilles. Même si le gardien refuse de t'ouvrir, ne le laisse pas en paix : frappe encore et encore. »

Son moral s'améliora sensiblement au cours des jours suivants. Elle s'excusa alors de ses lettres désespérées auprès de Mervyn. « Si tu savais comme ta détermination me fait du bien ! Elle agit sur moi comme une bouffée d'oxygène. Je t'en supplie, Mervousia, ne m'annonce jamais que tu as renoncé à te frapper la tête contre les murs. Ne renonce pas ! Les murs ne s'effondrent pas d'un seul coup, tu le sais bien. Je ne supporterais pas d'apprendre que tu as perdu espoir et cessé de croire en tes propres forces. »

L'été s'achevait à Moscou. Mila rejoignit les Vassine à Vnoukovo, où elle récolta les pommes de terre et les concombres que mon père avait plantés. Elle passa des journées entières avec ses nièces à cueillir des baies dans la forêt, où les fraises sauvages, les myrtilles et les canneberges poussaient en abondance. Sacha triait les fruits sur la table de la cuisine, tandis que Lénina et Mila les faisaient bouillir, avant de les mettre en pots pour l'hiver. Ma mère rangea quelques bocaux au fond du placard en se promettant de les manger avec Mervyn quand il reviendrait.

Elle rentra à Moscou plus calme qu'elle ne l'avait été depuis des mois. « S'il te plaît, raconte-moi comment tu vis, donne-moi des détails, décris-moi le petit restaurant indien dont tu m'as parlé ! écrivit-elle à Mervyn quelques jours après son retour de la datcha. Cela peut te sembler futile, mais, pour moi, c'est essentiel : ce sont tous ces petits détails qui m'aident à me représenter ta vie, à t'imaginer tel que tu es, mon amour. » Elle dessina au bas de la lettre le patron du chemisier qu'elle était en train de coudre. « J'ai écrit un drôle de poème en ton honneur, lui annonça-t-elle le lendemain. Le voici : "Mervousia – félicité, Mervousia – jolies fesses, Mervousia – joie, Et pour Mila – tendresse". […] As-tu chaud dans ta chambre, sous tes couvertures ? Les démons de la tentation viennent-ils te hanter ? »

« Les postiers réclament 7,5 % d'augmentation, mais le gouvernement refuse d'aller au-delà de 4,5 %. Nous voilà contraints d'attendre qu'ils aient réglé leurs dissensions !

répondit Mervyn. Je crois que le gouvernement se montrera inflexible, mais je me garde de propager mon opinion. Je dors mal, ces temps-ci. Je rêve très souvent de toi. Je pense aux merveilleux repas que tu me préparais. Ici, j'essaie de ne pas trop manger. Je me suis acheté une nouvelle paire de pantoufles – elles viennent de Hongrie –, et je me suis mis au squash. Ne sois pas triste, Milotchka chérie. Tout finira par s'arranger. Je t'embrasse. M. »

Les fiançailles de Mila avec un étranger récemment expulsé d'Union soviétique ne pouvaient que lui causer des ennuis à son travail. Elle le savait : tôt ou tard, les dirigeants de l'Institut du marxisme-léninisme se pencheraient sur son « cas ». Ce n'était plus qu'une question de temps. Dans son dos, les commérages allaient déjà bon train. Si certains de ses collègues lui avaient témoigné une vive sympathie, la plupart d'entre eux la regardaient d'un air méfiant lorsqu'ils la croisaient dans les couloirs. Mila faisait de son mieux pour travailler seule, afin de n'embarrasser personne. Elle tenta de s'immerger dans le travail, mais la douleur, constata-t-elle, l'avait rendue stupide. « Je suis incapable de me concentrer. »

Le couperet s'abattit sur Mila à l'issue d'une réunion spécialement organisée par la cellule du Parti de l'Institut pour se prononcer sur son dossier. Rigides et maussades, les caciques se montrèrent particulièrement zélés à son encontre. « Cette semaine n'a été qu'un long cauchemar émaillé de larmes et de crises de nerfs, confia-t-elle à Mervyn. Notre histoire a provoqué un énorme scandale au bureau. Une réunion du Parti s'est tenue il y a quelques jours. Ils ont réclamé un rapport sur "mon cas". Ils voulaient m'abattre. Ils se sont mis à me crier dessus : "Pourquoi ne pas nous avoir informés plus tôt de cette relation ? Pourquoi ne nous avez-vous rien dit ? (Le secrétaire du Parti adore ce genre d'imprécations.) Nous devons absolument en savoir plus sur cette affaire ! Demandons aux Organes [de la Sécurité d'État] de nous communiquer les informations dont ils disposent. Et vous, Bibikov, qu'avez-vous à dire pour votre défense ? Rien, bien sûr ! Vous niez tout ! Pourtant le gouvernement a rendu sa décision, et il a forcément raison, vous le savez. Vous devez être punie ! Vous placez vos intérêts personnels avant ceux du peuple ! Vous êtes victime de la propagande antisoviétique !" »

Quelques collègues de Ludmila tentèrent courageusement de prendre sa défense. Ils appelèrent les délégués du Parti à l'indulgence, arguant que l'amour ne suffisait pas à faire de Mila une ennemie du peuple. Mais, d'une manière générale, « les plus intelligents restèrent silencieux, et les salopards crièrent de toutes leurs forces ». Ce tribunal d'hypocrites, conçu pour exercer une intense pression psychologique sur ses victimes, constituait la meilleure arme d'un régime soviétique obsédé par le maintien du conformisme. Ses ressorts étaient universels : défier l'autorité est une chose ; résister à la désapprobation unanime de ceux que vous connaissez et en qui vous avez toute confiance en est une autre, bien plus ardue.

Mila retint stoïquement ses larmes, consciente qu'elles auraient ajouté au triomphe de la petite assemblée, mais cette pénible expérience la marqua durablement. Sa fougue et son indépendance d'esprit n'avaient supplanté en elle ni la Soviétique, ni la fille d'un militant communiste, ni la pupille de l'État. C'était la première fois qu'elle se trouvait dans une situation susceptible de la faire entrer en dissidence. Sa rébellion risquait de la mettre au ban de la société jusqu'à la fin de sa vie.

« Même si je quitte l'Institut et que je trouve un autre emploi, ils téléphoneront immédiatement à mes nouveaux supérieurs, ou bien ils enverront quelqu'un les informer, comme cela se faisait autrefois, et je serai virée sur-le-champ, expliqua-t-elle à Mervyn. Pourtant, je dois partir. Il règne une ambiance infecte, les commérages enflent de jour en jour, et j'entends même parler de "mesures éducatives", ce qui suffit à me donner des palpitations. »

Mila n'échappa pas à la disgrâce, mais le directeur de l'Institut se montra compatissant : il la fit muter à la bibliothèque de l'Académie des sciences, où elle fut chargée de traduire en russe une sélection mensuelle d'articles parus dans les publications scientifiques françaises. Elle conserva son salaire et son statut. Et, surtout, elle fut accueillie à bras ouverts par ses nouveaux collègues, aussi jeunes et libres d'esprit que ceux de l'Institut du marxisme-léninisme étaient rétrogrades et vieillissants. La bibliothèque de l'Académie était « un repaire de dissidents. [...] Je m'y suis tout de suite sentie comme un poisson dans l'eau », se souvint Mila par la suite. Le directeur avait autorisé un plaisantin à couvrir les murs de certains bureaux (dont celui de Mila) d'immenses caricatures au crayon, représentant un aréopage de personnalités historiques au visage blême. D'après ma mère, l'effet était surréaliste. Elle s'entendit si bien avec ses collègues qu'ils s'amusèrent à réaliser une série de photos comiques sur leur lieu de travail. L'une d'elles montre Ludmila et son ami Eric Jouk parodiant la statuaire soviétique des années quarante : dos à dos, faucille et marteau en main, ils symbolisent en riant sous cape l'ouvrier et la kolkhozienne exaltés par le régime. Ils se sont également photographiés en *Bourgeois de Calais*, la fameuse statue d'Auguste Rodin : alignés le long du mur, ils baissent la tête d'un air tragi-comique. L'atmosphère était si détendue que Mila se lançait parfois dans de vives discussions avec ses collègues plus âgés sur la fin du régime soviétique : le verraient-ils s'effondrer de leur vivant ? Elle soutenait que oui ; le vieux professeur Faïdjine, éminent spécialiste de Pierre le Grand, assurait au contraire que le communisme leur survivrait pendant des siècles. « La Russie ressemble à une énorme truie paresseuse, plaisanta-t-il, l'œil pétillant de malice. Elle a dormi sur son flanc droit pendant trois cents ans, puis elle s'est retournée… et la voilà prête à dormir sur son flanc gauche pendant trois siècles de plus ! »

Le 19 octobre 1964, Mila et deux de ses nouvelles amies se mêlèrent à la foule moscovite réunie pour acclamer les cosmonautes soviétiques Vladimir Komarov, Constantin Feoktistov et Boris Egorov, qui venaient de rentrer sur Terre après un séjour de vingt-quatre heures en orbite. Ils étaient partis sous Khrouchtchev, ils revenaient sous Brejnev : l'artisan de la déstalinisation avait été renversé par l'aile conservatrice du Parti quelques jours auparavant. Cette révolution de palais s'était faite en douceur : elle passa presque inaperçue aux yeux du grand public. Pour mes parents, en revanche, l'arrivée au pouvoir de Léonid Brejnev, partisan d'un contrôle obsessionnel de l'intelligentsia, était de mauvais augure. Mila n'en avait pas encore conscience, et ce fut avec enthousiasme qu'elle salua le passage des trois cosmonautes sur la rue Gorki, avant d'aller se réchauffer avec ses amies dans un café bondé.

Elle se plaisait dans son nouveau travail et appréciait le soutien que lui manifestaient ses amis, mais son moral était toujours aussi bas. Mervyn lui manquait terriblement. « Je mets tous mes espoirs dans notre amour. Pourvu qu'il ne meure pas ! Je voudrais tant être avec toi… Crois-moi, si j'avais le choix, je préférerais mourir plutôt que de ne plus jamais te voir, écrivit-elle un soir d'automne, seule dans sa petite chambre. Tu me manques. Je souffre énormément. Je n'arrive à rien. Je suis incapable de voir des gens, de leur parler. Je voudrais seulement crier mon amour et mon désespoir à la face du monde, hurler contre le destin injuste et cruel qui est le mien ! »

Lorsque j'ai lu les lettres de mes parents, assis près du feu dans le salon de la datcha où je vivais avec la femme qui est devenue mon épouse, j'ai été envahi d'une sensation étrange. J'avais demandé à Xenia de m'aider à déchiffrer certaines lettres manuscrites, moins claires que d'autres. Juchée sur le canapé, elle les lisait donc à voix haute tandis que je prenais des notes, installé par terre. Plus nous progressions dans notre travail, plus j'avais l'impression (absolument terrifiante) que mes parents n'étaient déjà plus de ce monde. Leurs voix me semblaient si lointaines, et les détails de leur vie quotidienne si bouleversants, que j'avais le sentiment de fouiller dans les décombres d'une histoire très ancienne, depuis longtemps enterrée. Leurs lettres étaient aussi poignantes pour ce qu'elles disaient que pour ce qu'elles ne disaient pas, et je mis plusieurs jours à me libérer du charme étrange qu'elles avaient jeté sur moi. Une légère anxiété me tenaillait, si bien que je finis par composer le numéro de téléphone de ma mère. Je fus rassuré d'entendre sa voix familière à l'autre bout de la ligne. Nous discutâmes tranquillement de choses et d'autres, mais je fus incapable d'exprimer ce que je ressentais et de lui avouer que j'étais éperdu d'admiration et d'amour. Je ne parvins pas davantage à confier le chagrin qui m'envahissait à l'idée que mes parents, même mariés et installés en Angleterre, même prêts à tous les sacrifices au nom de l'amour qu'ils se vouaient, n'avaient pu surmonter les traumatismes qu'ils avaient vécus dans leur enfance.

« Je voudrais tant te dire ce que je ressens, la force de l'amour inépuisable, profond, chaud et éternellement triste qui me pousse vers toi ! confia Mila à Mervyn. Mes lettres te paraissent peut-être froides et sèches, parce que je n'arrive pas à mettre en mots ce qui m'arrive. C'est terrible et merveilleux à la fois ; beau et léger, mais si ardent que j'ai l'impression de brûler vive. »

L'hiver s'abattit sur Moscou, puis sur Oxford (quoique moins violemment). Mervyn continuait d'écrire à tous ceux qu'il espérait intéresser à sa cause. Il avait écarté l'espoir d'une résolution rapide et se préparait à un long combat. Mila et lui avaient maintenu leur système de rendez-vous téléphoniques : ils se parlaient dix minutes tous les quinze jours pour un prix exorbitant. Dans un souci d'égalité, ils avaient décidé d'alterner leurs appels afin d'en partager le coût. Les communications vers l'Angleterre coûtaient un rouble quarante par minute, que Mila réglait à la caisse du grand bureau de poste de la rue Gorki après avoir rempli plusieurs formulaires pour réserver son appel le jour dit, et à l'heure dite. Elle gagnait quatre-vingts roubles par mois à la bibliothèque de l'Académie des sciences. Ces appels internationaux représentaient donc une part considérable de son budget, mais cet argent lui semblait si bien employé qu'elle s'en séparait presque joyeusement. Elle se préparait à ses « retrouvailles » téléphoniques bimensuelles avec Mervyn aussi soigneusement que s'il avait été vraiment là, au lieu de se résumer à une voix entrecoupée de grésillements. Elle veillait à porter les chaussures qu'il aimait. Elle demandait à sa nièce Nadia de lui crêper les cheveux et de les attacher en chignon, puis elle enfilait son nouvel imperméable et attrapait son nouveau sac à main avant de sortir. Je pense très souvent à ces moments de sa vie quand je lis ses lettres. Sa petite silhouette bancale vient danser devant mes yeux. Vêtue de ses plus beaux vêtements cousus main, coiffée avec soin, elle se dirige vers l'arrêt de trolleybus du boulevard Gogol, fière d'aller rejoindre son homme.

Tout en menant activement campagne pour épouser Mila, Mervyn avait trouvé le temps d'achever et de relire ce qui devait être son premier ouvrage : une étude sociologique consacrée à la jeunesse soviétique. Il y travaillait plus ou moins sérieusement depuis 1958. Le texte était enfin terminé, prêt à partir chez l'imprimeur. Mon père espérait que cette publication donnerait un sérieux coup de fouet à sa carrière universitaire en berne. Et, surtout, qu'elle lui permettrait d'obtenir le poste de professeur titulaire qu'il convoitait depuis son arrivée à Oxford. Mais quelque chose le retenait. La bataille qu'il menait contre le KGB s'apparentait de plus en plus à une guerre d'usure. Or sa publication, même anodine et cantonnée au milieu universitaire, ne passerait pas inaperçue. Risquait-elle d'offenser les Soviétiques et de compromettre ses chances de faire venir Ludmila en Angleterre ?

Après plusieurs semaines d'hésitations il décida de ne pas courir le risque. Il appela les Presses universitaires d'Oxford, et leur demanda de ne pas imprimer l'ouvrage et de le rayer de la liste de leurs prochaines publications. Son éditeur, comme ses collègues de St Anthony's, fut consterné. Mervyn venait tout bonnement de sacrifier sa carrière universitaire sur l'autel de sa relation avec Mila. En annulant la parution de son essai, il était sans doute conscient de réduire presque à néant ses chances d'être titularisé, mais il tint bon. « En ce qui nous concerne, je suis certain d'avoir pris la bonne décision, affirma-t-il à Mila. Mais quand je pense aux efforts, à l'énergie que j'ai consacrés à ce livre... Tout ça pour rien ! » Je mesure d'autant mieux l'étendue du sacrifice de mon père que je suis en train d'achever ce livre-ci après cinq ans de dur labeur. Son renoncement me bouleverse. Il peinait lui-même à y croire, d'ailleurs : il mit plusieurs semaines à admettre qu'il avait bel et bien tiré un trait sur son ouvrage.

Le 26 avril 1965, Gerald Brooke, un jeune chargé de cours britannique que Mervyn avait rencontré à l'université de Moscou, fut arrêté par le KGB alors qu'il se rendait chez un agent du NTS, l'Union nationale des travailleurs et des solidaristes russes, une petite organisation anticommuniste qui bénéficiait du soutien de la CIA. Comme on le découvrit par la suite, le NTS était si largement infiltré par les services secrets soviétiques qu'il comptait presque autant d'espions parmi ses membres que de véritables activistes. L'organisation était aussi inefficace que compromise, mais elle causa la perte de Gerald Brooke : il fut alpagué par le KGB en allant livrer un paquet de samizdats chez un couple de sympathisants du NTS qui avaient été arrêtés deux jours plus tôt. Les agents soviétiques se tenaient en embuscade dans l'appartement : ils fondirent sur le jeune Anglais dès qu'il franchit la porte.

Mervyn avait été approché par le NTS à Oxford : Gueorgui Miller, un vieux Russe blanc émigré en Grande-Bretagne, lui avait demandé de remettre un paquet de documents à un membre de l'organisation, qui résidait à Moscou. Mon père avait refusé. Miller avait manifestement eu plus de succès auprès de Brooke. Il s'en était fallu de peu, songea Mervyn en apprenant l'arrestation de son jeune confrère. Il aurait pu, lui aussi, tomber aux mains du KGB s'il avait accepté de rendre service au vieil homme.

Brooke fut jugé pour propagande antisoviétique et condamné à cinq ans de prison. La presse soviétique, qui couvrit abondamment le procès se servit de l'affaire pour renouveler ses attaques contre l'Occident. Martin Dewhirst, l'ancien collègue de Mervyn à l'ambassade, fut appelé à comparaître pendant le procès, et accusé lui aussi d'activités antisoviétiques – tout comme Peter Reddaway, un autre ami de mon père, qui avait déjà été expulsé d'Union soviétique. Étrangement, le nom de Mervyn ne fut cité ni pendant le procès ni pendant la campagne de presse. Il en fut soulagé, mais ne sut jamais pourquoi.

Brooke venait d'être jugé quand des rumeurs commencèrent à circuler sur son compte dans les milieux diplomatiques. On murmurait que le Kremlin avait proposé au gouvernement britannique d'échanger Gerald Brooke contre Peter et Helen Kroger, un couple de communistes américains qui avaient travaillé pour les services secrets soviétiques. Ils avaient d'abord informé Moscou de l'avancement du « Projet Manhattan » instauré à New York dans les années quarante pour financer et coordonner les travaux de recherche sur la bombe atomique américaine, puis ils s'étaient installés en Grande-Bretagne, où ils avaient discrètement poursuivi leurs activités d'espionnage au sein du « réseau de Portland », qui renseignait le KGB sur la base nucléaire sous-marine du Bec de Portland, au sud de l'Angleterre. Le réseau avait été démantelé, et les Kroger, arrêtés en 1961, avaient été condamnés à vingt ans de prison. Leur dossier était donc bien plus conséquent que celui de Gerald Brooke, le malheureux enseignant anglais détenu par Moscou. Mervyn eut bientôt la conviction que le jeune homme n'était qu'un pion sur l'échiquier – ce que les Kroger confirmèrent eux-mêmes en 1990 lors d'une interview à la BBC. Ils revinrent sur l'affaire en précisant que Brooke avait été arrêté sur ordre du Kremlin afin de servir de monnaie d'échange durant les négociations entamées avec Downing Street pour obtenir leur libération. En 1964, Konon Molody, mieux connu à l'Ouest sous le nom de Gordon Lonsdale, l'officier du KGB qui avait dirigé le réseau de Portland, avait été échangé contre un espion britannique. Rentré à Moscou, il menait activement campagne auprès du Kremlin pour que les Kroger soient libérés à leur tour.

Cette affaire raviva les espoirs de Mervyn, qui se mit à envisager la possibilité d'inclure Mila dans un échange d'espions entre les deux pays. « On parle d'échanger Brooke contre les Kroger, écrivit-il à Frederick Cumber, un homme d'affaires qui entretenait de bonnes relations avec l'ambassade d'URSS à Londres. Ce qui équivaudrait à troquer deux K. contre un B. Plus j'y pense, plus l'idée de joindre Mila à cet échange me paraît judicieuse. Ce serait une concession mineure pour les Russes, qui tiennent vraiment à récupérer les Kroger. Le poids de notre séparation se fait plus lourd, pour elle comme pour moi, à mesure que le temps passe. J'y pense à chaque instant, et je consacre une grande partie de mon énergie à tenter de trouver une solution à notre problème. Nous vivons, pour ainsi dire, par lettres. J'en ai maintenant reçu quatre cent trente de Mila, et je lui en ai envoyé à peu près le même nombre (sans compter les cartes postales). »

Peu après, le gouvernement britannique annonça qu'il se refusait à procéder à l'échange des Kroger contre Brooke : « Nous ne céderons pas au chantage soviétique », déclara sèchement le cabinet du Premier ministre, éteignant ainsi la lueur d'espoir que ce projet avait éveillé chez mon père.

À Moscou, Mila passait ses soirées à améliorer son anglais : elle écoutait en boucle le disque fourni avec sa méthode d'apprentissage et s'entraînait à répéter les phrases simples qu'énonçait la narratrice – une histoire de chien perdu puis retrouvé dans l'arrière-boutique du boucher, auquel il avait volé tout un chapelet de saucisses. Certaines lettres de Mervyn furent glissées par erreur dans la boîte de Iévdokia, sa voisine, où Mila dut les récupérer en crochetant la serrure avec une aiguille à tricoter et une paire de ciseaux. Sujette à une paranoïa croissante, elle demanda à mon père de lui fournir la liste complète des lettres qu'il lui avait adressées, afin de s'assurer que ses voisins n'en avaient pas subtilisé certaines. « Ils aiguisent leurs couteaux », lui confia-t-elle, visiblement inquiète. Elle dormait mal, hantée par la douleur de leur séparation et les souvenirs d'enfance qui surgissaient dans son sommeil.

« Je viens de faire un cauchemar atroce. J'ai crié si fort que ma sœur s'est levée, persuadée que j'étais souffrante. J'ai mis longtemps à admettre que le rêve n'était pas réel.

Les images étaient si claires, si nettes ! Tout le monde s'est rendormi, sauf moi. Je suis en larmes. Lénina est sûre que ce rêve est un très mauvais présage. J'ai l'impression d'être née pour endurer le malheur, [...] les souffrances et la torture perverse et sophistiquée qui me sont infligées. Je mets toutes mes forces et mes pensées dans notre amour. J'ai atteint le point de non-retour. »

Le Foreign Office se montrait de plus en plus exaspéré par les sollicitations de Mervyn. Howard Smith, le chef du département qui gérait les relations diplomatiques avec l'URSS et les pays du nord de l'Europe, semblait considérer Mervyn comme un bon à rien et un insupportable casse-pieds. Il prenait ses appels avec une irritation croissante qui frisait l'impolitesse.

« Le Dr Matthews [...] ne nous est pas inconnu. Nous connaissons très bien son dossier, assura Michael Stewart, le ministre des Affaires étrangères, à Laurie Pavitt, une parlementaire qui lui avait écrit au sujet de Mervyn. Nous lui avons expliqué à de nombreuses reprises, tant par courrier que lors des entretiens que mes services lui ont accordés, les raisons pour lesquelles nous considérons qu'il serait inefficace et malvenu d'intercéder officiellement en sa faveur auprès de nos homologues soviétiques. Compte tenu des antécédents du Dr Matthews en URSS, il nous paraît improbable qu'ils réagissent favorablement à une intervention de notre part. »

Déjà mauvaises, les relations de mon père avec le Foreign Office devinrent carrément exécrables lorsque Howard Smith vint dîner à St Anthony's. Prévenu de sa visite, Mervyn pria Fred, l'intendant de la faculté, de convaincre Smith de passer le voir à la résidence universitaire à la fin du repas. Quand le diplomate apparut dans l'embrasure de la porte, Mervyn perdit brusquement le contrôle de lui-même. Il lui dit sans détour, comme il le reconnut par la suite, « la piètre opinion qu'il avait de lui ».

Outré, Howard Smith pivota sur ses talons sans lui adresser la parole. Mervyn, conscient de sa bévue, ne fit rien pour le retenir. « Smith était visiblement choqué lorsqu'il nous a rejoints dans la salle à manger, lui rapporta plus tard Harry Willets, un de ses amis. Il a raconté à qui voulait l'entendre que tu étais affalé dans un fauteuil et que tu t'es exclamé : "Tiens ! Voilà ce salopard de Smith !" quand il a poussé la porte. Il était si éberlué qu'il en avait perdu son cigare. » Mervyn, lui, se souvient tout au plus d'avoir traité le diplomate de « vieux chnoque ». Personnellement, je suis enclin à penser qu'il l'a traité de salopard *et* de vieux chnoque, mais je n'ai aucun moyen de le prouver.

Cet incident acheva d'enterrer la carrière déjà moribonde de Mervyn à Oxford. Ses recherches étaient au point mort depuis des mois ; il avait annulé la parution de son livre et fait la une du *Daily Mail*, ce qui avait considérablement irrité ses supérieurs. Ils auraient peut-être fermé les yeux sur ces « égarements » si Mervyn s'était remis discrètement au travail sans plus faire parler de lui. Mais son altercation avec Smith le désignait une fois de plus comme un trublion. Ce fut la goutte d'eau qui fit déborder le vase. Bill Deakin le convoqua chez lui, où il lui servit un long sermon assorti d'un petit verre de sherry. « Vous avez fait preuve d'une grossièreté inacceptable, déclara-t-il vertement. Smith était invité par la faculté, en plus ! Vous vous rendez compte ? Nous ne pouvons pas tolérer ce genre de comportement. Avez-vous reçu des nouvelles de Glasgow ? Il paraît qu'un poste vient de se libérer là-bas. Allez-y et faites-vous oublier. C'est peut-être ce qui peut vous arriver de mieux en ce moment. »

C'en était fini : mon père ne serait jamais titulaire d'une chaire à Oxford. Son rêve le plus cher après son mariage avec Mila venait de s'effondrer. Harry Willets l'invita au

Lamb and Flag, un pub du centre-ville, pour lui annoncer que sa bourse de recherche ne serait pas renouvelée l'année suivante. Mervyn vécut ce renvoi comme une véritable disgrâce. Profondément meurtri, il en conçut un sentiment d'échec qui empoisonna tous ses succès à venir.

12

Sur des planètes différentes

L'amour m'a rendue folle
Mila à Mervyn, le 14 décembre 1964

Au milieu des années quatre-vingt-dix, les Moscovites d'adoption, ceux que la capitale attirait vers elle comme un aimant, avaient souvent en commun d'être férocement intelligents, avides et meurtris par la vie. Certains venaient fuir un échec ; d'autres avaient quelque chose à prouver. Moscou les engloutissait un à un. La ville agissait sur eux comme une véritable passion amoureuse : tous en émergeaient différents, profondément changés. Mais c'était aussi une drogue dont il fallait payer le prix. La descente était rude. Passé l'éblouissement initial, Moscou finissait toujours par vous présenter l'addition – intérêt *et* capital. « Tu ne pensais tout de même pas que tout ça serait gratuit ? » ricanait Jonas Bernstein, mon collègue au *Moscow Times*, chaque fois que j'arrivais au bureau en sale état, couvert de bleus ou avec la gueule de bois. Si, justement, je croyais pouvoir jouir *gratuitement* de cette ville. Sans contrepartie. C'est ce que nous croyions tous, d'ailleurs.

L'autosatisfaction et l'orgueil démesuré dont Moscou faisait preuve à l'époque atteignirent leur apogée lors des commémorations du huit cent cinquantième anniversaire de sa fondation, en septembre 1997. Iouri Loujkov, le maire, y vit l'occasion de célébrer en grande pompe le succès et l'opulence de la métropole. Il lança les festivités en descendant triomphalement la rue Gorki juché sur une sorte d'énorme coupe antique. En fin d'après-midi, cinq millions de fêtards envahissaient déjà le centre-ville. Luciano Pavarotti chanta sur la place Rouge ; Jean-Michel Jarre créa un son et lumière sur les monts Lénine en projetant des images vidéo sur l'imposante façade de l'université de Moscou. Je me revois, tard dans la soirée, titubant parmi les ordures amoncelées derrière une rangée de bars à vodka, près du parc de la Culture. Me croyant seul, je m'apprêtais à vider ma vessie quand j'aperçus un couple en plein coït parmi les canettes de bière et les paquets de chips froissés. La ville entière semblait avoir sombré dans le chaos. Les rayons laser de Jean-Michel Jarre lacéraient le ciel nocturne tandis que des hordes de jeunes gens, debout sur le toit des trolleybus bondés, jetaient des pétards dans la foule.

Mais Moscou avait aussi ses zones d'ombre, dont Loujkov et ses semblables préféraient ignorer l'existence. J'ai passé deux jours à la gare Kourski, vaste labyrinthe de tunnels et de quais en béton qui servait de logis à des centaines de sans-abri déguenillés, tombés aussi bas qu'il est possible de tomber. En fin de journée, quand la gare retrouvait son calme, ses habitants clandestins émergeaient prudemment du monde souterrain où ils se terraient aux heures de pointe, et reprenaient possession des lieux. En descendant sur les voies, j'ai découvert des familles entières de vagabonds nichées sous des amas de cartons ; j'ai partagé une bière avec une bande de jeunes pickpockets, qui distribuaient la moitié de leurs gains aux flics pour bénéficier de leur protection ; une prostituée de treize ans, le visage poudré de blanc, les cheveux retenus en arrière par une pince de plastique brillant, a tenté de me brancher. Je lui ai acheté une canette de gin tonic. Elle m'a expliqué qu'elle s'était enfuie de son village natal où ses parents alcooliques la battaient depuis sa naissance. « Mais je suis ici, maintenant – à Moscou ! dit-elle en promenant un regard satisfait sur son univers de béton et d'ordures. J'ai toujours rêvé de monter à la capitale. »

J'ai trouvé d'autres petits fugueurs dans un dédale de conduits de chauffage souterrains à la périphérie de la ville. Ils se faisaient un peu d'argent en vidant les poches des touristes ou en aidant les commerçants du quartier à décharger leurs camions. Ils investissaient leurs maigres revenus dans l'achat de leur colle favorite, une marque appelée « Moment », qu'ils sniffaient avec avidité. Ils étaient sales et émaciés, mais très insolents et étonnamment amicaux malgré les menaces qui pesaient constamment sur eux : ils constituaient une proie de choix pour les pédophiles (qui tentaient de les violer), les flics (qui tentaient de les rafler) et les missionnaires américains (qui tentaient de les convertir). Fourbes, rusés et cyniques, ils n'en formaient pas moins une vraie famille. Les plus grands aidaient les plus jeunes, qui n'avaient guère plus de huit ou neuf ans, à se nourrir et à survivre dans la jungle qui était la leur. Ils m'invitèrent dans leur tanière avec une fierté manifeste et me demandèrent timidement de leur acheter des hot-dogs – le plus beau cadeau qu'ils pouvaient imaginer.

J'avais emménagé en août 1997 dans un nouvel appartement, situé rue Petrovka, près du Bolchoï. La propriétaire de celui que j'occupais rue Starokonouchenny, grisée par la croissance économique, avait tenté de doubler le montant de mon loyer en me laissant deux jours de réflexion. J'avais promis de payer – et j'étais parti en laissant la clé sous la porte.

Je partageais mon nouveau repaire avec une adorable hippie canadienne reconvertie dans la finance internationale. Comme les milliers d'expatriés installés à Moscou, Patti baignait dans l'euphorie de l'extraordinaire boom économique qui avait succédé à la réélection de Boris Eltsine, l'année précédente. Pour ceux qui étaient venus profiter de la vente du siècle, la fête ne faisait que commencer.

En conquistadors du capitalisme, les jeunes Occidentaux avaient pris d'assaut Moscou et remporté la victoire : ils vivaient dans d'immenses appartements jadis occupés par les ministres de Staline, organisaient des soirées mémorables dans des datchas d'un luxe inouï, autrefois réservées aux membres du Politburo, filaient à Ibiza pour le week-end et régnaient en maîtres sur des femmes conquises. D'une manière générale, ils récoltaient les fruits des milliards de dollars investis pendant la guerre froide dans le complexe militaro-industriel soviétique. Ils passaient leurs journées à s'échanger des valeurs mobilières, à racheter des entreprises et à inonder le marché russe de biens de consommation courante (Tampax, cigarettes Marlboro et déodorants). Le soir, ils paradaient dans Moscou à l'arrière d'énormes quatre-quatre flambant neufs, s'empiffraient de cocaïne et collectionnaient des filles invariablement sublimes.

Tout était bon pour gagner de l'argent. Je connaissais un type qui faisait fortune grâce au joli contrat d'importation qu'il avait passé avec l'Église orthodoxe russe. Le Kremlin autorisait en effet les prélats à importer hors taxes d'énormes quantités d'alcool et de cigarettes, qu'ils revendaient à profit sur le marché russe afin, disait-on, de financer la reconstruction des églises. D'autres devenaient millionnaires en monnayant à prix d'or leur « expertise » financière. Un de mes amis, employé d'une grande firme américaine de consulting, s'était fait un nom en aidant des patrons russes à redresser leurs comptes. Sa tactique était assez simple : quel que soit l'état réel de l'entreprise en question, il commençait par recommander aux dirigeants de licencier la moitié du personnel. Puis il enjolivait le bilan comptable afin de revendre la boîte à des investisseurs occidentaux particulièrement crédules ou peu regardants, et se partageait les bénéfices avec l'équipe russe.

La Russie de l'époque attirait tous ceux qui, hommes ou femmes, entretenaient de sombres penchants pour l'autodestruction ou la désinvolture la plus crasse. À Moscou, ils pouvaient enfin s'y adonner sans limites. C'était un univers impie et insolite, où les valeurs morales étrangement engourdies vous laissaient libre d'explorer les recoins les plus obscurs de votre âme.

Moscou savait offrir du bon temps à ses nouveaux maîtres mais finissait toujours par prendre sa revanche en perturbant la mécanique bien huilée de leur psyché occidentale. Les jeunes Américains naïfs et joviaux qui arrivaient la fleur au fusil arboraient un an plus tard l'air dur et taciturne des forains usés par la vie. Les hédonistes gentiment égoïstes se muaient rapidement en monstres psychotiques – trop de sexe, d'argent, de vodka, de drogues et de cynisme en trop peu de temps.

Ma colocataire canadienne, en revanche, semblait indemne. Elle avait su préserver sa joie de vivre, envers et contre tout. Je me souviens encore du matin d'été où je me suis éveillé en l'entendant fouiller dans les tiroirs de mon bureau : elle cherchait une boîte d'amphétamines, nue des pieds à la tête. « J'ai un avion à prendre, m'expliqua-t-elle. Je vais en Sibérie acheter des usines. » Je titubai jusqu'à la salle de bains, où j'aperçus un zombie dans le miroir. C'était moi. Patti, revigorée par son cocktail matinal, fit gaiement claquer ses sandales Prada dans le couloir.

« À plus tard, Owen ! lança-t-elle en traînant ses valises Ralph Lauren derrière elle.

— Patti chérie, quand vas-tu enfin te décider à m'acheter une usine ? J'en veux une, moi aussi ! répondis-je depuis la salle de bains.

— Bientôt, mon lapin, bientôt. Et nous serons tous très, très riches ! J'y vais, maintenant. À plus ! »

L'automne 1965 approchait. Mervyn se préparait à quitter définitivement sa chambre de St Anthony's. Il avait accepté un poste d'enseignant à l'université de Nottingham, établissement qu'il qualifiait lui-même de « seconde zone ». Ses quatorze mois d'efforts pour récupérer sa fiancée n'avaient rien donné : elle était toujours retenue en Union soviétique. Dévoré de solitude, il passait des heures à errer dans les bois de Wytham, près d'Oxford.

« Je suis infiniment triste, ce soir. Alors je t'écris, ça m'aide un peu, confia-t-il à Mila au retour d'une de ses marches en forêt. J'ai été frappé par la manière dont tu me décris tes promenades solitaires. Me parles-tu vraiment, m'appelles-tu comme tu le dis dans tes lettres ? J'ai l'impression de t'avoir entendue. Toute la soirée, j'ai cru entendre ta voix, basse, douce et chantante, même si je ne pouvais pas te répondre. Je pense à toi souvent, et tu es toujours avec moi. [...] J'imaginais la joie que ce serait si tu étais ici. Nous irions nous asseoir dans le parc au soleil, ou bien nous nous promènerions ensemble. Mon chagrin est presque insupportable, mais je refuse de me laisser aller. La douleur finit toujours par s'atténuer, heureusement ! Et je peux me remettre au travail. »

Son désespoir ne fit que croître à mesure qu'approchait la fin de sa carrière à Oxford. Exaspéré par l'échec de ses diverses tentatives pour rejoindre Mila ou la faire sortir d'URSS, il décida d'adopter une stratégie plus offensive. St Anthony's lui en offrit involontairement l'occasion. En guise de cadeau d'adieu, la faculté lui proposa de l'envoyer à Vienne tous frais payés pour participer à un important colloque universitaire, alors qu'il n'avait rien à présenter et que l'état de ses recherches ne justifiait pas sa présence. Méfiants, ses supérieurs lui signifièrent tout de même qu'ils ne souffriraient « aucune extravagance de sa part ». Theodore Zeldin, l'un des professeurs titulaires de la faculté, le sermonna à ce sujet avant son départ pour Vienne.

Mervyn assista sagement au colloque, mais il évita les banquets somptueux et les interminables discours qui l'agrémentaient. Il s'éclipsa pour dîner seul au Feuervogel, un restaurant russe tenu par un énorme cuistot slave, qui officiait aussi en salle et régalait ses clients de vodka, qu'ils le veuillent ou non. Assis dans un coin, un guitariste bulgare jouait des airs mélancoliques et se chamaillait avec le patron.

Mervyn attendit la fin du colloque pour se livrer aux « extravagances » tant redoutées par ses confrères. Il avait prévu de se rendre discrètement en Tchécoslovaquie afin d'y poster une lettre qui, l'espérait-il, infléchirait son destin et celui de Mila. L'entreprise ne présentait apparemment aucun risque majeur : Prague n'était qu'à trois heures de train de Vienne, et les autorités tchèques ne réclamaient pas de visa aux touristes. Mais Mervyn craignait de tomber aux mains du KGB, comme l'infortuné Gerald Brooke. Il ne dormit pas de la nuit, se préparant au pire. Le voyage se déroula pourtant sans incident, les gardes-frontières se contentant d'examiner son passeport d'un air renfrogné avant de le tamponner.

Il arriva à Prague le 6 septembre 1965. Il prit aussitôt une chambre à l'hôtel Slovan, un établissement décrépit du centre-ville, et partit se promener. La capitale tchèque lui sembla plus animée que Moscou. Le soir venu, il se risqua à pousser la porte d'un night-club un peu minable, où il sirota un verre de vin en solitaire. Puis il regagna sa chambre et écrivit une longue lettre à Alexeï. Il commença par détailler les avantages que le régime soviétique aurait à laisser partir Mila. L'opération serait excellente pour l'URSS en termes d'image, insista-t-il. Puis il se déclara prêt à offrir une somme d'argent « substantielle » au gouvernement russe pour accélérer la procédure d'émigration s'il accédait à sa requête, comme cela se faisait, de manière officieuse mais légale, en Pologne et en Allemagne de l'Est. Il cita le cas de quelques citoyens polonais et est-allemands qui avaient acheté à grands frais leur visa de sortie. « Je ne suis pas riche, rappela-t-il à Alexeï, mais je trouverai des donateurs. » L'argent pourrait être versé à « des œuvres d'utilité publique » en Union soviétique. « Nous avons presque le même âge, Alexeï, conclut-il. Nous pouvons parler sérieusement, en toute franchise. Aidez-moi, je vous en prie ! »

Contrairement à Ludmila, mon père se berçait encore d'illusions à l'égard du KGB. Il pensait que l'organisation – ou du moins Alexeï – aurait la courtoisie de lui répondre. Sincère et pragmatique, sa missive ne faisait pas mention d'une éventuelle collaboration : Mervyn s'y refusait toujours farouchement. Et le KGB, à ce stade de leurs relations, aurait sans doute décliné son offre. Il envoya la lettre en recommandé depuis le grand bureau de poste situé derrière la place Wenceslas. Et ne reçut jamais de réponse.

Contraints à l'éloignement et à la solitude, mes parents eurent peut-être, plus ou moins consciemment, l'impression de retraverser le désert affectif qu'ils avaient connu dans leur enfance. Toujours est-il que leur relation épistolaire commença à prendre le pas sur leur vie réelle. Dès les premiers mois de leur séparation, ils mirent tant d'eux-mêmes et de leur vie quotidienne dans leurs lettres que le récit des événements l'emporta sur les événements proprement dits. Rien n'étant laissé dans l'ombre, il y eut bientôt trop à raconter ; et leur vie présente se dilua dans l'obligation permanente d'en dresser l'histoire.

À Moscou, Mila se livrait quotidiennement à une série de petits rituels amoureux. Chaque matin, elle embrassait la photo de Mervyn avant de partir travailler. Le soir, en sortant de la bibliothèque, elle lui achetait des disques pour qu'il puisse écouter de la musique russe avec ses amis. Si mon père lui confiait qu'il souffrait d'un petit souci de santé, elle consultait aussitôt son propre médecin à son sujet. Elle se faisait aussi un sang d'encre à propos de son régime alimentaire : elle en parlait dans presque toutes ses lettres – ce qui montre à quel point elle était encore marquée par la famine dont elle avait souffert enfant.

« Écoutes-tu les conseils de ta Mila ? Je t'en prie, Mervyn, n'abuse pas du poivre, du vinaigre et des épices. Est-ce que tu bois assez de lait ? Moi, j'en bois un demi-litre tous les soirs. Mange correctement, et beaucoup de produits frais, comme je te l'ai appris. » Lorsque mon père se risqua à lui rappeler qu'il adorait le curry et fréquentait de temps en temps les restaurants indiens de son quartier, elle fut catégorique : « Je respecte tes goûts, mais je crains qu'ils ne soient mauvais pour ta santé. Je te l'ai dit, à Moscou : tous ces plats orientaux, caucasiens et indiens dont tu raffoles sont trop épicés pour toi. Tu viens d'un pays maritime au climat tempéré. Cette nourriture est faite pour des peuples qui ont l'estomac solide. Tu es une fleur du Nord, fragile et délicate : tu dois manger délicatement. »

Un peu plus tard, Ludmila lui demanda des vêtements, qu'il acheta à Londres (en faisant mine de se plaindre de la dépense occasionnée) et lui fit parvenir à Moscou aux bons soins de Dinnerman's, la seule entreprise britannique alors habilitée à envoyer des colis en URSS. Mila, de son côté, achetait des livres et des disques, qu'elle envoyait à Londres emballés dans du papier kraft et solidement ficelés. Il y en eut bientôt plusieurs centaines sur les étagères de Mervyn.

La relation virtuelle que Ludmila entretenait avec lui tournait à l'obsession. Elle s'immergeait chaque jour davantage dans le monde imaginaire qu'elle avait créé depuis son départ. « J'ai l'impression de vivre dans un mécanisme complexe appelé Mervyn. Je vois ses rouages et ses boulons tout autour de moi, lui avoua-t-elle. Tu es le centre et le but de mon existence. [...] Je pratiquerai bientôt une nouvelle religion, le mervousisme, et je convertirai tout le monde à mon Dieu d'amour et de joie. »

Les échanges épistolaires avec Mervyn lui semblaient souvent plus réels que ses conversations et ses rencontres avec ses collègues ou amis moscovites. « Je n'ai plus de présent. Seuls comptent mon passé et l'avenir auquel j'arrive encore à croire, lui écrivit-elle. Tout est mort et froid autour de moi. J'erre dans des ruines, mais je vais de l'avant, toujours de l'avant, vers toi. » Elle ne vivait plus que pour les lettres de son fiancé : « Tout le reste n'est qu'une invention destinée à passer le temps. »

Elle s'asseyait parfois dans la cour intérieure de son immeuble, rue Starokonouchenny, pour lire le courrier qui lui arrivait d'Angleterre. Ivre de joie, elle dansa un jour sous la pluie, ses lettres à la main, sous le regard d'une vieille babouchka au visage dur, postée à la fenêtre de l'entresol. « C'était comme si des ailes m'avaient poussé dans le dos, écrivit-elle ensuite. Toute ton âme, pourtant figée sur le papier, s'écoulait en moi comme un torrent clair, et me remplissait le corps et l'esprit de forces vives. C'est le meilleur médicament qui soit. Tes lettres s'améliorent sans cesse. Bientôt, je pleurerai de joie, et non plus de chagrin, en les lisant. »

Le week-end, elle se rendait parfois à Vnoukovo. Olga, sa nièce, lisait du Tchekhov pendant qu'elle tricotait. Fin septembre, une violente averse de grêle s'abattit bruyamment sur le toit de tôle de la datcha. Quand le ciel s'éclaircit, Mila partit se promener dans les champs de maïs en criant le nom de Mervyn. Le chagrin la mettait à si rude épreuve que Lénina décida d'en avertir mon père. « La tristesse la ronge, Mervyn. […] Elle a déjà tant souffert dans sa vie ! Je me fais réellement beaucoup de souci pour elle. Je crois qu'elle souffre doublement de votre séparation, parce qu'elle n'a pas connu l'amour d'une mère ou d'un père quand elle était petite. Notre famille est littéralement en deuil depuis ton départ. […] Elle a cessé de sourire et de rire. Elle est constamment au bord des larmes. Tâche de lui écrire plus souvent, je t'en prie. Elle vit pour toi. »

Mila n'avait plus ses règles depuis des mois. Inquiète, elle consulta son médecin, qui la rassura. « Pendant la guerre, certaines femmes n'ont pas été réglées pendant plusieurs années », affirma-t-elle. Elle lui prescrivit tout de même des piqûres quotidiennes « pour [ses] nerfs », ainsi que plusieurs séances de « thérapie magnétique » – un de ces remèdes de charlatan dont les Soviétiques, très hypocondriaques, ont toujours été friands.

Fin 1965, Mila fut d'autant plus abattue qu'elle craignit, l'espace de quelques mois, que son séduisant fiancé ne lui soit ravi par une autre. Son angoisse s'immisça jusque dans son sommeil. Une nuit, elle rêva qu'elle apercevait Mervyn en compagnie d'une autre femme au parterre du Bolchoï, pendant une représentation à laquelle elle assistait depuis le balcon avec Valery Golovitser. Bouleversée, elle se mettait à hurler et voulait se jeter dans la fosse pour le rejoindre.

L'absence de Mervyn ravivait ses peurs les plus anciennes – liées à sa crainte de l'abandon, principalement –, mais aussi d'autres, liées à son apparence physique. Elle souffrait de ne pas être une beauté. « C'est ma plus grande angoisse. Je n'en parle à personne, mais je me désole par avance, car je sais que je ne plairai pas à tes proches sur ce plan, confia-t-elle à Mervyn. Cette question me tourmente affreusement. J'y pense sans cesse. J'essaie de me rassurer en me rappelant que j'ai toujours eu beaucoup d'amis, y compris de très jolies filles ; que tous m'entourent d'affection et sont attirés vers moi. Je sais que tu aimes les belles femmes, comme tous les hommes. J'aime la beauté, moi aussi. J'espère de tout cœur que tu sauras chercher celle qui se cache en moi, et voir ce que d'autres ne voient pas. Nous regarderons les jolies femmes ensemble. Je suis parfaitement capable de reconnaître qu'une femme est belle, du moment que ce n'est ni une garce ni une idiote. Je refuse souvent qu'on me prenne en photo (tu sais pourquoi), mais, si quelqu'un en fait une qui me plaît, je te l'enverrai. Je suis très gênée de savoir que tu montres des photos de moi à tes proches. »

Mila exhibait parfois les lettres de Mervyn à ses collègues pour se rassurer et leur prouver qu'il y avait bien un homme dans sa vie – un homme qui faisait d'elle une femme à part entière. « Je veux être aimée. Je veux que les gens sachent que je ne suis pas réellement à plaindre. » Elle veillait pourtant à quitter la bibliothèque plus tard que ses collègues afin de ne pas les voir s'en aller au bras de leur mari ou de leur petit ami. La douleur, peut-être aussi un obscur sentiment de honte et de culpabilité à l'idée qu'elle avait laissé partir son propre fiancé, aurait été trop forte.

À la fin du mois de septembre 1965, Mervyn retrouva espoir en lisant un article du *Sun* consacré aux négociations toujours en cours entre l'URSS et la Grande-Bretagne à propos de Gerald Brooke et des époux Kroger. Les pourparlers étaient plus avancés que Mervyn ne l'imaginait. Les Soviétiques avaient chargé Wolfgang Vogel, un mystérieux avocat est-allemand, de les représenter lors des discussions bilatérales. Bien connu des milieux diplomatiques, Vogel avait déjà plusieurs succès à son actif. Il avait négocié en 1962 l'échange du pilote américain Gary

Powers[1] contre Rudolf Abel, un des meilleurs espions du KGB. Né William Fischer, Abel avait été l'agent de contrôle des Kroger lorsqu'ils avaient travaillé aux États-Unis dans les années quarante et livré à Moscou les secrets nucléaires américains du Projet Manhattan. On disait aussi que Vogel avait favorisé le « rachat » de ressortissants est-allemands par leurs proches résidant à l'Ouest.

« Le gouvernement britannique a fermement rejeté l'idée d'un échange, relatait le *Sun* du 22 septembre 1965. Considérant Gerald Brooke, détenu à Moscou pour subversion politique, comme un otage des Soviétiques, Downing Street se refuse à le troquer contre les Kroger. L'interruption officielle des négociations n'a pas entamé la détermination de M. Vogel. [...] Son Opel de couleur crème a été aperçue lundi soir à Check Point Charlie. Les douaniers l'ont laissé passer d'un simple signe de la main pour lui permettre de se rendre au quartier général des forces britanniques, à Berlin Ouest, où il devait rencontrer M. Christopher Lush. »

Quatre jours plus tard, Mervyn était en route pour Berlin. Le chauffage ayant été coupé dans son wagon, il franchit le mur à l'aube, complètement transi. Il s'installa, comme toujours, dans un hôtel très bon marché, la Pension Alcron, sur Lietzenburgerstrasse. Puis il téléphona à Jürgen Stange, l'avocat berlinois qui gérait les affaires de Vogel à l'Ouest. Rendez-vous fut pris pour le lendemain. Il passa le reste de la journée à visiter Berlin Est, encore très marqué par la guerre. Des rues entières étaient en ruine ; la ville semblait tendue, grise et terne. Il fit une brève incursion au zoo, où des singes enfermés dans de grandes cages le fixèrent d'un air lugubre.

1. Pilote de la CIA capturé par les Soviétiques le 1er mai 1960 après le crash de son U-2, abattu par l'armée Rouge au-dessus de Sverdlovsk.

Jürgen Stange l'écouta avec attention et lui promit d'organiser une rencontre avec Vogel, le lendemain soir. Il tint parole : les trois hommes se retrouvèrent au Baronen Bar, un petit établissement cossu fréquenté par des hommes d'affaires, où Vogel venait souvent prendre un verre au retour de ses nombreux voyages, avant de regagner Berlin Est. Mervyn remarqua que le barman arborait des boutons de manchette extravagants – destinés, supposa-t-il, à convaincre les clients de lui laisser un généreux pourboire.

Vogel se montra très amical. C'était un petit homme au visage rond, chaussé d'épaisses lunettes. Il ne parlait pas un mot d'anglais, et les notions d'allemand de Mervyn étaient très limitées. Quant à Stange, il n'avait appris que le latin et le grec. Vogel parvint tout de même à comprendre de quoi il retournait, et se montra résolument optimiste quant à l'évolution du « dossier » de Mervyn. Il émit l'hypothèse que Mila (et peut-être quelqu'un d'autre) pourrait être échangée contre l'un des Kroger, ce que mon père jugea assez improbable. Mais il fut réconforté par le ton enthousiaste de l'avocat allemand.

Quand celui-ci se leva pour partir, Mervyn proposa de lui porter sa valise. Elle était de petite taille, mais mon père eut toutes les peines du monde à la soulever. Il suivit Vogel en titubant jusqu'à sa voiture et dut porter la valise à deux mains pour la mettre dans le coffre. L'avocat le salua chaleureusement avant de partir vers l'est. Mervyn ne sut jamais ce qu'il y avait dans cette valise et n'osa jamais le demander.

Il se rendit le lendemain au quartier général des forces alliées de Berlin Ouest pour y rencontrer Christopher Lush, qui dirigeait la mission diplomatique britannique. Il lui fit part de son entretien avec Vogel et lui demanda de contacter le Foreign Office à Londres afin de lui suggérer l'idée d'un échange. Lush s'y refusa. « Nous ne souhaitons pas être utilisés pour ce genre de tractations, répondit-il à mon père d'un ton dédaigneux. Rendez-vous compte : nous serions vite envahis si nous répondions à tous ceux qui sont dans le même cas que vous ! »

Vogel ne donna jamais de nouvelles. Ce que Mervyn avait pris pour une piste n'était qu'une impasse, une fois de plus.

La rentrée universitaire approchait. Mon père boucla ses malles quelques jours après son retour de Berlin, les entassa dans sa vieille Ford et quitta Oxford pour ses nouveaux quartiers universitaires situés à Long Eaton, près de Nottingham, en veillant à ne pas « s'avachir au volant comme s'il transportait des seaux d'eau », selon la formule que Mila avait récemment employée dans l'une de ses lettres.

Long Eaton lui rappela les pires heures de son enfance galloise. Cette ville industrielle, terne et maussade, abritait un campus dépourvu de charme, où les enseignants étaient nettement moins bien logés que ceux d'Oxford. Mon père n'ayant pas l'habitude de fréquenter les pubs, il n'eut bientôt rien d'autre à faire pour tromper son ennui que de regarder tourner son linge sale dans les machines de la laverie automatique. Après Moscou et Oxford, la chute était rude, mais elle présentait un avantage non négligeable : Mervyn avait enfin le temps de se consacrer pleinement à sa campagne. Il aborda le premier semestre avec un optimisme renouvelé, malgré la crise d'épilepsie qui le frappa dans la cafétéria de la gare de King's Cross. Par chance, l'attaque se révéla ponctuelle, et il n'y accorda pas d'importance excessive.

« Depuis ce jour-là, quelles que soient les nouvelles qui m'arrivent de Russie, je mets un point d'honneur à entrer en classe le sourire aux lèvres, déclara-t-il à Mila. L'annulation de mon livre ne me préoccupe pas le moins du monde. » Une photo prise cet automne-là le montre à son bureau, dans les locaux de l'université de Nottingham. La pièce est minuscule ; un mauvais poste de radio trône sur la table (je me souviens qu'il l'avait encore dans les années soixante-dix), au milieu d'une pile de papiers ; les étagères accrochées derrière lui ploient sous les livres et les dossiers. Absorbé dans la lecture d'une lettre, Mervyn semble étrangement jeune et désorganisé, presque débordé par le désordre ambiant, mais plutôt satisfait.

Sa mère, en revanche, ne l'était pas. Dévorée d'inquiétude, Lillian mit à profit l'une des rares visites qu'il lui rendit à Swansea pour l'accabler de reproches et le supplier de renoncer à son « obsession autodestructrice pour cette fille russe ».

« Ce matin, mon tigre de mère a sorti ses griffes. Chassez le naturel, il revient au galop ! confia Mervyn à Mila en sortant de la piscine de l'université de Nottingham, où il allait nager tous les jours. Elle m'accuse de venir trop rarement et de la faire horriblement souffrir. Elle prétend que ce qui m'est arrivé en Russie l'a presque tuée. "Et quand je pense à ce que tu as fait de ta carrière, j'en suis horrifiée", a-t-elle ajouté. "Tais-toi, ai-je répliqué, ou je m'en vais. Ma voiture est devant la maison." Alors elle n'a plus rien dit. »

Mervyn envisagea plusieurs autres solutions. L'une d'elles consistait à rejoindre Mila dans un autre pays communiste et à s'enfuir avec elle. Quoique hasardeux, ce plan aurait pu fonctionner si Mila n'avait pas été obligée d'obtenir une lettre de recommandation de son employeur, même pour partir en voyage dans un pays frère. Or, personne à la bibliothèque de l'Académie des sciences ne se serait risqué à lui fournir un tel document. Mon père évoqua alors la possibilité d'un mariage blanc : si Ludmila épousait un étudiant africain, par exemple, celui-ci pourrait ensuite l'emmener à l'étranger. Mais ce projet, qui leur déplaisait à tous les deux, se révéla aussi irréalisable que le précédent.

Il aurait nécessité une autorisation du KGB et sérieusement compromis la suite de leur campagne en cas d'échec.

Ensuite, Mervyn étudia brièvement la possibilité de corrompre un fonctionnaire de l'ambassade. L'un des plus véreux se laisserait peut-être séduire par une nouvelle voiture ? L'idée était bonne, mais, là encore, Mervyn dut y renoncer : leur dossier était trop médiatisé pour que quiconque, côté soviétique, tente de les aider. En désespoir de cause, il songea sérieusement à se lancer dans la fabrication de faux papiers. Il passa plusieurs jours à examiner à la loupe les détails des cachets qui noircissaient les pages de son passeport. Il s'acheta du matériel d'imprimerie et s'efforça de reproduire les tampons des douanes soviétiques. Parmi ses amis, deux dames d'un certain âge et d'une honnêteté sans faille proposèrent de lui céder leur passeport. La première, qui n'en avait pas encore et n'avait nullement l'intention de quitter le pays, en fit la demande aux autorités britanniques afin de pouvoir le remettre à Mervyn ; la seconde prétendit avoir perdu le sien pour pouvoir le lui donner. Mervyn accepta avec joie, avant de reculer devant les dangers de l'entreprise. Mila devrait d'abord acquérir un aller simple Moscou-Londres, ce qui ne serait pas facile ; puis il lui faudrait courir le risque d'être arrêtée et condamnée à des années de prison si les douaniers soviétiques s'apercevaient que son visa de sortie était un faux. Il abandonna l'idée.

Il lut dans la presse britannique un article qui faisait allusion aux mésaventures d'un voyageur russe des années trente. L'homme avait projeté de se rendre à pied jusqu'en Chine, mais il s'était (franchement) trompé de direction et s'était retrouvé en Afghanistan. Mervyn se pencha sur une carte détaillée du sud de l'URSS. Certaines zones frontalières étaient peut-être moins surveillées que d'autres ? En décembre 1965, il tomba sur l'histoire d'un jeune Russe, nommé Vladimir Kirsanov, qui avait réussi à passer à l'Ouest en franchissant à pied la frontière finno-soviétique. Mila pouvait-elle faire la même chose ? Déterminé à en savoir plus, il se procura les coordonnées de Kirsanov et lui rendit visite à Francfort en mars 1966. Mais il comprit vite, en écoutant le récit du jeune homme, que Mila ne réussirait jamais à réitérer son exploit. Sportif et solidement bâti, Kirsanov était un bon grimpeur et un excellent marcheur. Il avait escaladé les multiples clôtures de fil barbelé et traversé sans encombre les zones marécageuses qui s'étendaient entre l'URSS et la Finlande. Mila, avec sa hanche abîmée, n'avait aucune chance d'y parvenir. Cette idée fut donc abandonnée, elle aussi.

Deux ans s'étaient écoulés depuis le retour forcé de Mervyn en Angleterre. Loin de s'apaiser, la douleur de la séparation continuait de le ronger. Nottingham se révélant plus déprimant encore qu'il ne l'avait craint, il décida de se rapprocher de Londres pour relancer sa campagne et accepta, au cours de l'été 1966, un poste d'enseignant à l'École polytechnique de Battersea. L'établissement, qui venait de recevoir l'agrément du gouvernement pour devenir officiellement l'université du Surrey, était alors installé dans un vieux hangar désaffecté de Clapham, au sud de la capitale. Mon père acheta un petit appartement à Pimlico et se prépara à la rentrée universitaire sans le moindre enthousiasme. Comme à Nottingham, il jugeait l'université, ses étudiants et son niveau d'exigence avec le plus grand mépris. Il la préféra pourtant à d'autres facultés plus prestigieuses parce que ses obligations professionnelles y seraient réduites, ce qui lui permettrait de harceler l'ambassade d'URSS, le Foreign Office et les rédactions des grands quotidiens nationaux installés à Fleet Street.

Il conserva son poste à l'université du Surrey bien après son mariage avec ma mère. Il y passa même la plus grande partie de sa carrière. Il continua pourtant de critiquer l'établissement avec une amertume révélatrice du peu d'estime qu'il nourrissait pour son propre parcours professionnel.

Mila sombrait dans la dépression, elle aussi. Elle avait perdu du poids – elle était si maigre qu'on voyait maintenant ses côtes sous sa peau comme une « babouchka tuberculeuse » –, et ses cheveux bruns s'étaient teintés de gris. « Sans toi, ma vie s'est arrêtée. Elle s'est changée en pierre. Il ne s'agit pas seulement d'une impression, mais d'un constat extrêmement sérieux et irréversible, écrivit-elle à Mervyn. Je voudrais aller me réfugier avec toi au bout du monde, là où le mal, la cruauté et la haine ne pourraient plus nous atteindre. Avec toi, même loin de tout, je sais que je ne m'ennuierais jamais. Seigneur ! Dis-moi que nous ne souffrons pas en vain, je t'en supplie ! La vie est trop courte, trop fragile pour la gaspiller ainsi. Qu'il est donc cruel et imbécile de perdre des jours entiers sans nous voir ! » Mila poursuivait sa lettre en paraphrasant le célèbre poème que Constantin Simonov avait composé en 1943 et dédié à sa fiancée, condamnée à attendre son retour du front, comme des millions d'autres femmes soviétiques pendant la Seconde Guerre mondiale. « Attends-moi, mais attends de toute ton âme, attends jusqu'à la fonte des neiges, attends jusqu'à ce que tout le monde ait cessé d'attendre, attends-moi… »

En discutant avec l'un de ses amis à Londres, Mervyn apprit qu'il était possible d'effectuer, depuis la Finlande et sans visa soviétique, de brèves excursions touristiques dans les pays baltes. Il courut demander plus d'informations à l'office du tourisme finlandais sur Haymarket Street. L'employée l'informa qu'une agence d'Helsinki organisait effectivement des excursions d'une journée, pour lesquelles aucun visa n'était requis, à destination de Tallinn en Estonie, et même de Leningrad. Ces prestations étaient conçues pour les Finlandais, ajouta-t-elle, mais elle ne voyait pas pourquoi un citoyen britannique ne pourrait pas en bénéficier. L'Estonie étant membre de l'URSS, Mila n'aurait aucun mal à s'y rendre.

Mervyn trouva un plan de Revel (l'actuelle Tallinn), daté de 1892, à la British Library, ainsi qu'un guide de voyage allemand d'avant-guerre. Il choisit le clocher le plus haut de la ville, celui de l'église St Olaf, comme point de rendez-vous, parce qu'il était visible de partout et proche des quais. Puis il informa Ludmila de son projet en émaillant ses lettres d'allusions à peine déguisées : où envisageait-elle de passer ses vacances ? Il avait entendu dire que les capitales baltes, et Tallinn en particulier, étaient superbes. Il irait peut-être en Scandinavie le 26 ou le 29 août. Mila avait-elle entendu parler de l'église St Olaf ? Elle saisit l'allusion et lui répondit qu'elle s'y rendrait aussi.

C'était un plan audacieux. Le 22 août 1966, avant de partir pour la Finlande, Mervyn rédigea une lettre à l'intention des fonctionnaires du Foreign Office. Il l'envoya à l'un de ses amis, en le priant de l'adresser au ministère s'il n'était pas de retour à la mi-septembre.

« À la fin du mois, je tenterai à une ou deux reprises de me rendre en URSS afin de voir ma fiancée. J'irai très certainement à Tallinn. Il est possible que je sois arrêté et incarcéré en Union soviétique. [...] Le cas échéant, je tiens à préciser que je ne souhaite pas bénéficier de l'aide des fonctionnaires du Foreign Office employés en URSS, et que je m'oppose catégoriquement à ce que ces mêmes fonctionnaires tentent de prendre contact avec ma fiancée. J'espère avoir été clair. [...] Je regrette d'avoir dû traiter avec vos services par le passé et ne souhaite pas renouveler cette expérience. »

Il s'envola pour Copenhague, d'où il prit un ferry pour Stockholm, et, de là, un autre pour Helsinki. Le lendemain matin, il se rendit à l'agence Haleva, dont lui avait parlé l'employée de l'office du tourisme finlandais à Londres. Elle ne s'était pas trompée : l'agence organisait bel et bien des excursions à Tallinn. Il réserva sa place pour le surlendemain, un samedi, et passa le reste de la journée à se promener dans Helsinki. Il s'assit un long moment sur l'un des canons russes du vieux fort, où il écrivit à Mila en lui demandant de lui répondre poste restante à Helsinki.

« Comment te décrire la beauté des lieux ? C'est tout simplement splendide ! s'extasia-t-il. La mer, la baie et ses îles resplendissent au soleil, et de ravissants yachts blancs dérivent paisiblement sur les eaux. »

Il retourna à l'agence le vendredi. L'employée lui remit son billet – un simple feuillet rose – sans sourciller, bien qu'il fût le seul Britannique de l'excursion. Il embarqua le lendemain matin à neuf heures avec le groupe de touristes finlandais sur le *Vanemuine*, un paquebot de croisière, qui partit une heure plus tard, comme prévu.

Le voyage s'annonçait bien : il faisait un soleil radieux, et le vent soufflait en rafales sur la mer. Une météo scandinave au mieux de sa forme, songea Mervyn. Quelques minutes après le départ, un Russe en costume sombre invita d'un air renfrogné les passagers à lui remettre leur passeport. Quand mon père lui tendit le sien, le type lui jeta un regard surpris, mais il ne fit aucun commentaire. La traversée dura deux heures, que Mervyn passa à l'avant du bateau, les yeux rivés sur l'horizon. Les clochers de Tallinn se dessinèrent bientôt dans le lointain. Le garde-frontière en civil reparut sur le pont. Il appela les passagers un à un pour leur restituer leur passeport. Mervyn attendit, l'estomac noué. Son nom fut le dernier de la liste, mais son passeport lui fut rendu dûment tamponné, comme les autres.

Le ferry venait d'accoster. Lorsque mon père s'engagea sur la passerelle, il entendit une voix de femme crier son nom. C'était Nadia, la fille aînée de Lénina. Elle était radieuse et stupéfaite de découvrir Mervyn parmi les passagers : Mila était persuadée qu'il n'arriverait que le lendemain. Elle visitait l'église St Olaf en ce moment même, tandis que Nadia était venue sur les quais pour repérer les lieux. « Personne ne m'a suivie, assura-t-elle. Pas le moindre gus en vue ! »

Ils passèrent devant le bureau des douanes et franchirent les remparts médiévaux pour se rendre dans la vieille ville. En arrivant près de l'église, mon père aperçut une femme coiffée d'un fichu, assise sur un banc. « Mila ! » cria-t-il, avant de constater avec embarras qu'il s'était trompé. « Elle est là-bas », souffla Nadia en désignant une petite silhouette sous le porche de l'église. C'était bien elle, cette fois. Ils s'embrassèrent.

« À cet instant, j'ai ressenti une vague d'émotions absolument indescriptibles », écrivit Mervyn à Mila quelques jours plus tard. Leur longue séparation n'avait pas entamé le profond sentiment d'intimité qui les unissait : il se sentit immédiatement proche d'elle, et retrouva « les yeux si doux, la tendresse et la bienveillance » de sa fiancée comme s'il l'avait quittée la veille.

L'espace de quelques heures, mes parents eurent l'impression grisante d'être hors du temps. Ils n'étaient pas censés être là, dans cette capitale balte. Les gestionnaires des affaires terrestres les avaient arbitrairement séparés deux ans plus tôt – et pourtant, ils se promenaient ensemble, main dans la main dans les ruelles de la vieille ville. Ils discutèrent de tout et de rien, ébauchant même des projets d'avenir, tandis que Nadia marchait un peu en retrait pour s'assurer qu'ils n'étaient pas suivis par le KGB. Mervyn avait réussi à se glisser dans une faille du mur, et cette petite victoire leur donna l'espoir de voir un jour ces quelques heures volées se muer en une vie entière. Sans ces brefs instants de bonheur à Tallinn, sans ces moments où ils se prouvèrent qu'ils n'étaient pas que des mots sur du papier, mais bien des êtres de chair et de sang, ils n'auraient certainement pas eu la force de poursuivre leur combat ni de supporter les longues années de séparation qu'il leur faudrait encore endurer avant de pouvoir enfin vivre ensemble.

Ils sonnèrent chez une amie de Mila, qui les invita à prendre le thé, puis ils s'installèrent sur un banc, dans un parc baigné de soleil – un soleil pâle et doux, comme seuls en produisent les étés scandinaves. Ils se dirigeaient tranquillement vers le port quand la sirène du *Vanemuine* déchira l'air du soir. Mervyn regarda sa montre : il était beaucoup plus tard qu'il ne le pensait.

Ils se mirent à courir, aussi vite que le permettait la hanche de Mila. L'équipage du ferry venait de larguer les amarres, mais la passerelle était toujours en place. Ils n'eurent que quelques secondes pour se faire leurs adieux, échangeant un baiser trop bref avant que Mervyn s'élance à bord. Le navire se détacha lentement du quai. Debout sur le pont, Mervyn vit s'éloigner puis disparaître les petites silhouettes de Nadia et de Ludmila. Elles agitaient la main vers lui, toujours plus floues à mesure que le bateau s'engageait dans le chenal. Il se sentit submergé de chagrin et d'espoir.

L'agence Lomamatka d'Helsinki proposait un court voyage à Leningrad : deux nuits en mer et une à Leningrad, à bord du ferry. Là non plus, aucun visa soviétique n'était requis. Le soir du 4 septembre, Mervyn embarqua sur le *Kastelholm*, un vénérable petit bateau à vapeur. Il admira le vieux moteur alternatif dans la salle des machines et dormit sur ses deux oreilles après avoir remis son passeport à un Finlandais cordial – preuve qu'il n'y avait pas de fonctionnaires soviétiques à bord.

Lorsqu'il sortit sur le pont, le lendemain matin, il constata avec joie que le navire remontait déjà la Neva sous un nuage de vapeur. Les docks de Leningrad apparaissaient à l'horizon. Le bateau accosta peu après. Mila l'attendait sur le quai, à l'ombre d'un camion de marchandises. Ils évitèrent de s'embrasser pour ne pas attirer l'attention sur eux et marchèrent jusqu'au centre-ville. Mila était venue seule, cette fois. Ils passèrent la journée à se promener et visitèrent le Musée russe, où ils se perdirent de vue quelques minutes, chacun d'eux s'étant aventuré dans des salles différentes. Ils se retrouvèrent avec un soulagement indicible.

Mila avait réservé une chambre dans une sorte d'auberge de jeunesse, où elle réussit à faire entrer Mervyn en fin d'après-midi, avec la connivence de plusieurs étudiants logés au même étage. Une heure après leur arrivée, leur tête-à-tête fut brusquement troublé par des coups frappés à la porte. Ils se figèrent, blêmes d'angoisse, persuadés que le KGB les avait repérés. Ce n'était qu'une fausse alerte : un jeune homme se tenait sur le seuil, navré de les avoir dérangés. Il s'était trompé de chambre. Ils s'enfermèrent de nouveau jusqu'au dîner, qu'ils prirent ensemble dans un petit restaurant (où on leur servit du canard trop gras), avant de se séparer pour la nuit : Mervyn regagna le bateau, et Mila rentra à l'auberge.

La journée du lendemain fut à peu près semblable. Mila ayant rendu sa chambre, ils se contentèrent d'arpenter la ville, ses places et ses boulevards, solidement enlacés l'un à l'autre. Ils regagnèrent le port en avance, cette fois, et s'embrassèrent discrètement sur le quai, au milieu des camions. Puis Mervyn s'engagea seul sur la passerelle. Le départ lui sembla moins triste qu'à Tallinn, mais les deux jours passés en compagnie de Mila ne firent qu'accentuer le vide qu'il éprouva dès qu'elle ne fut plus à son côté.

« Me voici en route pour Helsinki sur les eaux sombres de la Baltique, lui écrivit-il à bord du *Kastelholm.* Les deux jours qui viennent de s'écouler ont été merveilleux, aussi bien mentalement que physiquement. Je n'avais pas été aussi heureux depuis notre séparation. J'espère n'avoir rien dit de blessant ou de malencontreux quand nous étions ensemble. Je me suis retourné avant d'entrer dans le bateau et j'ai vu ta petite silhouette et tes jambes disparaître dans l'obscurité. C'était affreusement triste. Je t'aime plus que jamais et suis déterminé à lutter pour notre bonheur. Maintenant, j'ai l'impression que les choses vont s'accélérer. Tu verras ! »

Il reprit la plume en arrivant à Stockholm, le 8 septembre. « Ma vie a retrouvé tout son sens depuis que nous nous sommes vus dans ces villes du Nord. [...] Je suis convaincu que nous sommes sur la bonne voie. Rien ne sera plus aussi pénible, à présent. » Ludmila préféra éviter de mentionner clairement leurs rencontres dans ses lettres. Elle fut saisie d'angoisse en lisant qu'un ferry norvégien avait coulé dans le Skagerrak, mais se rassura en consultant un atlas : ce détroit n'était pas sur la route de Mervyn.

Mon père décida de mettre en œuvre l'un de ses plus anciens projets, qui consistait à demander un visa soviétique depuis l'étranger, dans l'espoir de se voir accorder par erreur le droit de voyager en URSS. Le 12 décembre 1966, il prit un ferry de nuit pour se rendre de Southend à Ostende, et, de là, un train pour rejoindre Bruxelles. Il s'installa d'abord près de la gare du Nord, dans un hôtel bon marché mais propre, qui était en réalité un bordel. L'occupant de la chambre voisine, un gros Africain, ronflait si bruyamment que Mervyn eut toutes les peines du monde à s'endormir. Levé à l'aube, il partit en quête d'une agence de voyages spécialisée dans les séjours en URSS et trouva son bonheur rue des Paroissiens : l'agence Belgatourist organisait de courts voyages à Moscou. Mon père acheta un séjour tout compris de cinq jours. Il remplit les formulaires destinés à l'ambassade soviétique en utilisant une transcription de son nom légèrement différente de celle qu'il employait d'habitude – « Matthews » offre en effet l'avantage de pouvoir s'orthographier d'une dizaine de manières en russe. Ses espoirs ne furent pas déçus : il récupéra son passeport, agrémenté d'un visa, le lendemain. Les fonctionnaires soviétiques n'avaient pas remarqué que son nom, transcrit différemment, figurait sur la liste noire du KGB.

Deux jours plus tard, il était à Moscou, logé à l'hôtel National. Ce retour impromptu lui procura une sensation étrange, d'autant qu'il ne pouvait en profiter pleinement, l'hôtel étant rempli de gus qui surveillaient les allées et venues des Occidentaux. Son projet lui avait semblé si hasardeux qu'il n'en avait pas informé Mila, afin de lui épargner une déception en cas d'échec. Il l'appela le soir de son arrivée depuis une cabine téléphonique de la rue Mokhovaïa. Elle fut stupéfaite de le savoir à Moscou. Conscient de ne pouvoir éviter la surveillance des agents du KGB postés aux abords de l'hôtel, il renonça à tout subterfuge et lui donna rendez-vous le lendemain matin à l'entrée du National. C'était un samedi. Elle arriva en courant, heureuse et incrédule. Ils se rendirent aussitôt chez elle, dans sa petite chambre du quartier de l'Arbat, où rien n'avait changé depuis le départ de Mervyn. Puis ils appelèrent le Palais des mariages et demandèrent à parler à Mme Efrémova, la directrice. Elle était absente, mais serait de retour lundi matin, leur assura-t-on. Ils passèrent la journée du lendemain enfermés dans la chambre de Mila, ne s'autorisant qu'une brève sortie pour envoyer un télégramme à la mère de Mervyn depuis le bureau de poste de la rue Gorki. On était le 25 décembre.

Quand ils firent irruption dans le bureau d'Efrémova au Palais des mariages, cette dernière fut absolument effarée de leur audace. Personne ne l'ayant avertie de leur visite, elle bougonna qu'ils n'avaient pas respecté la « procédure normale » et les mit dehors. Ils décidèrent de rester optimistes – n'avait-elle pas consenti à les recevoir ? Mervyn téléphona à l'ambassade de Grande-Bretagne, où le vice-consul se montra étonnamment disposé à l'aider « dès la réouverture des bureaux », le lendemain.

L'embellie fut de courte durée. Lorsqu'il sortit de l'hôtel National aux premières heures de la matinée, Mervyn sentit tous ses nerfs se tendre : les gus étaient plus nombreux que d'habitude et le tenaient à l'œil. Il n'avait plus que quelques heures à partager avec Mila, comprit-il. Et il avait raison : la réception de l'hôtel lui transmit en début d'après-midi un message de l'agence de voyages lui demandant de la contacter sur-le-champ. « Votre visa a été annulé, lui annonça l'employée de l'agence, un moment plus tard. Vous devez quitter Moscou immédiatement. » Mila fondit en larmes en apprenant la nouvelle. « Oh, Mervousia... gémit-elle. Qu'allons-nous faire, maintenant ? »

Mon père fut convoqué à l'OVIR à quatre heures de l'après-midi. Les bureaux étaient aussi sinistres que lors de sa première expulsion, en juin 1964. Le directeur adjoint l'attendait de pied ferme. Il ne prononça qu'une phrase, d'un ton sec et à deux reprises : « Vous devez quitter la Russie le plus rapidement possible, aujourd'hui ou demain, sur le premier vol à destination de l'Europe. »

Mervyn n'avait plus le choix. S'il voulait rester libre, il fallait obtempérer, car le KGB risquait de s'impatienter et de le jeter en prison, comme il l'avait fait avec Gerald Brooke, pour augmenter ses chances de récupérer les Kroger.

Mon père quitta donc le sol soviétique pour la troisième fois en cinq mois – sans le moindre espoir de revenir. Mila était effondrée. Ils avaient tous deux le sentiment d'avoir joué leur dernière carte : si Mervyn tentait de remettre les pieds en URSS, il serait incarcéré sans ménagement.

La seconde expulsion de Mervyn donna lieu à plusieurs articles dans la presse britannique. Le Foreign Office avait reçu un courrier officiel du ministère soviétique des Affaires étrangères s'indignant de la « visite » de mon père à Moscou, mais ni lui ni les journalistes n'en furent informés à l'époque. Des Zwar, le reporter du *Daily Mail*, reprit contact avec lui pour l'interroger sur les « meilleures manières d'entrer illégalement en Union soviétique », un « sujet en or » qu'il souhaitait vendre au magazine *People*. Outré, mon père rejeta catégoriquement sa proposition.

La couverture médiatique dont il fit l'objet lui permit de faire une rencontre intéressante : un certain Derek Deason prit contact avec lui après avoir lu son histoire dans la presse. Citoyen britannique, il avait lui aussi été expulsé d'Union soviétique en 1964, quelques jours avant son mariage avec une Russe. Ils décidèrent de se rencontrer pour évoquer leurs situations respectives. Mon père lui donna rendez-vous à l'Albert, un vieux pub situé près de la gare Victoria. Je connais bien l'établissement pour l'avoir fréquenté assidûment, des années plus tard : c'est là que j'ai bu mes premières pintes, avant l'âge légal, avec mes copains de terminale. Deason était né la même année que Mervyn. Il travaillait comme technicien de pesage à l'usine automobile de Dagenham, près de Londres, qui fabriquait des moteurs Ford. Le visage large, le regard franc, il plut beaucoup à mon père, qui lui voua bientôt une vive amitié. Derek avait rencontré Éléonora Guinzbourg, sa fiancée, au cours de l'été 1964, alors qu'ils étaient tous deux en vacances au bord de la mer Noire. Russe de confession juive, Éléonora enseignait l'anglais à Moscou. Très amoureux l'un de l'autre, ils avaient décidé de se marier. La cérémonie devait avoir lieu en octobre. Derek arriva une semaine plus tôt à Moscou. Gêné par l'exiguïté de l'appartement qu'Éléonora partageait avec sa sœur, il décida d'aller passer quelques jours à Sotchi avant le mariage. Là, il lia connaissance avec une bande de Russes, qui le persuadèrent d'enterrer sa vie de garçon en leur compagnie. Peu accoutumé à la vodka, Derek sombra dans une ivresse bruyante et tapageuse. Les riverains appelèrent la police. Il fut arrêté et mis d'autorité dans un avion pour Moscou. De là, on le renvoya à Londres, sans même lui laisser le temps de prévenir Éléonora. Il l'appela d'Angleterre, en larmes. Naturellement, les Soviétiques ne l'autorisèrent pas à retourner à Moscou : ses demandes de visa furent rejetées les unes après les autres. Lorsqu'il contacta mon père, en janvier 1967, il s'était vu refuser pour la neuvième fois le droit d'aller voir sa fiancée.

Vif et intelligent, Derek fut pour Mervyn un excellent compagnon d'armes. Ils prirent l'habitude de se retrouver à l'Albert ou à l'Audley, sur South Audley Street, pour planifier leur campagne. Contrairement à mon père, Derek n'avait jamais été confronté aux autorités soviétiques avant son expulsion. Il risquait sans doute d'alourdir son dossier en s'associant avec mon père, mais il s'en fichait. Tous deux étaient ravis de s'être alliés. Ils échangèrent les adresses de Mila et d'Éléonora pour qu'elles puissent se rencontrer à Moscou.

Mervyn le savait : il n'était plus question pour lui de retourner en Union soviétique. Rien ne l'empêchait, en revanche, de continuer à harceler les diverses institutions et personnalités susceptibles de l'aider. Or Alexeï Kossyguine, le Premier ministre soviétique, était justement attendu à Londres, où il devait effectuer une visite officielle de quelques jours. Mervyn décida d'accomplir ce qui était désormais l'un de ses rituels favoris : la remise d'une lettre en main propre. Il commença par écrire à la reine pour la prier d'évoquer son cas lors de l'entretien qu'elle aurait avec Kossyguine. Il reçut une réponse type de Buckingham Palace, lui assurant que son courrier avait été transmis à la souveraine. Puis il prit contact avec les Services spéciaux afin de les informer de ses intentions. Il leur demanda même de lui indiquer à quel moment il pourrait remettre sa lettre au ministre sans risquer de compliquer la tâche des agents de sécurité chargés de le protéger. L'agent qui le reçut se montra évasif, mais Mervyn constata dès le lendemain, avec une certaine ironie, qu'il était désormais suivi par le MI5 dans les rues de Londres. Le jour de l'arrivée de Kossyguine, il l'attendit en vain devant le 10, Downing Street : les gus du KGB qui avaient fait le voyage avec l'homme d'État soviétique lui conseillèrent fermement d'éviter tout contact avec lui. Mon père se rendit ensuite devant le Parlement, où il se mêla à la petite foule de curieux rassemblés pour apercevoir la délégation soviétique. Remarquant un policier en civil, il lui annonça qu'il avait l'intention de remettre une lettre au ministre.

« Vous ne pouvez pas faire ça, répliqua l'officier.

— Pourquoi ? Aucune loi ne m'en empêche.

— Je vous préviens : si vous sortez de la foule, on vous embarque, assura le flic, ébranlant la confiance que mon père avait toujours eue dans la police britannique. On trouvera bien une raison pour vous mettre sous les verrous ! »

Mervyn rebroussa chemin, dépité. Il tenta une troisième et dernière fois d'approcher Kossyguine – au Victoria and Albert Museum, cette fois. Le ministre soviétique s'y rendit avec Harold Wilson, désormais chef du gouvernement, pour inaugurer une exposition consacrée à la coopération anglo-soviétique. Là encore, ce fut un échec : une haie de bobbies empêchait les passants d'accéder au musée. Mais il y eut un moment de flottement quand les deux hommes quittèrent l'exposition. Wilson demeura seul quelques instants après le départ de Kossyguine, qui s'était engouffré dans une voiture officielle. Debout sur le trottoir, le Premier ministre britannique attendait l'arrivée de sa propre voiture. Mon père décida de saisir sa chance. « Et pour nos fiancées, vous faites quoi, monsieur Wilson ? » lança-t-il en faisant un pas vers lui. Wilson se retourna, surpris, et fronça les sourcils en l'apercevant. « Mais… je vous connais ! »

s'exclama-t-il en montant dans sa voiture, qui s'éloigna aussitôt. Mervyn soupira. La lettre était restée au fond de sa poche.

Mon père eut une autre idée. Les Soviétiques accepteraient-ils d'échanger Mila contre un objet de grande valeur – un manuscrit inédit de Lénine, par exemple ? Les anciens collègues de Ludmila à l'Institut du marxisme-léninisme, qui passaient leur vie à traduire et à archiver ce genre de documents, seraient certainement intéressés s'il parvenait à s'en procurer. Évidemment, tout ce que Lénine avait écrit en Russie était déjà entre leurs mains, mais ils avaient parfois du mal à obtenir ou à acquérir les manuscrits datés de 1907 à 1917, période durant laquelle Lénine avait résidé en Europe de l'Ouest, fomentant la Révolution et se chamaillant abondamment avec ses amis communistes. Qui sait ? Si Mervyn réussissait à dénicher ne serait-ce qu'une seule lettre de cette période, elle pourrait peut-être servir leur cause. Et Mila, une fois dans sa vie, aurait tout à gagner d'un tas de papiers jaunis.

Enthousiasmé, Mervyn se précipita à la British Library pour y consulter les manuscrits autographes de Lénine. Il demanda notamment à voir le formulaire que Vladimir Ilitch avait rempli pour obtenir une carte de lecteur sous le pseudonyme de « Jacob Richter ». Il passa un long moment à examiner l'écriture du leader bolchevique et sa manière particulière de former les caractères romains, afin de pouvoir s'assurer, le cas échéant, de l'authenticité des manuscrits qu'on lui proposerait. Lorsqu'il se leva pour rapporter les documents au guichet, il eut brusquement l'impression de détenir la clé du problème. Le sésame qui ouvrirait enfin à Mila les portes de l'Angleterre.

Il fit le tour des émigrés russes qu'il connaissait pour s'informer sur les manuscrits européens de Lénine. On lui conseilla de s'adresser à Grigori Alexinski, un ancien député socialiste de la Douma, exilé à Paris. Cet homme avait connu Lénine et entretenu une longue correspondance avec l'économiste marxiste russe Gueorgui Plekhanov. Son fils, Grégoire Alexinski, accepta sans difficulté de dîner avec Mervyn lors de son séjour à Paris. Très affable, âgé d'une quarantaine d'années, il travaillait comme agent de renseignements pour la police française.

« Nous avons d'abord pris un apéritif, écrivit Mervyn à Mila quelques jours plus tard sans lui expliquer la véritable raison de sa rencontre avec Alexinski. Puis je l'ai emmené dîner dans un restaurant « bon marché » (mais j'en ai quand même eu pour trois livres à nous deux !). Évidemment, nous avons bu du vin. J'avais la tête qui tournait en sortant de table. Après ça, nous sommes allés chez lui, où sa femme nous a servi du thé et des gâteaux. Leur appartement était très luxueux – j'ai aperçu trois splendides samovars. La conversation était agréable et animée, mais mon hôte passait constamment du russe au français, ce qui ne me facilitait pas la tâche. À la fin, je ne savais plus dans quelle langue j'étais censé lui répondre ! »

Grigori Alexinski senior fit une brève apparition au cours de la soirée. C'était un vieillard frêle et chenu. Il salua poliment Mervyn et lui proposa de lui montrer ses archives. Elles étaient toutes rangées et classées dans des boîtes, qu'il se refusa à ouvrir. Profondément anticommuniste, il avait refusé de les vendre aux Soviétiques, qui l'avaient contacté à plusieurs reprises à ce sujet. Mais il se disait prêt à les céder à Mervyn pour cinquante mille francs, ce qui, assurait-il, était un « bon prix ». Mon père fit rapidement le calcul : cela revenait à trois mille sept cents livres, soit un an et demi de son salaire à l'université du Surrey.

L'importance de la somme ne le découragea pas. Il écrivit à Piotr Nikolaïevitch Pospelov, l'ancien directeur de l'Institut du marxisme-léninisme, en se gardant, bien sûr, de mentionner la véritable raison de l'intérêt qu'il portait aux manuscrits de Lénine.

« Je sais que les historiens soviétiques font tout leur possible pour retrouver les manuscrits de Lénine encore détenus en Europe de l'Ouest et les rapatrier sur la terre natale du grand leader de la révolution d'Octobre, écrivit Mervyn en recourant fidèlement au jargon marxiste en vigueur. J'ai récemment découvert que les archives de Grigori A. Alexinski, ancien membre de la Douma et proche de Lénine, se trouvent à Paris. Or le fils de M. Alexinski, que je connais bien, m'a proposé de les acquérir. Il ne fait aucun doute pour moi que ces documents doivent revenir à Moscou. Aussi aimerais-je contribuer, dans la mesure du possible, à les transmettre aux historiens soviétiques. »

Les Soviétiques se montrèrent enthousiastes. Piotr Fédoseïev, le successeur de Pospelov, demanda de plus amples informations à Mervyn. Il décida d'y voir une lueur d'espoir.

Ludmila profita de quelques jours de vacances pour se rendre à Mikhaïlovskoïé, la résidence familiale de Pouchkine, près de Pskov. Elle visita l'imposante demeure avec ravissement, s'extasiant sur le mobilier anglais qui garnissait les pièces. Lorsqu'elle ressortit dans le parc, il commençait à neiger. Elle acheta des pommes Antonovka près de la tombe de Pouchkine, à Sviatogorsk, puis elle se promena longuement dans les jardins du domaine. « Inutile de te dire à quel point j'aurais voulu que tu sois avec moi, confia-t-elle à Mervyn. J'ai demandé aux grands arbres, aux bois, aux oiseaux et à l'air de réaliser mon vœu, puis je me suis mise à te parler à voix haute en récitant doucement, très doucement, des vers de Pouchkine. Mervyn, mon chéri, comment faire pour t'offrir tout l'amour, toute la tendresse qui se sont accumulés en moi ? Je t'aime chaque jour davantage. »

En rentrant à Moscou, elle eut mon père au téléphone. Ils continuaient de s'appeler tous les quinze jours au bureau de poste de la rue Gorki. Il évita de lui parler de son projet pour ne pas lui donner de faux espoirs, mais elle perçut sans doute une note d'optimisme inhabituel dans sa voix car elle chantonna sur le trajet du retour. « *Sweetheart, remember when days are forlorn, it is always darkest before the dawn*[1] », fredonna-t-elle en citant un fameux proverbe britannique.

« Nous sommes deux pendules oscillant au même rythme, écrivit-elle ce soir-là, ragaillardie par son "appel vital" bimensuel. J'embrasse l'extrémité chérie de ton pendule. » Elle agrémenta sa lettre d'un croquis représentant deux silhouettes longilignes, couchées tête-bêche et dotées d'un énorme cœur.

Mervyn entreprit d'écrire à ses amis et à ses connaissances pour leur demander de l'argent. Isaiah Berlin lui répondit que personne à Oxford ne possédait à la fois « un gros compte en banque et un grand cœur ». Rauf Khahil, un vieux copain d'université dont la famille égyptienne était si fortunée que Rauf affirmait « ne pas supporter d'y penser », se révéla incapable de l'aider : il avait succombé à une crise cardiaque quelques années plus tôt, lors d'une conférence en Afrique. Priscilla Johnson, une amie qui enseignait à Harvard, accepta de demander à Svetlana Allilouieva, la fille de Staline, qui avait émigré aux États-Unis en 1967, de céder à Mervyn une infime part des royalties colossales que générait la vente de son livre, afin qu'il puisse obtenir la libération de Mila. La requête resta sans réponse. Lord Thompson, le magnat de la presse britannique, auquel

1. « Quand la vie te semble triste, mon amour, souviens-toi qu'il fait toujours plus sombre avant le jour. »

Mervyn parvint à arracher une brève entrevue, ne lui offrit pas d'argent, mais il lui donna un bon conseil. « Demandez aux vendeurs de vous accorder une option exclusive sur la vente des documents, lui suggéra-t-il en l'invitant à monter dans son énorme Rolls Royce grise. Ça ne vous coûtera pas grand-chose, et vous aurez les mains libres. »

Mais, sans argent, comment prendre une option ? Mervyn se rendit à l'Institut Maurice-Thorez, à Paris, où il rencontra un certain M. Lejeune, spécialiste de la vie et de l'œuvre de Lénine, qui acheva de le décourager. D'après lui, les documents qui étaient en possession de Grigori Alexinski ne pouvaient pas être de la main de Lénine.

La chasse aux manuscrits se soldait donc par un fiasco. Les premières bourrasques de l'automne 1967 s'engouffraient dans les rues de Londres, ajoutant à l'accablement de Mervyn. Même ses rencontres avec Derek ne parvenaient plus à le réconforter. La situation, désormais, semblait sans issue : les agences finlandaises n'organisaient plus d'excursions dans les pays baltes ; il était hors de question qu'il se rende en Russie ; les manuscrits de Lénine ne l'avaient mené nulle part ; les ponts étaient définitivement coupés avec le KGB ; il n'avait plus d'argent, et la fin des cinq années qu'il avait prévu de consacrer à son combat pour épouser Mila approchait dangereusement. Le désespoir vif et rageur qui teintait leurs premières lettres s'était mué en une douleur lancinante, presque sourde. L'optimisme de Mervyn semblait de plus en plus forcé. Il avait l'impression que leur histoire touchait à sa fin.

Il n'était pas prêt à renoncer pour autant. Et, lorsqu'une autre piste se présenta – la dernière, peut-être –, il s'y engagea résolument. Il s'agissait cette fois d'aller rencontrer Pavel Ivanovitch Veselov, un « consultant juridique » russe, émigré à Stockholm. D'après l'ami de Mervyn qui les mit en contact, Veselov avait aidé plusieurs Soviétiques à passer à l'Ouest. Il s'était même fait une spécialité de ce genre de dossier. S'appuyant sur une documentation rigoureuse, sur un réseau de contacts influents et sur des campagnes médiatiques bien orchestrées dans la presse suédoise, ses méthodes n'avaient rien de spectaculaire (elles ressemblaient d'ailleurs beaucoup à celles de Mervyn), mais elles avaient porté leurs fruits puisque Veselov avait réussi à faire sortir onze personnes d'Union soviétique. Cela suffit à raviver l'espoir de Mervyn, qui décida de lui faire confiance.

Veselov lui écrivit de Stockholm. « Je suis un chasseur, non un boxeur, un traqueur plus qu'un lutteur. Je préfère étrangler ma proie plutôt que de la défier en combat singulier », précisa-t-il à son client potentiel. Mervyn fut impressionné. Mais l'argent lui manquait. Il dut attendre la fin du semestre pour se rendre en Suède. Lorsqu'il eut enfin les fonds et le temps nécessaires, il partit de Tilbury, sur la rive nord de la Tamise, à bord d'un paquebot à destination de Stockholm. Effaré par le coût de la nourriture – le buffet scandinave coûtait trente shillings –, il préféra se passer de dîner. Sa cabine de troisième classe, conçue pour quatre passagers, se révéla aussi bruyante qu'exiguë. Il rédigea plusieurs lettres à Mila pendant la traversée. Méfiant, il les fit transiter par Bruxelles, où habitait son ami Jean-Michel, afin que les agents du KGB qui surveillaient leur courrier ignorent qu'il se rendait en Scandinavie. À court de ressources, il dormit dans un foyer de l'Armée du Salut pendant toute la durée de son séjour à Stockholm. Sa croisade, décidément, l'avait mis sur la paille.

Veselov habitait un petit appartement situé dans les faubourgs de Stockholm. Âgé d'une cinquantaine d'années, plutôt débraillé, il avait les pommettes hautes et l'enthousiasme communicatif des Slaves. Il présenta Mervyn à son épouse, une jeune Suédoise qui ne parlait pas un mot de russe, et à son chat, un animal au pelage noir dénommé Micha, auquel il semblait vouer plus d'intérêt qu'à sa propre femme. Puis il l'invita à s'asseoir dans la seule pièce de l'appartement, un salon plein de meubles et de poussière, comme l'étaient souvent les intérieurs soviétiques.

Sitôt mon père installé, Veselov lui décrivit avec animation les diverses campagnes qu'il avait menées contre le Kremlin, assurant même être parvenu à faire libérer un prisonnier du goulag. S'emparant d'un énorme rouleau de papier, il le déploya d'un geste théâtral sur le sol de la pièce : c'était un assemblage de coupures de presse consacrées à l'une des affaires qu'il avait prises en charge. Mervyn s'extasia. Cet homme était doué, aussi bien pour coller des articles de journaux que pour faire passer des Soviétiques sous le rideau de fer.

Veselov se livra peu, mais il raconta tout de même à mon père qu'il appartenait aux Vieux Croyants, une minorité schismatique de l'Église orthodoxe russe pourchassée depuis des siècles. Il lui confia aussi qu'il avait été colonel dans les services secrets finlandais pendant la guerre. Mon père y vit de bonnes raisons de penser qu'il avait déserté l'armée Rouge pendant la guerre russo-finlandaise de 1939-1940. Très sociable, Veselov s'exprimait avec l'accent caractéristique des natifs de la Volga, fumait des cigarettes sans filtre et professait une honnêteté sans faille – car, assura-t-il, si les journalistes suédois le soupçonnaient de mentir, ils refuseraient de publier le moindre mot sur ses activités. Il évoqua aussi sa passion pour l'écriture en précisant qu'il s'était attelé à la rédaction d'un roman historique sur la Rome antique. Son héroïne, une courtisane romaine au caractère bien trempé, ressemblait davantage, d'après mon père, à une fille de la Volga qu'à une Romaine du premier siècle. Ravi d'avoir de la compagnie, Veselov lui lut de longs extraits de son manuscrit, ne s'arrêtant que pour reprendre son souffle ou émailler le récit d'exclamations enthousiastes sur son personnage principal. « Quelle femme ! s'extasiait-il. Quelle femme ! » Lorsque mon père trouva enfin le courage de l'interrompre pour aller se coucher, vers trois heures du matin, Veselov lui jeta un regard offensé. « Déjà ? gémit-il. Vous en avez assez, c'est ça ? »

En juillet 1968, motivé par l'arrivée imminente d'Alexeï Kossyguine à Stockholm, Veselov reprit contact avec Mervyn après plusieurs mois de silence. La visite du Premier ministre soviétique serait abondamment couverte par la presse nationale et internationale, annonçait-il en l'encourageant à faire le voyage pour tenter de remettre une lettre à Kossyguine. Mon père hésita. À quoi bon aller jusqu'en Suède pour une lettre qui ne parviendrait sans doute pas davantage à son destinataire que la précédente ? La publicité que susciterait l'événement, en revanche, pourrait se révéler utile.

Encore indécis, il appela la rédaction de l'*Expressen*, le grand quotidien suédois, qui accueillit son projet avec joie. L'histoire de Mervyn et de Mila permettrait aux journalistes de rendre compte de la visite officielle de Kossyguine d'une manière nettement plus « romantique » qu'ils ne l'avaient envisagé. Ils promirent à Mervyn de lui rembourser une partie de son voyage, ce qui acheva de le convaincre. Les multiples déplacements qu'il effectuait dans le cadre de sa campagne pesaient tant sur son budget qu'il envisageait de revendre son appartement de Pimlico et d'aller s'installer en banlieue.

Il atterrit à Stockholm la veille de l'arrivée de Kossyguine et prit une chambre à l'hôtel Apolonia. Un reporter et deux photographes de l'*Expressen* vinrent le chercher en voiture, le lendemain matin. Dûment informés de l'emploi du temps de Kossyguine, ils proposèrent à Mervyn de l'intercepter lorsqu'il se rendrait au palais de Haga, où se trouvait l'ancienne résidence royale. Mon père accepta. Assis un moment plus tard dans le parc du palais, il prit le temps d'écrire à Mila.

« Comme tu l'as probablement deviné, je suis à Stockholm, où j'essaierai de voir Alexeï Nikolaïevitch [Kossyguine] et de lui remettre une lettre. [...] Je suis maintenant assis dans le grand parc qui s'étend autour du palais. Il devrait arriver dans une heure. Le pavillon royal est splendide. Il se dresse au pied d'un joli lac sur lequel j'aperçois une vedette de la police. Bref, c'est un parfait petit coin de Scandinavie, plutôt triste. Je suis content d'avoir pu m'asseoir gratuitement, mais je suis sûr qu'ils installeront des bancs à pièces, ici, un de ces jours. »

Les importantes forces de police déployées à Haga l'empêchèrent d'approcher de la limousine de Kossyguine, qui traversa le parc à vive allure. Les journalistes de l'*Expressen* repartirent aussitôt après le passage du ministre, laissant Mervyn seul dans les allées du parc. Il erra un moment dans l'espoir de voir resurgir Kossyguine, puis il aborda les policiers suédois pour les prier de l'aider à remettre sa lettre au ministre et à sa fille – initiative qui lui valut d'être aussitôt arrêté et mis sous les verrous. Relâché en début de soirée sans la moindre explication, il se rendit chez Veselov, épuisé et indigné. L'émigré russe fut aussi scandalisé que ravi d'apprendre sa mésaventure.

« Quelle horreur ! Et ce pays se prétend civilisé ! Mais c'est exactement ce qu'il nous fallait. Nous tenons peut-être notre victoire... Venez ! Je vous emmène à la rédaction de l'*Expressen.* Ils auront peut-être encore le temps de faire passer un article sur votre histoire dans l'édition de demain. » Mâchoires crispées, Veselov semblait chercher la bagarre. « Les flics ont intérêt à se la boucler, ou nous écrirons au ministre de l'Intérieur pour nous plaindre », ajouta-t-il.

Le récit de l'arrestation de Mervyn parut le lendemain dans l'*Expressen*, l'*Aftonbladet* et le *Dagens Nyheter*. L'article de l'*Expressen* était illustré d'une photo de mon père, l'air hagard, en pleine conversation téléphonique. « La Suède est un État policier ! » s'exclamait-il sous la plume du journaliste chargé de rapporter ses propos. Bien que nombreux, les articles ne suscitèrent qu'une seule réaction : un lecteur suédois manifestement outré écrivit à l'un des quotidiens pour conseiller à Mervyn de se montrer plus respectueux des lois lorsqu'il se rendait à l'étranger.

Son séjour scandinave touchait à sa fin. Il déposa ses deux lettres dans une boîte du centre-ville avant de partir. Une dizaine d'articles étaient parus à son sujet dans la presse britannique, ainsi qu'un reportage de deux pages dans le *Bild* allemand, mais, après quatre ans de combat acharné, il devait se rendre à l'évidence : il n'était guère plus avancé qu'au lendemain de son retour forcé en Angleterre. Mila était toujours retenue en Union soviétique. Et rien ne laissait penser qu'elle en sortirait un jour.

En décembre 1968, Derek et Mervyn venaient de sortir de leur pub favori sur South Audley Street quand ils aperçurent une berline du corps diplomatique soviétique garée devant la Mission diplomatique des Émirats arabes unis. Ils engagèrent la conversation avec le chauffeur, qui leur confia la raison de sa présence à Mayfair : il travaillait pour Mikhaïl Smirnovski, l'ambassadeur d'URSS en Grande-Bretagne, et l'avait déposé avec son épouse devant la Mission, un moment plus tôt. La réunion prévue avec leurs homologues arabes devait s'achever d'une minute à l'autre, assura-t-il. Mervyn et Derek décidèrent de les attendre. Les Smirnovski sortirent effectivement du bâtiment un instant plus tard. Ils reconnurent aussitôt mon père, qui fit un pas vers eux. La femme de l'ambassadeur se raidit, l'air alarmé.

« Monsieur Smirnovski, pourquoi ne pouvons-nous pas nous marier ? lança Mervyn.

— Nous connaissons très bien votre dossier, répliqua sèchement le diplomate en le bousculant pour entrer dans sa voiture. Inutile de causer des difficultés supplémentaires. »

Derek déclara dans les colonnes de l'*Evening Post* : « Cette brève entrevue est l'une des choses les plus réconfortantes qui nous soient arrivées depuis très longtemps. Nous avons maintenant la certitude que les Russes sont parfaitement au courant du combat que nous menons pour nous marier. »

Mervyn poursuivit activement sa campagne. Sa rencontre avec les Smirnovski l'incita à mobiliser le corps diplomatique en sa faveur. Il résolut d'écrire aux cent dix ambassadeurs étrangers en poste à Londres afin de les informer de sa situation. Il acheta à cet effet une rotative manuelle d'occasion, qu'il installa dans sa petite chambre à coucher, déterminé à imprimer plusieurs séries de brochures et de circulaires. Mais il ne parvint qu'à mettre la pièce sens dessus dessous et à éclabousser copieusement d'encre noire son lit. Début avril, il conçut un tract intitulé « Trois femmes soviétiques », qui présentait, au recto, les photos juxtaposées de Mila, d'Éléonora et de Mme Smirnovski, et, au verso, un bref résumé de l'affaire. Il puisa une fois de plus dans ses maigres économies pour les faire imprimer à ses frais par un professionnel. Le résultat était superbe, mais Derek et lui furent menacés d'arrestation lorsqu'un policier les surprit en train de glisser les brochures sur le pare-brise des voitures équipées d'une plaque diplomatique à Kensington Palace Gardens, le quartier des ambassades.

À Moscou, Mila sentait décliner sa pugnacité, elle aussi. Ses lettres s'en ressentirent, surtout à la fin du mois de décembre. Mervyn lui répondit avec indignation le 1er janvier 1969 : « Si la situation te semble sans espoir, dis-le-moi franchement. Ou bien renouvelle-moi ta confiance. [...] Au cours des neuf derniers mois de 1968, une bonne cinquantaine d'articles sont parus dans la presse, ici et à l'étranger, pour relater l'évolution de ma campagne.

J'aimerais que tu t'abstiennes de critiquer ce que tu ne peux pas comprendre, puisque tu n'as pas assez d'éléments à ta disposition pour juger de l'efficacité de mes actes. Non, mes efforts ne sont pas vains, et rappelle-toi que rien ne peut me faire plus de mal en ce moment que de lire ce genre d'insinuations sous ta plume. Je suis très occupé. Je travaille d'arrache-pied pour nous et je prépare mes cours pour le début du semestre. »

Mila reprit courage et lui adressa un télégramme nettement plus optimiste le 2 janvier : « Meilleurs vœux à mon Celte chéri, je t'aime, je crois en notre bonheur et je l'attends, tu me manques, baisers, Mila. »

Après mûre réflexion, Mervyn décida d'écrire un nouveau livre sur la société soviétique. Le risque de compromettre Ludmila semblait maintenant écarté : elle n'avait subi aucunes représailles depuis son renvoi de l'Institut, quatre ans plus tôt. Pourquoi attendre davantage ? Le projet le séduisait d'autant plus qu'il pourrait contribuer à relancer sa carrière universitaire. Cette perspective l'emplit d'une énergie nouvelle. Il déposa plusieurs demandes de bourses d'étude, puis il partit en vacances, effectuant de courts séjours au Maroc, en Turquie et dans les Balkans.

Mervyn et Derek avaient mené campagne auprès de certains députés pour qu'ils présentent une motion de soutien en leur faveur à la Chambre des communes. Une résolution fut déposée en début d'année par un membre de l'opposition afin d'inviter l'Assemblée à « presser le ministre des Affaires étrangères et du Commonwealth de reconsidérer les dossiers de Derek Deason et de Mervyn Matthews (qui souhaitent tous deux épouser des Soviétiques auxquelles le Kremlin refuse un visa de sortie) et ce, tant pour des raisons humanitaires que pour résoudre un problème qui constitue une entrave croissante à l'amélioration des relations anglo-soviétiques ».

Le projet de livre porta vite ses fruits. L'université de Columbia, à New York, répondit favorablement à la requête de mon père en lui accordant une bourse de recherche de trois mois. Il était fou de joie. Quitter Londres (et les déceptions qui y étaient associées) lui ferait le plus grand bien. Et puisque les Nations unies siégeaient à Manhattan, New York lui offrirait un tout nouveau champ d'action pour sa campagne.

13

L'évasion

Ne vivez pas de mensonges !
Alexandre SOLJENITSYNE

Mervyn arriva à New York au petit matin du 20 avril 1969. Il se rendit en taxi à l'hôtel Master sur Riverside Drive, où il prit possession d'une grande chambre qui avait connu des jours meilleurs. Soucieux de vérifier le bon fonctionnement des lignes téléphoniques, il regagna aussitôt la réception pour en parler avec Grace, la dame d'un certain âge qui tenait le standard. Elle lui affirma qu'il n'aurait aucun problème à joindre Moscou. Rassuré, il s'engouffra dans une des cafétérias du quartier pour s'offrir un petit déjeuner à quatre-vingt-dix-neuf cents.

Il reçut d'importantes nouvelles d'Angleterre la semaine suivante, sous la forme d'un petit article paru dans le *Guardian*, que Derek avait découpé pour le lui envoyer : « Le ministère des Affaires étrangères et du Commonwealth a demandé hier à l'ambassadeur soviétique, M. Smirnovski, de confirmer ou d'infirmer les rumeurs selon lesquelles Gerald Brooke, un enseignant britannique de trente ans qui purge actuellement une peine de cinq ans de prison en URSS pour activités subversives, serait prochainement reconduit devant la justice soviétique pour y répondre d'accusations d'espionnage… » Brooke devait être libéré en avril 1970 ; les Kroger, eux, étaient censés rester dix ans de plus sous les verrous britanniques. Les *Izvestia* avaient indiqué, dès 1967, que Brooke était susceptible d'être rejugé pour espionnage. L'injonction faite à l'ambassadeur d'URSS de s'expliquer sur le sujet prouvait que ces rumeurs étaient fondées. Ce qui restait flou, en revanche, c'était la manière dont le gouvernement d'Harold Wilson réagirait à ce nouveau chantage de Moscou.

Mervyn écrivit à U Thant, le secrétaire général des Nations unies, et fit paraître deux articles très virulents dans *Novoïe Rousskoïe Slovo*, le journal de l'émigration russe. Comme il l'avait décidé avec Derek avant de partir, il lui adressait chaque semaine de longues lettres ou des cassettes audio afin de ne pas dépenser des fortunes en téléphone. Derek faisait de même, réservant les communications téléphoniques aux nouvelles urgentes.

Le *Times* mentionna l'affaire Brooke dans son édition du 16 juin : « Un porte-parole du Foreign Office nous a confirmé que le cas de Gerald Brooke, dont la libération n'impliquerait pas nécessairement un échange avec les Kroger, est toujours en cours de négociation. L'affaire reste donc en suspens. Toutefois, le porte-parole du ministère a fermement contredit hier les rumeurs selon lesquelles l'arrivée en Angleterre de M. Wolfgang Vogel, avocat est-allemand, serait liée à d'éventuelles tractations entre Londres et Moscou. » Si Vogel est en Grande-Bretagne, songea Mervyn, c'est que l'affaire est vraiment sur le point d'aboutir.

Il assaillit le Foreign Office de télégrammes laconiques. « Échange Brooke-Kroger doit inclure fiancées soviétiques Bibikov, Guinzbourg. Suivons l'affaire de près. Envisageons action publique », écrivit-il à Michael Stewart, qui était encore ministre des Affaires étrangères dans le second gouvernement travailliste d'Harold Wilson. « Négociations

Brooke doivent inclure Bibikov, Guinzbourg. Nécessité absolue ! » télégraphia-t-il le même jour à sir Thomas Brimelow, le sous-secrétaire d'État au Foreign Office, un parfait mandarin dont Mervyn avait fait sa bête noire.

Le 18 juin, il fit suivre son télégramme d'une lettre. « Cher Brimelow [sic], je viens d'apprendre que vous examinez l'éventualité d'un échange entre Brooke et les Kroger. Derek Deason et moi-même tenons à ce que nos fiancées soient incluses dans cet échange. [...] Nous sommes à bout de patience. Les désastreux événements de 1964 sont encore frais dans ma mémoire, et je n'ai pas l'intention de permettre au ministère des Affaires étrangères de commettre davantage d'erreurs à mon détriment. Un échange Brooke-Kroger [sans les fiancées] serait un nouvel échec de votre part. [...] Nous exigeons que nos fiancées fassent partie de cet échange. Si vous ne nous donnez pas dès maintenant toutes les garanties nécessaires en ce sens, nous nous verrons contraints de prendre toutes les mesures possibles, publiques et privées, afin de nous assurer que nos intérêts ne seront pas négligés une fois de plus, après tant d'années de luttes et de souffrances. Copies au Premier ministre et au directeur des Services spéciaux. »

L'échange que proposait le Kremlin donna lieu à d'âpres discussions entre les membres du cabinet de Wilson, le 20 juin 1969. Ceux qui souhaitaient obtenir la libération de Brooke s'appuyaient sur le témoignage de John Weatherby, un marin britannique qui avait été brièvement incarcéré avec lui en Russie. De retour en Angleterre, Weatherby avait signalé au Foreign Office le mauvais état de santé du jeune enseignant. Harold Wilson, lui, ne voulait rien concéder aux Soviétiques. Il s'était fermement opposé à l'échange dès que le Kremlin en avait émis la possibilité, en 1965. Il finit pourtant par se laisser convaincre. Se souvint-il de la persistance avec laquelle le jeune Gallois impliqué dans le dossier l'avait abordé à Londres et à Moscou ? Peut-être. Je crois plutôt qu'il souhaitait mettre un terme à la saga qu'avait suscitée l'arrestation de Gerald Brooke, et que, en y ajoutant les « fiancées soviétiques », il espérait amoindrir les reproches que la presse et l'opposition ne manqueraient pas de lui faire en l'accusant d'avoir cédé au chantage du Kremlin. Le gouvernement autorisa donc formellement l'échange des Kroger contre Brooke, Bibikov et Guinzbourg, en invoquant des « raisons humanitaires ». Il ne restait plus qu'à ouvrir des négociations bilatérales avec Moscou pour organiser les modalités de l'échange. Le « rouleau compresseur » de l'histoire dont Mila se disait victime avait enfin modifié sa trajectoire.

Quand Mervyn revint de New York, le 20 juin 1969, Neil Armstrong s'apprêtait à poser le pied sur la lune. « Nous vivons sur deux planètes différentes, avait écrit Mila à Mervyn en 1964, quelques jours après leur séparation. Il m'est aussi impossible de te rejoindre que d'aller sur la lune. » Pourtant, quelqu'un était sur le point d'atterrir sur la lune – et, de manière tout aussi inattendue, Mila allait enfin pouvoir quitter l'Union soviétique.

Mervyn fut convoqué au ministère des Affaires étrangères, où sir Thomas Brimelow se montra peu disposé à saluer son succès. Les négociations avaient été rudes, précisa-t-il, et le dossier de mes parents leur avait donné du fil à retordre, car les Russes voulaient l'exclure des tractations. L'insistance avec laquelle Mervyn avait mené campagne au cours des cinq années écoulées, loin de jouer en sa faveur, avait certainement freiné le règlement de son cas, poursuivit avec raideur le sous-secrétaire d'État. Les négociateurs britanniques avaient dû déployer des trésors de persuasion pour convaincre les Soviétiques de surmonter la vive répulsion que leur inspirait cette « mouche du coche » de Mervyn. Ils avaient pourtant fini par donner leur accord, et mon père serait autorisé à se rendre en URSS dès que les Kroger seraient libres.

Il regagna Pimlico dans un état second. La nouvelle lui semblait si difficile à croire qu'il préféra éviter d'en informer Mila tant qu'il n'en aurait pas la certitude absolue.

Brooke arriva en Angleterre quatre jours plus tard. Sa libération fit les gros titres de la presse du soir, qui mentionna brièvement Mervyn et Mila. Ce même après-midi, Michael Stewart prononça une allocution devant la Chambre des Communes. Mervyn et Derek décidèrent de s'y rendre. Ils furent admis, l'un dans la galerie des diplomates, l'autre dans la galerie des visiteurs. Stewart annonça aux députés que les Kroger seraient libérés le 24 octobre. « L'accord porte également sur trois ressortissants britanniques, auxquels le régime soviétique refuse depuis de nombreuses années le droit d'épouser leurs conjoints respectifs en Russie. Ils seront autorisés à se rendre en URSS pour célébrer leur mariage… » Derek et Mervyn, assis de part et d'autre de la Chambre, se levèrent comme un seul homme pour acclamer ces propos.

Le *Times* du lendemain livra tous les détails de l'affaire. Outre Derek et Mervyn, une troisième personne se voyait octroyer la permission de se marier en URSS : il s'agissait de Camilla Grey, une historienne de l'art. Fiancée depuis des années à Oleg Prokofiev, le fils du compositeur, elle avait refusé de prendre part aux campagnes de Mervyn. Les tractations avaient également porté sur d'autres dossiers moins médiatisés, ceux de Bill Houghton et d'Ethel Gee, deux employés du ministère de la Défense qui avaient été recrutés par Peter et Helen Kroger pour informer le KGB. Harold Wilson avait accepté de les mettre en liberté conditionnelle avant la fin de leur peine.

La plupart des médias britanniques désapprouvèrent formellement la décision de Wilson. « Plus on accorde de prix à la vie humaine, plus on est vulnérable au chantage le plus inhumain ! s'écria l'éditorialiste du *Daily Sketch.* Le vil chantage dont a fait l'objet un homme qui n'avait, de toute évidence, commis aucun délit au regard des lois en vigueur dans les pays démocratiques ne nous inspire que mépris et inquiétudes quant à l'avenir de nos relations avec l'URSS. Après son allocution à la Chambre, M. Stewart s'est vu poser la question suivante : "Et maintenant, comment ferons-nous pour éviter que des touristes britanniques parfaitement innocents ne soient arrêtés à Moscou afin d'être échangés contre des espions russes ?" Voici sa réponse : "Je pense être en mesure d'affirmer que les citoyens britanniques qui se rendent en URSS et veillent à respecter les lois soviétiques ne courent aucun danger." C'est certainement vrai en ce moment, puisque les Kroger sont encore détenus en Angleterre. Mais qu'en sera-t-il en octobre, après leur libération ? »

Bien qu'il ait bénéficié de l'accord négocié par Wilson, Mervyn en convenait : il s'agissait d'un vrai coup dur pour la Grande-Bretagne. Et son patriotisme en souffrait.

La nouvelle étant officielle, Mervyn s'autorisa enfin à la partager avec Mila. Il composa le numéro de son appartement à Moscou et la trouva en pleins préparatifs : elle devait partir le jour même en vacances avec des amies qui prévoyaient d'aller visiter le nord du pays en voiture. Il lui annonça que l'échange des Kroger contre Brooke avait été accepté, et qu'elle en faisait partie. Leur combat touchait vraiment à sa fin. Pourtant, aucun d'eux ne fut submergé de bonheur.

« Je n'attendais ni cris ni larmes de joie, et il n'y en eut pas, écrivit mon père par la suite. Nous avions trop souffert, l'un et l'autre, et nous avions trop souvent été déçus. »

Il crut même déceler une pointe de méfiance et de tristesse dans la voix de Mila. Pensait-elle aux nombreux obstacles bureaucratiques qu'il leur faudrait encore franchir ? Ou mesurait-elle la douleur qu'elle aurait à quitter sa famille, ses amis et son pays ? Car elle le savait : les autorités soviétiques ne l'autoriseraient pas à revenir à Moscou. Elle devrait donc quitter pour toujours ce qu'elle avait de plus cher – hormis Mervyn, qui n'avait presque plus de réalité tangible pour elle.

« Mervousia, mon chéri ! écrivit-elle le lendemain, après avoir lu la nouvelle de la libération de Brooke dans la presse soviétique. Nous sommes le 25, aujourd'hui. C'est ton anniversaire ! Je te souhaite beaucoup de bonheur, une bonne santé et du succès dans ton travail. Et je t'envoie tout mon amour. Ici, je suis prise dans un tourbillon. Victor Louis est venu me trouver, ce matin. Je l'ai d'abord évité, puis je lui ai annoncé que je ne répondrais pas à ses questions, mais je sais qu'il écrira son article, de toute façon. Il voulait que je dise quelque chose à ses lecteurs. J'aurais peut-être dû le faire, mais j'ai refusé. Il s'est extasié sur notre courage, nous a qualifiés de héros et m'a parlé de la chance que nous avions – des banalités, en somme. Puis Léna, qui est en vacances sur la Baltique, m'a téléphoné. Valery [Golovitser] et Rima sont passés me voir. Des journalistes du *Daily Express* ont cherché à me joindre, mais je me suis débarrassée d'eux. Ensuite, d'autres amis ont appelé, tous sont fous de joie… […] Je ne tiens presque plus sur mes jambes. »

Mervyn était submergé de compliments, lui aussi. Sa mère lui écrivit de Swansea pour le féliciter, et le téléphone de son appartement de Pimlico se mit à sonner en permanence. Une cohorte de journalistes frappaient à sa porte du matin au soir. Des Zwar lui adressa un télégramme. Il reçut même un courrier du service des impôts, sur lequel une main anonyme avait griffonné : « Ravi d'avoir lu la bonne nouvelle dans le journal d'hier ! »

Derek et Mervyn se rejoignirent peu après dans leur pub favori pour régler les détails pratiques de leur voyage. Le consulat d'Union soviétique se montra désobligeant jusqu'à la dernière minute, en affirmant que leurs visas ne seraient délivrés qu'en octobre, après la libération des Kroger. « Vous serez alors autorisés à vous rendre à Moscou pour voir vos fiancées et déposer vos demandes d'enregistrement au Palais des mariages, qui vous indiquera la date de la cérémonie, énonça le vice-consul d'un ton sec. Puis vous rentrerez en Grande-Bretagne et vous ne reviendrez en Russie qu'un mois plus tard, à la fin de la période de rétractation, pour vous marier à la date prévue. » Par chance, la procédure se révéla plus simple qu'il ne l'avait annoncé : ni Derek ni Mervyn ne durent revenir à Londres avant le mariage. En les effrayant, le vice-consul n'avait fait que prendre une petite revanche sur ceux qui avaient triomphé du système qu'il représentait.

Derek passa un contrat avec le *Daily Mail* : le journal s'engagea à lui payer ses billets d'avion et ses notes d'hôtel en échange d'une interview exclusive. Mon père, qui souhaitait désormais éviter les journalistes, préféra payer son voyage de sa poche. « Tout le monde rêve de devenir célèbre mais, à l'époque, mon image publique – si tant est que j'en avais une – était trop associée à la malchance et à l'échec. J'apparaissais plus comme une victime que comme un héros », écrivit-il dans ses Mémoires. Il espérait aussi que son nouveau livre relancerait sa carrière universitaire, ce qui lui permettrait peut-être de réintégrer « une des deux plus vénérables universités » britanniques, objectif qu'il n'atteindrait certainement pas en faisant la une des journaux.

La date du départ approchait. Peter et Helen Kroger devaient quitter Heathrow pour l'Union soviétique à onze heures quinze, le 28 octobre 1969. Mervyn apprit par la suite que leur libération anticipée avait suscité la colère de leurs codétenus à la prison de Parkhurst, sur l'île de Wight.

Animés d'un vif élan patriotique, ils avaient bruyamment tapé sur leurs assiettes en aluminium pour protester contre le renvoi des espions du KGB à Moscou.

Derek et mon père se rendirent au consulat d'URSS, ce matin-là, pour obtenir leurs visas. Le vice-consul les gratifia d'un large sourire et leur annonça qu'il leur faudrait patienter un moment. Puis il s'enferma dans son bureau, les laissant seuls dans l'antichambre. Mervyn s'efforça de rassurer Derek (et de dissiper sa propre nervosité) en lui expliquant que les Soviétiques attendaient probablement que l'avion des Kroger ait quitté l'espace aérien britannique.

Le vice-consul reparut enfin, les visas à la main – Mervyn les reconnut à leur couleur bleue. Leur validité n'excédant pas dix jours, Derek protesta vivement, jugeant le délai trop court. « Allons donc ! C'est assez pour vous marier *et* pour divorcer », répliqua le diplomate avec un rire moqueur.

Ils atterrirent à l'aéroport de Vnoukovo bien après minuit. Le terminal était presque désert. Ils prirent un taxi pour se rendre en ville et demandèrent au chauffeur de les déposer devant l'entrée de l'immeuble de Ludmila, rue Starokonouchenny. Il n'avait pas encore neigé, mais le froid était vif. Mervyn grimpa les quatre marches du perron, traversa le palier du rez-de-chaussée et sonna chez sa fiancée, comme il l'avait fait tant de fois auparavant. Pas de réponse. Inquiet, il sonna une deuxième fois, puis une troisième et une quatrième, sans plus de résultat. Il avait appelé Mila de Londres, quelques heures plus tôt, pour la prévenir de leur arrivée. Le KGB les aurait-il trahis ? Avait-elle été arrêtée ?

Il s'efforça de se calmer. Pourquoi envisager le pire ? Mieux valait d'abord essayer de joindre Mila par téléphone. Il ressortit de l'immeuble, pria Derek de l'attendre dans le taxi et se dirigea vers la cabine téléphonique qui se dressait à l'angle de la Vieille Arbat. Par chance, il avait sur lui une pièce de deux kopecks, la seule qui soit acceptée dans les cabines moscovites. L'appareil fonctionna normalement, la communication fut établie, et Mila décrocha – autant de petits miracles qui sauvèrent la soirée du désastre. Ils n'étaient plus séparés que par quelques centaines de mètres, mais la voix de Mila ne parut pas plus proche à Mervyn que lorsqu'il l'appelait de Londres. Il relata leur conversation dans ses Mémoires, des années plus tard.

« Allô ? Mila ?

— Mervousia ? C'est toi ?

— Est-ce que tout va bien ?

— Oui.

— Pourquoi n'as-tu pas répondu quand j'ai sonné à la porte, alors ?

— Je n'ai rien entendu. J'étais si nerveuse que j'ai pris un somnifère avant de me coucher. J'avais peur de ne pas arriver à m'endormir.

— Oh, mon Dieu ! Tu as pris un somnifère ? *Cette nuit ?* Bon, nous sommes là, Derek et moi. On paie le taxi et on te rejoint. »

Mila les attendait sur le seuil, « petite silhouette enveloppée dans une robe de chambre russe aux couleurs vives, l'air ensommeillé mais impatient ». Mon père nota qu'ils s'embrassèrent « chaleureusement », mais il n'éprouva pas « de véritable élan romantique – seulement l'intense satisfaction d'être enfin près d'elle ».

S'il s'agissait d'un des contes qui ont bercé l'enfance de ma mère ou d'une des pièces de son cher Molière, l'histoire s'arrêterait là. Un grand amour avait été contrarié ; les amants avaient lutté contre les forces du mal et triomphé de l'adversité. Au dernier acte, ils étaient enfin réunis. L'épisode du somnifère apparaîtrait comme une adorable pirouette tragi-comique avant que le couple, main dans la main, salue le public en souriant. Ma mère avait-elle tenté inconsciemment de retarder la fin de sa romance avec Mervyn ? Avait-elle pris un somnifère le soir de son arrivée pour ne pas rêver cette nuit-là, l'ultime nuit de son ancienne vie, et noyer dans le sommeil les dernières minutes d'une existence tissée de passions innocentes, tout entière tournée vers un avenir imaginaire ? L'avenir était enfin là, et il sonnait à la porte avec insistance. L'heure était venue d'ouvrir un nouveau chapitre de sa vie.

La journée du 30 octobre 1969 commença tôt pour Mervyn et Mila. Ils s'apprêtaient à se présenter pour la seconde fois devant un fonctionnaire chargé de les marier, et ils espéraient de tout cœur que cette tentative serait plus concluante que la précédente. Ils souhaitaient aussi que la cérémonie soit joyeuse, mais, en prenant leur petit déjeuner, ils décidèrent d'un commun accord de renoncer à tout effort vestimentaire. J'y vois un sursaut de rébellion, teinté peut-être d'une certaine résignation. À quoi bon, en effet, se plier aux convenances après les longues années de souffrances qu'ils avaient endurées ? Mervyn n'enfila pas son costume, mais un pantalon et une vieille veste en tweed, comme s'il se rendait à la bibliothèque. Quant à Mila, elle délaissa la robe que mon père lui avait apportée d'Angleterre pour une jupe droite et un chemisier ordinaire. Ils prirent les alliances qu'ils avaient achetées cinq ans plus tôt et se rendirent en taxi au Palais des mariages. La cérémonie était prévue à dix heures. Ils avaient déjà décidé de renoncer à la coupe de champagne qui leur serait offerte ensuite.

Ils retrouvèrent leurs proches rue Griboïedov. Nadia, la nièce de Mila, était venue avec son mari, Iouri. Il y avait aussi quelques amis de Mila, ainsi que Derek, Éléonora et sa sœur. Lénina et Sacha avaient préféré s'abstenir – l'événement aurait pu avoir des conséquences fâcheuses sur la carrière de Sacha, qui travaillait toujours au ministère de la Justice. Un grand nombre de journalistes, dont Victor Louis, étaient également présents. Mervyn, Mila et leurs invités grimpèrent les marches du perron, montrèrent leurs passeports à la réceptionniste et furent introduits dans une pièce drapée de rouge, où trônait un grand buste de Lénine. Une grosse matrone lut les textes de loi relatifs au mariage en URSS, puis ils échangèrent leurs vœux, et Mervyn passa enfin la bague au doigt de Mila, après cinq ans et cinq mois d'efforts.

« Je n'ai jamais vu une mariée aussi mal attifée ! » s'exclama, avec une aigreur toute soviétique, la femme qui tamponna leurs passeports. Mervyn sourit, « heureux que [leur] geste de protestation ait attiré son attention ». Ils se firent prendre en photo dans le hall, sans remarquer qu'ils posaient devant la porte laissée ouverte des toilettes pour hommes.

Des journalistes les attendaient à l'extérieur. Leur petit groupe fut assailli de questions, mais aucun d'eux ne souhaita y répondre. Mila et Mervyn aspiraient au calme ; Derek et Éléonora devaient se taire pour respecter leur contrat avec le *Daily Express*. Les reporters les suivirent tout de même dans la rue et se montrèrent si insistants que Iouri tenta de donner un coup de poing à l'un des photographes en les traitant de « conards ».

Victor Louis parut froissé de ne pas avoir obtenu d'interview des jeunes mariés, lui qui avait si fidèlement couvert la saga de mes parents depuis leur première tentative d'enregistrement en 1964. Il se vengea en attribuant l'insulte de Iouri à Mervyn dans l'article qu'il rédigea le lendemain pour l'*Evening News*. « Après la cérémonie, qui dura à peine cinq minutes, ils comprirent qu'ils avaient eu tort de renvoyer le taxi dans lequel ils étaient arrivés. Tandis qu'ils en attendaient un autre, le Dr Matthews et son épouse, qui faisaient tout leur possible pour éviter la presse, ont été pris en photo par un reporter. Ils tentèrent de se cacher derrière les chrysanthèmes blancs de la mariée, mais, le bouquet n'étant pas assez large, le marié s'emporta, allant même jusqu'à traiter le photographe de "conard". »

Le lendemain, ils furent invités à l'ambassade de Grande-Bretagne pour célébrer l'événement autour d'un modeste buffet et de quelques verres de vin. Ils se prirent en photo à l'entrée du bâtiment, face au Kremlin. Un ciel gris surplombait Moscou, et une bruine persistante les avait contraints à se munir d'un parapluie, mais le cliché nous montre un couple radieux. Mon père arbore un sourire presque enfantin. Il entoure de son bras les épaules de ma mère, qui s'appuie contre lui, les mains enfoncées dans les poches de son imperméable.

Mervyn espérait qu'ils pourraient rester quelques jours à Moscou après leur mariage, ce qui lui aurait permis de poursuivre ses recherches à la bibliothèque Lénine et d'acheter des livres, mais l'OVIR les informa qu'ils devaient quitter l'Union soviétique sans tarder. Un fonctionnaire particulièrement revêche prit le passeport intérieur de Mila et le remplaça par un passeport international sans lui dire un mot, comme si la seule présence de ma mère, qui s'apprêtait à tourner le dos à la Mère-Patrie, lui était insupportable.

La dernière soirée que Mila passa à Moscou fut l'une des plus tristes de sa vie. Tous ses amis se réunirent dans sa petite chambre de la rue Starokonouchenny pour lui faire leurs adieux. Assis sur le lit ou sur de petites chaises, ils restaient un moment, puis repartaient pour laisser place à d'autres. Valery Golovitser observait leurs allées et venues en silence, apparemment accablé de chagrin à l'idée de voir partir sa meilleure amie, enlevée par le Britannique qu'il lui avait lui-même présenté. La plupart des amis de Mila étaient sincèrement ravis pour elle, ce qui ne faisait qu'accroître son malaise. La perspective de quitter sa bande d'amis, ces dissidents tumultueux qu'elle aimait tant, l'emplissait de tristesse et d'effroi. « J'étais comme un très vieux prisonnier qu'on remet en liberté, m'a-t-elle raconté des années plus tard. Je ne voulais pas quitter ma cellule. » Vers minuit, la bousculade fut telle que Mervyn s'absenta un moment, préférant les rues désertes de l'Arbat à la foule qui encombrait la chambre de sa femme.

Le 3 novembre, Derek et Éléonora quittèrent Moscou pour Londres, où le *Daily Express* leur réserva un accueil triomphal. Soucieux d'échapper aux journalistes britanniques, mes parents décidèrent de faire escale à Vienne. Mervyn mesura l'ampleur du chemin parcouru en arrivant dans l'aérogare. Cette fois, comprit-il avec un intense soulagement, le cauchemar était bel et bien terminé. Mila écarquilla les yeux devant les bagagistes de l'aéroport, si élégants dans leur bel uniforme. Ils passèrent l'après-midi et la nuit à Vienne en guise de lune de miel, avant de s'envoler pour Londres le lendemain matin.

Ils durent patienter une dizaine de minutes à Heathrow, le temps que les employés des douanes comprennent qu'ils n'arrivaient pas de Moscou, mais de Vienne. Mila fut retenue plus longtemps que Mervyn, qui l'attendit avec anxiété de l'autre côté d'une barrière. Lorsque tout fut réglé, ils rejoignirent les autres voyageurs, qui se massaient déjà près du chariot à bagages. Ils récupérèrent leurs valises et se dirigèrent sans encombre vers la sortie.

Ils avaient passé plus de cinq ans à vivre dans l'attente d'un avenir si improbable qu'ils ne croyaient qu'à moitié à son avènement. Maintenant qu'ils étaient enfin réunis, il leur fallait affronter un nouveau défi, nettement moins héroïque que le précédent : celui de vivre au jour le jour l'un près de l'autre, avec leurs qualités et leurs défauts. Comme tout le monde, en somme.

Ils n'en étaient pas encore là : leur avenir restait à inventer. Leur amour venait de triompher des pires obstacles que leur époque pouvait dresser contre lui. Ils savouraient leur heure de gloire – la période la plus exaltante de leur vie. Je les imagine jeunes et radieux, seuls contre tous, enfin réunis malgré les efforts insensés que le monde avait déployés pour les séparer.

14

La crise

Et l'on comprend alors qu'il soit né de ce pays où tout est donné pour être retiré.
Albert CAMUS

Quand je repense aujourd'hui à la crise qui s'est emparée de Moscou à la fin des années quatre-vingt-dix (que j'en entende parler à la radio ou que j'aperçoive les dates des événements les plus marquants de cette période dans un article de presse), je revois surtout l'invraisemblable jungle humaine qu'était devenue cette ville et le gaspillage d'énergie qu'elle provoquait. Je suis parti juste après l'implosion de l'énorme bulle spéculative des années quatre-vingt-dix, quand Moscou s'est réveillé, hagard, avec la gueule de bois. Le pendule hésitait encore entre la passion dévastatrice des Nouveaux Russes pour le capitalisme sauvage et un désir plus obscur d'autorité et de retour à l'ordre, qui finit d'ailleurs par l'emporter.

La Russie indisciplinée mais follement libre que Boris Eltsine avait créée commença à se fissurer au cours de l'été 1998. J'avais quitté depuis peu le *Moscow Times* pour *Newsweek*, troquant mes fonctions de chroniqueur des bas-fonds contre celles de correspondant étranger permanent. Au lieu de courir les lieux sordides et branchés de la capitale, je faisais désormais la navette entre la Douma et les ministères, assis à l'arrière d'une Volvo bleue, où je rédigeais des articles avisés et terriblement raffinés sur les arcanes de la vie politique russe.

Mes nouvelles fonctions m'offraient une vue imprenable sur l'effondrement de l'ancien régime. La nervosité était chaque jour plus palpable dans les couloirs impeccablement moquettés de la Maison Blanche, siège du gouvernement russe. Boris Nemtsov, le vice-Premier ministre et chef de file des réformateurs, me répétait que tout finirait par s'arranger. Il couvrait mon carnet de courbes et de petits graphiques pour m'en convaincre. Et Boris Fiodorov, le ministre des Finances, poids lourd des réformateurs, se lançait avec une énergie presque maniaque dans de longues échappées verbeuses sur le caractère irréversible des réformes engagées en Russie. Mais, partout ailleurs, les hauts fonctionnaires me servaient un optimisme de façade sous des sourires forcés. Tous redoutaient, sans oser le dire, le jour désormais proche où le vieil édifice s'écroulerait pour de bon. Après tant d'années passées à détourner les fonds publics et à démanteler l'État, les nouveaux maîtres du pays ne pouvaient ignorer que leurs jours étaient comptés. Le couperet allait tomber, et ce serait cataclysmique.

La fin approchait à grands pas. Les premiers signes apparurent à Moscou sous forme d'un piquet de grève organisé devant la Maison Blanche par des mineurs venus de tout le pays. Ils envahirent la Douma, frappèrent leurs casques sur les trottoirs de la capitale et les colonnes en marbre du Parlement. Le grondement se propageait à heure fixe jusqu'au siège du gouvernement, faisant vibrer les vitres teintées, importées de Suisse, de la Maison Blanche. Sourd et inquiétant, il annonçait l'orage.

Eltsine émergea de l'hôpital pour enterrer à Saint-Pétersbourg les restes du dernier tsar et de sa famille, assassinés par les bolcheviks en 1918. Je réussis à me glisser dans la cathédrale Pierre-et-Paul en me mêlant aux descendants des Romanov, parce que j'étais le seul des journalistes présents à avoir revêtu un costume noir et une cravate pour l'occasion. Une intense émotion parcourut l'assemblée quand les petits cercueils contenant les os de la famille impériale furent déposés au pied de l'autel. Boris Eltsine, le visage figé, oscillant légèrement sur ses jambes, affirma que la Russie s'était enfin réconciliée avec son passé. Moi qui l'avais toujours admiré, je lui trouvai soudain un air tragique, presque pathétique, sous sa grande carcasse chancelante. Égaré dans les mécanismes de plus en plus complexes d'une corruption généralisée, il semblait aussi déconcerté que ses collaborateurs par la violence du capitalisme qu'il avait lui-même réintroduit dans le pays. Le parallèle entre la succession d'erreurs qui avaient conduit le dernier empereur de Russie vers sa fin sordide et les secousses sismiques qui faisaient trembler le régime d'Eltsine n'était que trop clair.

La nuit moscovite devint plus intense, plus étrange encore. Comme les serpents à sonnette qui perçoivent les tremblements de terre bien avant qu'ils surviennent, et se laissent gagner par une étonnante frénésie, les rois de la fête furent saisis de folie. Partout où les milliardaires, la jeunesse dorée et la mafia se retrouvaient pour boire et danser, au Galerïa, au Jazz Café, au Titanic, une main humaine se faufilait entre les paillettes de neige carbonique et les faisceaux de lumière stroboscopique pour écrire sa sentence invisible sur les murs : « Tu as été pesé dans la balance : ton poids ne suffit pas [1]. »

Cet été-là, les signes de l'apocalypse prirent des allures bibliques. Une attaque de mildiou détruisit la quasi-totalité de la récolte de pommes de terre, tandis que des pluies incessantes s'abattaient sur les champs de blé mûr,

1. Ancien Testament, Livre de Daniel, 5 : 27.

semant la panique chez les millions de Russes que le régime avait réduits à une agriculture de subsistance en retenant leurs salaires depuis des mois. Un orage d'une violence inouïe emporta les grandes croix dorées qui surmontaient les coupoles du couvent de Novodievitchi et détruisit les créneaux des remparts du Kremlin. Un éclair tomba sur le drapeau russe qui flottait au sommet du palais du Sénat, le brisant net. Et, comme si cela ne suffisait pas, la chaîne de télévision NTV joua les Cassandre en programmant *La Malédiction*[1] et ses remakes plusieurs week-ends de suite. Les babouchkas, qui perpétuaient depuis des siècles le pessimisme pathologique du pays en interprétant les présages de toutes sortes, hochèrent la tête d'un air entendu.

La crise s'abattit sur la Russie avec la véhémence d'une catastrophe naturelle. Après une réunion d'urgence convoquée par Eltsine dans la soirée du 16 août 1998, le gouvernement dévalua le rouble et se déclara dans l'incapacité de régler les échéances de sa dette intérieure et extérieure, ce qui provoqua l'effondrement de la Bourse et réduisit le rouble aux deux tiers de sa valeur en moins d'une semaine.

La nouvelle bourgeoisie moscovite, qui planifiait dix jours plus tôt ses vacances d'hiver en Turquie, se massa aux portes des banques en faillite pour récupérer ce qui restait de ses biens. L'instinct de conservation du peuple russe refit surface. Les gens se battirent pour accéder aux guichets des caisses d'épargne. Les ménagères des beaux quartiers de Moscou, ces dames qui avaient cru pouvoir « vivre comme des gens », selon le vieux dicton russe, prirent d'assaut les supermarchés occidentaux, entassant les paquets de macaronis italiens dans leur chariot pour dépenser au plus vite leurs roubles dévalués. Les ménagères des quartiers

1. Film d'épouvante de Richard Donner, réalisé en 1976, avec Gregory Peck dans le rôle principal. Devenu culte, il donna lieu à plusieurs remakes.

populaires dévalisèrent les marchés et les épiceries pour stocker des biens de consommation courante – allumettes, farine, sel et riz –, comme s'il leur fallait soutenir un siège.

On épousseta le *nakhodtchivost'*, le « bon sens paysan » qui dormait dans un coin de la mémoire collective, pour le remettre à pied d'œuvre. Les colonnes des journaux s'emplirent de conseils domestiques, d'astuces et de trucs – inutile, par exemple, de stocker de la viande en grande quantité : elle risquerait de se perdre en cas de coupures de courant, indiquait un grand quotidien. Les revues les plus sérieuses n'hésitèrent pas à titrer : « Quelles denrées stocker ? » avant de dresser la liste des produits susceptibles de résister au temps sans se gâter. Dans les boutiques, les prix grimpaient de minute en minute. L'inflation était telle que les vendeurs épuisés du British Home Store, le grand magasin britannique installé au centre de Moscou, renoncèrent à changer les étiquettes de leurs articles, se contentant de calculer les sommes dues à la caisse. Les boutiques opulentes et vulgaires du centre commercial de luxe qui s'étendait sous la place du Manège évoquaient déjà un musée de l'ancien régime.

En deux mois, la débâcle était achevée. J'eus le sentiment que Moscou s'enfonçait dans l'obscurité. L'automne 1998 me parut plus sombre que les précédents, comme si l'éclairage public lui-même était affecté par la crise. Le cœur vibrant et scintillant de la capitale russe s'éteignait à vue d'œil. J'appelai la propriétaire de mon appartement pour l'informer que j'avais l'intention de réduire le montant de mon loyer de cinquante pour cent : au lieu des mille cinq cents dollars que je lui versais par mois, elle n'en toucherait que la moitié. Elle poussa un soupir de soulagement – sans doute s'attendait-elle à ce que je lui donne mon congé – et me remercia chaleureusement.

Je me rendis à un grand nombre de soirées d'adieu organisées par des expatriés que la crise avait ruinés du jour au lendemain. Les *business models* qu'ils avaient vantés avec tant d'énergie avaient implosé ; leurs portefeuilles d'action s'étaient évaporés. Ils n'avaient plus qu'à rentrer chez eux. L'une de ces soirées, montée au Starlite Diner par une belle Californienne siliconée qui avait fait fortune en vendant les produits Herbalife aux quatre coins de la Russie, me parut particulièrement emblématique de l'époque. Notre hôtesse avait invité une troupe de baladins et d'illusionnistes russes, qui dansèrent sur du verre brisé et s'enfoncèrent des piques à brochettes dans les joues avec une maladresse tragi-comique. Au fond de la salle, le juke-box diffusait *Get Back*, des Beatles, et *Money*, d'Abba, à plein volume.

Nous entrâmes dans l'hiver. La dernière année du vingtième siècle venait de commencer, et je touchais le fond. J'étais exsangue. À court d'énergie, d'envies, de projets. Une immense fatigue me terrassait, mais je dormais mal et me levais épuisé. L'ombre de la dépression qui m'avait poursuivi toute ma vie m'avait rattrapé, et ne me lâchait plus. Le souvenir de Iana revint me hanter. Je me sentais affreusement médiocre. Cloîtré chez moi, le cœur vide, je passais de longues soirées à regarder la neige tomber, bercé par le mugissement sourd de la circulation.

J'ai rencontré Xenia Kravtchenko lors d'un dîner organisé par une amie belge dans son appartement du quartier de l'Arbat. Grande et mince, les cheveux coupés court, elle attira immédiatement mon regard. Ce ne fut pas tant son apparence (elle portait un vieux jean) ni ce qu'elle dit ce soir-là qui me frappa le plus, mais la certitude absolue, presque surnaturelle, qu'elle serait ma femme. Cela semble ridicule, mais c'est réellement ce que j'ai pensé en m'asseyant près d'elle dans la cuisine de cet appartement. « Et je compris tout à coup que j'aimais cette femme depuis toujours », ai-je dit ce soir-là à l'un de nos amis communs en citant *Le Maître et Marguerite*, de Boulgakov. Quelques jours plus tard, Xenia et moi échangions notre premier baiser sur l'un des bancs qui bordent l'étang des Patriarches, tout près du carrefour où Woland, l'incarnation du diable dans le roman de Boulgakov, fit sa première apparition à Moscou.

Xenia était belle et intelligente – deux mots qui vont bien ensemble, même si les femmes réellement intelligentes, celles qui sont conscientes du pouvoir qu'elles exercent sur les hommes, ont parfois l'impression d'avoir quelque chose en elles de la Méduse. Sous son calme et sa sérénité apparents, Xenia dissimulait une grande puissance cathartique, une étonnante capacité à purger ceux qui l'approchaient de leurs vieux démons. J'eus le sentiment, en quelques semaines à peine, de me purifier, de muer à son contact. Ce fut parfois cruel et difficile, mais je l'ai vécu comme une épiphanie.

Cette mue s'effectua sans cris ni drames. J'étais même parfois agacé par la légèreté que Xenia manifestait envers la vie en général, et envers moi en particulier. Elle semblait flotter sur un nuage d'innocence perpétuelle qui l'empêchait de prendre le monde au sérieux. Elle devint pourtant, par la seule force de sa présence, le miroir dans lequel je me vis pour la première fois tel que j'étais. Sur sa surface lisse se reflétait ma vie entière, disséquée sans concession. Ma passion pour la face obscure de Moscou, son théâtre permanent et fantasmagorique, le voyeurisme qui m'amenait à rechercher ce que cette ville offrait de plus malsain, de plus sordide et de plus corrompu – tout cela me parut soudain erroné, éculé et puéril. Je ne le savais pas encore, mais Xenia avait déjà commencé à me dépouiller de mon moi ancien, si perverti, pour me forcer à me révéler tel que j'étais : un homme sain et normal. Et même, qui sait ? Un mari et un père potentiels.

La beauté et la sérénité de Xenia la protégeaient des rigueurs de la réalité environnante. L'infamie, la grossièreté de la capitale ne l'avaient même pas éclaboussée : elle s'en était tenue à distance sans le savoir. Sa famille et elle semblaient provenir d'une époque où la Russie était plus douce, plus sensible. Issue d'une longue lignée d'artistes, elle vivait dans un grand appartement qui appartenait à sa famille depuis 1914. Rempli de meubles anciens et de tableaux, ce bel endroit dégageait un calme, une impression de pérennité que je n'avais jusqu'alors ressentis que dans les vieux manoirs anglais. La datcha familiale (où j'écris à présent ces lignes) se dressait sur la rive escarpée de la Moskova, à Nikolina Gora, parmi les anciennes résidences secondaires de l'intelligentsia stalinienne, en face de celles des Prokofiev, des Mikhalkov et des Kontchalovski – toutes ces familles de peintres, de musiciens, d'écrivains et de réalisateurs qui avaient fait les beaux jours de la vie artistique russe. Les parents et les grands-parents de Xenia connaissaient leurs voisins depuis trois générations. Ils semblaient aussi inoffensifs et désemparés que les propriétaires de *La Cerisaie*, de Tchekhov. Leur charme désuet, leur air absent et rêveur me paraissaient à l'opposé de la rigueur qui caractérisait la génération de Soviétiques âpres et volontaires dont ma mère était issue. Les Kravtchenko faisaient partie du petit nombre de Russes qui avaient réussi, par une série de heureux hasards, à sortir indemnes du siècle soviétique.

Xenia vint s'installer chez moi. Nous prenions nos repas dans ma chambre, adossés aux murs rouge vif de la pièce, tandis que mon chat se roulait pour dormir dans une flaque de soleil, près de la fenêtre. Xenia restait à la maison quand je partais travailler. Elle dessinait et peignait jusqu'au soir, puis nous nous lancions dans la préparation d'un copieux curry indien, que nous arrosions de mauvais vin rouge. Je n'avais jamais été aussi heureux.

Une nouvelle guerre commença en Russie au début du mois de septembre 1999. Les hostilités ne furent pas déclenchées par des tirs, comme c'est souvent le cas, mais par d'énormes bombes qui explosèrent dans les caves de plusieurs immeubles d'habitation situés dans la périphérie de Moscou et de Volgodonsk, au sud du pays. Je me rendis sur les ruines encore fumantes des bâtiments détruits, à Petchatniki et chaussée Kochirskoïe, deux banlieues situées au sud de la capitale. Plusieurs équipes de secouristes fouillaient dans les décombres à la recherche de vies très ordinaires dont il ne restait presque rien ; quelques canapés éventrés gisaient çà et là parmi des jouets en plastique disloqués. En tout, plus de trois cents personnes périrent dans cette série d'attentats.

Les autorités attribuèrent ces attaques aux indépendantistes tchétchènes. Quelques semaines plus tard, l'armée russe envoyait ses troupes dans la petite république séparatiste. Hormis ceux qui acceptèrent de se rendre sur place à bord des bus affrétés par le Kremlin (qui évitaient soigneusement la zone des combats), les journalistes étrangers se virent refuser les accréditations nécessaires pour circuler librement dans le pays. Je passai tout l'hiver à échafauder diverses stratégies pour entrer clandestinement en Tchétchénie. Et j'y parvins, tantôt avec les rebelles, tantôt avec les milices tchétchènes profédérales, et même, à plusieurs reprises, en m'associant avec des journalistes russes pour pouvoir passer plusieurs jours avec des unités de l'armée fédérale.

Lors de mon dernier reportage en Tchétchénie – le treizième –, je suis allé avec Robert King, un photographe américain, dans la région de Komsomolskoïe, un petit village situé au sud de Grozny, où l'armée russe avait acculé des combattants tchétchènes. Après avoir noyé le hameau sous un déluge de tirs de roquettes et de rafales d'artillerie pendant trois jours entiers, les fédéraux étaient entrés en vainqueurs dans le village pour achever les survivants. Nous sommes arrivés, Robert et moi, au matin du quatrième jour, dans une vieille Jeep militaire conduite par Beslan, un jeune Tchétchène hardi et sûr de lui, qui se considérait comme l'un des meilleurs chauffeurs du pays. L'aube se levait sur les tranchées qui encerclaient le village. Elles étaient vides : les unités russes venaient de partir, ne laissant derrière elles qu'un tas d'ordures et des champs de boue labourés par les tanks. Personne n'interdisait l'accès au village. Nous nous avançâmes entre les bâtisses effondrées.

Les villes ou les villages tchétchènes que j'avais vus lors de mes précédents voyages avaient été si lourdement bombardés qu'il n'en restait que des cratères fumants. Komsomolskoïe avait subi un sort très différent. Le hameau avait été repris maison par maison, et le moindre édifice portait la trace des combats : les murs étaient criblés d'impacts de balles ou d'obus. Les jardins potagers des villageois étaient sillonnés de tranchées peu profondes et de barrages improvisés, signe que les indépendantistes avaient résisté jusqu'au bout. Ça sentait la cordite, le bois brûlé, la terre fraîchement retournée et la mort.

Les corps des rebelles gisaient par groupes de trois ou quatre. Les premiers que nous vîmes étaient entassés, le visage vers le ciel, sur les gravats d'un toit effondré. Ils avaient les mains liées, la poitrine rougie et lacérée par les balles. Un peu plus loin, un immense soldat tchétchène à la barbe maculée de sang était étendu à même le sol, les mains solidement nouées avec du fil métallique. La pelle-pioche qui avait servi à le tuer était profondément enfoncée sur le côté de son crâne. Des corps enchevêtrés gisaient dans un petit fossé, manifestement tombés les uns sur les autres à mesure qu'on les mitraillait. Je lançai un regard à Robert. Son instinct professionnel avait repris le dessus : il avançait dans les décombres, l'œil vissé à son appareil photo. Moi-même, carnet en main, j'écrivais en marchant, mettant l'horreur en mots, transcrivant ces images atroces aussi vite que je le pouvais – pour éviter qu'elles ne s'attardent trop dans mon esprit, sans doute.

Dans cette seule partie du village, nous découvrîmes plus de quatre-vingts corps. En tout, huit cents rebelles, membres des troupes du commandant tchétchène Rouslan Gelaïev, avaient été tués dans et autour de Komsomolskoïe. Révulsé, je n'avais aucune envie d'aller plus loin, d'autant que je craignais de sauter sur une mine ou sur une bombe dissimulée sous les décombres. Je m'approchai d'une maison en parpaings à moitié consumée. Le toit de béton ondulé s'était écroulé sur un amas de lits en fer-blanc et de chaises en plastique. J'aperçus une couverture parmi les débris. Un corps semblait roulé à l'intérieur. Je ramassai un grand morceau de tuile brisée avec lequel j'écartai les gravats, puis je soulevai la couverture avec précaution. Un visage d'homme apparut. Ma main trembla, et l'extrémité de la tuile frôla sa joue. Dure et rigide, elle n'avait déjà plus rien d'humain.

Le mort avait la peau très noire et les traits européens des Africains de l'Est – c'était peut-être un Somali. De nombreux musulmans étaient venus de l'étranger pour combattre aux côtés des rebelles tchétchènes. Était-ce le cas de cet homme ? Avait-il tout quitté pour venir périr dans ce coin perdu du Caucase ? Il avait l'air sympathique, le genre de gars à qui vous demanderiez de vous prendre en photo ou de vous indiquer votre chemin si vous étiez perdu dans une ville inconnue.

J'ai très souvent pensé à lui par la suite. Je l'imaginais dans un aéroport quelque part en Afrique, attendant l'avion qui l'emmènerait loin de chez lui, vêtu d'un costume en polyester, une petite valise à la main, nerveux mais exalté, enivré même par la perspective de la guerre sainte. Je pensais aussi à sa famille, à ceux qu'il avait laissés au village – petites sœurs querelleuses, mère dure à la tâche. Tous vaquaient à leurs occupations quotidiennes, sans savoir qu'il gisait sous les ruines d'une maison tchétchène, mort dans une guerre qui n'était pas la sienne.

J'en avais assez vu. Nous regagnâmes la Jeep à la hâte. Il fallait faire vite : le seul vol de la journée à destination de Moscou partait de Nazran, en Ingouchie, quatre heures plus tard. Beslan nous assura que nous y serions à temps. Il démarra en trombe et s'élança vers la route principale. Robert et moi étions entassés sur la banquette arrière avec Musa, notre guide tchétchène, qui travaillait pour le gouvernement profédéral. Il disposait du précieux laissez-passer officiel, sans lequel nous aurions été refoulés au premier barrage militaire. Deux miliciens russes, que nous avions recrutés comme gardes du corps pour cinquante dollars la journée, se partageaient le siège avant.

Nous roulions vers l'ouest depuis près de deux heures quand nous aperçûmes un mi-24, l'hélicoptère de combat de l'armée russe. Il tournoyait bruyamment au-dessus d'un taillis en flammes. Le pilote nous repéra et fit lentement pivoter l'appareil vers nous.

Un mur de terre se dressa soudain devant la voiture, occultant les champs détrempés que je voyais défiler par la vitre. Je me penchai aussitôt vers le siège avant, les mains derrière la tête pour me protéger. Il y eut un bref moment de tension, très pénible, avant que mon corps cède aux lois de la physique et soit projeté à travers le pare-brise, qui, par chance, avait été fracassé un instant plus tôt par la tête d'un des miliciens.

Je vécus ensuite des moments de paix infinie. Étendu de tout mon long sur la route, je regardai défiler les nuages dans l'immense ciel tchétchène. Jamais je ne m'étais senti aussi pleinement, aussi consciemment vivant. Je me savais blessé, mais cette certitude ne m'affectait pas. Elle résonnait quelque part dans mon cerveau comme un téléphone qu'on laisse tranquillement sonner dans la pièce voisine. Je pliai et dépliai lentement les doigts sur le bitume, en faisant rouler de petits gravillons sous mon index. Un bruit de voix me parvint aux oreilles. J'inspirai profondément par le nez pour m'assurer que l'air ne sentait ni le brûlé, ni l'essence, ni la cordite. Une puissante odeur d'argile et de fleurs mouillées m'emplit les narines.

Je repense fréquemment à ces brefs instants de ma vie et, chaque fois, je les interprète de manière différente. La seule chose dont je suis absolument certain, c'est que j'éprouvai une intense satisfaction à l'idée que quelqu'un m'attendait à Moscou, et que j'eus le désir irrépressible de rejoindre Xenia et de ne plus jamais la quitter.

Un inconnu se pencha sur moi. Il portait une barbe, je crois. Il me parla, me demanda si je pouvais bouger. Mû par une sorte de réflexe, je lui répondis calmement. Je m'étais démis l'épaule et j'avais sans doute quelques côtes cassées. J'ordonnai au villageois tchétchène de poser le pied sur ma clavicule, de soulever mon bras inerte et de tirer. Le choc avait dû bloquer la douleur, car je continuai à lui donner des instructions jusqu'à ce que l'articulation se remette en place. Robert s'agenouilla près de moi. Il dénoua doucement le foulard que je portais autour du cou et m'en fit une écharpe pour mon bras blessé. En me redressant, je constatai que la Jeep de Beslan s'était écrasée dans le trou d'un mètre vingt de profondeur que l'obus du Mi-24 avait creusé sous ses roues. Quant à Beslan, notai-je avec une pointe de satisfaction, il s'était cogné le front contre le volant. Il se tamponnait le visage pour enlever le sang qui coulait sur ses tempes. Les deux miliciens russes avaient eu moins de chance : ils gisaient sur la route, visiblement commotionnés.

Nous prîmes rapidement les mesures qui s'imposaient. Je sortis de ma poche l'argent nécessaire pour payer tout le monde. Une voiture arriva du village voisin pour nous emmener, Robert, Musa et moi, en Ingouchie. Je n'avais plus que deux idées en tête : monter dans l'avion et ne plus jamais revenir en Tchétchénie. Même lorsque notre voiture bondit dans une ornière et que mon épaule se démit pour la seconde fois, je ne ressentis rien. Le désir de rentrer chez moi l'emportait sur la douleur. Je ne pensais qu'aux derniers kilomètres qu'il nous fallait couvrir pour arriver vivants à l'aéroport.

Nous les parcourûmes tant bien que mal. Et nous arrivâmes à temps. L'aérogare de Nazran grouillait d'agents du FSB, le service fédéral de sécurité qui avait remplacé le KGB. Ils examinèrent nos accréditations d'un air soupçonneux en nous demandant où nous étions allés. Il faut dire que nous formions un drôle de couple, Robert et moi. Affublés du manteau et de la casquette noire de l'armée russe – déguisement dérisoire qui nous permettait d'échapper aux bandes mafieuses spécialisées dans le rapt des étrangers –, nous étions aussi sales l'un que l'autre. Nous sentions la sueur, le brûlé et la mort. Je réussis miraculeusement à garder mon calme et répétai une bonne dizaine de fois que nous n'avions jamais quitté l'Ingouchie et que nous n'étions pas entrés clandestinement en Tchétchénie. Les types du FSB finirent par nous laisser partir, mais, au moment où nous grimpâmes dans le bus qui nous emmenait à l'avion, ils se ravisèrent et se ruèrent vers nous pour exiger que Robert leur remette ses pellicules photo. Je fis mine de rire, je plaisantai, je les flattai – bref, je les embobinai si bien qu'ils regagnèrent l'aérogare quelques minutes plus tard en oubliant les films. Nous montâmes dans le vieux Tupolev 134, persuadés qu'ils allaient resurgir, nous arracher à nos sièges et nous renvoyer dans l'enfer tchétchène. Les dernières minutes s'écoulèrent dans une angoisse indescriptible, puis nous décollâmes enfin et regagnâmes la Russie sans incident.

Ce ne fut que tard dans la soirée, lorsque je fus admis à l'hôpital américain de Moscou et qu'un médecin originaire de l'Ohio découpa mon tee-shirt poisseux à l'aide d'une grande paire de ciseaux en acier (je me souviens encore de la froideur du métal contre ma peau), que je criai de douleur et de soulagement. Xenia m'attendait dans le hall. Jamais je n'ai si bien compris ce que « rentrer à la maison » veut dire.

La guerre et la mémoire s'associent de manière étrange. Certaines images ou certains événements, pourtant dérangeants, ne font que rebondir contre les parois de votre esprit comme une bille de flipper. D'autres, au contraire, se logent dans un trou et pénètrent au plus profond de vous-même. C'est ce qui m'est arrivé lorsque le souvenir de l'homme noir dont j'avais vu le cadavre à Komsomolskoïe commença à me hanter. Je me remis vite de mes fractures, mais mon âme resta longtemps blessée, incapable de surmonter le traumatisme qu'elle avait enduré. Je me souviens d'une promenade printanière avec Xenia. Nous avions quitté la datcha et nous longions la rivière en devisant tranquillement quand nous arrivâmes dans une clairière où régnait un profond silence, à peine troublé par le bruit du vent dans les sapins. Je sentis brusquement mes jambes trembler et m'affaissai dans un banc de neige humide. « Laisse-moi, murmurai-je, incapable de bouger, les yeux rivés sur le ciel gris-blanc. Laisse-moi seul quelques minutes. »

Je m'étais persuadé que l'esprit du mort que j'avais touché en Tchétchénie s'était glissé en moi. Je ne cessais de revivre l'instant où le morceau de tuile que j'avais en main avait effleuré sa joue. C'était alors, j'en étais convaincu, que l'esprit tourmenté de cet homme avait bondi dans mon propre corps. La nuit, je rêvais des champs piétinés et couverts d'ordures de Komsomolskoïe, que survolaient péniblement, comme une nuée d'oiseaux blessés, les âmes en colère des rebelles assassinés.

Je ne m'en serais sans doute pas sorti sans Xenia. Elle a vaincu les réticences de Robert pour nous conduire, lui et moi, dans l'une des églises de mon quartier, où nous avons tous deux allumé des cierges en mémoire des morts que nous avions vus. Mais, surtout, elle m'a aidé à me construire un foyer, un endroit où je me sente réellement chez moi, ce qui ne m'était plus arrivé depuis que j'avais quitté Londres, sept ans auparavant. J'ai rendu mon appartement du centre-ville et loué une datcha à Zvenigorod, dans la périphérie de Moscou, au cœur d'une forêt qui jouxte celle de Nikolina Gora, où résidaient les parents de Xenia. Nous avons repeint toutes les pièces, mettant de la couleur aux murs. J'ai acheté de vieux meubles et des kilims du Daguestan pour les décorer. Puis nous avons démonté le poêle qui trônait dans le salon et utilisé les lourdes tuiles qui le soutenaient pour bâtir une cheminée. Xenia a remplacé les boules de cuivre qui ornaient le pare-feu en fonte par deux petites têtes à notre effigie, qu'elle avait sculptées dans un morceau d'argile. Chaque soir, nous allumions un feu de bois, et nos petits visages de terre cuite se souriaient à travers les flammes.

Épilogue

Tu ferais bien mieux d'oublier et de sourire
Que de te souvenir et d'avoir mal.
Christina Rossetti

Une petite pluie fine noyait Londres sous la grisaille quand Mila et Mervyn atterrirent à Heathrow. Par souci d'économie, ils se rendirent en bus à Pimlico plutôt qu'en taxi. Ma mère m'a raconté par la suite que Londres lui sembla « très pauvre, très miteuse ». Les yeux rivés à la vitre, elle aperçut de vieilles Anglaises enveloppées dans de gros manteaux de laine, un fichu noué sur la tête. « Regarde ! dit-elle à Mervyn. On dirait des babouchkas ! »

Ils descendirent à la gare Victoria et continuèrent à pied jusqu'à Belgrave Road, où habitait mon père. Son deux-pièces était d'une austérité monacale. Couvert d'un tapis élimé, il était à peine chauffé par de grands radiateurs électriques à accumulation, dont Mervyn réglait le thermostat au plus bas pour ne pas augmenter ses frais. Un lit une place d'à peine soixante-cinq centimètres de large était poussé contre le mur de la chambre. Mon père, qui ne craignait pas le froid, se contentait de deux couvertures de l'armée, bien trop minces pour Ludmila, habituée aux appartements surchauffés de Moscou. Quand Gerald Brooke lui téléphona pour s'assurer qu'elle ne manquait de rien, la seule chose dont elle se plaignit fut l'absence de vraies bonnes couvertures dans son nouveau logis. Dans la journée, elle entreprenait de grandes marches à pas forcés dans le quartier pour dissiper les frissons qui la parcouraient. Son premier hiver à Londres fut donc marqué par le froid, « une humidité terrible qui vous pénétrait jusqu'aux os. C'était bien pire que l'hiver russe ! » affirmait-elle en y repensant.

Lorsqu'ils ne travaillaient pas, mes parents allaient se promener à St James's Park ou rendaient visite à lord Brockway, l'un des dignitaires qui avaient soutenu leur cause. Une des amies de Mervyn emmena Mila chez Harrods en espérant l'impressionner, mais l'abondance, la variété et la qualité des denrées exposées au rez-de-chaussée ne l'étonnèrent pas outre mesure. « Nous avions tout ça en Russie, avant la Révolution ! » plaisanta-t-elle en haussant les épaules. Mon père la conduisit à Oxford, puis à Swansea, où Lillian les accueillit chaleureusement, en dépit des nombreuses suppliques qu'elle avait adressées à son fils au cours des années précédentes pour le prier de renoncer à Mila.

Sitôt arrivée à Londres, ma mère s'était muée en fée du logis. Elle avait rangé le service en porcelaine qu'elle avait apporté de Russie dans les placards de la cuisine et aligné ses livres sur les étagères, s'efforçant de rendre l'appartement de mon père aussi confortable que possible. Décidée à être une épouse parfaite, elle puisait chaque soir de nouvelles idées de menu dans *Les Mille Recettes savoureuses*, la bible culinaire des Soviétiques, qu'elle avait judicieusement glissée dans ses valises. Elle se présenta aux voisins, mais la plupart d'entre eux lui fermèrent la porte au nez, refusant même de la saluer dans le hall lorsqu'ils la croisèrent par la suite. S'agissait-il d'une forme exacerbée de raideur britannique ou d'une méfiance viscérale vis-à-vis de la nouvelle venue fraîchement débarquée d'un pays communiste ? Mila ne parvint jamais à le savoir.

L'exil l'avait laissée en état de choc. Au cours des six premiers mois, submergée de chagrin, elle éclatait en sanglots à tout propos. Elle pleurait de froid, aussi ; ses larmes tombaient sur les touches de la machine à écrire sur laquelle elle tapait les traductions qui constituèrent son premier gagne-pain. Désemparé, Mervyn se révéla incapable de la consoler. Il la laissait pleurer, attendant en silence qu'elle recouvre son calme.

« Je n'étais pas foncièrement malheureuse, m'a raconté Mila. Mais j'avais passé presque toute ma vie à Moscou… Il était normal que je ressente mon départ comme un véritable traumatisme. »

Ses amis lui manquaient terriblement. Sensibles aux idées de la dissidence, ils avaient formé autour d'elle une vraie famille, un petit groupe enthousiaste et solidaire. Ils poursuivaient désormais leur vie sans elle, s'échangeant des samizdats et attendant avec excitation la sortie de chaque numéro de la revue *Novy Mir* (la seule à avoir osé publier les textes de Soljenitsyne).

Mila souffrait aussi du manque d'argent. Bien qu'elle n'ait jamais été riche, elle avait toujours eu les moyens de s'offrir les menus plaisirs qu'autorisait la vie soviétique. À Londres, la situation était tout autre : le petit salaire de Mervyn suffisait à peine à leur subsistance. Elle se souvient encore d'avoir fondu en larmes en découvrant, à l'entrée d'une station de métro, qu'elle n'avait plus assez d'argent pour s'acheter un billet. Elle venait de dépenser ses derniers pennies en petits cadeaux pour ses amis moscovites. Pris d'un accès de générosité, mon père l'emmena un jour chez Woolworth's et lui offrit une robe en laine verte pour la modique somme d'une livre sterling. Ce fut le seul vêtement qu'ils achetèrent cette année-là.

Terrassée par le mal du pays, Ludmila se sentait déprimée pour la première fois de sa vie. Incapable de mobiliser la volonté et l'énergie qui avaient nourri tous ses combats depuis l'enfance, elle écrivit à sa sœur pour lui faire part de son accablement. Rien dans sa lettre ne mentionnait l'hypothèse d'un retour à Moscou, mais Lénina, qui la savait têtue, n'y vit qu'une marque d'orgueil. Sa sœur cadette, estima-t-elle, ne consentirait jamais à admettre qu'elle avait commis une erreur en suivant Mervyn à Londres. Elle montra la lettre à Sacha, qui s'assit à la table de la cuisine pour rédiger sa réponse. « Très chère Mila, écrivit-il. Tu ne peux pas revenir en arrière. Tu as choisi ton destin : tu dois maintenant vivre avec lui. Aime Mervyn. Fais des enfants. »

Comment la réalité aurait-elle pu être à la hauteur des espoirs infinis que Mila avait placés en elle ? Après tant d'années d'attente, d'idéalisation, de souffrances et de sacrifices, n'était-il pas inévitable qu'elle soit déçue ? Quel mariage, quelle vie de couple, même à l'Ouest, aurait pu résister à six longues années de séparation ? J'ai souvent pensé que mes parents avaient très tôt, et sans même s'en rendre compte, fait de leur combat un but en soi. Lorsqu'ils ont enfin triomphé du régime soviétique et obtenu le droit de se marier, aucun d'eux n'a su comment poursuivre la saga. Pendant des années, ils avaient été de véritables héros l'un pour l'autre, des créatures surnaturelles et surpuissantes, capables de gravir des montagnes, de frapper aux portes du ciel et de faire dévier le rouleau compresseur de l'histoire. Maintenant qu'ils habitaient ensemble et partageaient leur quotidien comme n'importe quel couple, il leur fallait inventer ce qu'aucun d'eux n'avait jamais connu : une vie de famille sereine et harmonieuse. Ils avaient très bien joué leur propre rôle dans un grand drame épique, mais la pièce était finie. Ils devaient abandonner leurs costumes et quitter la scène, ce qui se révéla bien plus complexe qu'ils ne l'avaient imaginé.

Au printemps 1970, en revenant de Brighton où elle avait donné quelques cours de russe, ma mère fut brusquement submergée par la mélancolie. Elle fondit en larmes dans le train. Contrairement à ce qui se serait passé en Union soviétique, aucun voyageur ne s'approcha pour la consoler et lui demander ce qui n'allait pas. Livrée à elle-même, elle leva les yeux sur le paysage verdoyant qui défilait par la fenêtre, et s'exhorta à se reprendre en main. « Quelle idiote ! songea-t-elle. Ça fait six mois que je pleure… Il est temps que ça s'arrête. » Dès lors, elle mit tout en œuvre pour faire de Londres sa nouvelle patrie et s'y construire une vie qui n'appartienne qu'à elle. Mon père, qui était d'un naturel timide et réservé, n'avait que peu d'amis. Mila ne put donc compter que sur elle-même pour se faire de nouvelles connaissances. Elle y parvint vite, attirant autour d'elle un petit groupe d'amateurs de théâtre et de danse classique, avec lesquels elle commença à sortir régulièrement. Ils aimaient son intelligence, sa chaleur et sa vivacité ; elle retrouvait auprès d'eux la communion d'idées et de goûts qu'elle avait partagée avec ses amis moscovites. Ils ne remplacèrent jamais le cercle étroitement uni qu'elle avait connu dans sa jeunesse, mais, en compensation, ils l'aidèrent à surmonter la douleur de l'exil.

Encouragée par ses premiers succès, elle accepta de nouvelles traductions ainsi qu'un poste d'enseignante à mi-temps à l'université du Sussex. Le directeur d'Overseas Publications, une petite maison d'édition spécialisée dans l'impression et la circulation en URSS de documents censurés par le régime soviétique, lui proposa de rejoindre son équipe d'éditeurs. Elle accepta avec enthousiasme, ravie de pouvoir renouer avec sa fibre dissidente. Elle édita notamment l'un des textes majeurs de l'historien dissident Roy Medvedev, *Le Stalinisme : origines, histoire, conséquences*[1], qui constituait l'une des plus vigoureuses mises en accusation du régime stalinien jamais écrites en russe.

1. Paru en France en 1972 aux éditions du Seuil.

Overseas Publications faisait parvenir les ouvrages en Union soviétique grâce à un important réseau d'émigrés russes disséminés à travers toute l'Europe. Les paquets arrivaient presque tous à Moscou par la poste, ce qui, à l'époque, était une sorte de miracle. Les amis de Mila dactylographiaient alors les recueils, avant de les faire circuler sous le manteau. Le directeur avait expliqué à ma mère que son entreprise était financée par un riche industriel américain, ce qui n'était pas tout à fait exact. L'argent venait en fait de la CIA, qui finançait aussi l'antenne londonienne de Radio Liberty dans le cadre de ses activités antisoviétiques. Ludmila travailla régulièrement pour cette station de radio au cours des années soixante-dix, sans toutefois accepter le poste de présentatrice qu'on lui proposa. Elle craignait, en se mettant trop en avant, de compromettre ses chances de pouvoir un jour retourner à Moscou.

Les activités professionnelles de Mila lui permirent bientôt de contribuer efficacement aux revenus du ménage, et même d'acheter des livres et des vêtements pour son usage personnel. Bien qu'ils aient tous deux grandi dans la pauvreté, ma mère avait développé à l'égard de l'argent une forme de libéralité dont Mervyn était dépourvu. Elle aimait les belles choses et avait plaisir à s'en procurer. Aussi s'acheta-t-elle des meubles anciens et des tableaux, dès qu'elle en eut les moyens.

Elle avait suivi le conseil de Sacha : son ventre s'arrondit au début du printemps 1971. Je vins au monde le 9 décembre à l'hôpital de Westminster, que Mila jugea « aussi luxueux que la clinique du Kremlin ». Sa hanche très abîmée rendit l'accouchement difficile, et les médecins durent employer le forceps pour faciliter l'expulsion. « Il est magnifique ! » s'extasia l'obstétricien en se tournant vers elle aussitôt après ma naissance. Elle fut si impressionnée par cette remarque qu'elle me la répéta fréquemment durant mon enfance. Les médecins soviétiques gardaient généralement leur opinion pour eux-mêmes. Mon père contracta un emprunt pour acheter l'une des petites maisons victoriennes d'Alderney Street, que ma mère tapissa de papier peint orange à motifs cachemire acheté en solde chez Peter Jones. Pour la première fois depuis les années trente, elle faisait de nouveau partie d'une vraie famille.

En 1978, neuf ans après son arrivée en Angleterre, ma mère fut autorisée à retourner en Union soviétique pour rendre visite à sa famille. Elle profita des vacances d'hiver pour nous emmener, ma petite sœur Emily et moi, à Moscou, où nous fûmes hébergés chez ma tante Lénina. Je me souviens qu'un flot d'amis et de parents, les yeux rougis d'émotion, se pressaient en permanence dans l'entrée pour embrasser ma mère, qu'ils avaient craint de ne jamais revoir. Plongé dans un univers étrange, radicalement différent de mon train-train londonien, j'observais tout avec étonnement : les files d'attente aux portes des boulangeries, les bancs de neige sur les trottoirs et les murs en marbre du métro de Moscou. « Ici, ça sent la Russie ! » me disais-je en me remémorant la phrase de Pouchkine. Je comprenais enfin ce qu'il avait voulu dire : la Russie avait effectivement une odeur. Elle vous saisissait dès la descente d'avion, mélange inexplicable de désinfectant et d'une marque très précise de vitamine C soviétique, au parfum acidulé et artificiel. Les Russes dégageaient une odeur particulière eux aussi, très différente de celle des Anglais. Ils laissaient dans leur sillage de puissants effluves corporels – assez plaisants, d'ailleurs, même si je les trouvais trop charnels pour être respectables.

Ce n'était pas la première fois que je quittais l'Angleterre (je rendais souvent visite à mon père lorsqu'il était en poste à l'étranger), mais jamais je n'avais été aussi conscient de ma propre étrangeté. Mes interlocuteurs m'assaillaient de questions sur mon pays et sur ma manière de vivre, tout en me vantant les mérites de la leur. Ils commençaient toutes leurs phrases par l'expression *ou nass*, « chez nous », qu'il s'agisse de comparer les chocolats anglais aux chocolats soviétiques (je répondais invariablement que les anglais étaient meilleurs) ou de savoir s'il y avait du champagne, des soldats de plomb et de la neige en Grande-Bretagne. Le petit ami d'Olga, la fille cadette de Lénina, voulut même savoir si les Anglais avaient d'aussi belles voitures que les Russes. Je le classai immédiatement parmi les imbéciles. À sept ans, je savais depuis belle lurette que les autos soviétiques ne valaient pas un clou. Ces comparaisons perpétuelles ne faisaient que renforcer mon sentiment d'isolement. Si vivace que soit la Russie dans mon imagination, elle ne fut jamais, même alors, autre chose à mes yeux qu'un lieu étrange et éminemment exotique.

La nostalgie est un mal dont souffrent tout particulièrement les Russes en exil. À Londres, les émigrés que ma mère connaissait s'efforçaient de recréer l'ambiance des jours anciens chaque fois qu'ils recevaient des compatriotes à dîner. Les tables ployaient sous les plats d'esturgeon et de caviar, les bocaux de cornichons et les bouteilles de vodka. Le salon de leur appartement anglais, noyé sous les volutes de fumée que dégageaient les papyrus soviétiques, bruissait de conversations sur le voyage que tel ou tel d'entre eux venait d'effectuer au pays natal. Ludmila, qui était pourtant très émotive, demeurait de marbre. L'évocation de la « Mère-Patrie » ne suscitait en elle ni mélancolie ni regrets. Je crois même pouvoir dire que la Russie ne lui manquait pas réellement – du moins pas après qu'elle eut surmonté le mal du pays qui l'avait submergée en arrivant à Londres. Enfant, je l'ai toujours entendue faire l'éloge de la ponctualité, de la minutie et du bon goût, vertus qu'elle considérait comme typiquement britanniques. La seule chose qui l'irritait chez ses nouveaux compatriotes était leur propension à la frugalité, l'avarice étant à ses yeux une forme d'étroitesse d'esprit. Elle partageait avec ses amis émigrés un profond mépris pour le régime soviétique, ainsi qu'une véritable passion pour les blagues russes qui tournaient ledit régime en dérision. Une de ses plaisanteries préférées portait sur la mère de Brejnev. En visite chez son fils, dans sa splendide villa du bord de mer, la vieille dame admire les tableaux, le mobilier de prix et les voitures dont s'enorgueillit le maître du Kremlin. « C'est magnifique, mon petit, dit-elle nerveusement. Mais que feras-tu si les rouges reviennent au pouvoir ? »

En rejoignant mon père à Londres, Mila avait ouvert une voie que beaucoup empruntèrent après elle. Au cours des vingt années suivantes, nombre de ses proches quittèrent la Russie ou épousèrent un ou une étrangère. En 1979, ma cousine Nadia et Iouri, son mari d'origine juive (le jeune homme qui avait insulté les photographes au mariage de mes parents), se virent accorder la permission d'émigrer. Ils partirent aussitôt s'installer en Allemagne avec leur petite Natacha. Sacha les accompagna en larmes à l'aéroport et tenta de rattraper sa fille lorsqu'elle franchit le contrôle des passeports. « Je ne te reverrai jamais ! » hurla-t-il en clopinant tant bien que mal sur sa jambe artificielle.

Il fut convoqué six mois plus tard dans le bureau de son supérieur hiérarchique au ministère de la Justice, qui lui reprocha vertement de ne pas avoir informé la cellule du Parti du départ de Nadia. « Non seulement vous avez une belle-sœur à l'Ouest, mais, maintenant, votre fille y est aussi ! » cria le fonctionnaire sans même l'inviter à s'asseoir. Sacha s'effondra sous ses yeux, victime d'une crise cardiaque. Il mourut quelques heures plus tard à l'hôpital. Nadia, qui ne fut pas autorisée à revenir à Moscou pour l'enterrement, s'estime, aujourd'hui encore, responsable de la mort prématurée de son père.

Valery Golovitser, l'étudiant timide et amateur de danse classique qui avait organisé la rencontre de mes parents, finit par obtenir lui aussi un visa de sortie, après neuf ou dix refus successifs. En 1980, il émigra aux États-Unis avec sa famille, comme des milliers d'autres Juifs soviétiques. Là, il s'autorisa enfin à vivre son homosexualité au grand jour. Il quitta sa femme, emménagea avec Slava, son compagnon de longue date, à New York, et se lança avec succès dans l'organisation de tournées américaines pour les plus grands corps de ballet russes.

Valery Shein, le séducteur un peu bohème que Mervyn avait rencontré au Festival de la jeunesse, devint l'un des piliers de la vie théâtrale moscovite. Il géra plusieurs théâtres, se fit un nom et une fortune, et épousa en 1987 une superbe russophile de nationalité britannique. Elle fit beaucoup rire les amis de Valery en leur racontant ingénument qu'elle avait un jour attendu pendant une heure pour acheter des bananes, et n'en avait emporté qu'un kilo lorsque son tour était venu. Tout Soviétique normalement constitué en aurait pris autant qu'il pouvait en porter.

Irina Ivinskaïa, la fiancée de Georges Nivat, revint du goulag à la fin de 1963. Elle épousa un éminent dissident et émigra à Paris. Sa mère, la Lara de Pasternak, demeura à Moscou, où elle mourut en 1995.

En 1990, Olga, la nièce de Mila, rejoignit sa sœur aînée en Allemagne en contractant un mariage blanc avec un Anglais. Elle laissa sa fille Macha à Moscou, où elle fut élevée par sa grand-mère, ma tante Lénina. Quand Macha eut achevé ses études secondaires, elle se rendit à son tour en Allemagne, pour y être opérée d'un cancer. Elle mourut peu après des suites de sa maladie. Lénina resta seule à Moscou, où elle vit encore.

Mon père ne perdit jamais son goût des voyages. Quand j'étais petit, il s'absentait parfois plusieurs mois d'affilée pour aller enseigner à Harvard, à Stanford, à Jérusalem, en Ontario ou en Australie. J'adorais les lettres qu'il m'envoyait, toujours accompagnées de petits dessins d'animaux ou de pirates, et de croquis le montrant dans des situations drolatiques – tombant d'un bateau ou conduisant du mauvais côté de la chaussée. Il me manquait terriblement, et j'attendais ses lettres avec une folle impatience. Je lui rendis visite à plusieurs reprises, très fier de prendre l'avion tout seul (avec une pochette autour du cou indiquant mon nom et mon adresse, comme l'ours Paddington) pour aller retrouver mon papa à Cambridge dans le Massachusetts, puis à San Francisco en Californie. Ravis d'être entre hommes, nous nous commandions des pizzas, que nous mangions en pyjama devant de vieux épisodes de *Godzilla*. Il m'emmena à Boston, où il m'apprit à manœuvrer un canot gonflable sur la Charles River.

À la maison, l'ambiance était nettement moins sereine, bien que je me sois toujours senti extrêmement aimé par mes parents. Cet amour presque dévorant était peut-être la source du problème, d'ailleurs. Ma mère, qui n'avait rien perdu de sa formidable énergie en arrivant à Londres, la consacra entièrement à ceux qui étaient le plus près d'elle – son mari et ses enfants –, au risque de les étouffer. Notre modeste foyer de Pimlico n'était pas assez grand pour contenir cette dynamo d'un mètre cinquante. Mon père réagissait aux drames et aux querelles qui secouaient la maisonnée avec son mutisme habituel. Il quittait en silence la salle à manger familiale, laissant ma mère en larmes devant les restes de notre dîner interrompu, et se retirait dans la forteresse de son bureau, au cœur de son petit univers personnel. La tension qui régnait sous notre toit semblait alors craquer comme des plaques de verglas sous l'assaut du gel.

En décembre 1988, pendant la perestroïka mise en place par Mikhaïl Gorbatchev, mon père fut de nouveau autorisé à se rendre en Russie. Moscou vivait alors les dernières années du régime soviétique. Mervyn, qui avait quitté la capitale russe à la fin des années soixante, ne la trouva pas très différente du souvenir qu'il en avait gardé, mais il se réjouit de ne plus être suivi par le KGB chaque fois qu'il sortait d'un restaurant ou montait dans un trolleybus. Enfin rendu à son anonymat, il se promena librement dans les rues de la ville pour la première fois de sa vie.

Trois ans plus tard, le communisme achevait de s'effondrer en Europe de l'Est. J'avais décidé d'y passer mes vacances d'été avec Louise, ma petite amie de l'époque. Le hasard voulut que nous arrivions à Leningrad, terme de notre périple, le soir du 19 août 1991, alors que les ultra-conservateurs opposés à Gorbatchev venaient de s'emparer du pouvoir à Moscou, précipitant par ce coup d'État manqué la fin annoncée du parti communiste auquel ils croyaient encore. En allumant la télévision le lendemain matin, nous entendîmes le général Samsonov, commandant des forces armées de Leningrad, avertir sèchement les habitants que les rassemblements de plus de trois personnes étaient désormais interdits. Vingt-quatre heures plus tard, une foule immense envahissait pourtant la place du Palais d'hiver. Grimpé sur l'un des balcons du vieux monument, j'observai cette marée de visages et de pancartes avec stupeur. Un moment plus tard, Louise et moi aidions un groupe d'étudiants à construire des barricades avec des bancs et des tiges d'acier près de la place St Isaac. Le jour suivant, cinq cent mille personnes se réunirent sur la perspective Nevski pour défiler contre le système politique qui régissait leur vie depuis trois générations. La foule était si massive qu'elle semblait s'étendre aux quatre coins de l'horizon. La ville disparaissait sous les pancartes, les affiches et les tracts griffonnés à la main qui réclamaient tous la liberté et la démocratie. Quelques heures plus tard, à Moscou, Boris Eltsine émergea de la Maison Blanche, siège du gouvernement de la République socialiste fédérée de Russie, et grimpa sur un tank pour inciter les manifestants à défendre leur jeune république contre les forces réactionnaires qui cherchaient à la renverser. L'image (que nous ne vîmes pas à Leningrad puisque la télévision d'État était aux mains des putschistes) frappa considérablement les esprits et marqua la fin du régime communiste. Ce soir-là, les forces spéciales du KGB tentèrent de prendre d'assaut la Maison Blanche, mais les troupes envoyées à Moscou pour les soutenir refusèrent d'obéir, faisant échouer le coup d'État.

Les grands rassemblements ont tous leur caractère propre, une personnalité bien à eux qui résume les aspirations collectives de plusieurs centaines de milliers d'individus. Cet étrange phénomène m'est apparu clairement le jour du putsch manqué, quand les habitants de Leningrad sont massivement descendus dans la rue pour soutenir la démocratie. La foule marchait en rangs serrés, animée par la certitude de se battre pour une cause profondément juste. Les manifestants semblaient convaincus d'être du bon côté de l'Histoire. Et, puisque le communisme leur avait appris – assez naïvement, du reste – que la raison triomphe de tout, ils ne doutaient pas de leur victoire. Pour une fois, les choses étaient simples : ils avaient raison, et le Parti avait tort. Je fus extrêmement heureux, ce jour-là. Mêlé aux manifestants, je pensais que le poison qui avait rongé ce pays vivait peut-être ses dernières heures, et que la Russie serait enfin guérie de tous ses maux par cette foule immense, venue réclamer la fin d'un système qui avait fait des millions de victimes au nom d'un avenir radieux éternellement promis, mais jamais survenu. Au cours des années suivantes, la plupart de ceux qui s'étaient associés aux manifestations d'août 1991 furent amèrement déçus par les fruits de la démocratie. La chute du régime soviétique n'en sembla pas moins miraculeuse aux plus âgés d'entre eux – ou du moins à ceux qui, comme Lénina, avaient souffert sous Staline. Une vieille amie de ma mère lui envoya une carte postale, peu après le putsch. *Niéoujéli Dojili ?* – « Avons-nous vraiment vécu jusqu'à ce jour ? » – avait-elle griffonné au dos, résumant par cette formule merveilleusement laconique toute l'ironie de la situation.

Ma mère ne s'émut pourtant pas outre mesure des bouleversements que connut son pays natal au cours de l'automne suivant, qui s'ouvrit sur la victoire du camp démocrate d'Eltsine et se termina, le jour de Noël, par la démission de Gorbatchev. La Russie n'était plus à ses yeux qu'un pan de son passé, un vestige sur lequel elle avait délibérément tiré une croix pour commencer une vie nouvelle et devenir quelqu'un d'autre. Elle accueillit la chute du régime avec satisfaction, et vit dans les événements la victoire des mouvements dissidents auxquels elle avait modestement contribué. Mais, lorsqu'elle en parle aujourd'hui, c'est pour souligner qu'elle a vécu ces journées « depuis sa tour d'ivoire londonienne », sans émotion particulière. De toutes les images qu'elle regarda à la télévision britannique, il y en eut pourtant une, me semble-t-il, qui la toucha davantage. Ce fut le soir où une foule en colère se massa devant le siège des services secrets, place Loubianka, pour conspuer le KGB qui avait apporté son soutien aux putschistes. Une poignée de manifestants passèrent un câble d'acier autour du cou de la statue de Félix Dzerjinski, le fondateur de la police politique, qui trônait depuis plusieurs décennies au centre de la place. On amena une grue pour arracher la statue à son socle. Pendu au bout du câble, Félix de Fer, ainsi qu'on l'avait surnommé, se balança quelques instants au-dessus de la foule, comme s'il venait d'être lynché. Ma mère, qui avait toujours été convaincue que le régime soviétique s'effondrerait de son vivant, me confia par la suite qu'elle avait commencé à y croire en découvrant ces images.

Mon père se rendit à la Loubianka un an plus tard, en 1992, pour aller rencontrer le directeur du tout nouveau service des relations publiques du KGB. Alexeï Kondaurov le reçut dans un bureau cossu, dont les fenêtres ouvraient sur la cour intérieure du bâtiment, là où des milliers de prisonniers avaient été exécutés pendant les purges. Le KGB – ou plutôt le FSK, comme il était nommé au début des années Eltsine – souhaitait « tisser des liens » avec les soviétologues occidentaux, annonça fièrement Kondaurov à Mervyn après lui avoir servi un thé au citron. Très enthousiaste, il lui proposa même de rédiger un article sur la manière dont mon père collectait des données sur l'Union soviétique lorsqu'il était universitaire, article qui serait, affirma-t-il, « aussitôt publié dans le nouveau magazine du FSK ». Mervyn éluda poliment et orienta la conversation sur Alexeï Sountsov, l'agent du KGB qui avait tenté de le recruter vingt ans plus tôt. Sountsov était-il encore en vie ? Lui serait-il possible de le contacter ? Le cadre du FSK l'écouta en souriant, mais laissa toutes ses questions en suspens.

Nous fûmes mieux renseignés en 1998, quand mon père me chargea d'appeler en son nom le général Iouri Kobaladzé, l'attaché de presse des services de renseignements russes. Je discutai un moment avec lui au téléphone et l'invitai à déjeuner au Gastronome, le meilleur restaurant français de Moscou. Ce fut là, parmi les courtiers en Bourse et les hommes d'affaires étrangers, qu'il m'annonça le décès de Sountsov. « Mais sa veuve est toujours vivante », ajouta-t-il d'un ton suave.

Nous prîmes contact avec Ina Vadimovna Sountsova par l'intermédiaire de Valery Velitchko, qui présidait le club des anciens officiers du KGB. Elle accepta de rencontrer mon père dans les salons du club, situé près de la station de métro Oktiabrskaïa. C'était une dame de soixante-dix ans, assez replète, au visage agréable. Ils se saluèrent avec méfiance et ne se reconnurent ni l'un ni l'autre, bien qu'ils se soient vus à deux ou trois reprises. « D'abord en 1959, à l'Ararat… commença mon père.

— Non, rectifia Mme Sountsova. C'était au Budapest. Je me souviens aussi du soir où nous sommes montés avec la voiture d'Alexeï en haut des monts Lénine pour voir la ville de nuit. »

Elle fouilla dans son sac à main et en sortit une photo d'Alexeï en uniforme. Ce fut un choc pour Mervyn, qui l'avait toujours vu en civil.

« Je sais que vous l'avez beaucoup déçu. Il s'en plaignait souvent, confia Ina à mon père. "Matthews m'a laissé tomber, disait-il. Quel ingrat ! Après tout ce que j'ai fait pour lui…" Quand ça n'a pas marché entre vous, ses supérieurs l'en ont rendu responsable, et sa carrière en a souffert. »

Mervyn ne lui demanda pas qui, au KGB, avait décidé d'empêcher son mariage avec Mila. Il lui semblait improbable qu'Alexeï ait pris une telle résolution, d'autant que Mme Sountsova ne semblait pas au courant. Elle prit un air surpris lorsque mon père lui raconta ses années de lutte contre le KGB et les difficultés qu'il avait eues à faire sortir ma mère d'Union soviétique. Après un moment d'hésitation, elle accepta de lui donner une photo d'Alexeï en costume de ville.

Mervyn tenta aussi de retrouver Vadim Popov, l'agent du KGB qui avait été son premier ami russe, mais il se heurta à un mur. Personne ne put le renseigner, pas même à la bibliothèque Lénine, où Vadim avait déposé sa thèse. Le texte y était encore référencé, mais aucune nouvelle publication n'avait été archivée par son auteur. Quant à l'Institut d'études orientales où Popov avait étudié, il n'en restait rien : il avait fusionné des années plus tôt avec un autre département de l'université de Moscou.

En revanche, Igor Vail, l'étudiant que le KGB avait utilisé pour piéger Mervyn, était toujours vivant. Et il habitait toujours Moscou, constata mon père avec joie en cherchant son nom dans l'annuaire. Il prit aussitôt contact avec lui et découvrit avec stupeur que Vail attendait cet instant depuis trente ans : le regrettable incident du pull rouge le tourmentait encore. Il pria Mervyn de lui pardonner et lui raconta qu'il avait été convoqué à la Loubianka le matin de leur entrevue. Les officiers du KGB l'avaient menacé de l'expulser de l'université s'il refusait de collaborer avec eux. Ils avaient installé depuis plusieurs semaines des micros dans la chambre de Mervyn et savaient tout de la vente de vêtements qu'Igor avait accepté d'effectuer pour son ami britannique. Vail n'avait guère eu le choix : il avait dû s'exécuter – et le regrettait encore amèrement. « Tu es tout excusé, assura mon père. C'était une autre vie et une autre époque. Tout ça est derrière nous, maintenant. »

Mon père et moi nous vîmes plus ou moins régulièrement, et sans grand plaisir, à Moscou au cours des années quatre-vingt-dix. Il désapprouvait mon mode de vie, bien trop bohème à ses yeux. Quant à moi, je le considérais comme un rabat-joie moralisateur et renfrogné. La colère est toujours bien plus rudimentaire que l'amour. Au sortir de l'adolescence, j'ai passé de longues années à être en colère contre mon père pour des raisons que je peinais (et peine encore) à définir. Je ne lui pardonnais pas certaines disputes survenues à l'adolescence et que je tenais pour des affronts. Je lui reprochais de manquer d'imagination et de refuser de me financer, tandis que je donnais libre cours à la mienne. Lui me regardait d'un air réprobateur, comme on toise un enfant gâté, terriblement ingrat. « Tu ne te rends pas compte de la chance que tu as, Owen ! » me grondait-il quand j'étais petit.

Ce fut seulement vers la fin de mon séjour à Moscou, quelques mois avant mon départ pour Istanbul, lorsque j'eus surmonté l'agressivité qui définissait depuis longtemps mon rapport au monde, que je pris la peine de tenter de comprendre mon père, dont j'avais si mystérieusement suivi les pas en venant m'installer en Russie. Après avoir refusé d'admettre que la vie de mes parents entretenait le moindre rapport avec la mienne, j'étais enfin prêt à reconnaître que la Russie avait touché en moi quelque chose de très intime, de très profond, comme elle l'avait fait autrefois avec mon père. Nous avions tous deux trouvé en Russie la part de nous-mêmes qui nous manquait en Angleterre. Cette prise de conscience me rapprocha de lui. Dès lors, une communauté d'esprit tacite mais chaleureuse s'ébaucha entre nous.

Mon père a consacré l'essentiel de ses vieux jours à se retirer en lui-même, mettant toute son énergie à se retrancher dans une forteresse de solitude apparemment imprenable. Lorsqu'ils étaient séparés par les divisions politiques de la guerre froide, rejetés de part et d'autre d'un gouffre idéologique infranchissable, mes parents puisaient dans leur désir d'être ensemble une volonté sans faille et une sorte de magnétisme qui les rapprochait l'un de l'autre, les aidant à endurer la solitude, le chagrin et l'attente. Quarante ans plus tard, le mouvement s'est inversé : une puissante force centrifuge semble régner sur ma famille, nous disséminant aux quatre coins du globe. Mon père passe désormais le plus clair de son temps en Asie, loin de tous ceux qui le connaissent. Il arpente le Népal, la Chine ou la Thaïlande, reste des journées entières à la plage, loge dans de petits meublés, lit et écrit autant qu'il peut. À Londres, ses relations avec ma mère se sont apaisées, comme s'ils avaient signé une sorte de trêve. Peut-être ont-ils admis qu'une vie entière s'était écoulée et que les querelles domestiques qui les avaient tant opposés autrefois n'avaient fait ni vainqueur ni vaincu.

Après avoir longtemps tâtonné l'un vers l'autre, mon père et moi avons trouvé une sorte de terrain d'entente, surtout depuis que j'ai épousé Xenia. Nous partîmes vivre à Istanbul, elle et moi, au début des années deux mille. Notre fils Nikita naquit en Turquie, mais nous revenions en Russie chaque hiver, ravis de retrouver Moscou et la datcha de Nikolina Gora.

Mervyn nous rendit visite en décembre 2002. Mes beaux-parents l'accueillirent d'abord chez eux, dans leur grand appartement du quartier de l'Arbat, tout près de la rue Starokonouchenny. Il passa son temps à écumer les librairies, émerveillé par les rayonnages désormais bien garnis de celle qu'il fréquentait autrefois sur la Nouvelle Arbat, où il constata avec stupeur qu'il pouvait régler ses achats avec sa carte de crédit britannique. Dehors, les panneaux publicitaires annonçaient la sortie du nouveau numéro de l'édition russe du magazine *GQ* (qui comportait un article flatteur sur son fils, devenu correspondant de guerre en Irak), et de petites échoppes vendaient des téléphones portables dernier cri à la jeunesse moscovite.

Nous nous rendîmes ensemble à la datcha quelques jours avant le nouvel an. Il gelait à pierre fendre. L'air était si froid qu'il nous brûlait les poumons. La campagne disparaissait sous un épais manteau de neige. Au loin, les cimes des grands sapins de Nikolina Gora se détachaient nettement sur le ciel d'hiver, d'un bleu pâle et lumineux.

Mervyn et moi décidâmes de nous aventurer sur le lit gelé de la Moskova. Je m'enveloppai dans une vieille veste en peau retournée de l'armée Rouge et lui prêtai le gros manteau d'hiver qu'il avait acheté à Oxford dans les années cinquante. Il commençait à se faire vieux ; sa hanche le faisait souffrir, et son pas était moins alerte, moins décidé qu'autrefois. Nous avancions prudemment entre les congères amoncelées sur les berges du fleuve. Il faisait si froid que la neige craquait sous nos bottes comme les lamelles d'un vieux parquet.

« Au fond, ma vie se résume à peu de chose, me dit mon père. Quand j'ai compris que je ne pourrais pas retourner à Oxford, j'ai tout laissé tomber. Je m'aperçois aujourd'hui que je n'ai rien fait d'extraordinaire. Non, vraiment rien. »

Il y eut un long silence. Un vent sourd mugissait à nos oreilles, formant de petits tourbillons de neige sur la rivière gelée.

« Tu as gagné, pourtant, répliquai-je. Tu as réussi à faire venir maman en Angleterre. C'est tout de même extraordinaire, non ? »

Il haussa les épaules, laissant échapper un soupir.

« Je pensais que ça me rendrait fou de joie de la sortir d'URSS, mais ce ne fut pas le cas. Les problèmes ont commencé presque aussitôt. Il y avait toutes sortes de tensions entre nous… J'ai décidé d'attendre quelques mois pour voir si les choses finiraient par s'améliorer ; et elles se sont améliorées, d'une certaine façon. Ensuite, la vie a suivi son cours, c'est tout.

— Mais, pendant votre séparation, tu n'as jamais été tenté de renoncer ?

— Non. Ça ne m'a jamais traversé l'esprit. Ma décision était prise, et j'avais donné ma parole à ta mère. Il n'était pas question de revenir dessus. Je n'imaginais pas que ce serait si long, en revanche : en cinq ans, nous n'avions pas avancé d'un pouce. Si elle avait voulu rompre à ce moment-là, je crois que je m'en serais remis assez vite. Il y avait ce garçon… Eric… Je n'ai jamais su s'il y avait réellement quelque chose entre eux, mais je me disais qu'elle pourrait se tourner vers lui si ça ne marchait pas entre nous. »

Il s'exprimait avec détachement, comme s'il ne parlait pas de lui-même mais d'une de ses connaissances. On aurait dit un médecin auscultant une blessure ancienne et se bornant à constater, avec une pointe de regret, qu'elle n'était pas encore complètement cicatrisée.

« J'étais très ému quand elle m'a raconté ce qu'elle avait vécu dans son enfance – la guerre, la disparition de ses parents. C'était terrible, vraiment. Ça m'a beaucoup marqué. Elle avait tellement souffert... J'estimais qu'elle avait droit à une vie décente, après tout ça. Une forme de compensation. Ç'a beaucoup joué dans notre relation. Et puis... il y avait son infirmité physique. »

Le rugissement d'une motoneige brisa le silence. Mon père grimaça. Nous nous écartâmes pour la laisser passer, puis elle s'éloigna dans un nuage de fumée noire. À travers les arbres qui bordaient le fleuve, nous distinguions les toits en pente des luxueuses datchas construites à grands frais par les nouveaux maîtres de la Russie, ces multimillionnaires que les Kravtchenko avaient maintenant pour voisins. Le moindre terrain valait désormais plusieurs millions de roubles, et la datcha d'Andreï Vychinski, le procureur général qui avait signé la condamnation à mort de mon grand-père, avait été transformée en faux château français. Le monde avait décidément bien changé.

« Qui aurait imaginé que les choses évolueraient si vite ? murmura Mervyn, faisant écho à mes propres pensées. Je n'aurais jamais cru voir tout cela de mon vivant. »

Ce soir-là, mon père se prépara une tasse de thé à l'aide de la vieille cuillère à infuser qui l'accompagne dans tous ses voyages comme un talisman. Nous nous prîmes le bec à propos de ma sœur, et il s'engagea dans l'escalier avec raideur, sa tasse à la main, me laissant seul à la table de la cuisine. Il redescendit une demi-heure plus tard. Nous changeâmes de sujet, et la conversation reprit comme si de rien n'était. En fin de soirée, lorsqu'il se leva pour aller se coucher, il fit un pas vers l'escalier, puis il s'arrêta, se retourna vers moi et m'embrassa doucement sur le front.

J'aimerais clore ce livre sur une dernière évocation de ma mère. Elle joue avec Nikita dans le jardin de notre maison, à Istanbul. Il a quatre ans, elle en a soixante-douze. Sa hanche la fait souffrir ; elle marche avec une canne. Assis à mon bureau, je les observe par la fenêtre tout en travaillant. Après avoir écrit quelques lignes, je relève les yeux. Elle a abandonné sa canne sur la pelouse et s'est emparée d'une vieille corde, dont elle coupe un long morceau à l'aide d'une paire de ciseaux. Kit la regarde avec ravissement, pressentant ce qui va suivre. Et la voilà qui se met à sauter, lentement, puis de plus en plus vite, en croisant même la corde devant elle à mesure qu'elle chante une comptine apprise à Verkhne-Dnieprovsk. Ivre d'excitation, Kit reprend le refrain avec elle en tournoyant sur lui-même, les bras levés au ciel. « Un, deux, trois, Petit Lapin sort du bois », entonne ma mère comme elle le faisait autrefois, il y a si longtemps, lorsqu'elle avait l'âge de Kit et qu'elle était une enfant de Staline. Comme la plupart des comptines russes, celle-ci est merveilleusement entraînante, absurde et violente.

Un, deux, trois, Petit Lapin sort du bois,
Quatre, cinq, six, Chasseur vise ! vise ! vise !
Tire sur Petit Lapin, bang ! bang ! bang !
Sept, huit, neuf, vite à l'hôpital,
Petit Lapin va mourir, aïe ! aïe ! aïe !
Dix, onze, douze, on l'emmène chez moi,
Petit Lapin est guéri, oui ! oui ! oui !

Remerciements

J'ai mis affreusement longtemps à écrire ce livre – en fait, la moitié de ma vie adulte s'est écoulée depuis que j'ai ébauché le plan d'un ouvrage qui devait s'appeler *Moscow Babylon.* C'était en 1998. Par chance pour tous ceux qu'il concernait, ce livre n'a jamais vu le jour. Le projet a mûri. Transformé en une chronique familiale, il a finalement donné naissance aux *Enfants de Staline.* Je suis extrêmement reconnaissant à tous ceux qui, amis ou collègues, ont enduré avec moi les affres de l'écriture et qui m'ont aidé à comprendre que mon véritable sujet, ce sur quoi je devais tenter d'écrire (et d'apporter une explication), ce n'était pas moi, mais la Russie.

La plupart de mes meilleurs amis ont lu des extraits du manuscrit au cours de la décennie écoulée. Andrew Paulson s'est évertué, année après année, à me complimenter sur mon style – ce qui m'a fait le plus grand bien, même si ses compliments étaient probablement exagérés. Melik Kaylan a poussé la flatterie jusqu'à me dire qu'il trouvait mon écriture « étonnamment bonne ». Charlie Graeber, Andrew Meier, Michael Fitzgerald et Mark Franchetti ont eu la gentillesse de relire et d'annoter l'ensemble de l'ouvrage lorsqu'il a été plus ou moins terminé. Leur amitié et leurs conseils se sont révélés infiniment précieux.

C'est à Mia Foster que revient l'initiative du projet. « Et si tu écrivais un *bouquin* là-dessus, Owen ? » m'a-t-elle suggéré un soir, tandis que nous bavardions au coin du feu chez Charlie Bausman, à Nikolina Gora. Et c'est Charlie qui m'a poussé à mettre ce projet à exécution. Mais je n'aurais jamais envisagé l'écriture d'un essai historique (même fondé sur mon histoire familiale) si je n'avais pas été merveilleusement éveillé à cette discipline par mes professeurs d'histoire à la faculté de Christ Church, à Oxford : William Thomas, Katia Andreïev et le regretté Patrick Wormald. Ils m'ont transmis leur passion pour l'histoire, tandis que Robin Aizlewood se chargeait de m'initier aux joies intellectuelles de la littérature russe, dont je n'avais jusque-là qu'une connaissance affective et purement émotionnelle, liée à ma mère et à mes lectures d'enfant.

J'aimerais aussi remercier un certain nombre d'amis et de complices qui m'ont aidé et soutenu en Russie (même s'ils seront, j'en suis sûr, horrifiés de trouver leur nom dans cette liste). Je pense à Isabel Gorst, à Ed Lucas et à Macha Naïmouchina, ainsi qu'à Ab Farman-Farmaïan, à Vijay Maheshwari et à Robert King. J'ai partagé ma fascination – et mon goût de l'exploration – pour les bas-fonds de Moscou avec Mark Ames et Matt Taibbi. Ils ont su chroniquer mieux que personne les excès de cette période étrange.

À Istanbul, où j'ai rédigé la plus grande partie de ce livre, j'ai eu la chance de pouvoir compter sur l'amitié et sur la sagesse de Gunduz Vassaf et du Pr Norman Stone. Andrews Jeffreys, qui m'a accompagné dans mes aventures post-moscovites, m'a offert une oreille attentive. Georgiana Campbell m'a gentiment prêté son cottage du Dorset pour que je commence à écrire. Jean-Christophe Iseux est l'un de ceux qui me connaissent le mieux et depuis le plus longtemps. C'est aussi l'une des rares personnes dont je sais qu'elles mènent réellement la vie de leur choix, ce qui m'encourage à suivre son exemple.

Marc Champion et Jay Ross du *Moscow Times* ont fait de moi un vrai journaliste, en dépit de mes prétentions à me croire bien meilleur que je ne l'étais en réalité. Bill Powell, mon ancien boss à *Newsweek*, fut un patron et un mentor idéal, *il miglior fabbro* de presse magazine que je connaisse. Chris Dickey s'est montré un allié fidèle en toutes circonstances ; il m'a beaucoup influencé. Mike Meyer et Fareed Zakaria se sont contentés pendant des années, et sans jamais se plaindre, d'un correspondant étranger absorbé par la rédaction de son propre livre. Qu'ils en soient remerciés. Enfin, depuis que je suis revenu à Moscou pour remplacer mon ancien boss à la tête du bureau de *Newsweek* en Russie, j'ai la joie de travailler avec Anna Nemtsova, qui exerce mes anciennes fonctions de correspondant adjoint bien mieux que je ne le faisais moi-même.

Mais je tiens surtout à remercier Mike Fishwick, chez Bloomsbury. Il a cru dès le début et de manière presque déraisonnable à ce livre, sans jamais perdre confiance en moi, même lorsque l'attente se faisait interminable. « Attends-moi, mais attends de toute ton âme », écrivit Constantin Simonov pour parler des femmes soviétiques qui attendaient le retour de leurs hommes après la guerre, sans jamais savoir s'ils finiraient par revenir. Fishwick, lui, sait ce qu'elles ont pu ressentir pendant ces années terribles. Sans lui, et sans la confiance qu'il a bien voulu m'accorder, cette aventure n'aurait jamais eu lieu. Trâm-Anh Doan et Emily Sweet ont été, quant à elles, des modèles de patience et d'efficacité.

Mille mercis à ma petite équipe personnelle. Diana Finch, mon agent américain, a investi énormément de temps et d'énergie pour faire de ce livre une réalité. Elle m'a aidé, plus que quiconque, à devenir un écrivain. Et Bill Hamilton, mon agent londonien, s'est montré solide comme un roc, encaissant mes revers de fortune et mes changements de planning avec un flegme exceptionnel.

Enfin, je tiens à signifier toute ma gratitude à mes parents, auxquels j'ai dédié ce livre : ils m'ont considérablement aidé à écrire ce qui est, aussi, un récit de leur vie. Je me suis largement inspiré des deux volumes de Mémoires de mon père,

Mervyn's Lot et *Mila and Mervusya*, publiés chez Seren ; ainsi que des souvenirs de ma mère, qui les a longuement évoqués avec moi. Son compte rendu de lecture, extrêmement détaillé, m'a été d'une aide précieuse lors de la phase finale de correction du manuscrit. Ma tante Lénina est une constante source d'inspiration. C'est aussi l'une de mes meilleures amies, et je suis bouleversé de la savoir gravement malade à Moscou à l'heure où j'écris ces lignes. Ma sœur Emily, que j'ai sollicitée à de nombreuses reprises, m'a fait part de ses remarques avisées, toujours audacieuses, après chacune de ses lectures. Alexeï et Anna Kravtchenko, mes beaux-parents, ont supporté mes affres d'écrivain en herbe pendant des années, endurant mes changements d'humeur, mon alcoolisme et mon désespoir chroniques avec un tact d'autant plus héroïque qu'ils persistaient à me décrire comme l'« écrivain de la famille ». Après dix ans d'effort, je suis heureux d'avoir enfin réussi à leur donner plus ou moins raison.

Mais c'est sur Xenia, mon épouse, que le fardeau a le plus lourdement pesé. J'écrivais déjà ce récit quand je l'ai rencontrée. Deux guerres, deux enfants et une expatriation plus tard, je ne l'avais toujours pas terminé. Il va maintenant falloir qu'elle s'habitue à vivre avec moi seul, puisque j'ai enfin mis au monde le livre que je portais en moi depuis si longtemps. Je n'y serais jamais arrivé sans elle.

« Écrire *Les Enfants de Staline* »

En Russie, les écrivains sont bien plus que des écrivains : les Russes attendent de leurs héros littéraires qu'ils les divertissent et leur procurent de véritables émotions esthétiques, mais aussi qu'ils les guident et leur dispensent des leçons de vie. Si le Dieu austère et familier des orthodoxes continue, aujourd'hui encore, de départager le bien du mal, c'est dans les œuvres de Dostoïevski et de Tolstoï, de Pouchkine et de Tchekhov que les Slaves trouvent leur vérité – les principes universels qui régissent leur lutte pour la liberté contre les forces de l'oppression et de l'Histoire, toujours prêtes à les broyer. Les écrivains russes ne doivent pas se contenter de penser : ils doivent vivre plus intensément que les simples mortels. Les meilleurs d'entre eux finissent crucifiés par l'opprobre de l'État, à moins qu'ils ne meurent sur la croix de leur propre orgueil, vaincus par leurs faiblesses dans ce pays dont ils sont à la fois les martyrs et les législateurs spirituels.

C'est la tradition dans laquelle j'ai grandi, à Londres, au sein d'un foyer mi-russe mi-anglais. Notre maison était pleine de livres, et j'avais la tête pleine d'histoires. Ma mère a été élevée par le régime soviétique, comme des milliers d'autres « enfants de Staline », après l'arrestation de ses parents lors des purges de 1937. Issue d'une génération qui n'a pas eu droit à la religion, elle s'est adonnée à la littérature. Pour elle comme pour la plupart des Russes cultivés de son époque, les livres ont pris la place que Dieu avait laissée vacante.

Dès lors, comment oser me vouer à l'écriture ? Comment prétendre m'engager dans une voie que les Russes prennent si désespérément au sérieux ? Écrire me paraissait aussi inévitable qu'impossible. Mon père a signé douze ouvrages universitaires. Son frère a publié une biographie de Van Gogh. Ma mère n'a rien écrit, certes – mais elle est tellement imprégnée de littérature et de critique littéraire qu'il m'a toujours semblé extrêmement présomptueux d'imaginer qu'elle puisse un jour tenir un de mes livres entre ses mains.

Il m'a donc fallu beaucoup de temps pour m'atteler à la rédaction de cet ouvrage. J'ai entamé ce long voyage sans le savoir, un matin gris de décembre 1995, alors que je me rendais à Kiev pour y effectuer un reportage sur l'exécution de mon grand-père maternel. Je venais d'avoir vingt-quatre ans. J'ai ouvert l'épais dossier judiciaire de mon aïeul dans un des bureaux sombres et sinistres de l'ancien quartier général du KGB en Ukraine. Sa couverture de carton brun s'émiettait entre mes doigts, mais il me semblait étrangement pesant. Lourd de secrets.

J'ai écrit l'histoire de mon grand-père pour le *Moscow Times*. Elle m'a bouleversé, avant d'en bouleverser d'autres. Ses accords sourds et profonds ont longtemps résonné en moi, imprégnant la suite de mes aventures russes d'une note lancinante. La certitude que ce pays avait autrefois réclamé ma chair et mon sang, qu'il s'était emparé de mes grands-parents dans la colère, la violence et la souffrance, ne m'a plus quitté, même lorsque je m'étourdissais dans les paillettes de la nuit moscovite.

Ce n'est que bien plus tard que je me suis senti prêt à concrétiser un projet plus ambitieux – un vrai livre, cette fois. J'ai pris de longues vacances en 1999, persuadé de pouvoir l'écrire en un seul été. Deux mille mots par jour, soixante jours, *vot tak* ! J'ai loué un petit appartement dans le vieux ghetto de Vilnius, en Lituanie. Je ne travaillais que la nuit, à grand renfort de repas gargantuesques, de cigarettes et de bouteilles de vin. L'habitude m'est restée, d'ailleurs : encore aujourd'hui, je parviens rarement à écrire en plein jour ou complètement sobre. Si mauvais soit-il, ce régime de travail a porté ses fruits : j'ai rédigé des pages entières, cet été-là. Certaines d'entre elles étaient même plutôt bonnes. J'en ai gardé une grande partie dans la version finale des *Enfants de Staline*. En fait, j'ai écrit l'essentiel du récit en deux énormes sessions : au tout début, à Vilnius, pendant l'été 1999, et tout à la fin, à Istanbul, au cours de l'été 2007.

Entre les deux, j'ai couvert deux guerres et fait deux enfants – une réalité qui m'a bien souvent servi d'excuse lorsque je tentais d'expliquer à mes amis, de plus en plus incrédules, pourquoi je n'avais toujours pas bouclé mon livre. Les guerres, celle d'Irak et celle d'Afghanistan, m'ont passionné, mais elles m'ont aussi accaparé et souvent stressé ; les enfants, Kit et Teddy (alias Nikita et Fiodor), se sont révélés tout aussi passionnants, accaparants et parfois stressants.

Pendant ce temps, à Bagdad, dans les locaux de *Newsweek*, lors d'interminables nuits blanches rafraîchies par l'air conditionné, ou en Russie, dans le confort ouaté de la datcha, lors de longues soirées arrosées au bourgogne, le livre grandissait. Encore et encore.

Il avait commencé comme un récit autobiographique : j'y racontais mes frasques de mauvais garçon dans la Russie des années quatre-vingt-dix, l'histoire de mes grands-parents et de mes parents me servant de toile de fond. J'y voyais une sorte d'hommage à Michael Herr : rédigé dans les bas-fonds de Moscou à une époque étrange et irréelle, mon livre ferait écho – du moins l'espérais-je – à son *Putain de mort* écrit au retour du Vietnam. Par la suite, le manuscrit s'est mué en une sorte de conte moraliste sur l'*hybris* et la *nemesis* des années quatre-vingt-dix. J'y ai inséré quelques notions de politique générale afin de donner un cadre à la curée et aux excès dont j'avais été témoin après la crise de 1998. Inspiré par Céline, je sombrais parfois dans une obsession monomaniaque pour ma propre déchéance, que je décrivais rageusement sur fond de désintégration sociale. Même alors, je continuais d'entendre la petite musique sourde et lancinante que j'avais découverte à Kiev. Insidieusement, l'exécution de mon grand-père, l'histoire de ma mère et de sa sœur perdues dans l'immensité des steppes russes pendant la Seconde Guerre mondiale, celle des amours contrariées de mes parents pendant la guerre froide se frayaient un chemin à travers mon livre. Le vrai sujet des *Enfants de Staline* était là, sous mes yeux, mais j'ai mis des années à m'en apercevoir. À comprendre que je devais m'effacer pour lui céder la place.

Le déclic s'est opéré en moi quand j'ai compris que je n'étais pas gouverné par ma raison, mais par mon sang. Mon histoire familiale m'avait rattrapé. Impossible d'y échapper : le sang vous suit et vous ramène à lui. Les traits de votre père se font jour en vous lorsque votre visage s'épaissit ; un matin, vous vous surprenez à ébaucher une intonation ou un geste qui sont les siens ; plus tard, vous repérez une de ses expressions sur le visage de votre fils. J'avais cru échapper à mes parents en allant vivre à Moscou : je les y ai trouvés, au contraire. L'écho de leur vie passée résonnait dans la mienne, et je me heurtais sans cesse à des fantômes en croyant m'immerger dans le présent.

J'ai tenté de transposer cette sensation dans mon récit en faisant référence à mes propres expériences pour mieux expliquer et reconstruire le monde qui fut celui de mes grands-parents et de mes parents. Peut-être est-ce malhonnête ou présomptueux de ma part, mais je pense même avoir frôlé brièvement l'univers cauchemardesque dans lequel mon grand-père a basculé en juillet 1937.

Ai-je pour autant l'impression d'avoir violé des confidences, raconté ce qui n'aurait jamais dû l'être et tiré avantage des secrets de Mervyn et de Mila pour me faire un nom ? Certains de leurs amis le pensent, apparemment. Je dois reconnaître que j'ai été troublé en lisant les lettres de mes parents, qui m'ouvraient les portes de leur vie intime. Mais c'est ma mère qui me les a données à lire ; c'est elle qui m'a aidé à choisir les plus intéressantes d'entre elles. Elle voulait que je comprenne ce que mon père et elle avaient traversé. Plusieurs décennies se sont écoulées depuis qu'ils ont échangé ces lettres d'amour ; elles décrivent deux êtres que ma mère peine à reconnaître aujourd'hui, tant ils ont changé. A-t-elle été surprise ou choquée par ce que j'ai écrit ensuite ? Peut-être, mais si tel est le cas, elle ne me l'a jamais dit. La Russie est porteuse d'une longue tradition d'autobiographies sans relief, respectueuses et extasiées, où tout est merveilleux et plein d'esprit. Mon récit échappe au genre : il soulève de douloureuses questions sur la relation de mes parents et leur incapacité à s'accepter tels qu'ils étaient – à admettre qu'ils n'étaient pas des héros l'un pour l'autre, en somme – lorsqu'ils se sont enfin retrouvés après plusieurs années de séparation. Pour eux, le bateau de l'amour, comme l'écrivait Maïakovski, s'est échoué sur les rives de la vie quotidienne. Je le dis clairement dans ce livre. Mais il y a aussi des choses que je ne dis pas ; des secrets empoisonnés qui auraient, encore aujourd'hui, le pouvoir de blesser leurs protagonistes et même de faire pivoter un peu leur monde sur son axe. Ces secrets, j'ai choisi de les laisser de côté. « Il faudra que tu parles des gens bien, pas seulement des horreurs », me répétait constamment ma mère quand j'écrivais. C'est ce que j'ai essayé de faire.

Pourquoi ai-je passé tant d'années sur ce livre ? Parce que j'avais un mal fou à admettre qu'il était quasiment achevé

– ou plutôt, que je ne parviendrais pas à le rendre meilleur qu'il ne l'était déjà. Je refusais d'y mettre un point final. De grands concepts prenaient forme, le projet se développait, de nouvelles idées de ton et de structure surgissaient. Pour un auteur, terminer un livre revient à avouer qu'il ne peut pas faire mieux. Pourtant, il doit s'y résoudre, accoucher de son bébé et le laisser affronter seul le vaste monde. Aucun écrivain novice n'aborde cette séparation avec sérénité. Beaucoup finissent par détester leur livre au point de vouloir s'en débarrasser (j'ai moi-même passé énormément de temps à haïr le mien). D'autres, et c'est plus fréquent, s'en lassent après des mois de travail acharné. Les plus chanceux d'entre eux, dont je fais partie, reçoivent un courriel de leur éditeur, exaspéré de ne rien voir venir après plusieurs années d'attente. Le mien m'a réclamé le manuscrit sept ans après la signature de notre contrat, en m'ordonnant de lui restituer l'avance qu'il m'avait versée à l'époque si je n'honorais pas enfin mes obligations. J'avais dépensé l'argent depuis longtemps Je n'avais plus le choix : il m'a fallu dompter et élaguer mon manuscrit tentaculaire pour tenter d'en faire une œuvre comestible. Même alors, je n'ai pas été capable de supprimer ce que j'estimais être les meilleures pages du livre. Là encore, mon éditeur est intervenu (le remercierai-je jamais assez ?) : « C'est bien, m'a-t-il dit après avoir reçu le manuscrit, mais ce sera encore mieux quand tu ne seras plus le héros de ce livre. » Il a rayé deux cents pages d'un trait de crayon. Seuls quelques vestiges de ce qui représentait des chapitres entiers dans la première mouture subsistent aujourd'hui dans la version finale des *Enfants de Staline.* C'est bien mieux ainsi, me semble-t-il. Dans chaque gros livre, un petit livre lutte pour voir le jour.

Me voilà donc devenu écrivain, apparemment. Pourtant, je n'ai pas souffert – du moins pas au sens où l'entendent les Russes. Daniil Harms, le brillant satiriste, a souffert. Il est mort de faim en prison, en 1940. Ossip Mandelstam a souffert, lui aussi. Il a signé son arrêt de mort en s'en prenant à Staline dans un de ses poèmes. Déporté au goulag, il est mort d'épuisement. Alexandre Soljenitsyne a dû quitter son pays natal, qu'il aimait passionnément. Leurs souffrances furent réelles, insoutenables. Ma mère a souffert, elle aussi, lorsqu'elle rédigeait ses interminables lettres à mon père. Pas un instant elle n'oubliait le prix qu'elle pouvait être amenée à payer pour les mots qu'elle couchait sur le papier.

Je ne suis jamais passé par là. Je ne suis même pas sûr de pouvoir imaginer une telle souffrance. Mais je suis certain, en revanche, d'avoir ressenti cette histoire jusque dans mes tripes, comme on dit. En tant que jeune reporter, je pense être allé aussi loin que possible dans les bas-fonds de Moscou, du moins aussi loin qu'un étranger peut aller. En partageant le pain des gardiens de prison à Novotcherkassk, en tombant, blessé, sur une route de Tchétchénie ou en roulant à travers les immenses forêts sibériennes, j'ai goûté un petit bout de ce qu'est la Russie. Je n'ai pas souffert ; je ne me suis pas brûlé les ailes. Mais en m'approchant du soleil, j'ai ressenti un peu de sa chaleur au fond de mes tripes. Juste un peu.

Aux yeux des Russes, je ne suis donc qu'un imposteur. Parce que je n'ai pas assez souffert, et parce que je ne me sens pas encore le droit de prononcer les jugements sur la vie et le destin qu'ils attendent de tout écrivain digne de ce nom. Je me suis seulement efforcé d'être honnête et d'énoncer la vérité du mieux possible. Je n'ai rien d'un législateur spirituel, certes. Mais en écrivant l'histoire d'une poignée de gens remarquables, immergés dans une époque d'une folle cruauté, en racontant comment ils ont réussi à survivre, à s'aimer et à être heureux malgré tout, j'espère avoir mis en mots un peu de leur extraordinaire humanité.

Owen Matthews

Table

Prologue 9
1. Le dernier jour 17
2. « De vrais géants ! » 32
3. Mort d'un apparatchik 61
4. L'arrestation 82
5. Incarcération 99
6. La guerre 113
7. Mila 129
8. Mervyn 163
9. Quelques verres avec le KGB 200
10. L'amour 227
11. Mila et Mervousia 259
12. Sur des planètes différentes 293
13. L'évasion 336
14. La crise 351
Épilogue 367
Remerciements 389
« Écrire Les Enfants de Staline » 393

Collection « Littérature étrangère »

ADAMS Poppy
Le Temps des métamorphoses

ADDERSON Caroline
La Femme assise

AGUÉEV M.
Roman avec cocaïne

ALI Monica
Sept mers et treize rivières
Café Paraíso

ALLISON Dorothy
Retour à Cayro

ANDERSON Scott
Triage
Moonlight Hotel

AUSLANDER Shalom
La Lamentation du prépuce

BAXTER Charles
Festin d'amour

BENIOFF David
24 heures avant la nuit

BLOOM Amy
Ailleurs, plus loin

BROOKNER Anita
Hôtel du Lac
États seconds
La Vie, quelque part
Une chute très lente
Une trop longue attente
Fêlures
Le Dernier Voyage

BROOKS Geraldine
Le Livre d'Hanna

CABALLERO Antonio
Un mal sans remède

CAÑÓN James
Dans la ville des veuves intrépides

CONROY Pat
Le Prince des marées
Le Grand Santini

COURTENAY Bryce
La Puissance de l'Ange

CUNNINGHAM Michael
La Maison du bout du monde
Les Heures
De chair et de sang
Le Livre des jours

DORRESTEIN Renate
Vices cachés
Un cœur de pierre
Sans merci
Le Champ de fraises
Tant qu'il y a de la vie

DUNANT Sarah
La Courtisane de Venise

DUNMORE Helen
Un été vénéneux
Ils iraient jusqu'à la mer
Malgré la douleur
La Faim
Les Petits Avions de Mandelstam
La Maison des orphelins

EDELMAN Gwen
Dernier refuge avant la nuit

ELTON Ben
Nuit grave

FERRARIS Zoë
La Disparue du désert

FLANAGAN Richard
La Fureur et l'Ennui

FREY James
Mille morceaux
Mon ami Leonard

FRY Stephen
L'Hippopotame
Mensonges, mensonges
L'Île du Dr Mallo

GALE Patrick
Chronique d'un été
Une douce obscurité
Tableaux d'une exposition

GARLAND Alex
Le Coma

GEE Maggie
Ma bonne

GEMMELL Nikki
Les Noces sauvages
Love Song

GILBERT David
Les Normaux
Les Marchands de vanité

HAGEN George
La Famille Lament
Les Grandes Espérances du jeune Bedlam

HOMES A. M.
Mauvaise mère

HOSSEINI Khaled
Les Cerfs-volants de Kaboul
Mille soleils splendides

JOHNSTON Jennifer
Petite musique des adieux
Ceci n'est pas un roman
De grâce et de vérité

JONES Kaylie
La fille d'un soldat ne pleure jamais
Dépendances

KAMINER Wladimir
Musique militaire
Voyage à Trulala

KANON Joseph
L'Ultime Trahison
L'Ami allemand
Alibi

KENNEDY Douglas
La Poursuite du bonheur
Rien ne va plus
Une relation dangereuse
L'homme qui voulait vivre sa vie
Les Désarrois de Ned Allen
Les Charmes discrets de la vie conjugale
*La Femme du V*e
Quitter le monde

KLIMKO Hubert
La Maison de Róża

KNEALE Matthew
Les Passagers anglais
Douce Tamise
Cauchemar nippon
Petits crimes dans un âge d'abondance
Maman, ma sœur, Hermann et moi

KUNKEL Benjamin
Indécision

LAMB Wally
Le Chant de Dolorès
La Puissance des vaincus

LAWSON Mary
Le Choix des Morrison
L'Autre Côté du pont

LEONI Giulio
La Conjuration du Troisième Ciel
La Conspiration des miroirs

LISCANO Carlos
La Route d'Ithaque
Le Fourgon des fous
Souvenirs de la guerre récente

LOTT Tim
Frankie Blue
Lames de fond
Les Secrets amoureux d'un don Juan
L'Affaire Seymour

MADDEN Deirdre
Authenticité

MARCIANO Francesca
L'Africaine
Casa Rossa
La Fin des bonnes manières

MCCANN Colum
Danseur
Les Saisons de la nuit
La Rivière de l'exil
Ailleurs, en ce pays
Le Chant du coyote
Zoli
Et que le vaste monde poursuive sa course folle

MCCOURT Frank
Les Cendres d'Angela
C'est comment l'Amérique ?
Teacher Man, un jeune prof à New York

MCGARRY MORRIS Mary
Mélodie du temps ordinaire
Fiona Range
Un abri en ce monde
Une douloureuse absence

MILLS Jenni
Le Murmure des pierres

MORTON Brian
Une fenêtre sur l'Hudson
Des liens trop fragiles

MURAKAMI Haruki
Au sud de la frontière, à l'ouest du soleil
Les Amants du Spoutnik
Kafka sur le rivage
Le Passage de la nuit
La Ballade de l'impossible
L'éléphant s'évapore
Saules aveugles, femme endormie
Autoportrait de l'auteur en coureur de fond

O'DELL Tawni
Le Temps de la colère
Retour à Coal Run
Le ciel n'attend pas

O'FARRELL Maggie
Quand tu es parti
La Maîtresse de mon amant
La Distance entre nous
L'Étrange Disparition d'Esme Lennox

OWENS Damien
Les Trottoirs de Dublin

PARLAND Henry
Déconstructions

PAYNE David
Le Dragon et le Tigre : confessions d'un taoïste à Wall Street
Le Monde perdu de Joey Madden
Le Phare d'un monde flottant
Wando Passo

PEARS Iain
Le Cercle de la Croix
Le Songe de Scipion
Le Portrait

PENNEY Stef
La Tendresse des loups

RAVEL Edeet
Dix mille amants
Un mur de lumière

RAYMO Chet
Le Nain astronome
Valentin, une histoire d'amour

ROSEN Jonathan
La Pomme d'Ève

SANSOM C. J.
Dissolution
Les Larmes du diable
Sang royal
Un hiver à Madrid
Prophétie

SAVAGE Thomas
Le Pouvoir du chien
La Reine de l'Idaho
Rue du Pacifique

SCHWARTZ Leslie
Perdu dans les bois

SEWELL Kitty
Fleur de glace

SHARPE Tom
Fumiers et Cie
Panique à Porterhouse

SHREVE Anita
Le Poids de l'eau
Un seul amour
La Femme du pilote
Nostalgie d'amour
Ultime rencontre
La Maison du bord de mer
L'Objet de son désir
Une lumière sur la neige
Un amour volé
Un mariage en décembre
Le Tumulte des vagues

SHRIVER Lionel
Il faut qu'on parle de Kevin
La Double Vie d'Irina

SMITH Tom Rob
Enfant 44

SOLER Jordi
Les Exilés de la mémoire
La Dernière Heure du dernier jour

SWARUP Vikas
Les fabuleuses aventures d'un Indien malchanceux qui devint milliardaire

TOLTZ Steve
Une partie du tout

ULINICH Anya
La Folle Équipée de Sashenka Goldberg

UNSWORTH Barry
Le Nègre du paradis
La Folie Nelson

VALLEJO Fernando
La Vierge des tueurs
Le Feu secret
La Rambla paralela
Carlitos qui êtes aux cieux

VREELAND Susan
Jeune fille en bleu jacinthe

WATSON Larry
Sonja à la fenêtre

WELLS Rebecca
Fleurs de Ya-Ya

WEST Dorothy
Le Mariage

ZHANG Xianliang
La mort est une habitude
La moitié de l'homme, c'est la femme

ZWEIG Stefan
Le Monde d'hier. Souvenirs d'un Européen

Cet ouvrage a été imprimé en France par

CPI
Bussière

à Saint-Amand-Montrond (Cher)
en juillet 2009

Composition et mise en pages : FACOMPO, LISIEUX

N° d'édition : 4592. — N° d'impression : 092018/1.
Dépôt légal : août 2009.